中国共産

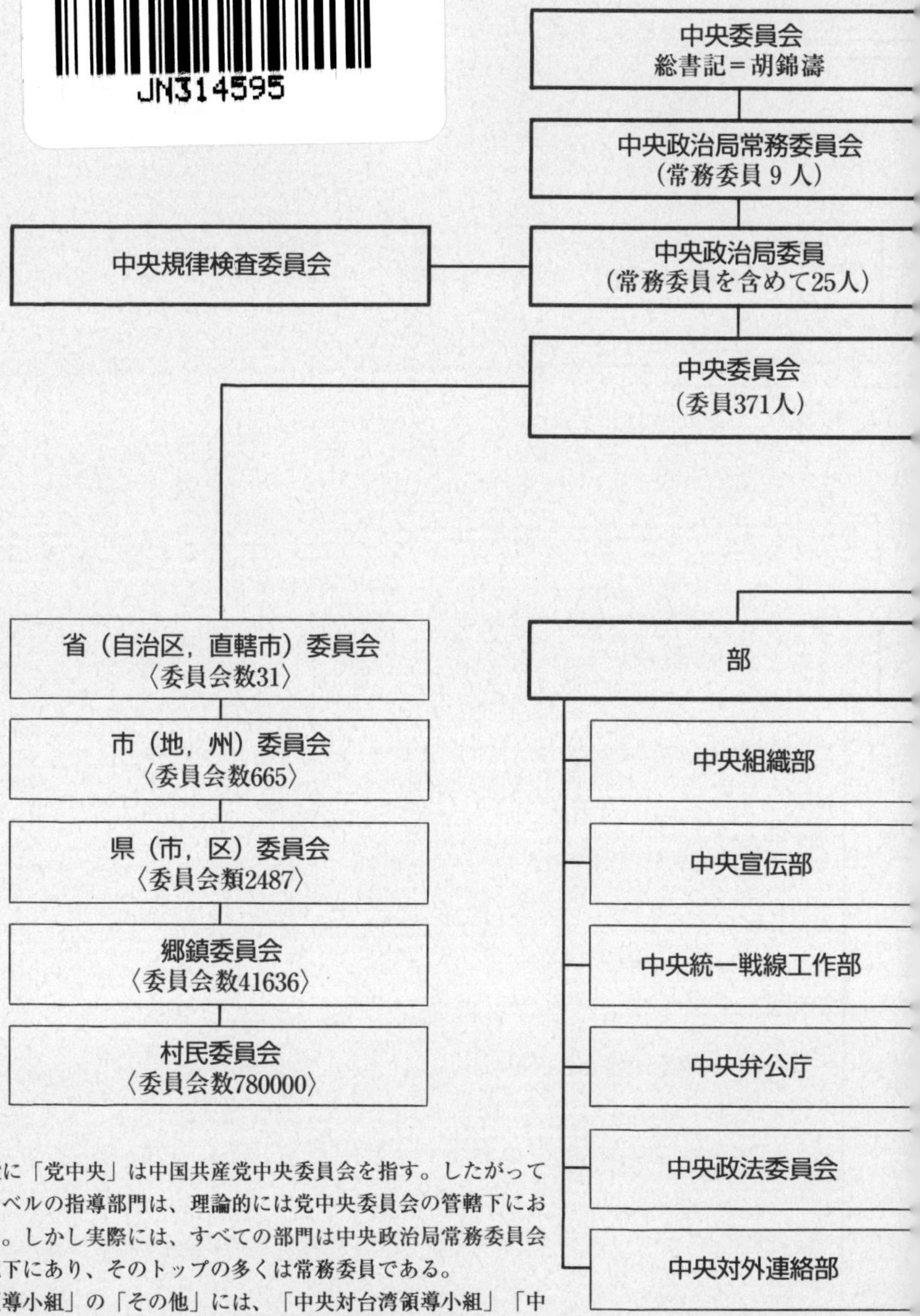

＊一般に「党中央」は中国共産党中央委員会を指す。したがって中央レベルの指導部門は、理論的には党中央委員会の管轄下におかれる。しかし実際には、すべての部門は中央政治局常務委員会の支配下にあり、そのトップの多くは常務委員である。
＊「領導小組」の「その他」には、「中央対台湾領導小組」「中央外事工作指導小組」「中央国家安全領導小組」等がある。

支配者たちの秘密の世界

中国共産党

リチャード・マグレガー
小谷まさ代＝訳

草思社

中国共産党　支配者たちの秘密の世界◯目次

・原注は（ ）数字で示し、巻末にまとめた。
・訳注は〔割注〕で示した。また＊数字で示し、章末にまとめたものもある。
・小見出しは編集部による。

プロローグ

二〇〇八年、西側諸国で金融危機が始まって一年後[*1]の夏のことである。金融関連の助言をするため中国に招かれた外国人たちは、北京中心部にある故宮に隣接する、塀に囲まれた中国最高指導部〔中南海〕へ案内された。会議室に入った一行は、ひだ飾り付きの上等な応接椅子に礼儀正しく座った。椅子はU字型に並べられ、中国側と訪問客の席のあいだにはきっちりと空間が設けられている。遠方からの客人のために美しい花と湯気の立ち上るお茶、温かい歓迎の言葉が用意され、外国人を迎える会議の伝統的な形式がそつなく整えられていた。

しかし少し注意してみると、形式から外れたものが一つあった。外国人客の向かいに座った金融担当の副総理、王岐《おうき》山《ざん》の態度である。新たに中央政治局入りしたばかりの王岐山は、長身で、平べったい顔が特徴の、頭の切れそうな堂々たる物腰の人物だが、真意のはかれない発言で相手を悩ませるタイプではなかった。中国人はかつて、メスに求愛するアズマヤドリのような媚態で、外国人顧問に新しいアイディアの教えを請うていた。だが今回、王は開口一番、金融システムについて中国があなた方から学ぶものはほとんどない、と明言した。「王氏は『あなた方にはあなた方のやり方があり、私たちには私たちのやり方がある』と言いました。これは中国人がいつも言うことです」と、会談の参加者の一人が当時を振り返って言った。「しかし、彼のメッセージはそれとは違うものでした。『あなた方にはあなた方の、私たちには私たちのやり方がある。そして、私たちのやり方が正しい！』と彼は言ったのです」

二〇〇一年、中国は初めて、スイスアルプスで開かれるダボス会議〔世界経済フォーラム年次総会〕に倣った経済会議を開いた。以降、世界中の金融関係者は、ダボス行きと同じ熱心さでこの会議に参加するようになった。二〇〇九年四月、世界の金融エリートたちは、熱帯情緒あふれる海南島の空港に降り立ち、海辺の会議場までリムジンで移動した。途中に見えるのは中国で政治会議が開かれる場所とはまったく違う風景だった。北京の尊大な構えの壮大な大通り、警備の厳重な大理石の建造物、だだっ広い正面玄関、型にはまったデザインの会議室、こうした風景とはまったくかけ離れた世界だった。この会議は、開催地である風光明媚な港湾都市にちなんで、ボアオ会議（ボアオ・アジア・フォーラム）と名づけられた。その会場は、乾燥しきった中国北部にある、砂漠からの風で砂まみれの首都北京とは対照的で、台頭著しい中国が世界にアピールしようとする友好ムードにぴったりの場所だった。

ボアオ会議がスタートしてから数年のあいだ、中国と参加各国は互いにラブコールを送り合ってきた。北京政府は破綻した国有銀行を再建するために西側のノウハウを必要としていた。海外の銀行はその見返りに中国市場にアクセスしようともくろんでいた。両者の取引が成立し、二〇〇五年後半から二〇〇六年前半にかけて、外国の金融機関はまず手始めに、中国の国有銀行に対して数百億ドル規模の投資を立て続けに行った。この投資には、遅れた中国金融機関に対し、リスクマネジメントや金融技術革新などの知識を授けるという約束も付いていた。欧米の銀行は、まるで社会人教育を授けるような態度で中国人に対応したのである。だからこそ、その後の展開がもたらした衝撃はより大きいものになった。

中国国有銀行との大口取引が成立して二年も経たないうちに、国際金融界の西ゴート族は、その鼻をへし折られて中国を再訪した。彼らは、深刻さを増す金融危機に打ちのめされ(1)、恥を忍んで中国人に頭を下げ、損失補塡のために現金を借りたい、あるいは買ったばかりの株を買い取ってもらって本国へ金を持ち帰りたい、と申し出たのだった。ボアオや北京で自分たちの金融商品を並べ立てて売り込んでいた銀行家や金融コンサルタントが、おずおずとやって来てこっそりと帰っていった。二〇〇九年のボアオ会議では、中国上層部の誰もが、過去の会議で発信してきた宥和的なメッセージを投げ捨て、一人ずつ順にこの逆転現象をアピールしていった。まずは、金融規制当局の幹部が、最近開かれた各国首脳による会合を「リップサービス」だと罵倒した。別の幹部は、金融危機のさいに国際格付け機関が果たした役割を厳しく非難した。また、引退した元政治局委員は、アメリカは中国に債権を買ってほしいのなら、「アジア諸国の利益を守る」ことを肝に銘じる必要がある、と発言して不吉な脅しをかけた。

「中国株式会社」の渉外担当者、楼継偉《ろうけいい》もまた、ボアオ会議のオリエンタルルームで発言の順番が回ってくると、その上品な仮面を外した。政府系ファンド、中国投資有限公司（ＣＩＣ）の初代会長である楼継偉は、二〇〇七年のＣＩＣ設立以来、宥和的なイメージを保つよう気を配ってきた。しかし、設立初期の事業が振るわず、その笑顔もだんだん曇りがちになっていた。初期の大胆な海外投資が失敗して国内で厳しい批判にさらされ、海外では、アメリカやドイツに投資を試みて強い抵抗にあい、苦汁をなめた。

ボアオに集ったハイレベルの代表者たちに向かって、楼は、CIC設立後、EU代表が中国側に要求したことを並べ立てた。EUの企業への投資には上限を設けること、購入する株式は議決権のないものに限定することなどの条件を付けられたのだ、と楼は言った。EU側が親切にもこんなに頑固でいてくれて幸運だった、もしEU市場に参入を許されていたら、莫大な損失を出していただろうから、と楼は述べた。「だから私は、EUの金融保護主義に感謝したい。おかげで中国は欧州に一セントも投資せずにすんだのだから」と彼は言った。そして、笑いをかみ殺し皮肉たっぷりに、一同を唖然とさせる言葉を付け加えた。欧州はこっそり踵を返し、中国からの投資は大歓迎です、何の条件も付けませんからどうか投資をお願いしたい、と言ってきた、と楼は述べたのだった。「中国は突然、魅力的に見えるようになったようですね」と。

ボアオで表面化した中国の傲岸不遜な態度は、二〇〇九年前半から、政府見解、公開討論、国有メディア、国内外での二者会議といった場で、あからさまに示されるようになっていた。舞台裏では、外部からは見えにくい形で、中国の公的宣伝機関が同じく暴走を始めていた。中国共産党の広報紙『人民日報』の一面は、通常、最高指導部の日々の動向や、海外要人の訪中、最新の政治キャンペーンなどで埋められる。党幹部のための内部掲示板的な役割もあるため、金融関係の記事は、掲載されたとしても最終ページに追いやられている。しかし二〇〇九年三月、かつて欧米諸国からゾンビ銀行と嘲られていた中国大手銀行が大きな利益を上げたという記事は、例外中の例外扱いだった。その日の一面には「中国の銀行高得点、国際金融危機という試験を抜群の成績で突破」という大見出しが躍った[2]。

この一〇年間、北京はワシントンからの圧力にじっと耐え続けてきた。最近ではゴールドマン・サックス出身の財務長官ハンク・ポールソンによって、大規模な金融自由化を迫られていた。しかし、二〇〇八年までの七年間で中国経済の規模は三倍に拡大し[3]、この成長に伴い、中国政府が外国からの助言に耳を傾ける忍耐力はしだいに薄れていった。そして西側諸国が金融危機に襲われて初めて、王岐山が示したような自信が中国の体制全体に広がり、かつてない形で一気に表面化したのである。王が個人的に漏らしたような意見を、中国の多くの指導者が声高に述べるようになった。いったい何を西洋から学ばなければならないというのだ、と。

七〇年代後半に鄧小平がポスト毛沢東体制を打ち出してから、その新体制に対して数多くの解釈、説明がなされてきた。それは、対外的に好印象を与えるシンガポール流の独裁体制ではないのか？　日本のような資本主義発展の国ではないのか？　朱子学と市場経済を融合させたものか？　ソ連崩壊後のロシアのように支配者層が公共資産を私物化していく道を緩慢に進むのではないか？　悪徳資本家の社会主義か？　それとも、それらとはまったく違う「北京コンセンサス」というしゃれた名前の新しいモデルで、現実路線、問題解決型の政策、技術革新を中心に構築されたものか？

もはや中国の新体制を共産主義だと呼ぶ者はほとんどなく、中国共産党自身でさえ例外ではなかった。

現代中国にはあまりにも多くの驚くべき矛盾があり人々を混乱させるため、世界最大の共産主義国家から「共産主義」というイメージが消えてしまったのも、ある意味、納得できることである。かつて革命政党であった政党が、今では確固たる体制の側にいるのだ。共産主義者は、権力の腐敗に対する国民の怒りをエネルギーにして政権を奪取したが、今や自らも同じ腐敗という病に蝕まれるようになった。指導者層は今でも公にはマルクス主義を標榜しているが、その実、貪欲な私企業が雇用を創出するシステムに依存している。党は国民の平等を語るが、一方その政策はアジアのどの国よりも大きな所得格差を生み出している。かつて共産主義者たちは、買弁《ばいべん》と呼ばれる革命以前の中国の実業家を侮蔑していたが、一九九七年香港がイギリスから返還されるや否や、臆面もなく香港実業界の大物たちと手を結んだ。

中国共産党のレトリック、「中国は社会主義国家である」というフィクションと現実とのギャップは年々大きくなっている。しかし党はこのフィクションを守り抜かなければならない。なぜなら、政治的現状を維持するためにそれが必要だからである。「中国共産党のイデオロギーは権力のイデオロギーであり、権力を守るためのイデオロギーにほかならない」と、中国問題専門家のリチャード・バウムは語る。党がその権力を守るということは、敷衍《ふえん》すれば、既存のシステムを守るということでもある。中国外交のトップ、戴秉国《たいへいこく》の言葉(4)によれば、中国の「最大の関心事は、国家の基本的システムと国家の安全保障を維持すること」である。国家の主権、領土の保全、経済発展、これらはどの国にとっても重要な課題だが、中国ではそれらがすべて、党の権力保持という課題より下位に置かれているのだ。

党はその揺るぎない権力の源泉を、国内の公の場からも、そして海外の目からも隠すよう多大な努力を重ねてきた。多くの西側諸国にとっても、党には裏の存在でいてもらったほうが好都合だった。中国は発展途上国で、他の途上国と同じく多くの長所短所があり、突飛な行動をする、奇妙な癖を持つ国だということにしておくほうがよかった。中国が商業主義を謳歌し、グローバル化の波に乗っているために、欧米諸国の多くは中国でいまだに共産主義が牽引力を持っているという事実を受け入れない。街中にスターバックスがあることが、あたかも資本主義の証しであるかのように。

しかし、中国体制というフードの下を覗いてみると、公に見せている顔よりはるかに共産主義的な顔が見える。ウラジミール・レーニンは、世界の共産主義国家で採用された共産主義国の原型を作ったが、そのレーニンなら中国の正体を即座に見破ることができるだろう。中国共産党が権力を保持できているのは、レーニンの戦略をそのまま採用しているからである。中国は過去三〇年間改革を続けてきたが、党はその間ずっと国家の手綱を握り、生き残りのための三つの柱——人事管理・宣伝活動・人民解放軍——を完全に支配し続けてきたのだ。

一九四九年の統一中国誕生後、唯一の合法政府として政権を握って以来、中国共産党とその指導部は、あらゆるレベルの国家機関の要職に党員を配置してきた。国民がインターネット時代のスピードに合わせて走っている現代にあっても、国内メディアはすべて中央宣伝部の統制下にある。体制に異を唱えようとする者があれば、党は準備しておいた強大な力を発動し、軍と公安部門が党の統制下にあることを思い知らせる。軍と公安部門は党の支配をバックアップする究極の後ろ盾なのだ。大都市から小さな村まで、各レベルの行政区に置かれた警察の内部には「内部公安部門」がある。その役割は党支配の維持であり、党の意向に反する政治的意見が世間に広まる前にその芽を摘み取ることである。

中国は、とっくの昔に共産主義の中央指令型経済を捨て、党の偉大な発明である社会主義市場経済という現実路線へ移行した。だが、ソビエト・ロシア研究の大家ロバート・サービス(5)が作成したチェックリストに照らしてみると、北京政府は、二〇世紀の共産主義国家の特徴であった性質を、今も驚くほど多く保持している。

他の共産主義国家がその全盛期に行ったように、中国共産党はその政治的ライバルを根絶やしにし、あるいは骨抜きにしてきた。司法とメディアの独立性を奪い、宗教と市民社会を規制し、非共産主義政体を中傷し、中央に権力を集中させ、秘密警察を網の目のように張りめぐらせ、反体制派を強制労働収容所に送り込んできた。中国共産党指導部はその活動の歴史のほとんどにおいて、現在ではそれほど露骨ではないにしても、昔ながらの共産主義者と同じことをしてきたのだ。共産主義の「教義の無謬性」を主張し、「自分たちは人間に関する完璧な科学者である」と公言してきた。

中国共産党はこれまで何度も自滅の危機に瀕したことがある。五〇年代から三〇年にわたって行われた毛沢東の冷酷無比な政治キャンペーン、一九八九年、北京その他の地域で起こった民主化運動に対する軍事弾圧のあとがそうだった。そして一九九二年までの三年間に起こったソ連共産圏の崩壊は、共産党そのものの存在を揺るがした。その残響は今も北京の「権力の回廊」に留まっている。しかし中国共産党はそれぞれの危機にさいして、転んでは起き上がり、破れた鎧を繕い、脇を固めてきた。党はあらゆる状況で、批判者を抹殺し、失脚させ、打ち負かし、追放して批判から逃れ、幾多の危機の局面で中国の崩壊を予言していた研究者たちを当惑させた。政治組織として見ただけでも、中国共産党は驚異的ともいうべき独特の特徴を持つ奇才である。二〇〇九年半ばには、その党員数は七五〇〇万人。全国民の一二人に一人という割合なのである。

政敵をことごとく失脚させる党のやり方は、第二次湾岸戦争後のイラク軍のやり方に似ている。たとえ解体されたり崩壊したりしても、再び元通りにしなければならなくなる。なぜなら、国家を運営するノウハウと経験と人脈を持っているのは党員だけだからだ。ある著名な上海の大学教授によれば、党の姿勢は「私にはできるが、あなたにはできない。あなたにできないから、私がやるのだ」というものだ。これは堂々めぐりの論理である。別の選択肢はありえない。別の選択肢は存在を許されないからだ。

金融危機のなかにあって、中国の台頭と西側諸国の後退を象徴した最大の出来事は、二〇〇九年二月、アメリカの新国務長官ヒラリー・クリントンの北京訪問だろう。それまでアメリカ政府は、ビル・クリントン政権もジョージ・W・ブッシュ政権も、中国に対しては攻撃的な対決姿勢を貫いてきたのだが、クリントン長官は訪中を前にして人権問題に関する強硬な発言を控えた。帰国前の記者会見では、中国政府がこれまでどおりアメリカ国債を買ってくれるよう、インチキ商品を売りつける行商人さながら、にこやかにお願いしていた。

鄧小平が二〇年前に打ち出した巧妙な戦略、中国が国際社会で目立たぬように成長を遂げるための策、「韜光養晦《とうこうようかい》」は、クリントン長官訪中のずっと前から、守ることより違反することが尊重された〔ハムレットの言葉〕。世紀の変わり目頃から、アフリカ・南米・オーストラリアに資源調達に乗り出して注目を浴び、国有企業の一〇億ドル規模の株式を海外に上場させ、国連でも注目を集め、とてつもない経済力を手にした中国は、世界のビジネス・金融の新たな中心としての地位を占めるようになった。中国の星は、かつてないほど明るく輝いている。中国の外交官が、中国は比較的貧しい発展途上国だから援助が必要だと必死に訴えているとしても。

西側の金融システムの内部崩壊は、アメリカ・欧州・日本の自信を喪失させ、中国の地位を一夜にして数段上に押し上げた。二〇〇九年初めの数ヵ月で、国内世論にはかる必要のない中国政府は、国費から次のような支出を決定した。IMFへの追加支援五〇〇億ドル。アジア通貨基金へ香港と共同で三八〇億ドル。資金繰りに苦しむロシアの石油会社数社への融資二五〇億ドル。オーストラリアの資源開発会社数社へ三〇〇億ドル。そして南アメリカ・中央アジア・東南アジアの各国や各種企業へ数百億ドルを提供して商品を押さえ、将来の購入を確保した。

二〇〇九年九月、西側の政府と企業がまだ立ち直れずにいる時期に、中国は、アフリカ諸国（ナイジェリア・ガーナ・ケニア）に資源開発とインフラ整備の目的で六〇〇〜七〇〇億ドルに上る融資を約束した。同じ頃ギニア政府は、資源開発とインフラ整備の資金一〇億ドルについて、現在中国と交渉中であると発表した。ギニアの首都で軍による市民への発砲や婦女暴行が行われ、軍事政権に対してアフリカはじめ国際社会でも非難が高まるなか、その発砲事件の数日後に発表されたニュースだった。

中国の野心とその勢力は、数年前には想像もできなかったほど脚光を浴び、煌々《こうこう》と輝いている。中国中央銀行は二〇〇九年前半、米ドルに代わる新たな国際準備通貨が必要だと主張し、同じ年にその主張を繰り返した。ダライ・ラマを歓迎したフランスに抗議して中国がEUサミットを欠席したあと、フランスはチベットに対する中国の主権を黙って再認し、中国の怒りをなだめた。オバマ大統領は、二〇〇九年後半、同年一一月の初の北京訪問の雰囲気作りのために、チベットの精神的指導者との会見を断った。翌二〇一〇年前半には、ダライ・ラマとの対談に合意したのではあるが。二〇〇九年、中国海軍は創設六〇周年を迎え、中国は青島《チンタオ》沖での観艦式に各国を招待し、新造の原子力潜水艦を披露した。

西側諸国は数年前まで、巨大な中国市場は手に入らぬ永遠の夢とあきらめてきたのだが、この市場の重要性がかつてないほど増大することとなった。二〇〇九年四月の上海モーターショーの直前に、中国の月間乗用車販売台数はアメリカを抜いて世界第一位となった。その一ヵ月後、王岐山と中国指導部は、ブリュッセルでEU通商担当委員キャサリン・アシュトンほか欧州ビジネス界のトップ一五名と会合を持ち、中国市場への参入に関する苦情に耳を傾けた。王は昼食会で欧州側の話を聞いたあと、市場に「変則的な状態」があることを一応認めたが、これまでどおり自信たっぷりに、「ご不満はわかります。でも中国市場の魅力には抵抗できないでしょう」と答え、西側実業界を絶句させた。要するに、どんなに不満があろうと市場がこれほど巨大なのだから、いずれにせよ欧州は中国に参入することになる、というのが王の言い分だったのだ。さらに悪いことには、欧州側にも王の言葉が正しいことはよくわかっていた。

中国が近年身につけた高飛車な自信は、二〇〇九年末コペンハーゲンで開かれた地球温暖化サミットで、さらに大きなスクリーンに映し出されることになった。難航した会議の最終日、オバマ大統領はじめ各国首脳が参加する首脳級会議に、次官レベルの担当者を出席させたのである。同日行われた温家宝総理が出席した別の会議では、中国代表団の一人がオバマ大統領を指差しながら声高に講釈を垂れる場面があった。言うまでもないことだが、中国の国家主席に対し西側政府が次官対応をさせたりすれば、まして講釈などしようものなら、公然の侮辱を受けたとして北京で激しい排外デモが起こるだろう。中国側は、のちにこの対応を批判されて驚いた。「中国は強大な国家に変貌を遂げたのだから、欧米諸国は中国と対立するのか協力するのかを、はっきり決めなければならない」と、中国側の幹部は述べている。

第二次大戦後、植民地から解放されたアジア諸国は大きく成長し変貌を遂げた。シンガポール、マレーシア、インドネシア、韓国といった国々の成長と変容は各国国民にとって、またアジアの地位向上にとっても重要なことだった。日本が経済大国に成長したことは欧米を揺さぶり刺激を与えた。これに対して、世界人口の五分の一を占める中国の経済成長は、これまでとは比較にならないグローバル規模の出来事だ。中国の台頭はまさに巨大潮流であり、世界経済を分野ごとにごっそり作り変えるほどの力を持つ現象である。そして、その国が共産党によって統治されていることが、西側世界にさらに衝撃を与えている。西側はほんの数年前まで、共産主義陣営の崩壊によって自由主義・民主主義が最高段階に達し歴史は終焉したという理論に浮かれ騒いでいたのである。

さらに、七〇年代後半に中国共産党が重大な路線変更を決断したことが、文字どおり一三億人の中国人の生活を変えてしまった。世界銀行の統計[6]によれば、中国の貧困者数は、一九八一年から二〇〇四年の二〇年余りのあいだに五億人減少している。世界銀行によれば「総体的に見ると」、「途上国の貧困者の絶対数は（同じ基準で算定した場合）同じ時期に一五億人から一一億人に減少している。つまり、中国がなかったら、二〇世紀末の二〇年間に途上国の貧困者数の減少はなかった、ということになる」。

わずか一世代のあいだに党のエリート層は、陰気な人民服を着た残忍なイデオロギー集団から、スーツを着た、企業を支援する金持ち階級へと変身した。それとともに彼らは自分たちの国を変容させ、世界をも作り変えようとしている。今日の中国共産党は、グローバリゼーションの道を邁進することに専念し、それによって経済効率と収益率を高め、政治的影響力をより強固なものにしようとしている。

同じ共産主義国が崩壊していった時期に、なぜ中国共産党はそうした変容ができたのか。最良の記事とは最も明白な記事である、というジャーナリズム界の古い格言は、中国について書くときにも当てはまる。しかし、中国共産党についての記事を書く上で問題となるのは、党からは書き手が見えているとしても、書き手は党の明白な姿を見て記事にすることが難しいという点だ。党とその機能はたいていの場合、仮面をかぶり偽装しているからだ。外の世界と交流するとき、党は目立たないように慎重に振る舞う。ときには党の姿はまったく見えなくなることもあり、そうなると中国がどのように統治されているのかをレポートする仕事は腹立たしいほど難しくなる。

中国についての新たなレポートは決まって中国共産党に言及するが、党が実際どのように統治しているのかを詳述することはめったにない。その理由は、党が秘密主義を貫いているからである。本書はそうした空白を埋めるべく、党の機能と構造について、そして党がその機能と構造を用いてどのように権力を行使しているかを説明しようと試みたものである。包括的な記述や権威ある内容を目指したものではない。ただ、ジャーナリストとしての好奇心で、中国というシステムにかけられた何重もの鍵をこじ開け、あるいはこじ開けようと努力して、内部を覗き込んでみたその記録である。本書はこの作業を通じて、姿を隠している中国共産党を実際の居場所に戻す、つまり現代中国の物語の中心にきちんと位置づけることを目的としたものである。

○訳注
＊1　原文どおり。一般には金融危機は二〇〇八年だが、二〇〇七年という見方もある。金融危機の端緒となったサブプライムローン危機は、二〇〇七年夏ぐらいから始まっている。

第一章　赤い機械

党と国家

「わが国の党は神のようなものだ。
目に見えなくとも、あらゆる場所に存在する」
（北京のある大学教授の言葉）

九人の最高幹部たち

九人の男が人民大会堂の舞台に進み出る。北京の中心に広がる天安門広場の西側、かつてのソビエト連邦を彷彿とさせるこの荘厳な建築物のなかで、二〇〇七年の中国共産党第一七回全国代表大会（以下、党大会）は終盤を迎えようとしていた。舞台に並んだ九人の姿は、素人目には誰が誰だか判別不能なほど似通っている。

全員がダークスーツ、八人は真っ赤なネクタイ。そして九人全員が漆黒に染めた髪をオールバックにしている。髪を染めるのは中国の高位の政治家特有の慣習で、それをやめるのは引退や投獄のどちらかに限られている。この九人の履歴を見る機会があれば、そこにある類似にも驚かされることだろう。八人がエンジニアの教育を受け、七人が六〇代の半ばである。大学卒業後はそれぞれ就職しているが、全員がつねに党の役職を兼任していた。一般の仕事をこなしたり管理したりする立場にあったときでも、彼らの本業はあくまで政治家だった。ただバックグラウンドとなると少々異なる。貧しい生まれからのし上がってきた者もいれば、党の上層部という特権階級出身の者もいる。個人的に持つ人脈も異なる。しかし一様ではなかった基本的な政治理念は、この地位に上り詰めるまでに党の容赦ない指導によって矯正されていた。

共産圏の伝統的な作法にのっとり、九人は自ら拍手をしながら静かに登壇し、指定の位置に立ち止まると、これから始まる儀式を待った。芝居じみた華やかさで執り行われるこの儀式において、集まった報道陣や政府関係者にとって最も重要なのは、この九人がステージの上に進み出る作法でもなければ、見た目やキャリアの類似でもない。登場してくる順番だ。なぜならこの序列こそが二〇一二年までの五年間における指導部のヒエラルキーを決定し、ひいては二〇二二年までの一〇年間の後継者の序列を決めるからだ。万里の長城の秋の景色を描いた幅二〇メートルもの絵を背に、九人は直立不動のまま、列の先頭に立つ党総書記、胡錦濤から、中国の選ばれし指導者として紹介されるのを待っていた。

党大会を前に、大きな政治イベントが行われるさいには欠かせない、水も漏らさぬ警備体制が敷かれた。外交施設の周辺には警備員を倍増し、道路の各交差点には警官を配備し、人民大会堂近辺の通りには、目つきの鋭い私服の警備員を数え切れぬほど配備した。そして地方の学者にはしばらく口をつぐむよう緘口令が敷かれた。大会の一ヵ月前の九月には、インターネットのデータセンターが閉鎖され、数週間にわたって何千ものウェブサイトがアクセス不能になった。さらに北京の外れにある、地方から中央政府に苦情を申し立てにやって来た人々の暮らす陳情村の閉鎖[1]も始まった。

地方政府の違法行為を直訴できる機関は、何世紀も前から首都に置かれている。しかし党大会の前には、中央政府は地方の幹部らに対して、管轄地域の市民が陳情に訪れるようなことがあればキャリアに傷がつくだろうと脅しをかけていた。そこで各地方政府は、警戒の網をかいくぐって市民が陳情に訪れた場合に備えて、最後の砦を用意した。地元に送還するまでのあいだ、陳情者を一時的に拘束する「黒監獄」と呼ばれる非公式の監獄だ。欧米で政治的な点数を稼ぐために犯罪率を下げる試みがなされるのと同じように、黒監獄を使って中央の機嫌を取ろうというわけだ。

政治的イベントのたびに繰り返される、こうした抑圧的行為も、中国の諜報機関である国家安全部、政府関係者、地方の活動家や国内外のメディアにとっては馴染みのものとなった。反体制派の大物へのテレビインタビューは何ヵ月も前に収録される。政治的イベントの日程が近づけば、彼らに会うことはおろか、電話連絡さえもできなくなってしまうからだ。一時的に拘束された多くの活動家の一人に、辛口で知られるエイズ撲滅活動家、万延海《まんえんかい》がいる。彼は一九八九年六月四日に起きた天安門事件の記念日の前に、罪状もないまま一二時間拘留され、八月には同様に数日間拘束されたという。「私の自由は制限されているのです」そう話す口調は、まるで路上で市民を逮捕する国家安全部の人間のように無表情だった。彼はかつて、汚染血液がらみの事件で、政府を告発しようとして衛生部の怒りを買ったことがある。また、反体制派の人々と堂々と付き合ったことで、国家安全部の監視下に置かれることになった。逮捕されるとホテルの一室に閉じこめられ、党に対する見解を変えるように忠告された。のちに万はこう語っている。「彼らはいまだに私たちの思想統制に躍起となっているようです」

党指導部の委員選びに先立って、予備選挙や事前投票や決選投票といった類のものは一切行われず、西側諸国の選挙につきものの血みどろの選挙戦が騒々しく行われることもない。委員が選ばれるプロセスを追うことは、堀と見張りで厳重に防備された巨大な城のなかで行われていることを、外から窺い知ろうとするようなものだ。窓から漏れる明かりや、ひっきりなしに出入りする訪問者。ときおり分厚い壁の向こうから漏れ聞こえる怒鳴り声。それらを観察することで、内部で起きていることを読み取るしかない。闘争があった明らかな証拠として、敗者たちが汚職事件や派閥争い、何らかの不始末を起こしたという理由で城から放り出され、引退や投獄に追い込まれていく。二〇〇七年の党大会の前には、中国の商都・上海の党のトップが権力の座から追い落とされた。過去一〇年のなかで最も上級の党幹部が絡んだこの汚職事件では、幹部たちのあいだで緊迫した話し合いが行われ、その決着には数年を要した。

党の指導部といえば、政府と国家の指導部でもあるのだが、その選出方法は何十年ものあいだ変わっていない。このような大きな政治的対決においては、候補者たちが個人的に複雑な交渉を行い、ときにはずいぶん前から当事者同士、または代理人を介しての壮絶な戦いが繰り広げられる。その争いは経済・政治改革・汚職に関する討論の場で行われることもある。香港や海外のメディアはそうした内部抗争の情報を得ようと躍起になったが、彼らよりはるかに情報が豊富なはずの国内メディアは、沈黙を保つよう命じられていた。この秘密のベールのために、新指導部の発表が特別のものになり、政治ドラマやサスペンスを生で見ているかのような印象を与える。新たな指導部がカメラのフラッシュを浴びながら登壇するまで、誰がどんな序列で選出されるのか、中国国民は一切の情報を得ることができない。

新指導部を壇上へ先導すると、胡錦濤は簡潔にそれぞれの名前を読み上げた。このイベントは、中国外交部の事前の説明では、政治局との「会見」と呼ばれていた。そこである記者が「ではこちらからの質問も受け付けるのですね？」と尋ねたが、担当者は「いいえ、一方通行の記者会見のようなものです」と答えたという。発表の翌日、国内の各メディアは党の指示どおりに、この模様を報じた。同時に報じられた新たな政治局メンバーの履歴についても、党の検閲と承認を受けた国営通信社配信のものとそっくりそのままだった。翌朝、中国の新聞各紙を並べて見比べたり、ニュースのウェブサイトに掲載された写真や記事を見た者は、目を疑ったことだろう。見出し、記事、写真の大きさからレイアウトに至るまで、どれもまったく同じだった。

選出方法が民主的とは言えないという批判を受けると、指導部はしばしば困惑の表情を見せる。今回の大会から数ヵ月後の二〇〇八年五月、日本の横浜市にある中華学校を訪問した胡錦濤は、八歳の子供から「どうして国家主席になりたいと思ったの？」と無邪気に尋ねられた。国家主席の肩書きは、党のトップに選ばれれば自動的に与えられることになっている。教室内の気まずい愛想笑いが収まるのを待って、胡錦濤は自ら望んでその地位に就いたのではないと答えた。「国中の人々が私を選んで国家主席にしたいと望んだんだよ。国中の人たちをがっかりさせることはできないだろう」と答えた。胡錦濤の前任者で、党総書記と国家主席を兼任した江沢民も、二〇〇〇年にアメリカの時事問題を扱う番組に出演したさいに、「私は選ばれた」と発言したが、両国の選挙制度について「違いはある」と認める場面もあった。

二〇〇七年の大会中、参加する代表者たちは許可を受け、ときには命令を受けてメディアのインタビューに応じ、海外に向けて党の友好的かつ透明性に富んだイメージ作りに努めた。党としても、近年では代表者個人としても、海外メディアが食いつきそうなネタがないわけではなかったが、彼らの答の中身は党の目指すイメージに合わせたものだった。二〇〇二年に江沢民が企業家の存在を認める方針を貫いて以降、多くの企業家が党員資格を承認され、または新たに党員となっている。語ろうと思えば、彼らには無一文から大金持ちへとのし上がった興味深い成功物語がいくらでもある。そうした話を差し置いて、よいイメージ作りに全力を傾けた党だったが、やはりうさん臭さと曖昧さはぬぐい切れない。

陳愛蓮《ちんあいれん》はそんな中国のニューリッチを代表する億万長者だ。党員で大会の代表者でもある彼女にインタビューすると、初めのうちは喜んでビジネスの話をしてくれた。中国ではあちこちで信じられないような素晴らしいサクセスストーリーを耳にするが、彼女の話もそうだった。「車が好き」という理由で自動車ビジネスを始めたのは一九九〇年代の初めのこと。その後、何百万ドルという売り上げを達成し、彼女の会社は今やアメリカにもオフィスを構えるアジア最大のアルミ合金ホイールメーカーにまで成長を遂げた。陳は特別な用事のときにはロールスロイス、普段使いにメルセデスベンツ、さらに長距離ドライブ用にはいすゞのSUV車を所有しているのだという。ところが話が党のことに移ると一転、生き生きとした企業家の表情は消え去り、能面のように無表情になってしまった。そして些細な質問にも、教会のなかでささやくように恭《うやうや》しい口調で答える。その内容も堅苦しく控えめで、生気がなく、党のスローガンそのままだった。

現在、党のトップには胡錦濤が座っている。国家主席であり軍のトップでもあると同時に、さらに格が上の中国共産党総書記でもある胡錦濤は、政府の方針を定める巨大な権力を握っている。その人物像は二〇〇二年の就任以来五年間、党内部においても謎に包まれていた。日ごろは物静かだが、まれに政治について発言する言葉は驚くほど的確で説得力のある皇帝、そんな帝国時代を彷彿とさせるイメージを胡錦濤自身が演出しようとしていた。かつては改革派と言われた彼だったが、一九九〇年代初めに江沢民の確実な後継者として昇格したあとは、看板であった明快な政治方針は曇ってしまった。

イメージを変えることなど、胡錦濤ほどの立場になれば至って容易なことだった。[2] たとえば、五歳のときから彼を育てた年配のおばは、一部の海外メディアにとってはフィルターのかかっていない情報を得られる貴重な存在だった。しかし、総書記に任命されたとたん、地方の役人がインタビューを一切禁止し、さらにおばの家に保存されていた幼い頃の彼の写真もすべて回収してしまった。写真がメディアの手に渡り、党の発表と異なる生い立ちが語られるのを防ぐためだ。総書記に就任してから七年後の二〇〇九年、インターネット上に若き胡錦濤の写真が公開された。

学校の遠足の写真で、若く可愛らしい高校生が写っているだけなのだが、就任当時の地元の役人らは、写真が公開されることによって責任を取らされるのを恐れていたのだ。

就任一期目の胡錦濤は、国内外を問わず一切のインタビューを受けず、[3] 自分の実像が明らかになるのを極力避けていた。二〇〇八年八月の北京オリンピックを前に、二五人の外国人記者に短い会見を許可したが、質問は事前に厳重な検閲をパスしたものに限られた。党の中央機関紙『人民日報』には、定期的に彼の発言が掲載されるが、そこから個人的見解を読み取ることはほとんどできない。ある中国人評論家は、こうした政治的見解の表明の仕方をアヒルの歩き方にたとえている。片方の足は右に出し、もう片方は左に出す、遠目には安定しているように見えても、実際には不安定だというのだ。

胡錦濤の厳重なイメージ管理は、かつてのより独裁的な共産主義の時代への後戻りのように見えたかもしれない。実際、前任者たちに比べると、胡錦濤は個性がなく、故意に人間味を排除している感じだ。それとは対照的に鄧小平は、毛沢東の正気とは思えない政治運動との長年にわたる戦いによって武勇伝に彩られ、革命家としての威光を放っている。彼は土臭い四川省の生まれであることも誇らしげに公表していた。また八〇年代前半、北京でサッチャー首相と会談し、香港問題について脅しとも取れる持論を展開しながら、痰つぼに大きな音を立てて痰を吐いたという話は有名だ。胡錦濤の前任者、江沢民も、公の場で楽しげに歌を披露したり、リンカーンのゲティスバーグ演説や西洋の有名な書物の一節を英語で暗誦したというエピソードがある。毛沢東は、国民に恐怖を与えはしたが、カリスマ的存在で、彼の力強いスローガンは今も中国の文学、政治、ビジネスの分野で生き続けている。

　胡錦濤には鄧小平のような現実的な力強さはないし、江沢民のような陽気な親しみやすさもない。毛沢東のような、恐ろしくも素朴な支配者というわけでもない。出身地を感じさせるような訛《なま》りもなく、人々の日常生活に浸透するほど印象的な名言もない。二〇〇五年、スコットランドのグレンイーグルズで開催されたＧ８サミットで、首脳たちの非公式かつ自由な話し合いを目的とした関連会合が企画され、イギリスの外交官が胡錦濤にも参加を要請した。しかし、そのような形式の会合は受け入れられないと、にべもなく断られたという。「国家主席は自由な話し合いの場には出席しません」というのが中国側の回答だった。プロの官僚集団のトップとして慎重に総意を推し量っていく胡錦濤を、辛口評論家は「よい子ちゃん《ハオハイジ》」と呼ぶ。しかし、この控え目で出しゃばることのないスタイルは、時代遅れどころか、まさしく今の時代に合っているのだ。複雑な様相を見せる現代中国では、党や政府も国民も、かつての毛沢東や鄧小平のような独裁的指導者を受け入れられなくなっている。毛沢東や鄧小平の時代には、リーダーとは最上部に君臨する存在だった。現代のリーダーである胡錦濤は逆に、強大な権力を持ちながらも、党の陰に隠れるようにしている。

　胡錦濤は、総書記に上り詰めるはるか以前から控え目なスタイルを貫いてきたが、それには、中国共産党が指導者たちを踏み台にして成長してきたという背景がある。一九九二年、中央政治局常務委員に就任し、確実な後継者となって以降、政治局内に支持母体を持たない胡錦濤が総書記の椅子をめぐる闘争を勝ち抜くには、少しのミスも犯さないように慎重を期する必要があった。

そのため一〇年後に総書記の座についたときにも、周囲に信用できる者は少なく、役人たちが指針とできるような仔細な政治綱領といったものを前もって用意することができなかった。胡錦濤が北京をはじめ中国全土の巨大な党組織全体を真に統括できるようになったのは、一期目の五年が過ぎ二期目に入ってからのことだ。アメリカの大統領は任期の終わりが近づくにつれ、政治的影響力を失うレームダックになることが多い。しかし、中国の政治システムでは逆のことが起きる。胡錦濤は前任の江沢民と同様に、任期の終わりに近づくほどその権力を強化していった。

　さて、党大会の最後に壇上に並んだ九人の政治局常務委員だが、公式な政治から締め出されている一般市民にとって、ほとんどが初めて見る顔である。胡錦濤は見慣れた顔とはいえ、その内面は謎だった。序列二位の呉邦国《ごほうこく》は、党内の派閥の一つである上海閥に所属するごく普通の役人だったが、いつの間にかスルスルとトップ近くまで上り詰めてきた人物で、全国人民代表大会常務委員会委員長でもある。序列三位の温家宝は総理を務めている。妻と息子がビジネス取引で醜聞の的となったこともあるが、巧みに人民の代表というイメージを保っている。

　四番目に並ぶ賈慶林《かけいりん》は大柄で赤ら顔、いかにも美食家といった感じでスーツは今にもはち切れそうだった。ある汚職事件に関与した疑惑が浮上したため、彼の知名度は他のメンバーより高い。彼が福建省在任中、総額六〇億ドルの関税が脱税されるという、中国史上最悪の汚職事件〔厦門遠華密輸事件〕が起きた。多くの役人が処刑または投獄され、賈慶林とその妻にも関与の疑いがかかったが、彼らが罪に問われることはなかった。証拠不十分ということもあったが、むしろ彼を支援する政治勢力に守られたのだろう。メディアの多くは彼が大会の前に失脚すると予想していた。ステージに上がった賈慶林は、報道陣をしげしげと見渡し、栄養たっぷりの赤ら顔に勝利の笑みを浮かべていた。

残るメンバーには、胡錦濤の後継者候補である五〇代の人物が二人含まれているが、どちらも彼らの地元でのみ、ぼんやりと顔を知られている程度だ。序列六位の習近平に至っては、次の確実な後継者として政治局常務委員に選出されるまで、国民的な歌手であり人民解放軍少将でもある妻の彭麗媛《ほうれいえん》よりも知名度が低かった。壇上に並んだ新指導者たちのなかには、メディアや治安維持など比較的市民に近い分野を統括していた者もいる。しかし、中国国民の多くにとって政治局が遠い存在であることに変わりはなく、あり余る権力はあっても、個性や特徴はないに等しいのである。

胡錦濤は「科学発展観」、「和諧《わかい》社会」、「社会主義文化の発展」といった、公の政治討論のすべての基盤となる難解な政治スローガンをちりばめた短い演説をした。これらのスローガンは胡錦濤政権に独自のもので、党や知識階級のなかではきわめて重要だ。しかし、一般の国民にとってはおおむね意味をなさない。演説が終わると、胡錦濤は他の八人を伴って舞台を降りた。これから数年間、政治局の中枢であるこのメンバーが再び勢ぞろいして公の場に現れることはまずないだろう。(4) 儀式は一〇分ほどで終了した。

生きている〝レーニンのシステム〟

中国に五〇余りある国有大企業を経営するトップのデスクの上には、パソコンや家族写真など、一般企業のＣＥＯと変わらない備品に加えて、ひときわ目立つ真っ赤な電話機がある。これが鳴ると、重役もその部下も受話器に飛びつく。それは「赤い機械」と呼ばれている。単に「電話機」と呼ぶだけではその重みを十分に表現しないからだろう。ある国有銀行の重役は「『赤い機械』が鳴ったら、絶対に出なければなりません」と言っていた。

「赤い機械」は普通の電話機とは違う。電話番号は四桁しかなく、同じ暗号システムを用いる四桁の番号を持つ電話としかつながらない。中国でこれほど誰もが欲しがるものはないだろう。あらゆる近代的な通信機器を持っているはずの国有大企業のトップにとって「赤い機械」を持つことは上り詰めたことを意味する。企業のトップというだけでなく、党や政府の幹部となった証しである。トップクラスの幹部にしか持つことが許されないこの電話機は、究極のステータスシンボルなのだ。「非常に便利なのですが、同時に危険でもあります。電話の相手にはつねに誤解されないよう気をつけなければなりません」と、ある国有資源会社の重役は言う。重役のオフィスを出て廊下を進むと、ファクシミリが置いてある通信室が別に用意されていて、中南海〔ここに中央指導部の施設が集まっていることから中国最高首脳部の意〕や、党や政府の諸機関から内部文書を安全に受け取れるようになっている。

「赤い機械」は、政府機関の部長や副部長、党機関誌の編集長、国有大企業の会長、あまたある党の下部組織のトップなど、北京の一定レベル以上の幹部のオフィスに点在している。この電話やファックスに暗号システムが用いられているのは、海外の諜報機関による傍受を防ぐためだけではない。国内でも党の支配下にない者に情報を盗まれるのを恐れての対策でもある。「赤い機械」を持つということは、国を統治する結束した集団の一員として認められたことを意味する。世界人口の約五分の一を占める中国人を支配する、わずか三〇〇人（ほとんどが男性）からなる少数集団だ。

　少人数ながら強大な力を舞台裏で行使するエリート集団は、世界各地に多く存在する。イギリスでは、そうした集団を表す言葉に「オールド・ボーイズ・ネットワーク」がある。もとは、単に上流階級の私立学校卒業生の間のつながりを指す言葉だった。フランスでは「エナルク」、政治、ビジネスの分野で次世代を担う人物を輩出するパリの国立行政学院〔エコール・ナショナル・ダドミニストラシオン〕の卒業生を指す。日本で言う「東大エリート」は、東大法学部を卒業し、長年与党だった自民党や財務省、その他大企業に進むという出世コースだ。インドの「ギムカーナ・クラブ」は英語教育を受けたエリート集団である。アメリカでは「アイビーリーグ」〔東部にある世界屈指の名門八校からなる連盟〕、「ベルトウェー」〔アメリカ政府の中心部であるワシントンDCのエリートを指す〕、「K通り」〔ロビイスト街〕、軍産複合体など、水面下で影響力をふるう結束の固い集団を表す言葉はまだまだある。

　しかし、ネットワークのきめ細かさという点では、中国共産党が抜きんでている。「赤い機械」によって党組織は、近年中国が海外展開を促進している政府系企業を含む、国のあらゆる主要機関と即座に連絡を取ることができるホットラインを持っているからだ。その機能がいかほどのものか、一つ例を挙げてみよう。かつてジョージ・W・ブッシュの共和党政権は、ディック・チェイニー副大統領とエネルギー業界との間に黒い癒着があるとして非難を受けていた。この時もし、チェイニーとエクソンモービル社をはじめとするアメリカエネルギー会社大手のＣＥＯたちが机の上に盗聴の心配がない電話を持っていて、短縮ダイヤルでつねに連絡を取れる状態だったとしたら、どれほどの非難を浴びていただろうか。さらに、中国国有企業の幹部が、党内の地位と国有企業内での役職のおかげで党や政府の情報をつねに受け取っているのと同じように、エクソンモービル社のＣＥＯが共和党や政府の情報を受け取っていたとしたら、どれほどの批判の嵐が巻き起こっていたか想像もできない。「赤い機械」とそれに伴う特権は、まさしくこのような絶大な機能を果たしているのだ。

ある副部長の話では、「赤い機械」にかかってくる電話は、半分以上が党の上層部からの頼みごとだという。「私の息子、もしくは娘、もしくは甥、姪、いとこ、親友……に何か仕事を世話してもらえないか？」といった類のものだ。何年もの間、この手の依頼を受け続けた彼は、うまい対処法を編み出した。大げさに承りつつ、役所に入るにあたっては、まず厳しい試験を受ける必要がありますが、と付け加えるのである。ほとんどの場合、これで諦めるらしい。「赤い機械」には別の使い方もある。携帯電話がまだ普及していなかったころ、ある投資銀行家が、広いコネを使っても政府の上層部と連絡が取れずに困っていた。そんなとき訪問先で幹部が席を外した隙に、将来の上顧客と直接連絡を取りたい一心で「赤い機械」を拝借しようとしたというのだ。高性能な携帯電話が普及した現在からすると奇妙な話に思えるかもしれない。しかし、「赤い機械」は今もなお、共産党が持つ途方もなく広大な勢力範囲、厳格なヒエラルキー、細部まで行き届いた組織編成、異常なまでの秘密主義を象徴している。電話機の色が革命の「赤」であるのも大きな意味がある。中国では赤は権力の象徴だ。政治的に不安定になると、中国政府は「色が変わる」ことに敏感になる。赤が消えることは共産党が権力を失うことを意味するのだ。

官僚主義が伝統に深く染み込んでいる国では役人はとかく厚遇されるものだが、中国共産党の上層部ともなれば、それをはるかに上回る社会的地位を享受している。まるで外国の外交官かと見紛うほどに安全の確保された敷地内に住んでいる。しかし、海外への渡航には制限があり、交際も職務上の知り合いと近親者に限られ、それ以外は厳格なルールに従わなければならない。罪を犯した場合、最初にその処遇を決めるのは党であって、国の法律は二の次だ。だが、受ける恩恵が大きい分、代償も大きい。それは諸外国の役人がぼやくようなストレスや家族への負担といったレベルをはるかに超えるものだ。党員になるということには、単に名簿に名前が載るだけではなく、それ相応の責任が伴う。[5] 上層部に昇進すれば、与えられた職務は何でもこなさなければならないし、大きな成果も残さずには容易に党を離れることもできない。一定レベル以上の幹部は、『ゴッド・ファーザー』のマイケル・コルレオーネのように、家族のマフィアビジネスから逃れようといくらもがいても、「奴らが俺を連れ戻すんだ」と嘆くことになるのだ。

中国が一九四九年に中華人民共和国となって以降、外交関係を結べていない数少ない国の一つにバチカンがあるが、それには理由がある。カトリックの総本山でありローマ教皇の住む小国、バチカン市国はその権威の及ぶ範囲が世界中という点で中国とは異なるものの、儀式と秘密主義にあくまでこだわる点では中国共産党に匹敵する唯一の組織だ。中国共産党がその原理を守ろうとする熱意と独善主義は、バチカンがカトリック教会に関する全権限を主張する姿勢に見事に重なる。バチカンは世界中の司教を任命する権限があると主張するのに対し、中国は自国内のカトリック司教の任命には中国の承認が必要だと主張し、この問題はまだ決着がついていない。何年にもわたって断続的に行われている双方の話し合いの合間には、自虐的なブラックユーモアがたびたび口にされる。二〇〇八年、バチカンとの非公式な交渉にあたっていた中国人がバチカンを訪れたさい、中国共産党とカトリック教会の不気味とも思える類似点について、こんな冗談を言った。「中国共産党に宣伝部があるように、あなた方の教会には布教活動に熱心な人々がいます。われわれに中央組織部があるように、あなた方には枢機卿会があります」バチカンの役人が「では、違いはどこだとお考えですか？」と尋ねると、その中国人はからからと笑いながらこう答えた。「あなた方は神で、われわれは悪魔ですよ！」

バチカンもそうだが、共産党がトップレベルの決定事項を外部に漏らすことは決してない。胡錦濤は「国中の人々に」選ばれたと言ったが、それは事実を無視した幻想にすぎない。二〇〇七年の党大会でもそれ以前の党大会においても、投票したのは許可された代表だけだったのだ。しかも、投票を許された二二〇〇人余りの代表たちにさえ、まったく選択の余地はなかった。二〇〇七年の党大会に先立ち、中国の政治学者たちは提案すべき投票方法について頭を悩ませていた。投票者に候補者リストを公開し、その中から最終の九人を選ばせるのか。それとも、かなり過激な案ではあるが、ベトナムの共産党が二〇〇六年にハノイの大会で決めたように、あらかじめ内部協議で候補者を二名に絞り、その二名から総書記を選ばせるのか。だが、結局はどちらの案も流れて、これまでと変わらない方法で投票が行われた。

中央政治局、中央委員会、常務委員会など、中国共産党が権力を行使する組織の名称に注目すると、中国がいまだに旧ソ連の組織形態を存続させていることがよくわかる。これは現代中国について見落とされがちな事実だ。ロシア革命を率いたウラジミール・レーニンは、共産党が姿を隠したまま、その影響力を国家の全レベルに静かに浸透させるシステムを作り上げた。表向きは労働者階級の救世主というイメージを打ち出していたレーニンだったが、考案したそのシステムは、残忍なまでに徹底したエリート主義そのものだった。システムの頂点においては「できる限り中央集権化」させ、レーニンをはじめとする自称職業革命家たちが、日々の闘争を克服することなどできそうもない労働者階級に対して指示を与えた。一方、システムの下層部分にあたる工場や党の末端組織においては「できる限りの分権化」を図り、地方の些細な開発に至るまで、すべての情報が中央委員会に上がってくるようにした。レーニンはこう書き残している。(6)「党中央がオーケストラを実際に指揮するためには、誰がどこでバイオリンを弾いているのか、そして(耳障りな音がした場合)間違った音を出したのは誰で、なぜそうなったのか、そしてその不協和音を取り除くために誰をどこにどのように異動させる必要があるのか、すべてを把握していなければならない」

中国共産党の中央委員会は、巨大な理事会のような機能を果たしている。中央委員と候補委員あわせて約三七〇名からなる組織で、中央政府の各部長や上級官僚、各省や直轄市のトップ、軍部の多数の役人が所属している。その他、一部の国有大企業のトップも含まれる。さらにはチベットなど少数民族の代表や、胡錦濤の警護にあたるシークレットサービスである中央弁公庁警衛局のトップなど、中国という大国を構成する様々な分野の勢力もメンバーとなっている。その中央委員の選挙、より正確に言うなら「選抜」によって決められる二五人ほどで構成されるのが政治局である。そして次に、政治局によって選出されるのが、最高指導部の最深部である聖域、現在は九人が鎮座している常務委員会である。

二〇〇七年の党大会で壇上に並んだ九人の常務委員の選出にあたって、投票を許された代表者たちに九人以外の選択肢は与えられていなかった可能性もある。それでもこの九人が選ばれた瞬間にはきわめて重大な意味がある。なにしろ、政府、国家、総勢一三億人の国民のすべてを統治する政治権力が、この九人の少数集団のなかで各人に振り分けられるのだ。この政治局中枢部の主な任務は、中央政府から日々発表される声明を聞く限り、一般に国の指導部の最重要課題と考えられるものとは異なる。政治局が行っているのは、経済や外交に関する大まかな政策方針を打ち出すこと、そして近年力を注いでいるのは、中国の課題としてそびえ立つ、エネルギー需要の爆発的増加や、環境汚染、地方から都市部へ流入する七億人の労働者問題に対する指針作りだ。しかし、こうした問題の概要を聞き、政策の最終決定権を持っているということであって、内閣制における大臣のように具体的な政策に日々携わっているわけではないのだ。

政治局の優先事項(7)はというと、別のところにある。国、経済、公益事業、軍、警察、教育、社会組織、メディアに対する党の支配力をより堅固にすること、そして中国という国のイメージを管理し、外国によって分割され、屈辱を受け、すっかり弱体化していた国から強力な国家へと変貌を遂げ、文明をよみがえらせたという復活の物語を作り上げることである。共産主義が生み出されてから一世紀以上が過ぎ、ソ連と東欧諸国の崩壊から二〇年が過ぎたが、中国の体制は、独自の修正を加えられてはいても、レーニンが生み出した体制を受け継いでいる部分が驚くほど多く見られる。「赤い機械」にしても、ソ連から取り入れたものだ。ソ連では党の幹部同士をつなぐ安全性の高い内部電話システムとして使用され、「ベルトゥーシュカ」（大まかに訳すと「回転するもの」の意）として知られていた。(8)

毛沢東はソ連の制度を中国に導入したものの、党の仕組みについては、官僚的で革命的とは言えないと考えていたようだ。五〇年代になると、役人たちを「纏足《てんそく》の女性のようにヨロヨロと歩き、他の者が早く歩き過ぎなのだと文句ばかり言っている」と批判するようになった。やがて、党が人民を統制するのではなく、人民が党を監視すべきだと考えるようになる。この理念をもとに一九六六年から一〇年にわたって続いたのが、文化大革命という常軌を逸した運動だったのだ。紅衛兵と呼ばれる大衆の組織が結成され、正しい革命の道からそれていると彼らが判断した者はことごとく粛清された。この時期について描かれたドキュメンタリー(9)にあるように、毛沢東は「十分に革命的でない革命に対する新たな革命」を起こしたのである。毛沢東が死去すると、党は基本に立ち戻った。鄧小平は毛沢東の破壊的な思想を否定し、権力を持った一部のエリートが大衆を正しく指導するという、レーニン主義の基本に党組織を引き戻した。

党が事実上の政府であるのに、その党が政府を支配しているという概念は、多くの者には理解しがたい。私は二〇〇〇年から四年間上海に住んでいたが、当時この概念に混乱する来訪者には車のナンバーを見ることを勧めていた。旧フランス租界の上品な並木道、康平路の周囲には、上海指導部のいかめしい灰色の大理石の低層ビル群が陣取っているが、そこに出入りする公用車をよく見ていれば、中国の政治の初歩（レーニン主義の入門講座と言ってもいいだろう）を学ぶことができる、と。ナンバープレートに並ぶ数字は、上海指導部の序列をはっきりと示している。上海市の党書記は〇〇〇〇一番、副書記は一つ下の〇〇〇〇二番、市長も〇〇〇〇二番だ。〇〇〇〇三番は副市長と上海市党委員会の上層部、というふうに続く。ナンバープレートは単純な例ではあるが、党の権力は国家のあらゆる機関に勝るという、中国政治において最も重要な基本がよく分かる。政治で用いられる言葉にも序列が反映されている。あらゆる声明で言及される「党および国家の指導者」という言葉の順番もその一つだ。

中国の政治の表舞台、レーニンの言うオーケストラに当たるのは、あくまで政府や政府機関であり、表向きは諸外国の政府と同じように機能している。財政部は、限られた予算をめぐる昔ながらの争奪戦のなかで、毎年予算を編成する。国務院〔内閣に相当〕では各部の部長が集まり、何を最優先の政策とするか意見を戦わせる。シンクタンクに所属する有能な学者たちは、たびたび政府を動かすほどの優れたレポートを大量に作成している。法廷では裁判官が評決を下し、大学では講義が行われ学位を与え、ジャーナリストは記事を書く。国の承認を受けた教会では神父が厳かにミサを行い、聖餐式を執り行う。しかし本当の政治が行われているのは、舞台裏、党の内部である。

中央政治局の下には、巨大な党組織がある。その大部分は公にされることのない秘密の組織だ。

これらの組織が軍を含むすべての公的機関を支配し、さらに中央政府以下〔省級、地級、県級、郷級、〕の五層からなる行政区分で働く役人の生活をも支配しているのである。政府の各部局への役人の配属は、精巧かつ不透明な人事プロセスによって党が行っている。そして、その役人たちに、秘密の委員会から政策に関する指示が与えられるのだ。彼らの政治姿勢や公の発言についても、党の宣伝部のネットワークを通じて指導が施される。昇進するためには、中国全土に二八〇〇ある党の教育機関で定期的に再教育を受けなければならない。万が一賄賂、詐欺などの罪で告発された場合は、まず党の調査を受け、党の指示があれば一般の司法制度にゆだねられる。法廷で言い渡される刑罰も、党の指示・命令によって決められたものだ。裁判官を直接支配し、法律団体と免許の供与を通じて弁護士を間接的に支配しているのも、結局は党だということだ。

中国にも表面上は、行政・立法・司法という三権分立に似た制度がある。しかし、その舞台裏は党がしっかりと固めている。表舞台の諸機関は、背後に存在する権力の圧力を受け、つねに再調整を余儀なくされている。国、すなわち党の触手の及ぶ範囲は、政府のそれよりはるかに広い。党は、国有企業や規制当局より上に立つだけでなく、シンクタンクから、法廷、メディア、承認を受けたすべての宗教、大学、その他の教育機関まですべてを監督し、ＮＧＯや民間企業にまで影響力をふるう。中国にはいわゆる「民主諸党派」が八つあるが、それらのトップの人事や予算配分にも、やはり党の直接管理が及んでいるのだ。

政府においては、表舞台と舞台裏の区別がはっきりしていない。というのも、舞台裏を牛耳る監督や演出家、脚本家にあたる人物が、政府の表舞台でも主役を演じているからだ。胡錦濤は、党総書記であると同時に、それよりランクが下の国家主席を兼任している。温家宝は、政治局常務委員であると同時に、その下に位置する国務院の総理だ。胡錦濤は、ワシントンなど西洋諸国を訪問するとき、国のトップである国家主席として紹介される。これは中国側の要請によるもので、彼の最も重要な職務であるはずの中国共産党の総書記の肩書きが使われることはない。海外で党書記という肩書きを堂々と使うのは、キューバ、ベトナム、北朝鮮といった、今も共産主義体制を維持している数少ない国家を訪問するときに限られる。ホワイトハウスの庭で総書記の肩書きを振りかざしたところで、相手国を戸惑わせるだけだ。また、胡錦濤をはじめ中国指導部は、そうした場面で党の存在を際立たせたいとは考えていない。

党と政府の役割区分は、外部の者にはとても理解しがたい。その複雑さは、内部においても密かな緊張を生む大きな要因となっているようだ。二〇〇三年、新型肺炎ＳＡＲＳが蔓延したときに起きた政治的大混乱がその一例である。ＳＡＲＳ危機は、国や経済の機能が停止しかねないほどの大打撃となったが、事態収束に乗り出した胡錦濤が、真実を隠蔽したとして当時の衛生部部長と北京市長を解任し、落ち着きを取り戻したとされている。だが、このとき実際に指導部を動かしたのは、北京在住のある退役軍医だった。この軍医は、患者数を少なく見せかけようとしていた宣伝部にもみ消されることがないよう、正確な患者数を国外のジャーナリストにファックスしたのだ。

胡錦濤の劇的な介入は国内外の評論家から称賛を受けた。これまで閉鎖的で説明責任も果たさなかった中国が、ついに転換期を迎えたのだと評された。しかし、この解任劇に関する内部の見解は違った。衛生部部長、市長ともに政府の役人なのだから、二人には隠蔽の責任はないというのだ。市長は、北京の党委員会の指示に従わなければならなかった。衛生部部長も、保健衛生政策を支配している党の内部機関に従属しているにすぎない。どちらも自らの意志で行動したわけではないとの考えだ。「政府の役人の多くが、上司にあたる党委員会や党幹部の決定を実行に移しただけではないか、と怒りに震えていました」と、胡錦濤の側近は語った。「彼ら二人は生贄《いけにえ》にされたのです」

体裁のために配属されている少数を除けば、政府機関の部長や高官はすべて共産党員だ。一方、党の幹部は必ずしも政府の役職に就いているわけではない。党幹部の多くは、政府の部〔閣内〕よりもランクが高い、党の主要組織で働いている。中央組織部は人事を担当し、中央宣伝部はニュースや情報を扱う。中央統一戦線工作部は、その名が示すとおり、香港・台湾といった海外の華人財界のような、党による直接支配が及ばない地域にあるパワーセンターで、また国内の社会団体において、党への支持固めを任務としている。

国家の体制全体のなかで、党は自らを円形刑務所《パノプティコン》の監視塔のような場所に置いている。自らは姿を隠しながら、国家機関、非国家機関のすべてが監視できる場所だ。円形刑務所とは一八世紀のイギリスの哲学者、ジェレミー・ベンサムによって考案された革新的な刑務所で、中央に位置する少数の看守からは収監者を監視することができるが、収監者側からはその姿は見えないという構造になっている。かつて人権問題で欧米諸国から批判を受けたさい、当時の外交部長、銭其琛《せんきしん》が厳しい口調で反論したように、中国は一つの巨大な刑務所ではない。現代の中国では以前と比べて、あらゆる場面で自由度が増している。だが、国民の私生活への監視から手を引いたとはいえ、党が政治という戦場において高みにあり続けていることに変わりはない。あたかも円形刑務所のごとく、他から見えないという優位な立場から、国の政治のいたるところに遍在しているのだ。「わが国の党は神のようなものだ」北京の中国人民大学の教授は私にこう言った。「目に見えなくとも、あらゆる場所に存在する」

権力は巧みに姿を隠す

一九九〇年代後半、北京でメディア王ルパート・マードックとちょっとした夕食会に参加したときのことだ。彼は中国滞在中、まだ一人の共産主義者にも出会っていないと言った。何とも奇妙なことを言っているように聞こえる。中国では一定レベル以上の政府高官は共産主義者のはずであり、少なくとも共産党員のはずだ。マードックが中国での事業展開を望むなら、ましてやそれが海外の民間資本に対して最も敏感なメディア部門での事業展開であるなら、党を避けて通ることなど不可能だ。実際、彼も最終的にはその事実を受け入れ、突破を試みた。マードックは何年もかけて数多くの嘆願を繰り返し、ようやく当時の宣伝部部長で、二〇〇二年まで序列八位だった党幹部、丁関根《ていかんこん》との会見にこぎつけた。その後、海外放送に対する中国の厳しい規制を回避する道を探して奔走するなかで、丁関根の息子との共同事業に多額の資金を投じて参入もしたが、すべての努力は水泡に帰した。そして二〇〇九年には、中国に完全に見切りをつけた。

中国に共産主義者がいないと言うのはマードックだけではない。同じような話は、中国でビジネスを体験した、洗練され、現実的な海外実業家たちからも、何年ものあいだに何度も耳にした。たいていは党の要人と面会した直後に聞くのだが、彼らがそう言うのも、ある意味では無理からぬことかもしれない。表面上は他に類を見ないほど自由な資本主義経済へと変貌を遂げる中国において、投資をし、利益を得ている多くの海外実業家たちが、中国の共産主義に触れる唯一の機会は、ビジネスに関わりたい共産主義者の政府職員との接触だけなのだ。たとえば、マードックのもとで働く最も優秀な編集者の一人、ケルビン・マッケンジーは、二〇〇〇年、イギリス代表団とともに北京を訪れたさい、共産主義のもとで著しい発展を遂げた中国に大きな衝撃を受けた。[10]毎号三ページに上半身裸の女性のグラビアを掲載し、大いに売り上げを伸ばしたことでも有名なタブロイド紙『サン』の編集長を務めたこともあるマッケンジーは、左翼の批判者で、サッチャーリズム〔官から民への経済政策を行う〕の擁護者でもあった。しかし、中国の変貌ぶりに驚愕した彼は中国での昼食会で、イギリスに戻ったら、母国を活性化するために自分も「共産主義者になる」つもりだと大声で発言し、主催者を困惑させたという。マッケンジーのような訪問者にとって『毛沢東語録』を目にする機会があるとすれば、母国に帰るため飛行場に向かう途中で、週末に開かれるノミの市《フリーマーケット》に立ち寄ったときぐらいだろう。

かつて、欧米の知識人たちは共産主義の政治の仕組みに精通していた。ソ連という実際の共産主義の見本が手近にあったことはもちろん、学界、シンクタンク、メディアでソ連研究《クレムリノロジー》という学問が盛んに行われ、情報が溢れていたからだ。しかし、一九九〇年代初頭のソビエト崩壊とともに、共産主義体制についての研究の多くも失われた。一方、中国研究《シノロジー》はソ連研究とはまったく課題を異にしていた。現代政治に焦点を当てていたソ連研究に対し、中国研究では歴史、文化、科学、言語が主な対象となっていた。中国の経済や社会が変貌し、世界に衝撃を与え始めたことで、中国への関心は正規の政治からますます逸れることになった。政治を扱うメディアは、中国では日常的に論じられることのない、党内抗争や政権交代の行方に注目するばかりだ。中国の発展とともに盛んになった中国研究も、経済面に引きつけられている。また、世界人口の五分の一を有する国家が達成した、生涯に一度目にするかどうかという復活劇に関する洞察のほうが、外国の政府や実業界からの需要が高いと考えている。

メディアや学界が中国の経済と社会の変化にばかり目を向けるのも無理はない。[11] 地下で稼働する中国の巨大な政治組織に比べて、経済の急成長ぶりのほうが世界中の消費者の日常生活においても、各国の政治家にとっても実感として強く感じられるからだ。今や中国製の衣類が世界に溢れ、子供たちの遊ぶおもちゃも、食料すら中国製だ。中国は世界の景気動向を左右する存在となり、政治家にとっては地元の選挙区で雇用を生むも減らすも中国しだいだ。欧米ではこの一〇年間、人民元の価値について論じる記事に費やしたスペースは、中国共産党の内部活動についての詳細な調査をはるかに上回っている。

中国を訪れる西洋人にとって、きらびやかに輝く真新しい都市と、共産党が支配している現実をすぐに結びつけて考えることは、ますます難しくなってきている。毛沢東が支配していた陰気な時代には、訪れる投資家や旅行者を待っていたのは、ソ連風のいかめしい建造物に陰気な役人、無愛想な店員と慢性的な商品不足であり、冷戦下の共産主義国家というイメージにぴったりだった。だが、この数年間で中国の表の顔はすっかり変わってしまい、以前の面影はどこにも残っていない。『ニューヨークタイムズ』紙で建築専門の記事を書いているライターのニコライ・オロソフは、二〇〇八年のオリンピックに先立って北京を訪れたさい、新しい空港に降りたったときの気持ちをこう述べている。「一世紀以上前にニューヨークを見たオーストリアの建築家、アドルフ・ロースもきっとこんな気分だったのだろう。彼はまさに未来への扉をくぐったのだ」として興奮を隠せなかった。それは壮観というだけではなく、「西洋諸国をはるかに凌ぐ凄まじいまでの変貌ぶりに、まるで別世界の入り口を通ったような思いだった」オロソフの興奮は、空港から市内に入るまで収まることはなかった。今なお独裁政権の支配下にある国が、これほど楽観的に素晴らしき新世界との印象を与えるという事実。これは、中国の大胆な開発業者と、ほとんどの建造物をデザインした海外の設計者の有能さを示すと同時に、党の自らの権力を隠す見事な手腕の証しでもある。

西洋諸国の政治家は時に、中国を共産主義国家として扱わないほうが得策だと考えることがある。リチャード・ニクソンは一九七二年の歴史的訪中を行う前、保守的な地元の支持者に余計な困惑を与えまいと、中国について話をするさいには「共産主義国家」という言葉を一切使わないように、ヘンリー・キッシンジャーと対策を立てていた。毛沢東は中国共産党総書記ではなく「主席」と呼んだ。スピーチ、乾杯の音頭、記者会見など、国務省が管理する訪中に関する公式記録には「共産主義国家」という言葉は一度も登場しない。[12]二一世紀の中国を訪れた外国人が、この国を共産主義国家と捉えないのもわからなくはない。しかし、ニクソンが訪れた当時の中国は、死と破壊に溢れた文化大革命という巨大な弾圧行為の渦中にあったのだ。

近年の中国は、西洋の自由主義の核となっている概念を、自らの政治的レトリックの中に取り入れるようになり、世界をますます混乱させている。その概念を表す「民主主義」という言葉を、過去には毛沢東が著書の中で使ったことがある。しかし、一九八九年の天安門事件以降、当局はその言葉の持つ意味合いに強硬に反対するようになった。そしてインターネットが普及すると「民主主義」はすぐに検索禁止用語のリストに加えられた。二〇〇五年の時点では、マイクロソフトの中国語サイトで「中国の民主主義」と検索すると、「検索ワードから禁止用語を削除してください」とのエラーメッセージが出ていたのだ。ところが二〇〇七年、温家宝は突如この方針を変更した。毎年恒例の記者会見で「民主主義、法、自由、人権、平等、友愛」といった言葉は何も資本主義だけに限定された言葉ではなく、「全世界の緩やかな歴史的発展の中で、ともに築き上げた文明の産物である」と述べたのである。

この会見を受け、海外メディアはまたこぞって中国が西洋風の政治改革を行おうとしている兆候だと書きたてた。だが、そのほとんどが最も重要な点を見逃していた。この海外向けの会見で、温家宝はきわめて重要な条項を省いたのである。それは二〇〇五年の白書をはじめ、中国の民主主義に関する公的文書に書かれている次のような付記事項だった。白書にはこうある。「民主主義政府とは、人民を代表して政治を執り行っている中国共産党を指す[13]」この事実を知っている体制内部では、温家宝の発表に対する反応は冷静だった。天安門事件で失脚したある元政府高官はこんな冗談を言った。「中国指導部が使う民主主義という言葉の意味を知るには、新しい辞書が必要ですよ」

共産党や革命党というのは歴史的に、地下組織に潜み、政権打倒を目指して暴力的な戦いを繰り広げるなかで生まれ、育ってきた経緯がある。中国共産党も、過去の習慣や体質から秘密主義の傾向を持つ。インターネットや携帯電話は嬉々として受け入れながらも、中国共産党はいまだ独立したウェブサイトを持っていない[14]。共産党の革命拠点だった延安にある党の教育機関で教鞭を執る盧衛東《ろえいとう》にその理由を尋ねると、鼻で笑ってこう答えた。「主要なメディアはすべて党のものなんですよ。わざわざウェブサイトなど作る必要がないでしょう」

中国共産党ほどの巨大な組織を隠すことは難しいように思えるだろうが、党は細心の注意を払って舞台裏での役割を強化している。人事やメディアを管理する党の核心部署は、できるだけ目立たない配慮がなされている。「領導小組」と呼ばれる党の委員会は、政府の各部〔省〕に政策を指示・指導し、政府はその指示に従って仕事を実行するだけなのだが、この委員会の活動もほとんど知られていない。構成メンバーも、ひいてはその存在すら国営メディアが伝えたことはなく、ましてどのように政策が決定されたかなど論じられることなどあり得ない。この委員会のメンバーを推測するには、ソ連研究の編集に費やしたほどの労力をかけて、中国の出版物を何年もかけて徹底的に調べなければならない。米フーバー研究所のアリス・ミラーは言う。「毛沢東以降の時代で、中国メディアがこの領導小組の現メンバーを公表したのは二〇〇三年の一度だけ、中国系香港紙『文匯報《ぶんわいほう》』が中央対台湾工作領導小組のメンバーリストを公表したときだけです[15]」

香港では、一九九七年にイギリスから返還されたあとでさえ、中国共産党は政党の登録義務を無視して、水面下の活動を続けている。香港の親中国派政党の代表である曾鈺成《そぎよくせい》は、普段は話し好きなのだが、中国共産党の党員なのかという質問には固く口を閉ざす。二〇〇八年一〇月、香港で立法会の上層部を選ぶ選挙の前にも、曾は、香港の人々は中国共産党に対して「非常に否定的」だから、そのような質問に答えるつもりはないと話していた。九〇年代前半、曾が自らの党を立ち上げたときにも、北京に関わりがある者はみな「共産主義の悪党」というレッテルを貼られ、大いに不満だったという。

国際的なビジネスの場でも、党はできるだけ目立たぬよう細心の注意を払っている。ニューヨーク、香港、ロンドンなどの海外市場に上場している国有大企業は、党の存在をうまくもみ消している。海外市場に上場するにあたって発行される膨大な目論見書には、これまでの企業活動や役員会の役割について、ありとあらゆる角度からの情報が掲載されているが、党の多種多様な役割、特にトップの人事権を握っていることについては、完全に削除されている。「党はこうした企業に深く関わっていますが、政府は実に巧妙にその事実を隠しているのです」と、中国の大企業が海外上場するさいにアドバイスを行ったこともあるという北京在住の西洋人弁護士は言う(16)。「株を売るためには、党の役割には触れないというのが、西洋人の仲買人のあいだでは暗黙の了解です」銀行家や弁護士たちは、党については開示する情報がないと言う。ビジネス全体はもちろん、国有企業においてさえ、党は自らの役割についての情報や文書を彼らに提示したことがないからだという。「情報を開示しようにも、開示できる資料がないのです」とある弁護士は言った。「亡霊みたいなものですよ」

すべては「共産党の指導のもと」

かつて党の秘密主義は単なる習慣に過ぎなかった。だが、ときの経過とともに、国民の目から隠れ、法律の及ばないところに隠れた党にとって、秘密主義は党の生存に欠かせない条件となってしまった。今日の中国では、一般市民が政府を訴えることも可能になり、勝訴の見込みはほとんどなくても、大勢の人が訴訟を起こしている。しかし、党を訴えることはできない。訴える対象が存在しないからだ。「党を訴えるなんて、危険だし無意味ですよ」と話してくれたのは、中国で最も古く権威のある教育機関の一つ、北京大学法学院で教授を務めていた賀衛方《がえいほう》だ。「党は組織としては存在しないし、また法の適用も受けません。訴えるには法的実体、言い換えれば、訴える相手が必要です。しかし党は組織として登録されてさえいないのです。中国共産党というのは、完全に法体系から外れた存在なのです[17]」党は、すべての社会組織に政府機関への登録を義務付けており、違反した場合には刑罰を科している。だが、党自体はこの規則をまったく無視している。党が権力の根拠としているのは、憲法前文にある「共産党の指導のもと」という一文だけなのだ。

法の支配に基づき、より開かれた社会を構築すると公言している国家において、党が法律外の存在であるという恥ずべき事実を指摘する者がいれば、当局はその人物を決して歓迎しない。その一例が賀衛方教授である。二〇〇六年、内々に開かれた会で党を批判した彼の発言がインターネットに公開され、危うく逮捕されそうになった。その発言とは次のようなものだった。「党は法的根拠のない組織であり、個人の自由を侵害し、法を踏みにじっている」「党はつねにメディアに圧力をかけ、権力をほしいままにしている。なぜこんなシステムがまかり通っているのだろう。重大な憲法違反だというのに」これらの発言は、会が開かれた北京市内の地名から『西山会議講演録』として知られているが、会に出席し、メモを取った熱心な学生によってウェブ上に掲載されたのだ。その内容を知って激怒したのが、革新陣営を批判する左派だった。彼らはすぐに、中国を代表する政府系シンクタンク、中国社会科学院のサイトに匿名で次のような書き込みをした。賀衛方と革新陣営が秘密会議を開き、「政府に登録されていないが、確かに実在する影の政党」の結成を企てている、と。中国では、これは国家転覆罪を告発するのに匹敵するほど過激な内容だが、この批判はそのまま中国共産党に対する批判ともなるのだから、恐ろしいほど偽善的でもあった。

毛沢東は法の正規の手続きを無視し、革命委員会や専横な暴力を用いて、法制度を荒廃に追いやった。それ以降党は、複雑化する経済、高まる社会的緊張、行政当局の職権濫用などに対処するため、より精巧な法制度の導入を進めてきた。指導部は中国の法律を国際基準に合わせようとする意思を公に表明し、法律家の助言もどんどん取り入れるようになった。かつてはエンジニアで独占されていた政治局も、近年では法科卒業生やエコノミストが少しずつ増えてきている。しかし、こうした法制度の整備には、党の勢力を拡大する意図があった。二〇〇九年五月の時点で中国には計一五万人の弁護士が登録されているが、その約三分の一の四万五〇〇〇人が共産党員だ。また弁護士事務所(18)のほぼすべて、九五パーセントに党委員会が設置されており、そこで弁護士の給与査定が行われるわけだが、評価基準は単に法律業務の能力だけではなく、党への忠誠心も加味される。法制度のなかに深く入り込むことで、党は弱体化するどころか、ますます権力基盤を強固なものにしている。中西部にある四川省の大都市、重慶で裁判官を務め、すでに引退した人物は、裁判所の判決に党が介入することに苦情を言ったところ、次のような反論を受けたという。「そちらは介入と呼ぶが、党ではこれを指導と呼ぶのだ」

二〇〇七年の党大会を前にして、地方の党委員会の書記でポスト胡錦濤の呼び声が高かった李《り》克強《こくきょう》の同窓生たちは、李が七〇年代の後半、非常にリベラルな法律教育を受けたことを称賛していた。北京大学法学院の学友、王軍濤《おうぐんとう》は、李がいかに度量の広い人物であったか、また立憲政治(行政・立法・司法の三権分立を支持する法体系)をいかに支持していたかを発言した。外部からすれば賛辞にしか聞こえない発言だが、党にとってはその政治方針に対する中傷でしかない。いわばアメリカで右派の宗教団体から推薦された立候補者が、投票日前日に妊娠中絶合法派だと批判され追放されてしまうのと同じだ。さらに、この発言の出所がマズかった。賛辞を述べた王軍濤は、一九八九年の天安門事件で民主化運動を扇動したとして逮捕され国外追放になった人物だったのだ。

法制度が政治的序列のなかでどの位置を占めるのか、党は声明で何度も繰り返している(19)。最高人民法院〔日本の最高裁に当たる〕は二〇〇九年の全国人民代表大会で、裁判官はまず党に忠誠を誓い、次は政府に、その次に国民に、そして最後に法律に従うべきであると伝えている。党のトップを目指そうとする人間がこの序列を軽視していると見なされれば、かなりの政治的リスクを負うことになるのは当然で、李克強も思い知ることとなった。「これは党内での李克強の立場に大きなダメージを与える発言でした」と、別の級友は言う。「強硬派はそのような見解には不審を抱いています[20]」結局、李克強は野望に一歩届かず、人民大会堂で九人の政治局常務委員が紹介される儀式ではライバルの習近平のあとに登壇することとなり、ポスト胡錦濤の座から脱落した。

現在、名目上、中国の裁判官のトップに立つ最高人民法院院長は、王勝俊《おうしょうしゅん》だ。この人物の経歴を見れば、中国の法制度が置かれている序列がよくわかる。なにしろ王勝俊には法律を学んだ経験がない。王勝俊は安徽《あんき》省の公安庁長官から中国の最高公安機関である北京の中央社会治安総合治理委員会の委員を経て、二〇〇八年に現職に就いた。文化大革命で中断されるまでは歴史を学び、それ以外は北京の中央党校で学んだのが唯一の学歴だ。アメリカにたとえてみると、シカゴの治安維持を担当していた役人がその仕事ぶりを評価され、いきなり連邦最高裁判所長官に抜擢されたようなものだ。中西部の街で犯罪と闘っていた警察官が、ワシントンで政治任命により司法省の部局を担当することに等しい。

厳密に言えば、このたとえは適切ではない。中国の最高人民法院はアメリカの最高裁と異なり、何百名もの裁判官を抱え、行政機能も担っているからだ。しかしこのたとえで、おおよそのことは伝わるはずだ。党の見解では、王勝俊の政治的資質は、裁判官のトップという職務を務めるのに非の打ちどころがないものなのである。

王勝俊が最高人民法院院長として果たすべき重要な役目がもう一つある。それは海外から弁護士や裁判官が訪中したときに、名目上中国側の同じ立場の役職ということでホストを務めることだ。しかし中国の法曹界には王勝俊よりもさらに上の、より権力を持つ人物、周永康《しゅうえいこう》がいる。周との会談を手配するのはかなり厄介な仕事だ。なぜなら周は法務長官といったような政府の公式な肩書きを持たないからだ。周永康は中央政治局常務委員の九人のうちの一人で、警察をはじめとする中国全体の治安機関を統轄している。さらに党の中央政法委員会書記でもある。この中央政法委員会は、裁判所、警察、司法部、そして立法府に当たる全国人民代表大会、これらすべてを管理監督している。この重要な機関のトップとして周永康が任命されたことは、二〇〇七年の党大会後に国営メディアで簡単に報道されただけだった。一般国民にはほとんど知られていないが、彼の党内での影響力は非常に大きく、その仕事ぶりや発言は党機関の隅々にまで行き渡っている。

選挙で選ばれた議会や独立した司法制度といった西洋の観念によって、共産党の一党支配が侵害されることのないよう、党指導部はつねに厳重な警戒線を張っている。二〇〇九年初めの数ヵ月のあいだに、政治局の中枢メンバー二名が、西洋の民主政治についてきわめて批判的な演説を行っている。まず、政治局常務委員の賈慶林が、「中国は西洋の二大政党、複数政党制、二院制のように権力を分割する制度など、西洋の様々な誤ったイデオロギーの介入から自国を守るべく防御線を張らなければならない」と主張した。そしてもう一人、二〇〇七年まで政治局常務委員だった羅干《らかん》の批判は、さらに露骨だった。彼が任期終了を前に行った演説では、中国の司法は国際的な潮流に適応していかなければならないとは認めながらも、そのために裁判官や弁護士に独立性を与えるという考えについては強く否定した。彼は「敵対勢力」が法律制度に介入して中国を弱体化させ、分割しようと企んでいると断じた。「わが国の法律部門が置かれるべき立場に議論の余地はない」と羅干は言う。「党の立場こそが正しい政治的立場である」

共産党上層部ではずいぶん以前から、党と政府を分ける中国独自の権力分立案を立てたほうがよくないかという議論は行われていた。何年にもわたって結論の出ない空しい議論を続けた結果、あっさりと議論をやめてしまった。そもそも一党独裁の国家がそのような改革を容認できるはずがない。権力を分けるという案は過去のものとなった。なぜならこの議論を論理的に詰めていくと、党が国家を支配するという大前提が根底から覆されることになるからだ。胡錦濤の側近はこう語る。「鄧小平の時代には、党と政府の分割についての議論が盛んで、多大な努力が払われた。しかし議論がある段階まで進むと、どうしても行き詰まってしまった」

党が払いのけられないほど大きな法律の壁など、この国には存在しない。保安当局は憲法前文の「共産党の指導のもと」という一文さえあれば、どんな人物でも逮捕できる。中国の反体制派のなかでも最も勇敢な人物の一人、胡佳《こか》は、アパートの前で待機し外出を止めようとした私服警官に、一体自分はどんな法律の下で逮捕されるのかと尋ねていたそうだ。その質問に警官たちは激怒し、なかには暴力を振るう者までいた。そんなことを繰り返していたある日、警官の一人がついに口を滑らせた。「逮捕理由は中国憲法の前文だ！」そう怒鳴って彼を連行したという。

胡佳は二〇〇八年の半ば、外国人と共謀し北京オリンピック妨害を企てたとの罪で投獄された。

賀衛方教授も結局のところ同じように弾圧されたのだが、やり方はもう少し巧妙だった。北京での果てしない政治的駆け引きに疲れ果てた教授は、二〇〇八年、ついに北京大学の教授職を辞し、浙江《せっこう》大学から提示された法学部長の職を引き受けることにした。しかし当局は大学に圧力をかけ、採用内定を取り消させた。そして、すでに法学の世界では過去の人となっていた教授を、中国の西の端、新疆《しんきょう》ウイグル自治区の石河子《せきかし》大学の非常勤職というかなりランクの低い職に追いやった。ハーバード大学法学大学院の教授がテキサスの片田舎の小さな短大で教えることになるくらいの侮辱的な転任だった。

イデオロギーを投げ捨てる

もし中国共産党が、硬直したレーニン的手法に執着し、秘密主義で、堕落し、法の支配に断固反対し、敵と見れば執念深く攻撃の手を緩めない、そんな党だとしたら、次のような疑問が浮かぶ。有史以来の勢いで経済成長と富の蓄積を成し遂げている中国という国を、そんな党が一体全体いかにして統轄できたのか？

それを可能にしたのは、この三〇年間共産党を率いたトップたちの才能といえる。彼らは古い共産主義のスタイルである独裁的な政権と政治制度を維持しながら、精神的支柱であったはずのイデオロギーという拘束衣を脱ぎ去ったのだ。同じ時期、党が一般国民の日常生活への干渉から手を引いたことも、中国社会に解放感を与えた。食品を求めて長蛇の列を作るといった、かつての共産主義国家の特徴だった非人間的な日常生活は、現在の中国ではほとんど見られなくなった。このプロセスで、党は驚くべき政治的偉業を成し遂げた。つまり、共産主義国家の権力と正当性を、急速に資本主義化する経済がもたらす勢いと生産性に結びつけるという離れ業を見事にやってのけたのである。

毛沢東時代の全体主義的恐怖政治に代わって、党は国民に対し二者択一の選択肢を突きつけた。党のルールに従ってプレーすれば、つまり政治に関わらないならば、家族ともども嫌な思いをせずに人生を前向きに生きていけるし、ひいては金持ちになれるかもしれない。ただしこの選択には制約がある。その制約については、党に代わる存在などあり得ないと主張するプロパガンダ[21]によって絶えず強調されている。そこに込められているのは、幾度も中国を飲み込んだ、政治の不安定がもたらした殺戮と貧困に悩まされた過去から国を救い、国を守っているのは、中国共産党に他ならないというメッセージだ。これに沿って考え直してみると、二者択一の選択肢は「金持ちになれ、さもないと痛い目にあうぞ！」と読み取ることができる。

このような制約があるとはいえ、七〇年代後半以降、個々の中国人が豊かになる余地は十分に与えられた。現在、中国のごく普通の一般市民は、一世代前の親たちとはずいぶん異なる日常生活を送っている。以前は党の許可を必要としたこと――住む所、就職先、進学先、給与、かかりつけの医者、結婚相手と結婚式の日取り、子供を作ること[22]、買い物をする店、買い物をする品物、旅行の行き先と日時と同伴者――都市部の市民ならこういったことが少しずつ個人の裁量で行えるようになった。必要なのは現金のみである。地方の住民の移動も長らく制限されていたが、徐々に規制は緩んできている。

五〇年代から六〇、七〇年代にかけて中国を残忍な軍事行動で支配した毛沢東の時代、党が恐怖でもって一般市民を直接支配していた当時は、党の出す声明には誰もが熱心に耳を傾けていた。今でも、二〇〇七年の党大会のようなデリケートな政治イベントの場で「ニュースピーク〔オーウェルの小説『１９８４』で使われる架空の言語〕」のような新語が発表されると、意識して聞き入る中国人は多い。政府や学界関係者、それに党が指示する政策変更が株価に影響を与えることを知っている株の投資家なども、党が出す声明には絶えず注目している。しかし、それ以外の一般国民にとって、今や党の声明など異次元の世界で鳴りっぱなしのＢＧＭでしかない。つけたり消したりは自由だが、ついていてもその存在を完全に忘れているラジオのようなものだ。

かつて国民の生活や仕事に容赦なく無慈悲に介入していた党が、その仕事から身を引いたことは賢明であると同時に、戦略でもあった。こうした変化は国民にとっては非常に喜ばしいことであったが、それによって党はかえって力を増すことになった。政治の舞台裏から国を動かし、あくまでも影の存在であり続けながら、同時に経済の自由化と富裕層の増加がもたらす恩恵と栄誉も手にできる立場を得たのだ。

一九七八年の改革開放以降の中国の目覚しい発展は誰の目にも明らかである。イギリスやアメリカの産業革命は一〇〇年かかったが、それと同様の荒々しく希望に満ちた大変革を、中国は三〇年のあいだに凝縮して実現した。経済規模は八年ごとに倍増した。農民の都市部への流入は党の指揮の下、比較的短期間のうちに大規模に行われた。家や車、事業、株などの私有化も急増した。中流階層の人口はイギリスの全人口の二倍にも上り、何億もの人たちが貧困から脱した。そしてこの一〇年は、全速力で走り続けながら、何度も危機を乗り越えてきた。一九九七年と一九九八年のアジア通貨危機、ＩＴバブル崩壊と九・一一同時多発テロのあとに起こったアメリカの景気低迷。二〇〇三年には国内でＳＡＲＳが蔓延し、国内経済が停止に追い込まれるほどの危機に見舞われた。二〇〇八年、リーマンショックによる信用収縮が世界金融危機をもたらしたときには、この突然の危機に対して中国は世界のどの国よりも対処する力を備えていた。

党は政治面では不透明かつ秘密裏に動いているが、経済のほうは比較的開かれた議論を通じて、成長が促されてきた。先進国でよく議題にのぼる諸問題、たとえば自由市場の価値、企業の国有化のコスト、保護貿易政策のマイナス面、変動相場制の影響などといった議題は、中国でも議論されている。リベラルな考えを持つエコノミストに対しては、その考え方が党による国家支配を脅かすと捉えられ、いまだに圧力がかけられている。とはいえ、権力と富を同時に確保する、あるいは富を得ることによって権力を維持する、つねにこの二つの目標にかなう方法を模索している党としては、リベラルな考え方を退けてばかりもいられないのも事実だ。

党は、中国の経済的成功について、自由な議論や自由な競争を取り入れた部門が最も成功したという明白な事実を認めようとしない。党の見解では、自由主義経済が中国で成功したのは、独裁政治と結びついたからこそだとしている。このような考え方をする国はアジアには多い。国家の見える手と市場の見えざる手は、相対するものではなく互いに補完し強化される、という考え方だ。最近では、共産主義の政治体制と資本主義経済はそもそも相容れないものではないかと指摘されても、中国当局はそれを陳腐な質問として片付けてしまうようになった。実際、中国には党がこの二つのシステムをいかにうまく統合したかを示す象徴が山のようにある。たとえば、国の教育機関のトップ4に入る上海の党校では、共産主義と資本主義の互いの利点を統合する学習がカリキュラムに含まれている。

二〇〇五年に開設されたこの学校は、再開発されて間もない浦東《ほとう》新区に四〇ヘクタールという敷地を持ち、パリ在住の建築家が設計した豪華な近代的建築物を持つ。伝統的な中国文化である「師が弟子を教える」場所を意識して、赤塗りの唐机を模した外観だ。党は例によって、国内向けと海外向けでは学校のイメージをわざと変えている。この学校の正式名称は中国浦東幹部学院であるが、英訳の名では、共産党のニュアンスが強い幹部という言葉を削除して中国浦東上級指導者学院とし、党の幹部養成学校というよりMBAを取得するための学校のような趣にしている。このように学校名にまで気を配るという行為には、党校に対する中央政府の意図がはっきり読み取れる。党校は、単に近代的な経営能力を教えるだけでなく、党への忠誠心を強化し、それを評価するために存在しているのだ。

上海での登校初日、将来を約束された幹部候補生たちと少数の民間企業家からなる学生たちが行進していく先は、一九二一年に一三名の活動家が密かに中国共産党結党集会を開いた場所を記念して建てられた小さな記念館だ。行進の途中、生徒たちが目にするのは、ボストンの建築家によって小ぎれいに再開発された一九世紀後半の街並みである。ここには高級レストランや、ニューヨークやロンドンといった世界都市並みの価格の高級マンションがひしめいている。九〇年代半ば以降、上海の古い街並みの多くが取り壊され、高層ビルが建ち始めた。二〇〇一年には、昔ながらの低層住宅を一部保存し、隣接地にある党の記念館を改修するという条件で香港の資産家に、「新天地」と呼ばれる一区画の再開発が許可された。

古い路地に住んでいた労働者とその家族たちは、あまりに少ない立ち退き料に激しい抗議の声をあげた。同様の補償問題は上海全域に広がり、数年後には、政治局員でもあった有力な上海市党書記が失脚する事態にまで至っている。しかし、党の聖地の一つであるこの記念館が、華やかな「新天地」の真ん中に鎮座することに異を唱える者はほとんどいなかった。

以前なら衝突していたはずの共産主義と市場経済だが、今では市場経済のなかで党の絶対権力が誇示されるという関係に変わってきている。「党の発展ぶりは、国民の目にはっきりと見えます」と語るのは、上海市の党校〔浦東幹部学院〕教授の夏建明《かけんめい》だ。「この状況は一種の調和といえるでしょう。現代の中国社会では、様々な立場にある人々が、それぞれのやり方で欲求を満たしているのです」

醒めたニューカマー党員

しかし話はそれで終わりではない。一党独裁の国家の裏側には、多様かつ拡大し続ける二一世紀の中国の現実が存在する。過去三〇年の大変動は、党に、そして経済と社会全般に対立と変化の種をまいた。レーニン主義の精神に従えば、党が政府や社会の隅々に力を及ぼすことになっている。しかし今、逆のことが起きている。野望、欲望、対立などが急速に進んでいる社会のほうが、党内に侵入してきており、党はその権力を維持するのに必死なのだ。

今や中国中の個人や団体が日々心を砕くのは、企業活動がもたらす利益やルール、ノルマであり、それらはすべて、抑圧的で私生活に干渉する国家とは対極にある。企業家、弁護士、ジャーナリスト、宗教の信者、教師、学者、歴史家、そして公衆衛生の問題について発言する医者までもが、政治的な干渉を受けずに仕事をしたり自らの信念を追求したりする権利をますます求めるようになっている。また、この二〇年間で最も大きな改革といえる民間住宅市場の創設によって、政治に口を出す可能性を秘めた新しい階層、つまり己の資産価値を守ることに必死の中流層の投資家が生まれることにもなった。ノーベル賞作家のV・S・ナイポールの言葉を言い換えれば、今や一〇〇万もの反乱が街頭で、サイバースペースで、企業や農場で繰り広げられ、人々は政府が自らの行動をきちんと説明し、真実を語ることをひたすら求めているのだ。

中国が成功する過程には、失敗も数多くあった。豊かになったと同時に、社会の格差はアメリカやロシアよりも激しさを増した。今や中国にはアメリカに次いで多くの億万長者が存在する。金持ちはただ単に金持ちになっていったのではない。高度経済成長期に、国内の最貧困層を犠牲にして富を築いていったのだ。(23) 急激な経済成長を遂げた二〇〇一年から二〇〇三年までの二年間に、中国人口の下位一〇パーセントを占める最貧困層の平均所得は下がり、上位一〇パーセントを占める最富裕層の収入は毎年一六パーセント以上も上がり続けた。(24)

党は、公然と体制を批判する者は躊躇《ちゅうちょ》なく逮捕し、彼らの人生や家族を破滅させることも厭わないが、大規模な暴力的紛争は避けたいと考えているようだ。権力を掌握するためなら流血さえ辞さないのが、革命を掲げる党の従来の姿だった。しかし、中国共産党が自ら称するような人民を統治する党であるなら、暴力に頼らずに権力を維持する術を学ぶ必要に迫られている。「胡錦濤が鄧小平のような軍人ではないから、というだけではありません。ますます大きくなる民主化への要求に対応するためでもあるのです」上海の党機関誌『解放日報』の元副編集長、周瑞金《しゅうずいきん》はこう語る。「党内でもそれ以外でも、人々が自分の意見をはっきりと述べているのを見れば、それは明白でしょう。独裁などもはや通用しないのです」

これまで幾度も様々な困難に見舞われながらも、中国共産党はそのつど平然としなやかに対応する順応性の高い政治組織であることを証明してきた。党員の構成にしても、この一〇年で変貌を遂げた社会に合わせて、変化している。党上層部は、市場経済によって誕生した富裕層との結びつきを強め、これまで党の基盤となっていたプロレタリアを排除していこうとしているのだ。かつて党員の大多数を占めていたのは労働者と農民で、一九七八年の時点では農民が約半数を占めていた。だが、党が今求めているのは、優れた学生や裕福な企業家だ。その数は激増しており、二〇〇二年には二五五パーセント、二〇〇七年は一一三パーセントの伸び率を示した。彼らの多くは、党員になれば、キャリアを伸ばすために必須の人脈が得られると、喜んで入党したのである。

二〇〇九年の前半、北京のカフェで有名大学に通う三人の大学生[25]に話を聞く機会があったので、党について聞いてみると、三人とも口を揃えて共産党は魅力的だと答えた。「若い学生にとって、党員になることは優秀さの証しなのです」中国版のＭＩＴと称される精華大学で数学を学ぶニイ・ハンウェイは言った。「それに、党員になれば政府の職に就けるチャンスも増えるのです」中国全域の高校、大学の各クラスには成績優秀者への褒美として党員への推薦枠があるほどだ。

北京の大学が多く集まる地区にあるカフェ〈醒客咖啡〉で、学生たちは、昔ながらのイデオロギーを嘲り、党員になるためには必修となる政治教育の授業をバカにしていた。さらに、入党の申請のために必要な小論文も単にインターネットからダウンロードしただけだと正直に認めた。一九八九年の天安門事件について聞くと、一人は怒りを露にしたが、他の二人は用心深く過去のことだとして片付けた。彼らの人生において国家が大きな役割を果たし続けることについては、三人とも親や教師から叩き込まれており、無条件で受け入れているようだった。「海外では、中国共産党はこれまで多くの誤りを犯してきた、数年後には崩壊するだろう、なんて言っていますよね」人民大学で政治学を学ぶファン・ホンファンは言う。「でも私の先生はこう言っていました。『政府の力を侮ってはいけない。中央政府の上層部には非常に頭の切れる人材が揃っていて、中国全土を統治できる権力と政策を持っているのだから』」

エリートの人脈が持てるというだけでは魅力に欠ける場合、次に党が用意するのは現金だ。民間の企業家を入党させるため、新しい党員を勧誘した企業経営者や労働者には報酬が支払われる。口コミ宣伝によって新たな会員〔販売員〕を勧誘した販売員に現金を提供する〈アムウェイ〉のようなマルチ商法と同じやり方だ。広東省南部の三郷鎮の党委員会では、党員の勧誘用に五〇〇万人民元を用意し、他の地域でも同じような方法がとられている。民間企業内に新しく党委員会を設置した者には五〇〇〇元が支払われるが、この金額は一般的な工場労働者の三ヵ月から四ヵ月分の給与に相当する大金だ（本書は、一米ドルを六・八人民元で換算）。

中国南部で不動産業と教育関連会社を経営する朱培坤《しゅばいこん》は、中国の多くの企業家の代表的な例だ。彼が一九九四年に事業を起こした当時、企業内に党委員会を設けるなど思いもしなかったという。党と事業のあいだには互いに多くの疑念があるからだ。しかし今の彼は心から敬意を表して党のことを語り、事業の発展と繁栄のためには党とのつながりは欠かせないと考えている。「党が大きな成功を収めた最大の理由は、環境の変化に順応する能力を備えているからです。優秀な人はこぞって入党します」

党はその支配の正当性を強化するため、中国の統治システムの伝統をも巧みに利用しようとしている。毛沢東時代には古臭い封建主義のシンボルとして酷評されていた古代の聖人、孔子をこの一〇年間であらためて評価し、その他の文化的書物についても入念に修復した。こうした試みが象徴しているのは、共産党政権が、過去の統一王朝の中で最も啓蒙的だった時代の正当な後継者であるかのように見せかける動きである。もはや語るべきイデオロギーも持たない状況では、歴史上の選り抜きの皇帝の統治を持ち出すことで、一党支配に、中国王朝風の栄光をかもし出すことができる。

中国共産党が、レーニンの思想をそのまま中国に持ち込むよりも、古くから国に根差している独裁主義的中央集権国家の伝統を利用するほうが賢明だと考えるのも、外部の者には納得できる。毛沢東のような狂信者は歴史を抹消して白紙状態からスタートしようとしたが、国家というものはそう簡単に自らの歴史を捨て去ることはないからだ。しかし、中国においては長いあいだ、そのような発言は危険なものだった。「何年も前なら、私もそのような発言は挑発と受け取ったでしょうね」著名な保守派の政治学者、房寧《ぼうねい》は言った。「われわれは共産主義の誕生とともに古い時代とは完全に決別したのだ、と言い切っていたでしょう」今の房寧の主張はこうだ。中国に強力な中央集権が存在しなければ、「地方がそれぞれ独立するようになり、国家は混乱に陥るでしょう」「中国を統治する秘訣は、各地方を皇帝の帽子のような存在にすることです。皇帝は自由に帽子を脱いだり被ったりできます。システムのこの部分は今も変わっていないと思いますよ」

毛沢東の死去以降、中国はレーニン主義を一新し、細心の注意を払って法制度を作り上げ、富裕層と知識層を党内に取り込んできた。西洋の政党が独裁ではなく民主主義を打ち出しているのと同様に、中国共産党は中国独自の伝統を継承し包容力のある党として自らを売り込んでいる。理論上、中国にはあらゆるものが揃っている。民主主義、機能的な法制度、熱気に満ちた市民社会、さまざまな政策を提案するシンクタンク、革新的な大学、発展著しい民間企業。だが、すべての発展は、党が定めた枠内でのことだということを忘れてはならない。

中国の経済発展は、アジアの一連の経済発展のなかでも、最新の奇跡であると称賛されている。その経済の奇跡は、中国共産党の驚くべき生存能力によって、あたかも政治的な奇跡であるかのように見なされているが、実際にはその政治的奇跡は経済的奇跡の上に築かれたにすぎない。党は富と権力という中核資産に必死でしがみつきながら、その基盤を一新し、人民を統治する組織としての正当性を何とか築き上げた。もし急速な経済成長がなければ、党は今ほどの権力を維持することはできなかっただろう。その事実がはっきりと証明されたのは、党を根底から揺るがした一九八九年の大虐殺のあとのことだった。

第二章　中国株式会社

党とビジネス

「共産党はわれわれなんですよ。
共産主義がどういうものかは、われわれが決めることです」
（陳元《ちんげん》、国家開発銀行）
「中国では共産党の政治力を誇示することが非常に重要です。
大部分の問題は経営陣で解決できますが、全部は無理ですから」
（李礼輝《りれいき》、中国銀行行長）

「新保守派《ネオコン》」の起死回生策

一九八九年の大惨事からほぼ二年後の一九九一年後半、人が受けた傷も政治が受けた傷もまだ生々しく残っていたこの時期、天安門広場から数百メートル離れたホテル、北京飯店の会議室に、役人、学者、新聞編集者からなる少数のグループが集まった。この会議で出された提案は、のちに綱領としてまとめられた。会議に誰が参加していたのかは定かではなく、数年が経ったのちもそのことが話題にのぼるほどだった。特に注目されたのは、当時、中央銀行の副行長であり、かつて経済の中央集権化を進めた有名な人物の息子、陳元の出席の有無である。しかし、会議の後援者のなかには慌てて手を引く者も現れ、激しく非難を浴びせられたその内容については以降、触れられることもなく、会議が開かれた当時の緊迫した陰鬱な政治的状況についても同様であった。(1)

一九八九年、天安門広場とその周辺の道路を埋め尽くした人々を武力で鎮圧するという党の決断に、中国の国民はすっかり気落ちし、知識人の多くも、異議を唱える者を容赦なく弾圧し、デモ運動に関わった者すべてに処罰を与えるという当局のやり方に対し、不満と怒りを抱えたままでいた。一方、政府内では、経済政策をめぐって保守派とリベラル派の闘いが過熱していた。保守派はこの弾圧を機に旧態の国家統制の復活を狙い、鄧小平を中心とするリベラル派は、市場経済を定着させるために主導権を取り戻そうと策を練っていた。

時はちょうどソビエト圏の崩壊で生じた衝撃波が、世界中の共産主義体制を震撼させていた頃だった。北京飯店での会議の直前に、ソ連ではミハイル・ゴルバチョフが保守派のクーデターで失脚し、当初中国は歓喜に沸いたが、その数日後にどうにか復職し中国にとっては頭痛の種となっていた。中国にしてみれば、ゴルバチョフこそ世界の共産主義をむしばんだ張本人だった。政治改革を行い、ソ連の共産党を致命的に弱体化させただけでなく、崩壊していく東欧諸国の共産党政権をも見捨てたからだ。

こうして世界中の共産主義国が崩壊していくなか、中国共産党が生き残るにはどうすればいいのか。北京飯店で開かれた会議では、この一点に集中して議論がなされた。そして出た答えは、提案として一万四〇〇〇字に及ぶ綱領にまとめられた。その内容はある意味過激ではあったが、非常に先見性に富んでおり、中国共産党の今後を見据えるものだった。綱領には「党は銃をつかむだけでなく」とあって、党が軍部を掌握することを唱えているが、それと同時に「資産経済も手中に収めるべきだ」としている。これは言い換えれば、広大な地域に広がる莫大な国有資産、つまり巨大エネルギー企業や工業関連の企業、土地保有会社などすべての資産の所有権を中国政府ではなく、共産党の名義で保有すべきということにほかならない。

今日、中国経済は急速に発展し、その富は拡大を続けている。力強く自信に満ち溢れたこの中国の姿を見ていると、現在の成功は初めから保証されていたかのように思えてしまう。だが、実際はそうではなかった。天安門事件後の中国は将来を悲観し、政治的にも行き詰まり、西洋諸国からの制裁で国際的にも孤立していたのだ。追い詰められた党は事件後何年にもわたって、全国各地の都市で事件について論じることを一切禁止した。今では事件自体が中国の若い世代や多くの外国人にはなじみの薄いものになっているが、それは事件を風化させようという党の試みが見事に功を奏した結果だといえよう。武力弾圧に反対して失脚した元総書記の趙紫陽が二〇〇五年の前半に亡くなったが、このとき三〇歳以下の多くの若者は彼の顔さえ知らなかった。これも彼の失脚から一六年もの長きにわたり、党の宣伝部が彼の姿をメディアから消し続けたからにほかならない。

武力弾圧という党の断固たる方針によって、事件後に行われた恐るべき弾圧の記憶も、それによって生まれた怒りの記憶も、完全に抑え込まれていった。事件後の一年半のあいだに、当時四八〇〇万人いた党員のうち、およそ一〇人に一人が取り調べを受けたという話もある。政府をはじめ、メディア、大学、シンクタンク、芸術界、文学界に至るまで、すべての関係者が対象になった。投獄、解職、降格といった処罰を受けずに済んだ場合には自己批判文を書かされ、そのなかでデモ運動において自分がどのような立場をとったのかを説明し、党への忠誠を固く誓わなければならなかった。そして、それらのすべてが不気味にも個人の履歴のファイルに記された。死者の数ではかなわないものの、その規模はまるでスターリン時代の粛清のようだった。党の長老で胡錦濤の初期の最大の後ろ盾でもあった宋平《そうへい》は、デモに加担した疑いのある党員たちを強制的に再入党させる取り組みを後押しした。彼らこそ名実ともに「真の共産主義者となり得る」と確信していたからだ。宋平は言う。「将来、共産主義のために最後まで戦い抜くのは彼らのような者たちだろう」「彼らを再教育することで、党の戦力は間違いなく強化される」(2)

デモ運動が起こる以前の一〇年間は、中国にとって本当の意味での改革が行われた時期であった。農村家庭は国に一定の農産物を納めれば、あとは自由に市場で販売することが許された。その結果、国民の大半が住む農村部に新たな富裕層が出現した。農村部での自由市場の発展に伴い、伝統的な中央指令型経済は後退し、地方分権的で競争的な経済が勢いを増した。当時指揮をとっていた趙紫陽や胡耀邦は、国民参加の選挙、より開かれたメディア、政府機関や国有企業を直接支配している党委員会の役割縮小といった政治改革について議論することを大いに奨励していた。

一九八七年の党大会が終わったあとは、今日の堅苦しい形式的な写真撮影とは違い、カクテルパーティが催され、海外の記者も自由に政治局員たちと話すことができた。

このように自由奔放だった八〇年代は、天安門事件をきっかけに厳重に見直され、党指導部は優先事項を容赦なく整理し直していった。中国の改革はまったく新しい時代に突入し、それまで趙紫陽と胡耀邦が推進した比較的開かれた政治と経済は空しく消え去った。そして、世界中の共産主義が危機に瀕し、中国指導部の力が政治的にも経済的にも大きく後退するなか、党中央部は九〇年代初頭から、自らの権威回復に全精力を傾ける決意をしたのである。

綱領作成に携わった陳元[3]は天安門事件のずっと以前から、昔ながらのやり方ではもはや党が生き残ることはできないと考えていたようだ。つまり、党支配の正当性を取り戻すためには、古いイデオロギーを振りかざすだけでは不十分で、中央集権体制を復活させる必要があるという考えだ。八〇年代半ば、ワシントンのコスモスクラブでの昼食会で、会の主催者で政治学者であった故トム・ロビンソンが、中国で行われている自由市場改革と中国が掲げるマルクス主義は明らかに矛盾しているのではないかと、陳元にしつこく問い詰めた。質問攻めにうんざりした陳元は、持っていたナイフとフォークをこれ見よがしにテーブルの上に置き、相手を遮った。「いいですか、ミスター・ロビンソン。共産党はわれわれなんですよ。共産主義がどういうものかは、われわれが決めることです」

陳元が指摘するまでもなく、党指導部は一九四九年に政権を掌握して以来、共産主義の定義について何度も変更を行ってきた。そして一九八九年の天安門事件とその後の粛清ののち、再び変更が行われる。今回は、古いモデルをベースとしながらも、革新的で大胆な側面を持つ新たな定義を打ち出した。それは、瀕死の国有企業を生き長らえさせることで国の経済と政治体制まで崩壊するのを避けるため、リスクは高いが思い切った行動をとる、というものだ。つまり、国有企業の思い切った合理化を断行し、そこで生き残った企業を、党の管理下に置いて発展著しい中国経済の牽引役とし、さらに世界の舞台で活躍するグローバル企業に育て上げるということだ。党指導部が望んだのは、共産主義と商業主義を兼ね備えた適応力のある企業だった。もしこれに成功すれば、党の力はこれまでにないほど強力なものになる。

一九九一年の北京飯店での会議の後援者として、陳元は最適任の人物だったといえるだろう。自ら大きな影響力を持つ役職に就いていたうえ、彼には父親、陳雲《ちんうん》という有力な後ろ盾もあった。陳雲は毛沢東以降の改革時代の当初、鄧小平と近しい盟友だった。陳雲は様々な面できわめて保守的な人物で、党の弱体化につながるような邪悪な影響力に対してつねに警戒していた。海外の思想には強い疑念を抱いており、息子の海外留学も許さなかったという。陳雲は中央による計画経済を「カゴの中の鳥」にたとえた(4)。つまり、党はカゴを大きくしたり、空気を入れ換えたり、ほかの鳥を中に入れたりしてもかまわないが、決して鍵を開けたり、カゴを取り払ったりしてはいけないというのだ。このような考え方を持っていた陳雲は、鄧小平による急激な改革開放路線は国家の力を弱体化させると危惧し、やがて鄧小平と対立するようになった。だが息子の陳元は、この対立する保守とリベラルの両方の考え方を巧みに取り入れて党の力を強める方法をのちに提示することになる。

九〇年代後半、北京にある陳元のオフィスの机の上には、一枚の写真が飾られていた。文化大革命が終わるころに、鄧小平と一緒に撮った写真である。鄧小平は文化大革命が幕を閉じたあと、古参の幹部とその家族を個人的に見舞い、ねぎらいの言葉をかけ、北京に戻っても大丈夫だと言って回っていたが、この写真もそのときのものだ。しかし目ざとい人なら、その写真から当時の鄧小平の行動だけでなく、陳元の境遇も知ることができるだろう。背景にあるヤシの木は、陳元が一時期、文革の嵐の吹き荒れた最悪の時期をうまく逃れたことを示す証拠にほかならない。写真が撮られた場所は南国の海南《かいなん》であり、国内追放者の多くが過ごした極寒の東北部に比べれば、ずいぶん快適な場所でその時期を過ごしていた事実を裏付けている。

陳元と彼の支持者たちは自らを保守派としていたが、なかでも現代的な保守派だと自負していた。党による強力な支配と愛国心教育の強化が伴っていれば、市場改革や西洋式の制度を段階的に取り入れてもかまわないというのが彼らの考えだった。同じ保守派でも、毛沢東の政策に回帰しようとする人々のことは「ロマン派」または「旧式の頑固な保守派」と呼んで非難していた。自らは「新保守派」、略して「ネオコン」と称した。同じ呼び名がジョージ・W・ブッシュ政権に付けられて有名になる何年も前のことだ。彼らは中国共産党を、西側諸国と国内の危険分子による絶え間ない転覆の脅威に対して、国を一つにまとめることができる唯一無二の組織であり、何をおいてもその優越性を支持すべき存在とした。かつての革命政党は一新されるべきであり、「統治政党」としての力を固めていかなければならないと明言していたのである。

ネオコンが標的としたのは、九〇年代前半の暗黒時代でさえも影響力を失っていた「ロマン主義」の毛沢東信奉派ではなく、リベラル派だった。中国の政治用語で「右派」と呼ばれる政治的なリベラル派こそ、党にとって最大の脅威と見なされた。リベラル派は民間経済を推進するために執拗にロビー活動を行い、党に批判を浴びせ続けていた。ネオコンは、一九八九年のデモ運動を焚きつけたのもリベラル派だと考えていた。あの一万四〇〇〇字の綱領では、リベラル派が「財産制度の全面的な変革を求め、いずれは政治システムの変革をも視野に入れて中国共産党に狙いを定めており、現在の秩序を転覆することも辞さない構えだ」と指摘している。ネオコンはリベラル派への対抗策として、膨大な国有財産のすべてを党の名義で所有するという、リスクは高いがリターンも大きい方法を選んだのだ。

ネオコンは、国有財産の権利証書に党の名前を記せば多くのメリットがあると考えた。この所有権の問題はそれまで何年にもわたって盛んに論じられ、答えの出ない問題であった。所有権の名義が省庁〔部〕や企業、軍または政府機関と数多く存在し、そのうえ様々な資産や収益源の権利がどこにあるか曖昧で複雑になっていたため、公益財を売買することも利益を得ることも不可能に近い状態だった。党がこれらすべてを直接所有することになれば、サイン一つで問題が一気に解決できるとネオコンたちは考えた。そのうえ、成長している国有企業と党が直接つながることで、企業家層から新たな政治的ライバルが出現するのを食い止めることができ、政治的に見てもメリットがあると踏んだのだ。

新興の民間企業については「党とは無関係」とし、つねに牽制すべき対象と捉えた。また、国有企業の民営化や所有権の分割などについては、「深刻な赤字に陥っている中小企業」に限定して行うべきだと説いた。つまり、救済の術もない無価値な国有企業は売り払い、国にとって重要な分野の大企業は国のものにしておこうという考えだ。

こういったネオコンの考えがまとめられた綱領はリベラル派から強い批判を受けた。その理由の一つは、綱領作成を支援した人々が特権階級ばかりだったからだ。長年にわたり党の活動家だった楊平《ようへい》とともに会議を企画した中心人物は、(5)当時『中国青年報』の副編集長だった潘岳《はんがく》である。彼の新聞社での仕事ぶりはというと、「編集者としての責務をおろそかにし、所かまわず携帯電話をこれ見よがしに使っていた」という。当時の携帯電話はレンガほどの大きさがあったが、それを持っていたのは特権階級か香港マフィア「三合会《トライアッド》」の構成員かのどちらかであった。中国で最初に使われた携帯電話は、香港マフィアのボスの呼び名にちなんで、冗談まじりに「大哥大《タイコータイ》」と呼ばれていたほどだ。潘岳は暴力団とはまったく関係がなく、軍の幹部の娘と結婚して特権階級の座を手に入れた。彼はのちに企業家の視野に立った政策を積極的に展開することになる。九〇年代後半には立場を一新し、国家環境保護総局の副局長として、環境問題に対して率直な発言を繰り返した〔中国の公害の実態の公表など〕。しかし、二〇〇七年の党大会以降は影響力をなくしていく。

潘岳と楊平が主催した集まりには、革命時の名士や幹部の息子たちが一年以上にわたって多数参加しており、一九九一年の北京飯店での会議はそのクライマックスだった。一万四〇〇〇字に及ぶ綱領は、のちに陳元の支援を受けて起草された。天安門事件以降、国内外へ追放されて苦しい生活を強いられていた知識人やリベラルな評論家たちは、綱領の支持者の顔ぶれを見て痛烈な批判を浴びせた。(6)その集まりを「プレイボーイ・クラブ」と呼び、綱領を「太子党派〔党の高級幹部の子弟で特権的な立場にいる者〕のための白書」とこき下ろした。なかには綱領の内容について、「本来は一一億人の人民のものである財産を、いとも簡単に、四パーセントしか占めていない共産党の所有物にしようとしている」と批判する者もいた。そうした批判による影響を恐れ、スポンサーの『中国青年報』は、会議とその綱領から手を引いてしまった。しかし、批判のためというより、より現実的な政治的理由から、その提案は最終的に没にされてしまった。つまり、この時期に党が国有資産を直接所有することは、党に力を与えるどころか逆に弱さを露呈し、それが深刻化している証しとなってしまうというのだ。会議に出席していたある人物も「この提案は非常にリスクが高い」と言い、「党が所有権を独占するということは、船が沈みかけているためにセーフティネットの準備をしているという印象を与えかねない」と指摘した。

政治は厳しく、経済には甘く

この「沈みかけている」という感覚は、当時多くの者が感じていた。九〇年代半ばには、共産主義体制と中央政府を支える財政の柱は倒壊の危機にあった。率直な発言で注目を集める能力に長けた北京の経済学者、胡《こ》鞍鋼《あんこう》は、歴史の評価を気にする政治局員を蒼ざめさせるような指摘を(7)して、当時の指導部を愕然とさせた。国家歳入に占める中央政府の税収の割合は、崩壊以前の旧ユーゴスラビアの中央政府の割合よりも少ないと述べたのだ。

この時期、中国では経済問題が山積し、一体どこから手をつければよいのかまったくわからない状態だった。一九九三年に四川省を訪れたアメリカの経済学者、ミルトン・フリードマンは省長に、どうすれば国家が管理する経済に市場原理を速やかに導入することができるかについて、単刀直入な助言を与えた。「ネズミの尻尾を切り落とす場合、数センチずつ何度も切ってはいけない」と、シカゴ学派〔自由経済を推進する経済学の学派〕の主導者、フリードマンはたとえた。「痛みを最小限にするために、一気に根元から切ってしまいなさい」すると省長は、中国ではそれほど簡単にはいかないということを、同じたとえを使ってこう答えた。「しかし先生、われわれのネズミには尻尾が何本もあって、どれから切ればいいのか分からないのです」随行していたシカゴ学派の経済学者、スティーブン・チャン〔張五常〕によると[8]、フリードマンは唖然として返す言葉もなかったという。

七〇年代後半に改革開放を打ち出した鄧小平が今回もまた、新たな共産主義のモデルを考え出した。それは二つの方針に沿ったものだ。まず一つは、党の政治的影響力を強化することだ。天安門広場周辺の道路から血痕が洗い流されたばかりの一九八九年の六月九日、満面の笑みを浮かべた鄧小平が、学生を戦車で追い払った軍の指揮官たちと握手をかわす映像がテレビに流れた。軍を激励しながら鄧は、八〇年代に指導部が犯した唯一最大の間違いは、多くの批評家が指摘するような改革開放政策ではなく、経済の開放に伴うべきイデオロギー教育と政治教育が欠如していたことだと述べた。「（六月四日の）あのような事態が二度と起こらないよう、開放路線を逆戻りさせる動きは決して許してはいけない」

その後すぐに鄧小平の計画は実行に移されたが、そこには六月四日以前には存在しなかった新たな政治的防衛線、つまり党を守るための新たな戦略が追加されていた。政府機関、裁判所、軍の内部にある政治部門を強化または新設し、不穏な動きがあればすぐに察知できるシステムが整備された。「その目的は、党の直接管理がすべての重要機関に行き渡るようにすることです」と、引退した法学教授の江平《こうへい》は指摘する。中央宣伝部は増強され、予算を増やされ、事件で心の傷を負った国民に経済改革を受け入れさせるための明確な指針を与えられた。中央組織部を通して行われる人事制度も見直され、幹部の忠誠心を高めるよう厳格なものになった。忠誠心を高めるのは政府の高官だけにとどまらず、教育機関、メディア、国の管理下にあるすべての組織が対象とされた。

二つ目の方針はリベラルな経済改革の推進だった。しかしそれを打ち出すまでには時間がかかった。相変わらず左派の保守派が圧力をかけ続けていたからだ。業を煮やした鄧小平は一九九二年の前半、自らの信念への支持を集めるために毛沢東の戦術を用いる。偉大なる指導者毛沢東は、政治闘争が起こると北京から姿を消し、ころあいを見計らって突如現れては政敵の度肝を抜き、主導権を握るという戦術をよく使っていた。鄧小平もこれに倣って北京を脱出したのだ。しかし、その目的は毛沢東とはかなり異なっていた。鄧は南方の地、深圳《しんせん》を視察に訪れる。深圳は香港に接し、二〇年のあいだに水田からビジネスの黄金郷《エル・ドラード》へと変貌を遂げた新興都市である。そこで鄧は「改革・開放へ邁進すべき」との講話〔南巡講話〕を行い、計画経済か市場経済かという長年のイデオロギー論争に終止符を打ったのだ。

鄧小平の方針は要約すると非常にシンプルだ。党は改革開放を進めていくが、それと並行して、中央政府の政治権力を挽回し強化する。党は国有財産を直接所有しないが、それを管理する役職の人事権を持つ。経済を発展させるためには、党の政治委員が直接管理していた国有大企業の根本的な改変を行い、企業内での党の政治委員の役割を制限しなければならない。従来の方針――生産は計画どおりに行えばそれでいい、雇用を終身保証する、損失が出れば財政部が補填する――を覆し、国は自ら稼いで生き残らなければならない、というものだった。

一九七八年に打ち出されていた鄧小平の改革開放政策はかなりの成果を上げ、八〇年代には各地に富と活発な企業活動を生み出していた。それは産油だけに依存していたソ連では決して生まれなかった成果だった。しかし、天安門事件と東欧共産圏の崩壊によって、自由市場の導入も一つ間違えば党そのものの崩壊につながりかねないということが明らかになった。その結果、新たな時代に向けての党のスローガンは単純明快にこう変わった。[9]「経済に関しては規制を緩め、政治に関しては厳しく管理」

朱鎔基、金融大改革に乗り出す

鄧小平の南方視察以降、経済は陰鬱な状況を脱して軌道に乗り始めた。海外から投資が押し寄せ、地方の企業家たちは勢いづいた。南部の工業地帯は、何十億ドル相当の製品をウォルマートや世界中の小売業者に供給し、世界の工場として本格的に稼動し始めた。しかし経済の急成長に伴い、複雑な問題も現れ始めた。インフレ、国有企業の大規模な解雇による社会不安、売却される国有財産をタダ同然で手に入れる役人への怒りなどだ。この九〇年代前半から始まった大変動のなかで、党が主導権を発揮しているようには見えなかった。国を一つにまとめ上げ中央政府の権力を取り戻すどころか、鄧小平が再び開始した経済改革は、当初はまったくの混乱状態と言ってよかった。

それから一〇年のあいだに、政府は国有企業の労働者五〇〇〇万人を解雇した。[10] それはイタリアとフランスの労働人口を足した人数に相当する。さらに一八〇〇万人を別の企業に異動させたが、そこには前職で得ていた待遇は一切なかった。終身雇用を示す「鉄交椅〔鉄の椅子〕」、失業することがない「鉄飯碗〔鉄の茶碗〕」、給料と年金の保証を指す「鉄工資〔鉄の給料〕」。それまで国有企業で保証されていた「三鉄」と呼ばれるこれらの待遇は、すべて廃止されたのだ。一九九三年以降の一〇年間で、中央が管理する都市部の国有企業で働く労働者数は、ピーク時の七六〇〇万人から二八〇〇万人まで減少した。党による経済支配の中枢であった国有部門は、まるで崩壊したかのようだった。強引な改革の遂行によって、鄧の政策に対する反感が生まれ、体制を揺るがすような混乱がいつ起きてもおかしくないといった不穏な空気が流れた。

そのころ海外では、この国有企業の解体・整理は西側の民営化と同じものだと勘違いされ、中国共産党もついに根本的な改革に乗り出したと思われていた。朱鎔基は鄧小平の片腕として九〇年代半ばから経済政策を担当してきた率直で活動的な人物だが、総理に就任した一九九八年、ジョージ・H・W・ブッシュ大統領から中国の「民営化」の進み具合はどうかと尋ねられて衝撃を受けている。[11] 中国は莫大な国有資産を企業の傘下に置いているだけであり、「国有化を実現する」別の方法に過ぎないと朱は強く反論したが、ブッシュは彼を肘でつついてウインクをし、朱が何を言おうとも「こちらはすべて承知している」と言うばかりだったという。そんな勘違いをしていたのは何もブッシュに限らず、欧米各国のリーダーが、中国は国家経済の根幹を解体しようとしていると捉えていた。欧米からすれば称賛となるこのような見方も、中国国内では政敵に利用される格好の攻撃材料になり、朱鎔基は守勢に立たされて憤慨することになった。上海市長としてアメリカを訪問したさいも、「中国のゴルバチョフ」と呼ばれ称賛された。だが、この言葉は中国人にとっては、かなり手厳しい中傷でしかない。憤慨した朱はこう応えた。「私は中国の朱鎔基だ。中国のゴルバチョフではない」

　朱鎔基は党内で批判を浴びる[12]ことが多かったが、それは他人を苛立たせる彼自身の言動によるところが大きく、朱の上司であった江沢民からは「人を怒らせる才能にかけては第一級だ」とまで評されていた。しかし、国有大企業を民営化したとして朱を非難する者はいなかった。意見の食い違いはあっても、北京の党上層部はみな、党と国家の力を磐石なものにして衰退を避けるという点では一致していたからだ。党が国有財産を一〇〇パーセント所有するというネオコンの提案がそのまま採用されることはなかったが、党と国が経済の主導権を握るべきだというその根本思想は受け入れられ、その後の中国の路線を決定づけたのである。

　朱鎔基は一九九七年の党大会で、国有企業に対する今後の計画をいかにも中国風に簡潔に「抓《そう》大放小《だいほうしょう》〔大を捕まえ小を放す〕」と表現した。これは、エネルギー、鉄鋼、運輸、電力、通信といった戦略的重点分野の大企業は、党と国家が引き続き支配するという意味である。国有企業の再編は一つのパターンに従って、少しずつ時間をかけて行われていった。国有企業の株の一部を海外市場で売りに出し、七〇〜八〇パーセント近くの株は政府が保有し続けるというものだ。海外市場に上場されたのはごく一部の株式にすぎないのだが、多くの外国人はそれを民営化だと勘違いしたのである。小規模な赤字企業は、ネオコンたちが六年前に描いていたように、完全に売却するか、地方政府の管理に任せるかどちらかの方法がとられた。合理化および経営の専門化を推し進め、財務状況は各企業に責任を負わせる、これらの方法で国有企業を強化するという朱鎔基の政策は、現在もその方針の大部分が生きている。

「ボスの朱鎔基」という国内でのあだ名が示すように、彼は一見、全権力を握っているように見えた。海外メディアは、彼の持つ絶大な権力を面白おかしくもじり、帝政ロシアの皇帝の称号を使って「中国の経済ツァー」と呼んだほどだ。印象的なフレーズを多く使ってメディアに引用させることが巧みだった朱は、改革の邪魔をしていると見なした地方の役人たちに対して、テーブルを激しく叩いて怒りを表すことでも知られていた。副総理に就任したのちには、「棺桶を一〇〇用意してある。腐敗した役人用に九九、そして最後の一つは自分用だ」と言い放ったと報じられている。のちに本人が、国中の腐敗した役人を葬るには九九では全然足りないと言ってこの発言を否定したそうだ。国全体を自分の思いどおりに動かすために、朱が中央の権力を振りかざしていた感は否めない。だがそれは裏を返せば、首都以外の地域では彼の影響力が弱かったということだ。「生き残るためには、全国に攻撃の矢を放ち、中央政府内での支持を固める必要がありました。辛辣な言動も、それ以外に選択肢がなかったからです」と、北京の著名な研究者は指摘する。「そうしなければ権力を保持することは難しかったでしょう」

北京にいる朱鎔基が、この広い国の全域を思いどおりに動かすのには、ただ魔法の杖を一振りするようには簡単にいかなかった。過去二〇年で経済の地方分権が進んだように、金融システムにおいても分権化が加速し、金融の権限が事実上、各地方に移譲されていたからだ。大手銀行は国有機関であり名前はそのままだったが、経営陣の人事はたいてい省や市レベルの役人が決めていた。金融規制も各地方に任され、中央銀行の三一の支店が決定権を持っていた。二〇〇三年まで中国には、すべての銀行を統制する機関が存在しなかったのだ。

仮にイギリスのＨＳＢＣ銀行が、各支店の人事権を地元の政治家に委譲した場合を想像してみるとよい。政治家は任命権の見返りに融資を要求することも可能になる。このような状況に対してロンドンの金融規制当局は、首都の外で起きていることをチェックできないため、監査機能を果たせなくなる。もしこれと同じことが広大な中国全土の銀行で行われていると考えれば、朱鎔基と中央政府が抱えていた課題の大きさがよくわかるはずだ。五大銀行の支店網は全土に広がり、当時の全貸付残高の六割以上を占め、国内産業の生命線となっていた。その支配権を握らなければ壮大な計画も水泡に帰してしまうことを朱は十分に承知していた。各行政区の地方政府の介入によって、銀行がまるで「役人、または役人の実業家のためのＡＴＭ」のように使われている状況を、朱は北京の高みからつねに不満に思っていた。しかし朱の計画が成功すれば、金を引き出せる唯一の国有ＡＴＭは中央政府のみとなる。

システムを抜本的に改革するには、危機的局面を待たなければならなかった。幸いなことに、朱が総理に就任して一年目にその機会が訪れた。一九九七年半ばに始まったアジア通貨・金融危機が中国にも波及し、すでに破綻寸前の金融機関に最後の一撃を与えた。一九九八年には、中国最大の銀行である中国工商銀行の全貸付残高のうち、半分以上の五七パーセントが回収不能となった。金融システム全体では、二〇〇〇年以前の貸付金の四五パーセントが不良債権化した。国有銀行の長年にわたるお粗末で腐敗した経営がもたらした負の遺産は、もはや国庫の損失どころではなく、経済全体にとって致命的な脅威となったのである。[13]

そこで朱はひそかにレーニン主義の戦術に倣い、金融システムを意のままに作り変える作業を開始した。中央集権化を目指す朱は、まず政治局を説得してトップレベルの党委員会（財政委員会）を二つ立ち上げ、それを通じて、地方分権の進んだ経済システムを中央の管轄に戻すことにした。政治局の委員がトップを務めるこの二つの委員会は、九〇年代末までに中国全土の金融システムを支配するようになる。その手法はきわめてシンプルだ。中央組織部と連携し、国内のあらゆる銀行や国有企業の幹部の任免権を中央が握ることで、地方の有力者の力をそいだのだ。政治局のこの方針に従わない銀行には、閉鎖すると脅しをかけた。大ざっぱに言えば、朱のこの戦略は、ベトナム戦争時に米軍がベトコンを支援する村人の心を米軍支持へと変えるためにとった強硬な弾圧策に似ている。つまり、中央の命令を徹底させるためには、まず銀行幹部の〝タマ〟をつぶすと脅かさなければならない、そうすれば心はあとからついてくると決めつけたのだった。[14]

政府の規制システムの表舞台は、表面的には何一つ変わらなかった。地方銀行も規制当局も、外見上はそのままだった。しかし舞台裏では、政治局が政治の全権を握る世界を築き上げていた。それは「金融機関の幹部を監視する、ほとんど目に見えないが強力な党組織」だった。朱鎔基と政治局は、わざわざ法案を議会で通過させて、この絶大な権限を持つ党委員会[15]に法的地位を与えるようなことはしなかった。また、委員会の発足を公式に発表して、政府当局の承認を与えるといったこともしなかった。これらの二つの委員会が法的な裏付けを持たないからといって不都合はなかった。政治局の後ろ盾があり、地方銀行の幹部の人事権を握ってさえいれば、党の経済基盤を固めようとする中央政府の計画に地方の役人を賛同させるには十分だったからだ。

香港の雑誌『ファー・イースタン・エコノミック・レビュー〔遠東経済評論〕』は二〇〇一年五月、中央銀行総裁が党の財政委員会から除外されているという不都合な事実を報道した。謎に包まれた党組織が、中央銀行の機能を完全に奪っていることが露呈してしまったのだ。報道を受けての党の反応はすばやく、すぐに当時の総裁を委員会のメンバーに任命した。とはいえ、委員会の絶対的な権力を弱めることはもちろんなかった。この問題に神経をとがらせる中央宣伝部は地方のメディアに対し、委員会のメンバー構成はもちろん、この委員会自体を取り上げないように指示した。中国の金融システムを完全に掌握してしまったこの絶大な権力を持つ二つの党機関について、中国のメディアが初めて報じたのは、実質的にほとんどの任務が終わった五年後の二〇〇三年になってからのことだった。

地方の雑誌、それも英語の雑誌の一つの記事にこれほど党がすばやく反応したのは、異様に思えるかもしれない。だが、中央政府が国有企業の再編と海外での一部株式の上場を決めた時点から、党はそのプロセスにおける自らの役割をベールで覆い、国民と世界中の眼前から姿を隠してきたのである。

海外上場の一番手、上海ペトロケミカル

一九九二年、上海ペトロケミカル〔上海石油化工有限公司〕の経営状態を調査しに来たメリルリンチの海千山千の銀行家たちは、まるで別世界の風景に唖然とした。杭州湾の沿岸の軟弱な土壌の埋立地に建つその施設には、四万人の従業員とその家族が住み、住宅、学校、店舗、病院のすべてが揃い、退職者には年金も支給されていた。「ないのは葬儀場くらいでした」と、一九九三年の上場に助言した専門家は言う。「警察署まであって、企業が警察と共同で運営していました」必要なものが何でも揃った経済の生態系、上海ペトロケミカルはまさしく、昔ながらの典型的な国有企業であった[16]。

上海ペトロケミカルは当時国内で九番目に大きな企業だったが、このような国有大企業を再編し、株の一部を海外に上場させるに当たって、中国政府はまず多くの難題に対して決断を下さなければならなかった。これまで企業が提供してきた、医療保険、教育、年金といった社会保障はどうするのか。何千人もの余剰人員はただ解雇するのか、それとも海外で調達した資金を退職金に回すのか。海外の証券取引所によって課せられる厳しい会計監査や、海外のファンド・マネージャーによる調査にはどう対応していくのか。なかでも最も厄介なのは、社内での党の存在、つ

まり長きにわたって業績報告や経営方針といった厄介ごとに縛られずに経営を握ってきた党委員会の役割をどう説明するのか、という問題だった。

一九九三年、上海ペトロケミカルはニューヨークと香港の証券取引所に上場したが、そこで資金を調達できる見込みはほとんどなかった。だからこそ、国有企業の再編に熱心に乗り出した中国の指導部が上海ペトロケミカルを選んだと言える。株の一部を海外市場で売ることで、党は事実上、今後起こることが予想される大激変に備えて先手を打っていたのだ。つまり、何千もの従業員が解雇され、会社の経営状態が公表されたとき、その責任は党だけでなく外国の株主にもあると言い逃れるためだった。しかし、会社を直接支配している党の役割の開示となると、関係者の誰もが拒絶した。この情報開示の問題は、その後何年にもわたって幾度となく議論されるが、結果はつねに同じだった。

「そもそも、中国共産党について開示することなどあるのだろうか、という疑問がまず頭をよぎりました。共産党は本当に企業を牛耳っているのか、われわれは長いあいだ悩んできました」と、上海ペトロケミカルの上場に携わったある顧問は言った。もっとあけすけに言う顧問もいた。「今では状況は違ってきていますが、当時は企業も含め社会全体で起きていることには、必ずその裏では共産党が糸を引いていました。党が下す命令以外に意思決定はあり得ませんでした」

上海ペトロケミカルが香港のメリルリンチと法律顧問、会計顧問とともに作成した目論見書は、インターネットが普及する前の電話帳ほどの分厚さだった。製品のラインナップ、資源利用、所有資産、従業員数などの膨大なデータが詳細に記載されている。国有企業として考えうるリスク、つまりエネルギー価格決定の権限を持つ気まぐれな役人と市場原理との板ばさみのなかで経営しなければならないリスクが、はっきりと見て取れた。しかし党に関する情報といえば、一人か二人の監査役がいるという指摘に限られ、意思決定を行う唯一かつ重大な機関である党委員会の役割については一切触れられていなかった(17)。

一九九三年の上場時、アメリカの政府内では一九八九年の天安門事件の記憶がいまだ生々しく残っていた。前年の大統領選挙で勝利したビル・クリントンは、ジョージ・H・W・ブッシュが「北京の大虐殺者たち」に甘い態度を取りすぎたと批判していた。そんなおりに、ニューヨークの株式市場で資金を集めている企業が実は共産党の管理下にあることが強調されるのは、実に都合が悪かった。しかし、この国有企業を監督しているのは、国内でも秘密裏に活動する機関だ。その機関が海外でその権力を吹聴するようなことをするはずもなかった。「企業側にしてもそんなことはご免ですよ」と先のあけすけな顧問は言う。「その問題を論じれば、危険な道に踏み込むことになります。たった一つの機関が人事も生産もすべて決定しているなどと記述しても、いいことなんて一つもありません」

目論見書から党の存在を消し去ったために、つじつまの合わない箇所が散見される妙な文書に仕上がった。当時、中国の国有企業が海外上場するというのは目新しいことだったため、上海ペトロケミカルの目論見書には外国人投資家向けに、中国の政治システムがどのように機能しているかの解説が付けられていた。しかし、実際には共産党が政府も国有企業もすべて統制しているにもかかわらず、党の存在はこの解説でも完全に除外されていた。「政治面概況」との表題がついた章では、中国の政治システムを解説するとしながら、党については一切触れていない。その代わり、「憲法に従って、全国人民代表大会が国家の最高機関である」とまことしやかに書かれている。だが実際には、憲法で規定されている政治権力の最高機関は共産党であり、政府や国有企業の人事、政策のすべてを共産党が決定しているのは周知の事実だ。

党の役割を公表しない理由として、中国企業やその顧問は、経営戦略や人事を決定する法的責任は役員会および経営幹部にある、という法律の条文を引き合いに出す。「役員会が外部から意見を聞く程度なら、公表の義務はありません」と、いくつもの中国企業の海外取引に助言を与えた弁護士は言う。「その程度のことならアメリカでも公表されませんよ。シティバンクだって公表する文書のなかに、CEOを解雇するかどうかをサウジの大株主と話し合ったなどとは記載しないでしょう」しかし、このような法律家的な弁舌は、サウジが中国共産党とは違って単なる株主に過ぎず、明日にでも株を売ってシティバンクから手を引くことができる存在であるという事実には触れていない。共産党は、売却されることのない国有企業のなかに、公表されてはいないが確固とした地位を占めた存在なのだから、話は別である。その弁護士もこう認めている。「会社法では、（中国国有企業の）役員会は党の助言を無視してもよいことになっていますが、現実にはそんなことはあり得ません」

上海ペトロケミカルの海外市場への上場を機に、中国の国有企業は劇的な変化を遂げた。数々の企業が海外で上場するようになり、一〇年前に想定していたよりはるかに厳しいビジネス環境で事業を展開するようになった。海外企業との提携も増え、役員に外国人が入るようにもなった。

企業は単なる政治機関として細かく管理するには複雑になりすぎ、党は日々のビジネス決定に細かく関与することが難しくなった。それでも、党はいたるところで揺るぎない地位を守り続けている。依然として人事権を掌握し、海外の中国企業内での党の役割に言及することはタブーになっている。だが二〇〇五年以降、中国の大手国有銀行が海外市場で資金を調達するようになると、その沈黙の掟にもほころびが出るようになる。

中国の銀行の改革とその後の海外での上場は、世界経済にとって一大事件だったと言っても過言ではない。もし銀行の構造改革が失敗していれば、金融と経済の改革という壮大な計画はとてつもないダメージを受けているだろう。国は銀行の再建のために莫大な金額をつぎ込んだ。このために使った税金は総額六二〇〇億ドル[18]と見積もられ、二〇〇五年の中国の国内総生産（ＧＤＰ）の二八パーセントに相当する。二〇〇八年に発表された資本注入も計算に入れると、さらに莫大な額になる。ブッシュ政権が二〇〇八年後半に行ったＴＡＲＰ〔不良資産救済プログラム〕でも七〇〇〇億ドルが投入されたが、それはその年のＧＤＰの五パーセントであり、相対的に見れば規模の差は明白だ。

その大規模な救済資金の調達および注入は、一回のオープンな取引でなされたのではない。資金は何年にもわたって様々な方法を使って少しずつ供給された。中国では手ごわい議会の承認を得る必要などない。とはいえ、巨額な援助については政府内で大きく意見が分かれ、実現にはかなりの政治的決断を要した。大手国有銀行の支店数は一九九七年の一六万店から二〇〇八年には八万店にまで削減された。中国工商銀行は二〇万人の従業員を解雇したが、それでもまだ三六万人の従業員と一万七〇〇〇店の支店が残った。中国銀行と中国建設銀行はそれぞれ一〇万人以上を解雇している。

銀行幹部に対するインタビューで、海外上場にさいして行った人員整理について尋ねると、いつも曖昧な返事しか返ってこないことに私は驚いていた。人員整理は海外ファンドにとっては好材料になるはずなのに、なぜ隠すのか不思議に思っていた。だがその理由はのちに判明する。(19)大量の解雇についての情報は国家機密として扱われ、詳細な報告は内部の出版物に限定されていたのだ。党の規律によって、幹部らは私の質問に答えることを禁じられていたのだ。しかし、党に関するほかの質問に対しては、中国建設銀行の郭樹清《かくじゅせい》のような何人かのトップが、包み隠さずに答えてくれた。

きまじめで形式張った銀行家の多くとは違い、郭樹清はあけっぴろげで威勢がよく、話好きというタイプの人物だった。中国企業を訪れると、おみやげに万里の長城の安っぽい模型と緑茶をもらうことが多いが、満面に笑みを浮かべた郭はマクロ経済の管理と為替政策についての自らの著書をくれた。一九五六年に内モンゴルで生まれた郭は上層部から認められ、何年にもわたって要職を与えられてきた。四〇代前半にはすでに貴州省の副省長となっている。貴州省といえば中国で最も貧しい省の一つだが、そのことからも党が彼を有望視していたことがわかる。有望株の人材は、豊かな沿岸地域から離れたところに赴任させるというのが党の方針だからだ。その後、中央銀行である中国人民銀行の副行長として、中国の外貨準備を管理するほどの大銀行の経営をいきなり任されることになる。前任者が北京の軍の病院で、七階の窓から飛び降り自殺したためだった。その後二〇〇五年に中国建設銀行に移るが、このときもまた前任者が収賄で捕まった後任という何とも不気味なめぐり合わせだった。政治の世界でこそフィクサーとして適任だった郭だが、商業銀行での経験は皆無という状態での異動だった。就任時には「これまでに融資をしたことが一度でもあるか聞いてみるといい」と皮肉る同僚もいたほどだ。

　中国建設銀行の再建には非常に多くのことがかかっていたが、そんな状況にもかかわらず、就任後の郭のあけすけな発言は周囲を面食らわせた。中国建設銀行会長と行内の党委員会書記に就任してすぐ、彼は銀行内での党の役割について批判を始めたのだ。中国のジャーナリズムの限界に挑戦していた経済誌『財経』のインタビューでは、党委員会が役員会の機能を奪っていると、別の人物とともに不満を漏らしている。党委員会は「数え切れないほどの会議」を開き、融資を審査し、人事についても役員から下級の管理職に至るまで細かく口を出す、これは「会社の付属定款に反している」と言う。そして自らの指揮のもとで改めさせると約束した。「原則は明快。党と経営陣のあいだに抑制と均衡のシステムを打ち立てることです」

　さらに郭は経営陣のうち九割を「不適格」とも断じた。ただ郭も自分の発言がすべて、特に最後の発言が、報道されるとは思っていなかったとも考えられる。その証拠に、数ヵ月後、北京で海外のオンライン・ニュース会社の幹部が主催した昼食会で、『財経』の編集長の胡舒立《こじょりつ》[20]女史と郭が同席したときの話がある。胡女史は同誌を中国で最も自由で手ごわい雑誌に育てあげたとされる人物だ。海外の主催者側が、ここでの発言はオフレコですと、お決まりの約束を伝えると、郭は主催者側に関しては心配していないと言ったが、胡編集長を指差して、「私が心配しているのは、あそこに座っているスキャンダル好きの女性ですよ」と答えたという。だが、それから程なくして私がインタビューしたさいにも、彼は党批判を繰り返した。「共産党は商業機関ではありません。これまで党の役割というものが履き違えられてきたのです。銀行内における党の誤った活動もその結果です」

中国建設銀行の上場のさいに引受会社となったモルガン・スタンレーの幹部はこうした郭の発言に度肝を抜かれた。党が銀行にそれほどの影響力を及ぼすのなら、目論見書にその役割を明記すべきだと、何人かが内密に助言した。だが、彼らはすぐに考え直した。ある顧問は「突き詰めて考えてみると、国が企業を支配しているなどという幻想を誰一人として信じることはありませんでした。党委員会について挑発的かつ一方的にあれこれ踏み込むのは建設的ではないし、その必要もないと考えました」と語った。また別の顧問はこう言って郭の発言を一蹴している。「郭氏自身が党に任命されていますよね。そんな立場で、党に口出しをするな、などと言えるのでしょうか」

中国の銀行幹部たちは、外国人投資家向けには体裁を取り繕った目論見書を黙って提示していたが、国内では違う態度をとっていた。二〇〇五年と二〇〇六年に『財経』と地元の大学の研究者から取材を受けたさい、彼らは党の役割について明言しているのだ。郭と比べれば礼儀正しい口調ではあったが、それでも中国の基準からすれば、驚くほど率直な発言だった。目論見書にどのように書かれていようが、銀行は単なる営利団体ではないと、断言した。銀行は国家の経済政策の手段である。その事実は、三年後の世界的な金融危機で証明されることになる。

国内で五番目に大きな銀行の中国交通銀行の会長、蔣超良《しょうちょうりょう》は、党委員会は人事のみならず経営戦略も管理していると語った[21]。単に株主のための利益を生むだけにとどまらず、党委員会としては、政府が策定した社会の「安定」および国のマクロ経済政策に沿った経営をしなければならない、と。これについては、交通銀行の株主であるＨＳＢＣも特に異論はなかったようだ。ＨＳＢＣは交通銀行の株を一九・九パーセント保有し、その一部を自らの株主に売却することが、中国の銀行の古い経営体質を変えるチャンスになると考えていたのだが。蔣によると、当時のジョン・ボンドＨＳＢＣ会長は、中国の銀行の会長なら党委員会の書記であるのは当然との認識を明らかにしていたという。「彼は私が党委書記であることに何の違和感も抱いていませんでした」

中国銀行の行長、李礼輝は、中国人記者によるインタビューで、同行のイギリス人幹部が党委員会の会議に出席したいと言ったときのことを、冗談めかして言った。「彼は共産党員ではなかったので、イギリス人の共産主義者を見つけて代わりに出席させようとしたんですよ」李は党の役割については、不機嫌そうにそれを擁護した。銀行の経営方針の決定、政府の諸機関との連携、これらにおいて党は不可欠の役割を果たしているという。「中国では共産党の政治力を誇示することが非常に重要です」と李は言う。「大部分の問題は経営陣で解決できますが、全部は無理ですから」

国有企業における党の裏舞台の役割を公表すべきかどうかという議論は、現在の中国ではほとんど行われていない。上海ペトロケミカルが海外上場を果たして以降、公表しないという先例ができ、その問題は決着がついた。今、国内で問題となっているのは、かつて郭樹清が自由な発言がでていたころにほのめかしたように、体制内での争いである。一方は、これまでどおり企業の支配権を握り続けたい党の伝統主義者、もう一方は、ますます激しい野望を抱くようになった企業の幹部たちだ。郭樹清が党に対して漏らした不満は、世界経済に計り知れない影響を及ぼす中国経済のトレンドを示す先触れであった。野心的な企業幹部たちはこう主張する。党が利益重視の企業経営を求めるのであれば、純粋にビジネスの観点だけで経営をさせてほしい、と。

長く苦しい陣痛の末に生まれた「中国株式会社」は、まったく新しい種類の不思議な生き物だった。共産主義と資本主義を併せ持つ、党の思惑どおりの企業である。再構築されパワフルになった国有企業が持つこの二面性は、世界が対応に困惑しただけでなく、中国自身も適応に苦労してきた。

ユノカル買収劇の内幕

変化というものは何の前触れもなく突然起こるように思えることが多いが、実際には、何年も前から眼前で準備が着々と整えられてきたのである。二〇〇五年、中国政府が初めて欧米でM&Aに乗り出して世界をアッと言わせたときも、まさしくそうだった。中国の石油会社、CNOOC〔中国海洋石油〕が一三〇億ドルで、アメリカの石油会社、ユノカルの買収に動いたのだ。カリフォルニアを拠点とするユノカルは、アメリカだけではなくアジアでもエネルギー資源の採掘権を持つ。実質的に中国共産党が完全支配している企業が、アメリカの企業が所有している石油および天然ガスの採掘権ごとアメリカの企業を買収するなど、アメリカ政府にしてみれば容易に認められるものではない。しかし、この買収が最終的に失敗に終わった根本的な理由は、こういった政治的反発ではなく、CNOOCの最高責任者、傅成玉《ふせいぎょく》が買収に当たって、党と役員会の意見調整に失敗したことだった。

傅成玉も同世代の多くのリーダーと同じような道を歩んできた。一九五一年に生まれ、六〇年代半ばに文化大革命で学業を中断、紅衛兵に参加する。これは食事付きで国中を旅して回ることができる爽快な体験だったと、のちに同僚に語ったそうだ。二〇代前半には東北部の油田での堅気な生活に戻った。その後、出世の階段を駆け上り、中国で最も国際色豊かな国有企業のCEOとなる。しかし、子会社の一つを海外で上場させたときに任命された外国人役員をうまく扱えるほどには、世慣れていなかったのだ。

ユノカル買収にさいして、傅はまず政府の承認を受け、自らが書記を務める社内党委員会の承認も得ていた。しかし、役員会には既成事実として事後承諾させようとしたことで外国人役員が反発し、出だしから社内の統一がとれず、買収戦で迅速に対応することができなくなった。アメリカ議会から安全保障上の理由で反対の声が高まり、CNOOCはアメリカの貿易保護主義を批判しながらも最終的には手を引くこととなった。この失敗の根本的な原因は、役員会の党委員会への反発を、傅成玉がうまく処理できなかったことにある。彼がどう弁明しようと、CNOOCが企業としての利益を代表する役員会よりも、国家の政治的利益を代表する党委員会を優先したことは明らかであり、アメリカ政府にもその証拠は十分すぎるほど残っている。

中国で経済改革が始まった初期に国有企業と関わった外国人はみな一様に、八〇年代前半に上海近くの宝山鋼鉄の発電所建設に関わった日本企業、三菱の幹部と同じ感想を持っただろう。その画期的なプロジェクトの交渉は中国側に有利に働き、結局三菱側は譲歩せざるを得なくなった。そのとき三菱側の幹部は「こちらは一企業のチームですが、そちらは国がチームを組んできたのだから、負けるのも当然ですよ！」と叫んだという。日本側の言い分はまったく正しい、と国有企業の大物である陳錦華《ちんきんか》は自伝のなかで書いている。(22)「われわれは電力関係の優秀な専門家を国中から集めて交渉に臨んだ。しかし三菱は所詮一企業、そこまではできない。これこそわれらの社会主義的連携の優位性を示す好例だ」

その二〇年後、ＣＮＯＯＣのような国有大企業が海外上場を果たすころになると、社会主義的連携は「中国株式会社」として装いを新たにし、優位性と同じくらいの困惑をもたらすものとなった。さらに、社会主義的連携というもの自体が国有企業のあいだから消滅した。それに代わって、党は社会主義競争なるものを導入し、国有企業の力を最大限に発揮させようとした。二一世紀仕様に改造された「中国株式会社」は、陳錦華が評したような一枚岩の構造とは程遠く、まるで貪欲な魚が集まった巨大な群れのようだ。周りの魚の動きに油断なく気を配り、つねに同じ方向に泳ごうとする。中国企業はまるで一つのエサに食いつこうとする魚たちのごとく、国内外を問わず個別に戦いを繰り広げた。個々の企業は中国共産党という親魚のもとで「中国株式会社」という巨大な集団となり、どんな大魚よりも強い競争力を持つに至った。

この三〇年間での中国の変貌ぶりは、中国の一般国民の野心的意欲《アニマルスピリット》に負うところが大きい。数十年ぶりに金儲けのチャンスをつかんだのだから、無理もない話だ。しかし、国民の野心を解き放ったのが実は党であることは、ほとんど知られていない。とにかく変化は猛烈なスピードで進んでしまい、党が国有企業について抱える問題もすっかり様変わりしてしまった。九〇年代には、どのようにして企業を潰れないようにさせるかが党の課題だった。だが二一世紀に入ったころには、再構築された企業は、そのほとんどがまったくのゼロからのスタートだったにもかかわらず、すっかり巨大化し、利益を上げ野心を抱くようになった。今や問題は国有企業をどのようにして存続させるかではなく、どのように彼らの手綱を引くかとなったのである。

崩れかけた共産主義体制の巨大な遺物として見限られた国有大企業だったが、一〇年のうちに組織、支払い能力、収益性が一変した。巨大な共産主義産業界は、突如何十億ドルという利益を生むようなった。そのような利益が出せたのは、政府による競争相手の排除、急速な経済成長、豊かな資本、組織の再構築による効率性のおかげだった。二〇〇七年、中国の急速な経済成長は歴史的な記録を達成する。一〇年前にはゼロに近かった中央政府の国有企業の総収益は一四〇〇億ドルに達し、五年前の三倍に増えた。企業の売上高をランキングする「フォーチュン500」のリストでは、それまで等外だった中国企業が上位に食い込んでくるようになった。

しかしこの時期、国は豊かになっても国民はそうではなかった。一九九七年から一〇年のあいだに中国経済は驚異的に成長したが、ＧＤＰに占める労働者賃金の割合は五三パーセントから四〇パーセントへと大幅にダウンした。[23] 何年も前に北京飯店の会議で予測されていたように、国有企業の構造改革は党に巨万の富をもたらした。増え続ける利益は年度予算の負担を減らし、国有銀行の財務状況を強化した。しかし、国有企業に土地も原材料もエネルギーも安く与えるという優遇政策は、経済発展の利益を国が独占・保有するために取られたのであり、一般国民の犠牲のうえに成り立っていた。そして蓄積された富は国を豊かにするためだけに使われたのではない。将来的に原料の需要が急増し、国内の原油の備蓄が減っていくことを見越した政府は、豊かな国有企業に対し二〇〇二年あたりから本格的な海外進出を奨励した。指導部の言葉を借りれば「国外に出て、より大きく、より強く」なるためだった。原油その他の資源部門で最前列にいた企業がこうして海外に進出し、その先々で物議をかもしていくのも不思議ではなかった。

二〇〇五年のＣＮＯＯＣの買収劇で傅成玉が演じた失態は内部の怒りを大いに買ったが、そのために傅が職を追われるようなことにはならなかった。アメリカ内で起きた中国の買収に対する過激な、ときには排斥的な反応に助けられたともいえる。次の大きなチャンスがめぐってくるころには、「中国株式会社」は多くの教訓を学んでいた。しかし、党が国有大企業の舞台裏に潜んでいるという根本的な問題は、手つかずであり未解決のままだった。国内でもベールに包まれているその存在は、海外進出した企業でも同じく秘密裏にされ、外国人には企業のどこまでを国が管理し、どこからが民間なのかを見分けることはほとんど不可能だった。

二〇〇一年に誕生したチャイナルコ〔中国アルミ業公司〕は、近代性と双極性を備えた国有企業の典型だった。チャイナルコの親会社は九〇年代の大変革期に、当時バラバラだったボーキサイト鉱山、アルミナ精錬所、アルミニウム精錬所、それぞれの販売部門を統合して設立され、あっという間に金属資源部門で世界第二位の大企業となっていた。新会社チャイナルコが古い国有企業の硬直した体質を持つことがないように、政府はこの企業に市場原理を取り入れ、最も収益の上がる部門を子会社、チャルコ〔中国アルミ〕として切り離し、その年の後半に海外で上場させた。

チャイナルコの会長兼ＣＥＯの肖亜慶《しょうあけい》のデスクの上には、あの「赤い機械」があり、この会社のステータスを示している。国の安全保障と経済成長にとって不可欠だと政府が認める五〇社ほどの主要企業の一つということだ。肖と党のエリートたちを結ぶホットラインの横には、国有企業の新たなシンボル、パソコンのディスプレイがあり、海外で上場しているチャルコの株価が常時表示されている。赤い電話機とディスプレイが並ぶ姿は、中国企業の込み入った状況を象徴している。表舞台では民間企業として野心に燃え、欧米の競合他社と同じく熱心に株価の動きを追っているが、舞台裏では、必要なときは手元の手綱を引けば企業をコントロールできると安心している党が鎮座している。このため肖をはじめとする国有企業の幹部たちは難しい任務を負っていた。企業の利益だけでなく、党の望む国の利益も同時に追求しなければならない。そしてその評価は、会社の業績と政治的功績という二つの基準で行われるが、どちらにも明確な基準というものがなかった。

二〇〇二年、肖亜慶はチャイナルコのＣＥＯとなり、国有企業のトップに新たに加わった。当時四二歳だった彼は、傅成玉や他のトップたちと比べて一〇歳ほど若かった。とはいえＣＮＯＯＣの傅成玉と同じように、トップレベルの国有企業の幹部としての政治的任務を担うことに変わりはなかった。彼は中央委員会のメンバーであり、チャイナルコの党委員会の書記でもある。さらに、聡明かつ熱心なビジネスマンでもあった。国内では銅やレアアースの分野にも事業を拡大した。海外ではオーストラリアの北部奥深くでボーキサイト事業に乗り出し、自ら先住民とのデリケートな交渉に関わった。しかし、まもなく国から託されることになる任務は、チャイナルコや他の国有企業がそれまでに成し遂げたどんな事業もかすんでしまうほどの大仕事であった。

二〇〇七年一一月、北京に激震が走った。世界最大の鉱物資源メジャー、BHPビリトンが、英豪系のライバル会社、リオ・ティントに対して買収を提案したのだ。一二七〇億ドルからのちに一四七〇億ドルまで跳ね上がったこの提案は、当時史上二番目の大規模なもので、中国にとってその脅威はあまりにも明白だった。なぜならこの買収が成功すれば、特に鉄鉱石の輸出市場がほとんどBHPビリトンの寡占状態となってしまうからだ。鋼鉄の原料となる鉄鉱石の国際価格は、二〇〇八年までの五年で五倍に跳ね上がっていた。発展著しい中国の需要が増えたのが一つの原因だったが、供給不足のせいでもあった。中国はその供給不足を、鉱物資源メジャーが投資を減らすことで人為的に操作しているためだと考えていた。党トップのすばやい判断で、BHPビリトンの買収を阻止することが決定した。こうして「中国株式会社」は世界の舞台へと乗り出すことになる。

数時間のうちにチャイナルコはロンドン株式市場で、中国企業による海外投資案件としては過去最大の一四〇億ドルを投入し[24]、リオ・ティントの株式の九パーセントを取得した。肖はCNOOCの失敗を踏まえて、すぐさま行動を開始し、海外メディアに向けて記者会見の場を設けた。中国の国有企業のトップとしては異例の行動だ。さらに現地オーストラリアに飛び、心配を隠せない政治家たちに直接会ってチャイナルコの意図を説明した。肖が公的に発したメッセージはつねに一貫しており、チャイナルコが国有企業であることは確かだが、その経営に国の介入はまったくない、「経営はもちろん意思決定も企業が独立して行っている」と語った。しかし肖にとっても、その裏に控える中国の上層部にとっても悔しいことに、国有企業が独立しているという彼の主張は、最初から信じてもらえなかった。CNOOCがユノカルの買収提案をしたときと同様に、不信感という壁が、二段階にわたって行われたリオ・ティント買収交渉のあいだ中、立ちはだかっていた。チャイナルコのリオ・ティント買収の背後には単なる企業活動以上の政治的意図があるという疑惑は、交渉が進むにつれて異常なまでに強まっていったが、その理由は明白だった。

買収に先立ち、中国ではまず、どの国有企業がリオ・ティントの入札を担当するのかを決める選考が行われた。投資銀行業界ではこれを美人コンテストと呼んでいる。候補の企業が自らの利点を売り込むために、ずらりと並ぶことからそう呼ばれる。今回のコンテストは中国政府自らが秘密裏に行った。政治局の愛国的な呼びかけに応えて、エネルギー・鉄鋼業界の数々の国有企業が名乗りを上げ、BHPビリトンと戦う候補者選びの選考が内々で行われた。その結果チャイナルコが選ばれたのは、国内市場における高い競争力と、海外市場での堅実なビジネスが理由だった。しかし政府が最も重要視したのは、CEOである肖亜慶なら指導部がつねにしっかりと操縦できるという点だった。

リオ・ティントの一件で専門家が指摘するのは、ユノカルのときはCNOOCの海外上場している子会社が実際に買収に動いたのに対し、今回の入札には親会社であるチャイナルコ本体が参加したという点だ。それには買収先のリオ・ティントが多角的な総合企業であるといったビジネス上やむを得ない理由もあったが、同時に強い政治的な動機もあった。チャイナルコは一〇〇パーセント国が出資している企業であるため、ユノカルのときのＣＮＯＯＣのように、厄介な外国人役員が口を挟むようなことが起こり得ず、すばやい意思決定が可能となる。さらにチャイナルコの融資元が、国家開発銀行（CDB）が率いる合弁企業であったことも選ばれた一因だった。国家開発銀行は国内のインフラ事業に資金を提供する目的で設立された銀行だったが、海外に進出する「中国株式会社」に相乗りしようという野望を抱いていた。さらに、その融資の決定が国務院によって直接認可され、国家開発銀行の役員会は何一つ話し合うことがなかった[25]点からみても、この買収劇の裏に大きな政治の力が働いていることは明らかだった。

その後、世界的な信用収縮が勃発し、各国のライバルたちが買収交渉から撤退せざるを得なくなるなか、チャイナルコは潤沢な資金力で乗り切っていく。半年も経たないうちに、世界金融危機とともに、空前の活況を呈していた商品市場は一気に冷え込んだ。二〇〇八年後半、資源大手のＢＨＰビリトンが買収提案を撤回し、戦略を見直すため買収の舞台から一時的に撤退した。二〇〇九年二月、チャイナルコはさらに、リオ・ティントの株式保有比率を二倍に引き上げることを提案する。だが、このときチャイナルコも世界の他の資源会社と同じく財務状況は悪化していた。リオ・ティントに投資した当初の一四〇億ドルは一〇〇億ドルもの評価損を出し、主要事業も同様に損失を抱えていたのだ。だがそれでも、羽振りのよい国家の後ろ盾を持つチャイナルコにはまだ余力があり、負債に苦しむリオ・ティントに一九三億ドルの追加融資をして、鉱山資源権益の確保を狙ったのである。

このころすでに中国の政府内には、この巨額の投資を非難する声が上がり始めていた。当時、できたばかりの中国政府系ファンドの会長だった楼継偉もその一人である。楼は海外投資に失敗したとして非難されていた。初期の投資が大きな評価損を抱えていることについて弁明すると、インターネットで批判が集中した。「腐敗しきった卑劣な恥知らずが、国民の血と汗の結晶である金を個人的な目的のためにつぎ込んだ」二〇〇八年後半に精華大学で楼が講演したあと、こんな批判がネットに書き込まれた。そんな目にあった楼は、国民はチャイナルコの肖亜慶の業績のほうをよく調べてみるべきだ、とぼやいている。向こうは一〇〇億ドルもの評価損を出しているのに、私ははした金を失っただけでこの叩かれようだ！　というのが彼の言い分だった。肖亜慶は実業界という表舞台では完全な敗者であったが、舞台裏では機敏に動き、とにかくＢＨＰビリトンの買収を撤回させたのは自分の手柄だとして、自らの政治的功績を喧伝していた。『財経』では「肖氏は自分の目的は二つの巨大資源メジャーの合併を阻止することであり、見事に成功したと繰り返し述べた」と報道されている。

しかしその後、チャイナルコと国の癒着があからさまに世間に暴露されることとなる。ビジネスマンとしての肖がリオ・ティントへの倍額の増資を交渉しているさなか、政治家としての肖が国務院に所属する政府機関の要職への昇進を話し合っているとの情報が流れたのだ。チャイナルコの外国人顧問たちによると、ロンドンでの交渉が最終段階に入り緊迫するなか、肖はかなり神経を高ぶらせていたという。この交渉が成立しなければ北京に帰る意味もなくなる、と冗談めかしながらも暗い口調で言ったそうだ。交渉は成立し、その瞬間肖の昇進も正式に決定した。中国では交渉の成立と昇進が固く結びついている。この二度目の増資交渉がもしこのとき合意に達していなければ、肖は何十億ドルもの政府資金を失うとともに、会社にとっても国にとっても新たな資源供給先を失うこととなっていた。言い換えれば、ビジネス面でも政治的にも失敗することを意味していた。

しかし数ヵ月後の二〇〇九年六月、二度目の増資は取りやめとなる。表向きはビジネス上の理由とされているが、CNOOCのときと同じような理由があったのではないかと思われる。結局、肖の国務院への昇進が命取りだったのだ。今回の増資をいくらビジネス上の理由だと説明してみても、中国政府の見えざる手が動いているという疑惑を打ち消すことはできなかった。もともとBHPビリトンの対抗相手にチャイナルコを選んだのは中国政府であり、その資金の拠出を直接承認したのも国務院だった。さらに外部からの干渉を避けるために、親会社であるチャイナルコが直々に買収に当たった。そして交渉が最終的に成立した数日後にはそのCEOが党の承認を得て政府の要職に就き、会社の後任にはまた党が選んだ国有企業出身の人物が就いたのだ。さらに増資の話が頓挫してまもなく、リオ・ティントの中国上海支店の社員四名が賄賂と産業スパイの容疑で上海の国家安全局に拘束された。今回の交渉に反対するオーストラリアの政治家たちが、チャイナルコを中国政府の手先だと言い出すのも当然だった。チャイナルコとの関連を打ち消そうと必死になっている党にとって、その意図をくじかれる結果となった。

「スーダン問題」の問題点

チャイナルコの幹部は少なくとも批判に向き合い、公に返答しようとしていた。だが国有企業のすべてがこのようにオープンな対応を心がけていたわけではない。その代表格がＣＮＰＣ〔中国石油天然気集団公司〕、ペトロチャイナの親会社だ。同社のような企業にとって、国内外の批判を無視することは、身に付いた習性のようなものだ。ＣＮＰＣは「中国版エクソン・モービル」と言ってもよい。攻撃的かつ高圧的、軍や政府との結びつきが強く、他人の意見などまったく気にしないという態度で、悪評高い巨大石油会社だ。その荒っぽい体質は、西の端の新疆《しんきょう》ウイグル自治区や東北部の大慶《たいけい》という、中央政府の管理が行き届かない荒涼たる最果ての地で原油を掘削したことで培われた。

九〇年代後半にＣＮＰＣの再建が着手されたとき、会社の従業員数は世界の石油会社のなかで一番多く、二位の会社の一〇倍であった。「その規模の大きさは、かつての石油工業部という名称がまさに言い得て妙だ」二〇〇〇年に、中国最大のこの石油企業の子会社ペトロチャイナ〔分割民営化された部門〕の海外上場で引受会社となったゴールドマン・サックスのポール・シャピラは言う[26]。この再構築のプロセスで、一〇〇万人の従業員が解雇され、石油工業部は事実上消滅し、政府による直接的な管理はほとんどなくなった。それまでの石油工業部の有力な官僚たちが、改変された会社の幹部として就任し、かつてないほど独立した企業へと転身した。

石油業界以外ではあまり知られていなかったペトロチャイナ〔中国石油天然気〕が一躍有名になったのは、

九〇年代後半、枯渇しつつあった大慶油田に代わる新たな石油資源を求めてスーダンに進出したことがきっかけだった。この投資によって、この会社と中国の海外投資そのものが、中国政府が予想もしていなかったかたちで世界の注目を集めることになった。スーダンのダルフール紛争で政府が行った非人道的な鎮圧について、世界の関心を集めようとする人権活動家たちは、スーダン政府だけではなく、ペトロチャイナにも批判の矛先を向けた。スーダン政府を実質的に支えているのはこの中国企業だというのが彼らの主張だった。人権活動家たちは、スーダンの資産を保有するペトロチャイナとその親会社ＣＮＰＣのことを、目に見えない「中国株式会社」という一枚岩的な巨大組織の一部であると表現した。親会社のトップ人事も海外上場しているその子会社のトップ人事も党が握り、そのうえ政府機関が株主となれば、常識的に見て、企業と国が一つの統合体であるのは明らかだ。スーダンの中国企業は中国政府の一部として事業を展開しているという結論が導かれるのも当然である。

ペトロチャイナのスーダン問題は、二〇〇八年の北京オリンピック直前だったために世界的な注目を浴びた。そのため中国国内における国有企業の政治的立場の弱さという、さらに複雑な問題が見過ごされた。ＣＮＯＯＣやチャイナルコの海外企業買収については、中国では当初ほとんど問題とならなかった。両方とも政府全体からの広範な支持があったからだ。だが、今回のペトロチャイナの場合はそうではなかった。

ペトロチャイナは海外だけでなく、中国政府の外交政策機関においても評判が悪かったのだ。しかし、その理由は海外とは異なる。中国の役人や学者は、人権侵害で有名な国に投資を行うことを問題としたのではない。それを言うなら、欧米諸国はサウジアラビアをはじめとする非民主的な産油国と長く付き合っていると、言い返すこともできるだろう。彼らが問題としたのは、たかが一企業が、石油を採掘するという名目で、中国のデリケートな外交問題を支配しているという点だった。

さらに悪かったのは、ペトロチャイナが外交政策などお構いなしに、自社の利益のためだけに石油事業を運営していたことである。二〇〇七年に私がインタビューした二人の研究者は、ペトロチャイナが国益を無視し、スーダンで生産した石油を国際市場で最高値を付けた買い手に、特に日本の買い手に売っていたことを批判した。「(党が)これらの企業を操作していようと運営していようと問題ではありません。私が心配しているのは、これらの企業が実際にやっていることです」と、北京大学の朱鋒《しゅほう》は語る。(27)「こういった国有企業はとてつもなく強力な利益団体となっています。スーダンでは、今や中国の外交政策を乗っ取るまでになってしまいました」

こうした地位ある学者が公で批判することなどめったにないが、ペトロチャイナは彼らの批判を決して無視したわけではない。ただいつものように、わざわざ反応する労を取らなかっただけのことである。中国がますます石油を輸入に頼るようになってきたこともペトロチャイナに有利に働き、国内の批判に対して強気な態度でいることができた。しかし、石油業界の国内経済に及ぼす強い影響力は、政治という大きな壁に阻まれることになる。「中国での成功の鍵は、共産党に対して問題を起こさずに優れた経営手腕を発揮することです」と、アメリカのシンクタンク、ブルッキングス研究所のエリカ・ダウンズは言う。二〇〇五年、原油価格をめぐる闘いで、石油業界はあまりにも利益を追求しすぎ、党とぶつかってしまう。

　中国最大の石油精製企業で売上も最大のシノペック〔中国石油化工〕とともにペトロチャイナは、国内の石油価格が厳しく統制されている現状に長く不満を抱いてきた。二〇〇五年、世界的に原油価格が高騰したときも、政府は国内のガソリン価格の値上げを認めなかったため、この二大大手は政策の見直しを求めて強硬手段に出た。特にシノペックはそうせざるを得ない事情があった。国内最大の原油輸入会社としては、輸入した燃料を国内で売れば売るほど損が出てしまうのだ。こうして二社は、大きな精油工場のいくつかを「定期メンテナンス」という名目で突然操業休止にするという、一か八かの勝負に出た。西欧のどの企業にも負けないほどの無謀な行動であり、結果、ほとんど輸入石油に頼っている中国南部や上海付近の長江デルタ地帯では深刻な石油不足に陥った。真夏の炎天下、ガソリンを求めて行列に並ばなければならないトラック運転手やタクシー運転手、また燃料不足のために操業停止に陥った企業など、彼らの怒りはすさまじく、政府は窮地に立たされた。温家宝総理が自ら騒動の解決に乗り出し、企業側に政府から一時的な助成金を支払うことに同意したのである。

　学者たちが、ペトロチャイナは国益よりも自社の利益を優先していると批判したように、この一件で怒りの収まらない地方の評論家たちも不満を爆発させた。大手石油会社は国有企業として市場を独占しているのも同然なのに、それに伴う責任は果たさず、ただ利益をむさぼっているとの言い分だった。特に集中攻撃されたのは、南部のエネルギー供給をほとんど一手に担っていたシノペックだった。海外での評判が悪いこともあったが、国内の工業地帯を燃料不足に陥らせたことが批判の最大の理由だった。強硬手段を取ったことによって自ら強力な敵を作ってしまったことを、シノペックのCEOはのちに思い知ることになる。

二年後の二〇〇七年、シノペックのCEO、陳同海《ちんどうかい》は収賄の罪で逮捕された。そのときメディアは陳同海の愛人について、彼女が多くの高級官僚の共通の愛人であり、彼らをことごとく破滅に追い込んだというセンセーショナルな記事を書きたてた。しかし私が業界の要人から聞いた話では、陳の失脚は二年前の石油危機に原因があるという。太子党である陳同海はずいぶん以前から汚職にまみれていた。元同僚たちによると、彼が一日に使う個人的な金は五八八〇ドルにも達していて、これは彼の毎月の給与に相当する額だった。だが、彼の破滅の真の原因は、二〇〇五年の石油危機のさいに彼が党の上層部に刃向かったことだという。「国有企業のトップとして企業側に立って闘うのは必要なことです。しかし、引き際を知るのも肝心なのです」と、業界の要人は語った。

陳同海の失脚は汚職だけが原因でないことは、党が後任に任命した人物を見ても明らかだった。汚職事件の捜査で、国有大企業のシノペックは大混乱に陥った。後任として乗り込んできた蘇樹林《そじゅりん》は、その後始末をする立場として党が望むスキルを十分に備えていた。蘇の役目は、映画『パルプ・フィクション』に登場するハーヴェイ・カイテルのように、車から血痕をきれいに拭き取って犯罪の痕跡を消す後始末屋のようなものだ。蘇樹林は石油会社で働いた経験はあったが、主に党機関での仕事をしてきた。彼がシノペックに送り込まれたのも、いわゆる火消し役として、前任者の時代に失われたと思われる党の規律を再び企業内に徹底させるためだった。彼が何を最も優先しているかは、シノペックの数々の提携企業を訪問し始めたときに明らかになった。蘇は、ビジネスにほとんど無知のようで、ビジネス以外のことに執着して提携企業を苛立たせた。彼は訪問先に行くたびに、どうして提携企業のなかに党委員会が設置されていないのかと尋ねたという。

「中国版マルクス主義」

一〇年余りのあいだに中国共産党は、ほぼ不可能だと思われていたことを成し遂げた。党の支配下にありながら独自の商業的野心を持ち、利益を生み出す国有企業を作り上げたのだ。陳元は、九〇年代前半には自由な立場から政策決定に関わっていたが、新たな二一世紀は彼にとって、政治的にも個人的にも勝利を確信できる時代となった。

一九九八年、朱鎔基によって中央銀行〔中国人民銀行〕の副行長を解任されことは、陳元の自尊心を傷つけ、そのキャリアにもひびが入った。しかし、新たに国家開発銀行の行長兼党委員会書記として返り咲く。国家開発銀行は、三峡ダム建設や地方のインフラ整備などの数々の国家プロジェクトへの融資を目的に創設されたいわゆる政策銀行である。共産党のネオコンを自認する陳元は、この任務を生涯最大の仕事とし、この銀行を中国で最もグローバルな企業に育て上げた。まず手始めに国内向け融資を拡大させ、国内最大手を目指す石油会社や自動車メーカーに気前よく貸し付けを行った。もちろん政府が好むような事業にも投資を惜しまない。地方のインフラ整備、環境整備事業、奨学金、低価格住居の提供などがそうだ。国家開発銀行は、再編中の国有銀行に課せられているような制約に縛られることなく融資を行い、その貸付額は一九九八年の七三〇億ドルから、一〇年後には五四四〇億ドルへと跳ね上がっていた。

二〇〇六年には、海外進出を強力に推し進める政治局の後押しを受けて、国家開発銀行は「中国株式会社」の勢いに乗り、海外進出を果たしていた。政府がアフリカに投資をするために設定した五〇億ドルのファンドの運用を委託されたほか、イギリスのバークレイズ銀行にも出資した。さらにチャイナルコのリオ・ティント買収をはじめとする海外取引にも資金を提供した。野望に燃える陳元は、二〇〇八年、シティグループが増資を計画したときにも出資に動くが、不安定な欧米金融機関への投資を危惧する党上層部の反対で、この計画は頓挫している。陳は自分の銀行が世界一の開発銀行に成長し、あのワシントンの世界銀行をも凌ぐ規模になったと内々では自画自賛していたようだが、「韜光養晦《とうこうようかい》（能ある鷹は爪を隠す）」路線を意識してか、めったに受けない海外メディアの取材では、そのような発言をすることはなかった。

国際舞台では、陳元は中国版資本主義を唱える気鋭の旗手でありながら、中国共産党の根本であるプロレタリアートのイメージを打ち出す狡猾さも備えていた。二〇〇七年、国家開発銀行の国際的な諮問機関の会合の前に、五つ星のペニンシュラホテルのロビーで、人民帽と人民服を身に付け、古い国有企業の工場長といった風体の男性が、しゃれた身なりのざわめく秘書や顧問に付き従われてロビーを横切っていった。その服装があまりに周囲にそぐわないので、私は彼がエレベーターに乗って去ってしまうまで、それが陳元だとは気づかなかった。

しかし陳元のこのプロレタリア風の風貌は、彼の娘、暁丹《ぎょうたん》の好みではなかったようだ。父と違って海外での教育を許された彼女は、アメリカのデューク大学で学び、二〇〇六年一一月にはパリの「クリヨンボール」で中国を代表して社交界デビューした。毎年行われる「デビュタント・ボール」〔社交界デビューする伝統的な舞踏会〕は、ヨーロッパの名門貴族や多国籍企業の経営者、ハリウッドスターなどの子息子女が参加するのが通例だ。だがこの年には、世界経済の新たな牽引力となった中国共産党の代表として、陳元の娘が華々しく舞踏会デビューを飾った。デビューする男女はみな高級なオートクチュールを借りてめかし込み、陳元の娘もアズディン・アライアのピンクのコットンドレスで着飾っていた。そのドレスはもし購入するなら、父の給料の数ヵ月分が消えてなくなる金額だ。そんな彼女の社交界デビューは、陳一家の隆盛ぶり、そして中国共産党の成り上がりぶりを見事に象徴していた。

ペニンシュラホテルのロビーで見かけた陳元の昔の共産党幹部風の装いは、富と権力を兼備した外国人との会議には不似合いなものだったかもしれない。昨今の中国指導者たちは、党と軍の行事用として、それぞれ人民服と軍服を用意していることが多い。とはいえ、陳元の服装と彼の家族の豪勢な暮らしぶりは、中国上層部の人間が備えている二面性を暗示している。富と権力をどれほど手に入れても、彼らは相手に応じてマルクスや毛沢東への支持と市場経済への支持を巧みに使い分けるのだ。

「中国株式会社」のこうした幹部の変身ぶりは、今もなお人々にめまいを起こさせるほどである。中国輸出品が安すぎると批判する欧米に対し、市場原理に従わなければならないと熱心に説いたかと思えば、その舌の根の乾かぬうちに国民に向かって自由な資本主義の恐ろしさとマルクス主義の信奉を吹聴する。その変わり身の早さは、まるでスーパーマンのクラーク・ケントのごとく、ウォール街の銀行家が電話ボックスに入ったかと思えば、数分後に出てきたときには、カール・マルクス風に変身しているようなものだ。

その変わり身の早さで群を抜いているのが、劉明康《りゅうめいこう》だ。文化大革命後の一九七九年、三三歳で銀行家になった劉は、数々の国有企業、政府の仕事を経て、短期間で昇進する。中国銀行、福建省政府、中国人民銀行、そして二〇〇三年には中国銀行業監督管理委員会を設立した。その間にロンドンのシティ大学でＭＢＡも取得した。彼は現在でも、有望な金融関係の役人を国費で同大学に送り込み、進歩的な金融学と経済学を学ばせている。国有銀行の再構築のさいには、部下たちに、資本比率、リスク・リターン率、不良債権比率など、国際的な金融規制ルールの重要性について教え込んだ。のんびりとした金曜の午後でも、劉が突然部署に乗り込んできて、「バーゼルⅡ」について質問をぶつけてくるのではないかと部下たちは冗談めかして話したものだ。「バーゼルⅡ」とは、スイスの都市名にちなんで名づけられた、二〇〇四年公表の銀行の自己資本比率規制である。

長いあいだ中国で最も西洋化された高官として有名だった劉明康は、海外からの客に対しても、流暢な英語で金融改革について滔々《とうとう》と解説してみせ、感心させた。それが大言壮語であっても、異彩を放つ人物として劉は相手に強い印象を与える。しかし、重要な政治的局面では、世界で活躍する洗練された銀行家はさっと姿を消し、中国版マルクス主義の厳粛な信奉者に変身する。二〇〇七年の党大会では、リベラルな金融やバーゼルⅡについては触れることなく、「中国版マルクス主義」がいかに素晴らしい発明であるかを説いた。党大会に先立って、銀行監督機関の党校の新学期に党幹部の前で話をしたときには、「中国版マルクス主義の最新の成果を理念とし、それに従って行動せよ」と説いている。(28)

ちょうど同じころ、中国建設銀行の郭樹清は、「最新の共産主義理念を実践に移す唯一の方法は、株主に対する配当を最大限にすることである」(29)と喧伝していた。郭の主張は少なくとも具体的ではあった。中国建設銀行の最大の株主は中央政府機関であり、それを実質管理しているのは中国共産党である。よって銀行が持続的な利益を上げることは党の利益につながる。事実、中国の経済は株主の利益に依存しているのだ。だが、株主の利益が直接的に共産主義とつながるという考え方は、中国でも初めての発想であった。

劉明康や郭樹清の発言をあざ笑うのは簡単だが、これを単なる形式的な決まり文句として片付けることはできない。信仰を失ったカトリック教徒が習慣的にあるいは社会とのつながりを保っておくために日曜のミサで唱える儀式的な祈りとはわけが違うのである。彼らの出世も降格も左右する政府機関が、こういった共産党を絶賛する美辞麗句を強く支持しているのだ。党大会のようなデリケートな時期にこうした発言をすることで、役人たちは自分が党の足下にひれ伏していることを表明し、キャリアを積むには不可欠な忠誠心と自らの信頼性をアピールするのである。

劉の「中国版マルクス主義」と郭の「株主の利益に依存する中国経済」という二つの矛盾する概念は、中国全土に広がる巨大な国有部門の再構築に最もよく表れている。国有企業の財政面での再建プロセスはわかりやすくもあったが、同時に痛みを伴うものでもあった。それまで国有企業から「鉄飯椀」を保証されていた労働者や家族の生活は一変した。国有企業の幹部は、それまで考えもしなかったほどのプレッシャーを海外の投資家から浴びるようになった。そして昔ながらの国有という体制に、生活のすべてを頼ってきた古いタイプの役人たちは一掃された。

しかし、国有企業の政治面での再建プロセスは、党の役割と同じく、外部からは決してわかりやすいものではなかった。利益を上げ世界経済の舞台で勝ち抜くために、国有企業のトップたちには、一〇年前には想像もつかなかったほど大きな裁量権を与えられている。それゆえ人間のつねとして、その自由を悪用し、会社を個人的な大帝国に作り上げた者も多い。しかし、この国有部門の再建を通じて、党は企業幹部の人事権を完全に掌握し、それによって強い影響力を保持したのである。人事権を握ることで、事実上企業をコントロールすることができるのだ。

二〇〇八年後半から二〇〇九年前半、世界的金融危機が中国をも巻き込もうとしていたとき、この党の力が発揮される。中央銀行、監督機関、そして個々の銀行は、危機への対応に当たっては慎重を期すべきだと提言した。この三者はそれまでの一〇年間、信頼できる民間銀行システムを構築するため苦しい闘いを続けてきたからだ。しかし政治局は、急速な景気後退の深淵を見据え、ポンプを開いて市場に資金を投入することを命じた。ポンプがいったん開けば、あとは資金が流れ出るしか選択肢はない。二〇〇九年の六月までに中国の銀行の総貸付高はすでに前年全体の一・五倍近くに跳ね上がっていた。二〇〇七年のピーク時には貸付の三分の一が家計および民間企業に回されていたが、今回はたったの一五パーセントで、残りはすべて国有企業へ投入された。

このときの中国の金融業界の対応は、先進国の銀行の対応と比べてみるとわかりやすい。欧米の金融機関はそのころには各国政府の直接管理下にあったが、アメリカやイギリスの政府が自国の金融機関に対し、経済回復のために貸付を再開するよう求めても、政府にはそれを強制できる手段がなかった。その点中国では、金融機関はすべて国有であり、国が管理している。党が貸付を増やせと命じれば、銀行の幹部はそれに従う政治的義務があった。政治はビジネスに優先するからだ。経済誌『財経』にはこうある。[30]「(大手国有銀行の)トップは副部長クラスの役人でもある。そのため銀行業務に加えて、中央政府の経済刺激策を支持する責任がある」

人事を掌握することは、党が自らの影響力を失うことなく国有企業の再構築を成し遂げられるかどうかの要であった。党は人事のコントロールをきわめて重視し、メディアや軍部に対するコントロールと同等に扱うほどだ。中央党校の比較的リベラルな政治学者である周天勇《しゅうてんゆう》は、二〇〇八年前半に刊行された『攻堅：一七回党大会後の中国における政治体制改革研究報告』のなかで、党の最重要事項についてこう記している。「政治改革において党の主導権を維持するには、以下三つの原則に従わなければならない。一つ、党が軍部を掌握すること、一つ、党が人事を掌握すること、一つ、党がメディアを掌握すること」

人事権を完全に掌握する党機関である中央組織部は、間違いなく世界で最大かつ最強の人事機関である。海外で耳にすることはめったになく、中国国内でも関係者以外にはほとんど知られていないが、その力は国の機関の隅々にまで行き渡っている。党に負けず劣らず畏怖され秘密のべールに隠されているこの巨大機関は、この三〇年のあいだに複雑さを増した世界に適応しようと苦戦している。

第三章　個人情報を管理する者

党と人事

「党幹部は全員、われわれがどこにいるか知っています。あなたがご両親の住まいをご存じなのと同じですよ」

（王明高《おうめいこう》、湖南省党組織部）


「このシステムはすべてソ連に由来するものですが、中国共産党はこれを究極まで推し進めました」

（袁偉時《えんいじ》、広東省中山大学）


「李剛《りごう》は三〇万元支払いましたが、一年以内に利益は五〇〇万元になりました。投下資本利益率（ＲＯＩ）は一五〇〇パーセントです。この世にこれほど実入りのいい仕事が他にあるでしょうか」

（中央規律検査委員会所属の一官僚の言葉、『中国新聞週刊』より）

人事を握る秘密のエリート組織

湖南省の省都・長沙の党指導部の構内にある喫茶店に腰を下ろすと、私は無意識に名刺を出した。まずは名刺交換で自己紹介というのはアジアでは基本的なマナーで、ビジネスコンサルタントも口うるさく推奨しており、私もそれが習慣になっていた。しかし、私の向かいに座った王明高は、予想どおり、私の名刺を手にとってじっくり確認したが、自分の名刺を出して交換儀礼を完了させることはついになかった。話が一段落して夕食の席へ移るときになって、またご連絡したいので名刺をいただけないかと私は率直に言ってみた。「名刺は持ち歩かないのですよ」と彼は答えて腕を組み、名刺の話を打ち切りにした。彼にしてみれば、これは少しも失礼なことではない。外部の人間と会うときに王が名刺を使うことはなかった。[1] 彼の職場である湖南省の党組織部が目を向けているのはただ一方向、体制内部、すなわち党だけなのだ。

中国中央部、湖南省の省都・長沙の広大な党指導部構内の門前で、王の車は私を拾った。中国のどの公的機関の警備員も、明らかな部外者には横柄で高圧的だが、特権階級や彼らの車に対してはほとんどノーチェックだ。特権階級を見分ける目を持っているのは、訓練を受けた者だけである。私がアシスタントと一緒に門に近づくと、緑色の私服を着た準軍人的な警備員が手を上げて制止してこちらを睨みつけ、門前に群がる群衆と一緒に、道の脇へ寄るよう怒鳴りつけた。私たちがそこで待っていると、地元当局のエリートたちが最新モデルのスマートな車（ナンバープレートがないことが多い）で、警備員を無視し速度も落とさずに敷地内へと入っていった。王も、その見るからにエリートのものらしい車に私たちを乗せると、やはりノーチェックで速やかに敷地内へと乗り入れた。構内には堂々たる赤煉瓦の建物が続いている。一九四九年、蔣介石率いる国民党政府が共産党との内戦に敗れ、台湾へ逃れたさいに放棄していった建物だ。ものの数分で、王は私たちを構内の喫茶店に招き入れ、そこでインタビューが開始された。

王との会見を取り付けるには数ヵ月かかり、山ほどの慇懃《いんぎん》なお世辞と、大変な苦労が必要だった。「国家機密に関わることでなければオーケーです」と彼はようやく許諾した。礼儀を尽くして機嫌を取る私たちに付き合って、王は愛想よく二時間のインタビューに応じ、夕食にも誘ってくれた。客を夕食に招待しないことは、なぜか中国では非礼とされ、地域外から訪れた客をホト側は必ず食事に招き、断ってもしつこく誘ってくる。しかし、王は名刺交換に応じなかったのだから、すでに初対面の礼儀に反していることになる。外部の者に名刺を渡さないというこの些細なことが、彼の職場である組織部の世界観を象徴していた。組織部の外の世界は、王にとっては取るに足りない世界なのである。彼が名刺を出す場所は共産党内だけであり、それ以外ではあり得ないのだ。

組織部は国内でさえ人目に触れないように厳重に管理されており、そこの役人との会見などめったに実現できない。党中央組織部は北京市内の、天安門広場から長安街に沿って西一キロメートルほどのところにあるが、その建物には看板もなければ業務内容を示す表示もない。中央組織部の代表電話番号も非公開だ。[2] 組織部内から携帯電話にかかった通話は、普通の電話と違って発信元の番号が表示されず、○が並んで表示されるだけだ。一般の人間が北京の中央組織部に連絡したいときは、一二三八〇という番号にかけ、その録音機能に、郡レベルより上の「組織の」問題を吹き込むことになっている。二〇〇九年前半にウェブサイトが設けられ、同様の苦情が受け付けられるようになった。同じころ、組織部のスポークスマンが任命されたが、六ヵ月間、公的な発言は一切なかった。二〇〇七年の末に任命された中央組織部の部長、李源潮《りげんちょう》は比較的リベラルな人物だが、彼の友人たちが、組織部を取り巻くばかばかしいと思われるほどの秘密性についてお尋ねしたいと冗談めかして言ったことがある。「わが党はいまだに地下組織なのかね？」と友人の一人が尋ねたが、どんなに親しい間柄であっても李の仕事について彼と話し合うことはできないことがわかったという。

中央組織部の公式な職務は、当たり障りのない言い方をすれば、党の人事管理とされているが、これでは組織部の職務を正確には言い表していない。組織部は特別の任務を負い、国中のすべての国家機関および名目上民営とされている組織のなかにまで入り込んでいく権限を与えられている。その仕事の規模を理解するには、仮にワシントンにも同じような部門があると想像してみるとよい。その部署が持つ人事権は、アメリカの全閣僚をはじめ、各州知事と副知事、主要都市の市長、連邦政府の監督官庁、ゼネラル・エレクトリックやエクソン・モービル、ウォルマートなど国内五〇余りの大企業の経営者、最高裁判所判事、『ニューヨーク・タイムズ』、『ウォールストリート・ジャーナル』、『ワシントン・ポスト』の編集長、各テレビ局のトップ、エールやハーバードなど主要大学の学長、ブルッキングズ研究所やヘリテージ財団などのシンクタンクの所長にまで及ぶ。それればかりか、人事に関する審査は秘密裏に行われ、任命理由についての説明は一切ない。昇進の候補者を不適格と見なすときも非公式に行われる。

中央政治局は北京のトップ人事をつかさどるが、組織部はすべての候補者をふるいにかける門番の役目を果たす。「一定ランク以上の高官の人事は、組織部の管理下にあります」と王は誇らしげに語った。その口調には、強大な権限を持つエリート秘密組織に属しているという自負がにじみ出ていた。「一九四九年の時点からずっと、一部のジャーナリストの人事も扱っていますよ」と言って王は目配せをした。王のような全国各地の組織部の役人は、湖南省でそうだったように、中国全土の党指導部の構内に出入りできる人間を簡単に識別することができる。役人の階級や特権を自分たちだけが掌握できるように複雑に暗号化することが彼らの仕事なのだ。党は一応、人事システムの透明化を試みてきた。一部の地方の人民代表大会を一般市民に公開して、昇進の候補に挙がっている官僚について意見を述べることができるようにし、そのプロセスを「民主的推薦」という粉飾した言葉で呼んでいる。しかし全体として、組織部の仕事は秘密のベールに覆われている。

組織部とその職員が住むのは閉ざされた世界だ。組織部は必要以上に秘密主義なのではないかと尋ねたときの王の反応を見れば、それはよくわかる。王はそんなことは一度も考えたことがないかのように当惑し、「政府機関が看板を出すのは、国民に対応する必要があるからです。われわれは党幹部のためだけに働いていています。幹部は全員、われわれがどこにいるか知っています。われわれ
あなたがご両親の住まいをご存じなのと同じですよ」と言った。

組織部は公的機関の幹部の人事ファイルを維持・管理し、幹部役人の政治的信頼度や過去の業

務実績を把握している。これによって組織部は、党が国家と膨大な国有部門を管理する上で不可欠な存在になっている。組織部は、党内の腐敗撲滅部門の協力を得て、汚職や異性関係の不祥事で問題となった人物の情報を照合している。こうした業務の幅広さが、職員が大きな自負を抱く所以《ゆえん》である。「わが党の組織部の人材や資金は、世界のどの政党にも例を見ないものである」(3)と党内文書は誇らしげに述べている。この人事管理システムは、各レベルの政府で同じように行われている。複雑なシステムを簡素化するために、中央が各省の人事を監督し、省が各市の人事を監督し、といった具合に、最末端の行政レベルまで監督システムが及んでいるのである。実際には、各行政レベルの党書記が、その担当地域の人事に対して強大な権限を有している。

投資家に転身した元官僚が、組織部の仕事はアメリカ政府の官僚承認プロセスのようなものだと語ったことがある。中国でもアメリカでも、特定のポストの候補者には面接が行われる。中国では組織部メンバーによる面接であり、組織部は面接すると同時に国内各地に調査団を送り、昇進候補者の身元調査をさせる。アメリカでは議会の承認委員会による面接が行われる。しかしそれ以外の点では、西側のシステムと中国のシステムを同列に比較することはできない。欧米の人事選考は各党派による公開討議の場で行われるが、中国では選考はほとんど密室で進められ、統制されたメディアが人事抗争の詳細を報道することは、実際にそれを知り得たとしても、許されてはいない。党はまるで幽霊のように、文書に表れない形で政府の背後に座り、政府の人事を操っている。だから欧米と中国を単純に比較することはできないのだ。

組織部は党や政府の重要ポストの任命権を持っているため、体制内の熾烈な権力抗争が渦巻く舞台となる。政治局委員、各派閥、中央政府と地方政府、様々な省庁〔部〕や産業界と提携している個人――それぞれが、国家機関において権力と影響力を持つポストに自分の配下を就けようと必死に争う。「ある部署のトップの座が空くと、途端に、中央政府の多くの高官がそれぞれ自分の息のかかった人物を後釜に据えようと一斉に動き出します。そうなると、組織部の仕事は非常に難しくなってきます」と、リベラル派の著名な雑誌『炎黄春秋』の編集長・呉思《ごし》は言う。「本来なら人徳と能力で決めるべきですが、決め手となるのは組織部内のコネと、序列の高い人物による後ろ盾です。とはいえ最終的には、組織部の承認が必要です」政府の要職を得るための選挙や公の試験もないため、要職をめぐる舞台裏での抗争が、中国では政治の本質になっている。そして、情報を集め人事権を握る組織部が、党システム全体の中枢となっている。

　中央組織部の歴代トップの面々を見れば、組織部の地位の高さはおのずと明らかだ。鄧小平も胡耀邦も、中央組織部長を務めた経歴がある。江沢民の片腕としてフィクサー的な働きをした曽《そ》慶紅《けいこう》も同様だ。胡錦濤は二〇〇七年後半、国家主席二期目に入って党の実権を完全に掌握したとき、自分の忠臣・李源潮を組織部部長に据えることができた。

　しかし、組織部という巨大な組織も、一皮むけば、危機の初期症状に見舞われている。組織部の統制の及ばないところで起きている多様な潮流が、現体制を転覆しようとしているからだ。一九八九年の天安門事件以降、組織部は反体制派と疑われる団体、特に大学に対する取り締まりを公式に強化してきたが、取り締まりのイデオロギー的な根拠は揺らいでいる。党員は「信念を失いつつある」と組織部の機密文書で不満が述べられている。「党員のなかには、幹部にさえ、明断な頭脳を失った者がいる。彼らは社会主義と共産主義の必然的な最終勝利に対して疑いを抱いている」と内部文書は嘆き、「マルクスとレーニンの代わりに幽霊や神々」を信じる者が増えたとしている[4]が、組織部が懸念するのは西洋の宗教の広がりだけでなく、一九四九年以降根絶されていた中国古来の迷信の復活でもある。

党組織部は、ほとんどの政治システムに付きものの問題を抱えている。政治局は、組織部を使って人事プロセスの専門化を図る一方で、派閥人事や縁故人事による腐敗を招いてきた。地方の有力な高官はさらに露骨にルールを無視し、役職を売り買いすることで莫大な利益を得ている。「抗日や革命を闘ってきたかつての幹部たちと違って、最近の若い幹部は自己中心的です。彼らの関心事は権力、給与、地位、住宅、医療といったことなのです」と、一九九九年まで五年間、組織部部長を務めた張全景《ちょうぜんけい》は言う。「だから他人の昇進を妬み、役職を金で買って昇進しようとするのです」

地方の党書記や組織部長は、まるでフランチャイズの権利を売る会社のように地方政府の役職を売って、膨大な利益を得ている。

役職売買の市場価格[5]は、二〇〇七年の四川省の例を見ればよくわかる。組織部の職員を装った人物が、ある地方官僚に上級ポストを与える見返りとして、六万三〇〇〇ドルを支払わせたという事件である。「賄賂を支払ったその不運な官僚は侮蔑の対象となったが、一方で、中国の官僚に対する組織部の影響力の大きさにも、驚きの声が上がった」と、地元紙は述べている。

慣例にこだわり、特権に守られた党の組織部は今も強大な力を持ち、恐れられる存在である。

しかしそれと同じくらい、融通の利かない官僚主義体制の遺物として、怒りの対象ともなっている。頭の固い組織部は、より自由で開かれた社会に歩調を合わせ、新しく生まれた富裕社会の要求と誘惑にも対応していかなければならない。ある副部長は、彼のポストを維持するために毎年組織部の厳しい要求に応えなければならないことに苛立ち、組織部のことを「成事不足、敗事有余〔ものごとを成し遂げる能力は足りないが、ぶち壊しにする能力は十二分にある〕」とののしった。中国についての議論では、党がいかに国民を統制できるかという点に焦点が当てられるが、それよりはるかに大きな問題は、党がいかに自らの内部を統制できるかという点にあり、組織部はその問題の核心部分である。

始まりは毛沢東の疑心

一九三〇年代、大長征を終えた紅軍が延安に根拠地を構えた直後から、毛沢東は、この砦に集結した革命同志の政治的信頼性を確認するため、専門の部署が必要だと思うようになった。党員の管理を専門とする部門の手本は、ソ連という身近なところにあった。ソビエト・ロシアの組織局は、一九一九年にレーニンがソ連共産党中央委員会の下に設立した二つの部門のうちの一つで、党の日常業務を担当していた。スターリンは組織局の有用性を即座に見抜いた。一九二〇年代前半、病身のレーニンから権力を奪いつつあったスターリンは、組織局を彼の「私的政府を作るための最初の活動拠点」と位置づけた[6]。党幹部の個人データを管理下に置いたスターリンは「ファイルキャビネット同志」というあだ名を付けられていた。

毛沢東は、長征を共にした党員以外の、延安に集まってきた革命闘士のなかに国民党のスパイがいると考えており、それはあながち根拠のない疑いではなかった。毛は自分の信奉者で固めた組織を作り、監視係としての役割を担わせた。監視係の仕事はそれから今日まで続いているが、その任務は、党と指導部に対する上級幹部の絶対的忠誠を確実なものにすることだった。延安に結集した当初の革命理念が、砦に立てこもった党内の激しい内部抗争に取って代わられたとき、毛は自分の権力強化のためにもこの組織が役立つと考えた。

組織局は、中国共産党が共産主義国家建設のためにソ連から輸入した制度のなかで、最も重要なものの一つである。ソ連生まれの組織局は、輸入品ながら実によく中国の土地になじみ、大きく成長した。中国ではおよそ一〇〇〇年前から、中央による官僚のコントロールに単一の機関を用いる伝統があり、地方官吏は長いあいだ中央政府によって任命されてきた。「中世ヨーロッパのギルドのような、結束力の強い、組織化された自治組織は中国にはなかった」と、長年中国を研究してきたイエズス会修道士・労達一《ラオターイ》は述べている。(7)「中央の権力者に対抗して民意を代表するような勢力は生まれなかった。中国では一貫して中央集権的な統治が行われてきた」という。

早くも後漢（紀元二五～二二〇年）の時代から、中国の王朝は現在の組織部に似た制度を備えていた。のちに「吏部」と呼ばれるようになった行政機関がそれである。「吏部」の長である尚書令はその強大な権限ゆえに、敬意をもって「宰相」（天子を補佐する官）と呼ばれていた。その後の王朝においても吏部は六つの主要官庁の一つとして、高官の任免、採用試験、昇進、異動について、歴代皇帝に助言を与えてきた。唐（紀元六一八～九〇七年）の歴史書によれば、官吏はその勤勉さ、人徳、清廉さなどの基準によって九つの階級に分けられていた。裁判官も「二七の徳」というチェックリストに従って、「公明正大な判決」が下せるか否かを精査されていた。

近年の中国共産党は、まるで現代中国の政治文化が過去の帝政時代の官僚主義とひと続きであるかのように、過去の例を引き合いに出すことが多い。最近の組織部は、官僚は地方で経験を積んだ後に中央に採用されるべきだという唐時代の成句を引用し、二〇〇八年の文書で次のように述べている。「地方で経験がない者は、中央には採用されない。この（唐の）成句が今後も生かされるならば、官僚体制を活性化させ、地方の発展と国家の繁栄を促すことができるだろう」

現代中国で、中央組織部が今日のような権限を持つようになったのは、抗日のための第二次国共合作が成立した一九三七年以降のことである。誕生間もない中国共産党組織部は、このとき、各党員の個人情報を集めた分厚いファイルの作成に着手した。党員たちは自身の生育暦や経歴を、ときには数百ページにわたって書くことを強要され、何度も書き直しをさせられた。そこには彼らの家族や交友関係の詳細が綴られた。組織部は諜報部門と協力してそれらの審査を行い、反革命分子の容疑をかけられた者は残酷な仕打ちを受けた。組織部のこの残酷な調査は当時の風潮を反映していた。延安は、中国統一を目指して若き革命家が集結した新たな再編拠点として、理想化して語られることが多いが、実際は権力闘争の場であり、血の粛清が行われた場所であった。国民党により投獄され、その後国共停戦を機に釈放されて、延安に合流することを許された共産党員たちは、獄中での自らの行動と、同じく獄中にあった仲間の行動について自己批判文を書くことを命じられた。各自の自己批判文は相互に照らし合わされ、内容に異同があれば容赦のない尋問が待っていた。

のちに著名な作家となった劉白羽《りゅうはくう》は、延安整風運動と呼ばれるこの反革分子撲滅キャンペーンの審査を受けているうちに、ストックホルム症候群を患った。(8) 党校の幹部の指示で、劉は生まれた日から始まる長々とした半生記を何度も書き直しさせられた。彼は必死になって、過去の自分の搾取的な行動を思い出せる限り詳細に記述した。ついには幼いころ、洗濯をしている家政婦の服の裾を引っ張ったことまで思い出し、悔恨の念に苛まれた。のちに劉は、自己批判文を書くという治療のおかげで目からうろこが落ちたと述べている。半生記を全部で九回書き直しさせられたことは、自分のような知識階級の「過ちを治す最上の薬」だった、おかげで世界を「客観的に」見ることができるようになったと彼は言う。「私は自己の内面において精神的な革命を経験しました」と彼は書いている。共産党は彼の転向を承認し、劉はのちに毛沢東政権下で、文化部の副部長と、中国作家協会の党書記を務めることになる。

中国には帝政時代の先例が多くあるにもかかわらず、毛沢東はソ連のノーメンクラトゥーラをそのまま取り入れて組織部を作った。ノーメンクラトゥーラとは、ソ連共産党の「幹部リスト」で、党の支配層を形成し、政府・企業その他すべての要職に適任とされる党員の名簿のことである。ソ連共産党はこの名簿を作成することで、「末端を除くほぼすべての幹部の任命、転任、昇進、解雇」を管理していた。(9) 唯一ソ連と違っていた点は、中国がこのシステムをソ連よりはるかに徹底し、政府や政府管轄機関の末端人事にまで適用したことである。広東省中山大学の袁偉時は、中国共産党が最末端の地方党委員会や学校にまで人事権を行使した点を指摘し、「中国のほうがより過激でした」と言う。「中国共産党はすべてを指導しようとします。この点がソ連との最大の違いです」

たとえばソ連では、大学など主要な教育機関の党書記の仕事は、党員の監督をすることだけである。一方中国では、袁偉時によれば、党書記は党員の監督にとどまらず人事権も握り、さらにはカリキュラムにまで口を出す権限を持ち、大学の名目上のトップである学長よりも、党書記の地位のほうが高い。「中国ではおかしなことになっているんですよ。一九九八年の北京大学創立一〇〇周年記念式典がそのいい例です。江沢民は、大学構内ではなく人民大会堂で演説を行いました。式典を指揮したのは学長ではなく、党書記でした」と袁は言う。「出席した教授陣の話では、ずいぶんおかしな光景だったそうです。式典のあいだ、党書記が中央で堂々と振る舞い、学長は隅のほうでネズミのように小さくなっていたといいます。このシステム（中国の人事システム）はすべてソ連に由来するものですが、中国共産党はこれを究極まで推し進めました」

高齢者団体や障害者団体のトップから、三峡ダムなどの国家的プロジェクトに携わる科学者やその責任者に至るまで、すべての人事は組織部を通さなければならない。民間企業を統轄する全国工商業連合会のトップも、組織部が管理する幹部リスト《ノーメンクラトゥーラ》から選ばれる。その結果、ビジネス界の代弁者としての独立性は弱くなっているが、そもそも全国工商業連合会はそうした目的で作られた団体ではない。組織部は人事を担当する以外にも、多民族問題を扱うミニ省庁としての役割も果たす。国内の五五の少数民族の中から従順な人間を選び出して、政府の要職をあてがうのである。チベット族、新疆《しんきょう》のウイグル族、回族などの少数民族から、中国共産党への忠誠度にしたがって選抜された人物に対し、ほぼ形だけのポストを与え、それによって多民族を包括する広大な国家という輝かしいイメージを与えようというわけだ。さらに組織部は、国内の八つの「民主的な」政党のメンバーに対しても、政府や学術機関に用意された一定数のポストをあてがっている。このポストの割り当ては、皮肉で言うわけではないが、共産党一党支配を民主主義政党が黙認していることへの見返りとなっている。

袁偉時が北京大学記念式典について語ったような「横柄な党書記・臆病な学長」といった不自然な光景が見られるようになったのは、一九八九年の天安門事件以降の政策に由来する。八〇年代の組織部は、大学や研究機関など高等教育機関への管理を緩め、党の指示が必要なのは上層部人事に限るとしていた。この緩和策で、大学側が完全に自由裁量を得てリベラル派の母胎となったわけではないが、政府から直接圧力を受けることはなくなっていた。しかし一九九一年五月、党の一声でノーメンクラトゥーラの適用範囲が拡大され、組織部による大学管理は強化されることとなった。同じころ、党は大学への影響力を強めるため、学生や教授陣に年に一度の党の会議への出席を義務づけ、学内の党組織の強化を図った。会議への出席を義務づけることは党にとって別の効果ももたらした。大学が、優秀で有望な新しい党幹部候補生を選抜するための絶好の場所となったのである。

これと同じ頃、一連の布告によって、組織部によるメディア管理が一気に強化された。ジャーナリスト団体や多数のメディア関係団体が正式にノーメンクラトゥーラに登録された。労働組合、青年団、婦人団体を管轄している党機関も、組織部の「監視リスト」に戻された。政府機関内の党の派閥は趙紫陽によって規模を縮小され、一時は廃止されていたが、これも復活し、再び政治システムの中核を占めるようになった。

党中央組織部が対象としている役職の正確な名前と数も、ほぼ同時期に機密扱いとされるようになった。香港大学の研究者ジョン・バーンズは一九九〇年代前半に、組織部の表看板である政府機関、すなわち人事部の資料から、ノーメンクラトゥーラの一九九〇年版[10]を手に入れることができた。もう一人の学者、同じく香港大学のホン・チャンはこれより新しい一九九八年版を入手したが、人事部が情報公開をしなくなっていたため、独自のルートを使わなければならなかった。チャン博士の指摘によれば、機密主義の強化は、党が「透明性の高い開かれた政治運営を目指す」と公言したことに反しており、二〇〇一年のWTO（世界貿易機関）加盟時の約束事項にも違反するものである。バーンズ博士の計算によれば、九〇年代前半に党中央が直接管理していた党と政府の要職は五〇〇〇人分だったという。チャン博士は、機密主義に阻まれたせいだろうが、こうした推計数値を発表していない。

一見したところ、二一世紀の組織部は、延安時代とは違い、情報機関としての役割を果たしていないように見える。人事に関するルールはまるで法律のように、七〇以上の項目に成文化されている。昇進は、在任期間や学歴、党校で五年ごとに実施される必須の研修と関連付けられている。省長や市長などの政府要職に就く幹部は、経営コンサルタントの報告書のような数字の羅列によってランク付けされている。彼らの地元の経済成長、投資、環境問題、治安問題がすべて数値化され、それをもとに査定が行われることになっている。[11]

昇進の可否を審査するため、組織部は多国籍企業の熟練ヘッドハンターが使うような、心理テスト、ウソ発見器、昇進候補者の同僚に内密に行われる聞き取り調査などを用意している。しかし、こうした審査が厳格に行われているかどうかを判断するのは、かなり難しい。査定のルールには、数値化された評価基準など押しのけてしまうほど大きな穴が空いているのだ。たとえば、「きわめて有望な若手幹部」と判断された人材は、先輩を飛び越えて登用される。「結局のところ、すべては注目を引くか否かにかかっているのです」と、ある組織部顧問は語る。「科学的なシステムではないのです。この査定システムではほとんど全員がよい点数をもらいます。点数の悪い部下がいると、上司の体面が損なわれるからです」

中国の上層部は、長いあいだ、重要な省庁や産業部門に支配力を振るってきた。一九八九年に戒厳令を発動した総理の李鵬は、長年エネルギー部門で権勢を振るい、自分の子供のうち二人をこの分野で有力な地位に据えた。朱鎔基は金融分野で力を持ち、大手銀行のトップ人事に大きな発言力を有しており、高給が約束される中国最大の投資銀行の長に息子を据えた。江沢民はテクノロジー部門に君臨し、自分の派閥からこの分野に多くの人材を送り込んだ。江の息子は、今世紀はじめ上海のテクノロジー部門を牛耳った[12]。最近では曽慶紅が、二〇〇七年に政治局常務委員に昇進し、法務公安のポスト（中央政法委員会書記）に就いた周永康とともに、いわゆる「石油閥」の中心として、中国のエネルギー部門の幹部人事を左右している。

中央政治局が何か問題に取り組もうと決めると、中央政府は指示された基準に達するように地方に強い圧力をかける。一九九九年、法輪功の信奉者が北京の政府中枢部の前で座り込みを行い、指導部を驚かせた。江沢民が法輪功の活動を一掃するよう命令を下すと、各地方の党書記はすぐさま行動に移った。法輪功の活動を停止させ、信奉者が北京に抗議行動に押しかけないようにせよ、と命令を受けた省や市の党書記たちは、拷問や死を招くほどの暴行など残忍な手段を用いて法輪功を根絶やしにした。これ以外にも、政治局が最近力を入れているのは、炭鉱の安全性向上問題である。産炭地である山西省臨汾《りんふん》市では、二〇〇九年、市党書記のポストが空席の状態が六ヵ月間続いた。このポストを打診された者はみな、怖気づいて受けようとしなかったのだ。臨汾市は過度の大気汚染のために衛星写真にも写らないようなところだが、臨汾市出身のある役人によれば、炭鉱事故を減らせという北京の圧力があまりに強いため、臨汾市の書記ポストは「非常に危険なポストで、下手をすると監獄行きか、もしくは死んでしまうか」なのだという。

経済成長は、中国全土で最も重視されている評価基準だ。それが雇用を生み出し社会の安定をもたらすと党が考えているからである。しかし、経済成長を達成するだけでは花形ポストは得られない。もし経済成長のみが昇進の基準となるのなら、たとえば浙江省温州市のように、長年他をしのぐ発展を続け、民間部門が経済を支配している地域の幹部が中央政府の要職に就いていて然るべきはずである。だが実際は、北京政府のトップにこの地の出身者はほとんどいない。達成度という物差しは、必要なときに使うために取って置かれるのだと、ある中国人研究者は述べる。「一定以上のポストについては、達成度などたいした意味がありません」「ポストを保管しておくことが上層部にとって利益となるのです。なぜなら、それによって自分の権力と地位を強化できるからです。体制にとっては人質のようなものです」達成度という評価基準は、中国における法律とよく似た存在で、参考にするという目的だけで用いられると、その研究者は言う。

党はこの一〇年間、縁故主義より能力主義を重視しようと努力してきた。なかでも最も効果的なのは、現実的で、しかもきわめて旧式な手段だった。それは、組織部が有望な人材に対して行うストレステストである。つまり、中央の要職に就く前に、各地で様々な職務を経験させ、それに合格した者だけを北京に呼び戻すという方法だ。たとえば陳徳銘《ちんとくめい》は二〇〇七年、商務部長という要職に就き、貿易・渉外・海外投資を担当することになるが、それに先立って、まったく別々の三つの部門を経験させられた。

陳徳銘は、まず蘇州市で市長兼党書記に任じられ、上海近郊の揚子江デルタ地帯に中国最先端の工業団地を建設する事業に力を注いで、北京政府の当惑をよそに地元に利益を誘導し、大いに人気を博した。中央政府は一九九四年に、シンガポールと共同で蘇州市に工業団地を建設する契約を交わしていたのだが、陳はこれを承知の上で、その建設予定地の真向かいに、市営の工業団地を建設することを許可した。激怒したシンガポール政府は説明を求めてきたが、陳は、海外投資家が中国でビジネスをするさいには、「文化の違い」を考慮に入れるべきだと返答した。(13) この答えには明らかな侮蔑と、おそらく無意識だろうが、辛辣な皮肉が込められていた。シンガポール政府は九〇年代、アジアの旗手として経済成長を誇り、欧米の粗野な対決主義とは異なる「和を重んじるアジア的価値観」を傲然と標榜していた。そんなシンガポールに対して、陳は独創的かつ皮肉たっぷりに、「文化」というカードを切ってみせた。

蘇州の次に赴任したのは陝西省《せんせい》だった。汚職が蔓延し、事故の多発する産炭地である陝西省では面目を保つことが難しかったが、陳はそこでも名声を維持した。そのことだけでも陳は十分に評価されるべきだろう。最後に陳は北京に戻り、国家計画委員会のなかでも難しい部門であるエネルギー政策を任され、さらに昇進して、貿易を担当する商務部長となった。当時ブッシュ政権の商務長官だったカルロス・グティエレスは二〇〇七年に陳と初めて会見したとき、就任間もない陳が貿易部門をよく把握していることに大いに驚かされたという。グティエレスによれば、陳のキャリアの道は、成功した多国籍企業のやり方に似ているという。有望な幹部候補生をまずは各国の現場に出し、難題を抱えた支社や業績の悪い部署で経験を積ませ、その後本社に呼び戻して、どれほど腕を上げたかを見るのだ。グティエレスの所見は的を射たものではあるが、中国の場合、もう一歩踏み込んで考える必要がある。

組織部は陳徳銘を、まるで一つの会社の一社員のように異動させた。この場合、会社とは中国共産党である。同じように、組織部は国有企業のトップをまるで党員を異動させるかのように自在に動かし、それによってビジネスに支障が出ても意に介しなかった。国有企業のトップが政治家としてよりも企業人として行動することが求められていた時期だったから、様々なトラブルが生じてくるのは当然のことだった。

企業トップの交替は党の意思

二〇〇四年一一月、エドワード・チャンは、彼の新しい通信会社に投資してくれそうな相手と商談するため、ロンドンのマンダリン・ホテルを訪れ、予想される厳しい質問に備えて身を固くしていた。中国ではその前日、中央組織部が何の予告もなく、国内三大国有通信会社、チャイナモバイル〔中国移動〕、チャイナユニコム〔中国聯通〕、チャイナテレコム〔中国電信〕のトップを入れ替えると発表していたのだ。このうち二社はすでに海外市場に上場しており、残る一社も海外上場に向けて準備中だった。突然の交替劇に、投資家も当の三社のトップ自身も、あっけにとられた。

この異動命令はたとえてみれば、米国AT&T、そのライバル会社ベライゾン、スプリントの三社のCEOを、価格と通信規格をめぐって三社が熾烈な競争を繰り広げている最中に、事前通告なしに交替させるようなものである。長いあいだアメリカで活動していたチャンは、当時、中国第四位の新しい国有通信会社チャイナネットコム〔中国網通〕のトップに招聘され、海外上場に向けて宣伝活動を行っているところだった。チャンはこの入れ替え人事の噂を聞いてはいたが、実際にどうなるのかは知らなかった。「欧米の投資家にこの事情を説明するのは非常に難しいことでした」と彼は語る。彼自身も、この中国式人事システムを理解するのに数年を要することになった。

この件に腹を立てた海外投資家の多くは、「中央組織部」というなんとなくオーウェル風の名を持つこの機関のことは聞いたこともなかった。もちろん、中国企業側は、取引銀行や顧問弁護士も含めて、一〇億ドル規模の上場を前にして、中央組織部のことは口にしないようにしていた。この人事に対し中国人経営者たちは、外国人投資家たちよりもさらに腹を立てていた。改革・再編された国有企業のなかに真の民間企業文化を作り上げようと、彼らは何年も心血を注いできたのである。

中国人経営者は過去一〇年間、国有大企業のなかに会社法や企業統治《コーポレート・ガバナンス》を苦労して築き上げ、海外への上場も果たした。組織部はそんな彼らの努力を無視したわけではなく、問題は組織部が法律を無視することにあると、ある著名な中国人銀行家は指摘する。組織部すなわち党は、役員会のことも、トップ人事を役員会に諮《はか》る法的義務についても、考えようとしなかったのである。その銀行家は言う。「正式な手続きでは、会長が辞任するさいはまず役員会にその旨を申請し、それから役員会がこれを討議します。しかし、中央組織部はこのような手続きに従う気がないのです。これは単に手続きうんぬんの問題ではなく、もっと根の深い問題です。つまり組織部の行動は、全人代が制定した中国の証券取引法に完全に違反するのです。中国の証券法では、企業のトップの人事権は企業以外には認められないとされていますから」

「会社を経営するのは役員会であるという考えは、基本的には、言論・宗教の自由が憲法で保障されるという考え方と同じで、中国では現実には起こらないことなのです」とその銀行家は続ける。「すべての国有大企業では通常、役員会に先立って党会議が開かれます。経営コスト、資本拠出義務などについては役員会で討議されますが、役員人事を握るのは党です。外部から重役を何人招こうが、彼らがどんな内部監査を実施しようが、経営陣がすべて党によって任命されていれば、何も変わらないでしょう」

この交替劇の当事者である王建宙《おうけんちゆう》は、チャイナユニコムからライバル社のチャイナモバイルへ異動させられたが、この異動にさいして事前通告は一切なかったそうだ。前もって役員会に諮られることもなかった。王はニューヨークや香港の市場に上場する会社のトップとして、こうした異動に伴って生じる法的義務について慌てて顧問弁護士に相談した。弁護士の助言はひと言、「前の会社のことは話さないように」というものだった。

突然の異動命令は経営者や投資家たちの怒りを買うが、多くの場合は意図的なものであり、誰がボスかを思い知らせるという党の目的にかなっている。入れ替え人事は、国有企業のトップに対するわかりやすいメッセージなのだ。チャイナモバイルは一夜にして世界最大の携帯電話会社になり、その影響で通信業界全体がにわかに活気づいた。国家の安全保障と関わりのある戦略産業の分野では、国有企業のCEOの力はますます強大なものになっている。「戦略部門のトップは党の管理下に置いておく必要があるということです。つまり、こうした企業の経営は企業家ではなく政治家に任せるほうが党としては安心だということです」と、ある企業顧問は言う。「要するに、企業家が新興勢力として台頭するのを阻止しようとしているのです」

しかし、「党は企業の人事に関与していない」というフィクションを作り上げるため、党は新たな企業人事を必ず正式な政府機関から発表するようにしている。たとえば国務院、国有企業を管轄するSASAC〔国務院国有資産監督管理委員会〕、省庁、親会社などがその役割を担っている。企業人事の発表はつねに「職務の交替」という見出しで新聞報道され、その交替が体制内部ではどのように捉えられているかという、微妙ながら根本的な違いが覆い隠されている。党から見れば、企業間および政府機関間の人事交替は、職務を替えるということではなく、単に同じシステム内での異動にすぎないのだ。

今世紀初めの数年間の人事を見ても、これは明らかだ。中国海洋石油総公司〔CNOOC〕会長は、のちに海南省の省長に任命され、ペトロチャイナのトップは重要な経済企画機関の次席となり、華能国際電力の会長は山西省副省長に、中国中央銀行の副行長は中国建設銀行のトップに、中国鋁業〔アルミ業〕の会長は政府諮問機関の顧問に昇進した。名目上国内唯一の民間銀行とされる中国民生銀行の行長は、国家が独占する金融業界で成功を収めた企業家としてメディアにもてはやされているが、この人事でさえ党の検閲を受けたものなのだ。

チャイナネットコムの初代CEO、エドワード・チャンは、体制を内と外の両側から見ることができた数少ない人物の一人だ。最初はアウトサイダーとして、のちに自身がノーメンクラトゥーラに登録されると、内側からも体制を見ることができた。九〇年代末、新しく立ち上げられた国有通信会社ネットコムの経営を依頼されたとき、チャンはすでに成功した民間企業の富裕な経営者だった。彼は仲間と一緒に亜信科技という会社を立ち上げ、ニューヨークのナスダック市場にも上場を果たしていた。そんな彼が政府系の企業で働くことを検討するなどばかげていると、同僚たちは口をそろえて言った。しばらくのあいだはチャン自身も、彼らの言うとおりだと思っていた。

中国政府の基準では、ネットコムの立ち上げは革新的なプロジェクトだった。当時、地方の通信部門は、巨大企業チャイナテレコムとそれを後援する省庁が独占していたが、そんな通信業界の規制を四つの国家機関投資家が撤廃しようという革新的な試みだったのだ。新ネットコム創設の目的は、中国にブロードバンドを導入して通信業界に激震をもたらし、鉄道部などの公的機関投資家を、グローバル経済で最も熱い分野へ参入させることだった。アメリカで教育を受けたチャンのような民間人を登用することで、江沢民の息子・江綿恒《こうめんこう》のような有力な後継者を含む体制全体が、現状の打破に向かって動き出したのである。しかしチャンが、CEOである自分も新会社の役員会に加わるべきだと主張すると、これは却下された。他の役員はみな政府の副部長という地位にあるが、チャンは一介の企業家に過ぎない。このクラブに入会するには、一定の階級が必要だったのだ。「私はがっかりして、もう辞めようかと思いました」と彼は語った。「彼らは、そう言わずにまず一年働いてくれ、われわれのやり方を見ていてほしい、と言ったのです」

一年後、ネットコムは前途有望な会社になり、管理職ポストだけで数百人という規模に成長した。国内一三の都市がブロードバンドで結ばれ、利益はうなぎのぼりだった。ついに投資家たちはチャンを役員会に加えることに同意した。「これは大きな出来事でした。やっと体制に認められたと思いました」とチャンは言う。だが彼が本当に認められたのはさらに二、三年後、この小さな新興国有企業がチャイナテレコムから一〇省の事業を買収したときである。拡大したネットコムのCEOポストにチャンが留まるためには、役員会の審査だけでなく、党すなわち組織部の審査にもパスすることが必要だった。チャンにとっても組織部にとっても、これは初めての経験だった。

チャンが欲しかったのは仕事であり、副部長というポストに伴う特権や制約ではなかった。自分の机の上に「赤い機械」を置きたいとは思わなかった。公人としてのパスポートも欲しくなかった。副部長級の公人の海外渡航は年二回まで、という制限が設けられており、これを超える渡航には上層部の承認が必要だった。「政治の世界に加わりたくはありませんでした」とチャンは言う。「政治に参加すれば自由が制限されてしまう」組織部は彼が海外で教育を受けたことを考慮して、彼に関しては例外を認めた。こうして内部審査に合格し、党員の資格を回復すると（チャンが大学時代に取得した党員資格は長い海外生活のあいだに有効期限が切れていた）、組織部はようやく満足した。これによってチャンのCEOとしての地位は安泰となり、党委員会という聖なるサークルに加わることが許されたのである。

しかし、通信業界のトップ入れ替えという「血の策謀」に、チャンと彼の会社の会長兼党書記の張春江《ちょうしゅんこう》は、腹立たしい思いを払拭することができなかった。ロンドンでの上場説明会ではばつの悪い思いをしながら最後まで座っていた二人は、帰国するとすぐ、党と政府に対して、無意味なトップ交替についての懸念を申し立てた。ネットコムの上場後、張はさらに一歩進めて、党による会社の人事決定システムを透明化しようとした。彼は当時中国で教鞭を執っていたゴールドマン・サックスの元最高執行責任者ジョン・ソーントンを取締役に迎え、経営コンサルタント会社マッキンゼーを顧問とし、企業の人事はどのように決定されるべきか、助言を求めた。

過去に中国国有企業を海外市場に上場させた経験のあるソーントンにとっても、党委員会の役割について張が行った入門講座は「驚天動地」の時間だった。「党委員会の責任事項は六つありました」とソーントンは言う。「どれもが重要な事項なのです[14]」透明性が高く説明責任を果たせる形で企業を経営する方法について、数ヵ月に及ぶプロジェクトが進められた。上級役員の査定・任命には役員会が直接責任を持つのか、すなわち、ネットコムが海外上場に当たって約束したとおりに、また中国の国内法にも規定されているとおりに人事を行うのか？　それとも人事権は党委員会にあるという現状を維持するのか？　最終的には、ネットコムは役員会が人事権を持つことに合意した。しかし、ここには落とし穴があった。役員会に候補者を推薦する党委員会では、党によって任命された者が多数を占めるべし、とされたのだ。役員会の人事査定・任命権は表面的には強化されたが、現実には、役員たちの前に現れる任命候補者は、党によってふるいにかけられた人物に限られた。企業の人事を透明化しようという試みは、多大な努力にもかかわらず竜頭蛇尾に終わった。「表向きは立派な体裁が整いましたが、一皮剝けば、依然として党支配が続いているのはすぐにわかります」と、ある顧問は語る。

一年余りのち、チャンは再び民間部門に戻った。張春江は別の通信会社チャイナモバイルに移された。二〇〇八年、チャイナネットコムはさらなる業界再編によって別の国有企業に吸収され、完全に姿を消した。二〇〇九年の後半、張は汚職事件に関与したとして党の汚職撲滅部門〔中央規律検査委員会〕により拘留されたが、事件の詳細は明らかにされていない。中国式の企業統治《コーポレート・ガバナンス》の花形と喧伝された幹部としては、かなり皮肉な末路である。しかしチャンは、中国式に対して、自分が参加した当初に感じたよりもずっといい印象を持っている。「今では、中国式にも評価すべき点があると思います。一〇〇〇年続いてきたのにも理由があるのです」とチャンは語る。「一〇年前は、そんなふうには考えられませんでした」チャンはネットコム時代のことを、欧米企業で役員を務めた経験を引き合いに出して、こう語った。欧米でのCEOの選定は、多忙な役員たちがヘッドハンターの諮問を受けながら行う。一方、中国のやり方はかなり政治的ではあるが、より徹底している。自分が内部に入ってみて、業界内のトップの入れ替え人事を合理的だと思うようになった。「業界内の競争は熾烈です。三人兄弟が確たる目的もなく互いに争っているようなものです」とチャンは言う。「そこで親が言うのです。『お前たち、席を交替してごらん。そうすれば互いに相手の立場で物が見えるでしょう。これからはお行儀よくしないといけません』と」

組織部は今も、国有企業のトップが資本主義に近づきすぎたときには制裁を加える。二〇〇九年前半には、独自性を帯びた企業が競争し合うのを食い止めるために、国有航空会社のトップを一夜にして入れ替えた。通信会社のトップも、その後数回交替させられている。

組織部には、国有大企業ほぼ五〇社のトップを選ぶ責任が与えられ、このため企業に対して厳格な親の役目を果たしやすくなっている。しかし、より末端の行政レベルや北京から遠い地方では、中央の統制は難しくなる。李源潮が首都で中央組織部長の地位に就く前にどんな経験をしたかを見れば、それは明らかだ。

太湖の汚染に統制が利かない

二〇〇七年の党大会が開催される約半年前、江蘇《こうそ》省太湖《たいこ》の水が緑色に変わった。数千万の市民の大切な水源であり、古来「魚米の郷」として知られる肥沃地帯の中心である太湖が、緑色の藻《アオコ》に覆われたのは、湖岸の化学工場から排出された未処理の汚染物質の影響だった。藻の異常発生は、ここ数年繰り返し起こっていた。今回の汚染は特にひどく、湖面は完全に分厚い緑の藻に覆われた。中央政府は、環境関連の法律を徹底的に執行するように、これまで何度も地方政府に求めてきたが、今回の事態を受けてさらに厳格な対応を指示した。太湖の伝説的な美しさを冒瀆するこの汚染は、当時江蘇省の党書記を務めていた気鋭の政治家・李源潮にとって、中央への昇進に影響する緊急の政治的課題ともなった。

この年の後半に開かれる党大会で李の政治局入りが決定することは、すでに周知の事実だった[15]。李が他の数名の有望な幹部とともに中央指導部へ昇格することを、地元メディアが報道するのは禁じられていた。だが不思議なことに、この手のニュースは中国ではいつの間にか人々の知るところとなる。あたかも新聞の一面に載ったかのように、李の昇進は、どのレベルのどのポストという詳細はわからないまでも、すでに知れわたっていた。二〇〇七年三月、太湖汚染問題が取り沙汰される数ヵ月前に、李ら省幹部は記者会見を開いていた。李が席を外したあいだに、幹部の一人が李の昇進について冗談を言ったが、李本人は緊張した様子で、自分の将来のポストのことは一言も書いてくれるなと記者会見の最後に念を押していた。

記者会見を開いたのは、江蘇省党書記として役人たちを査定する基準を説明するためだった。近年では環境問題は経済成長と同等に重視されなければならないと李は強調した。経済偏重で水質や大気が犠牲になっている最近の状況を、甘いものを食べ過ぎる子供にたとえた。「子供が甘いものを食べ過ぎると虫歯になってしまう。GDPも同じです。（甘いものは）おいしいですが、むさぼり過ぎてはいけない」その数ヵ月後、李はこのとき苦言を呈した問題、つまり放縦な経済成長の副産物に対して対応を迫られることになる。しかし、江蘇省政府の太湖汚染問題への対応は、李が提唱していた新しい査定基準に沿った対策とはほど遠い、伝統的なものだった。

李源潮は公の場で、汚染物質を排出した工場を非難し、太湖の水をきれいにするために江蘇省の経済成長を「一五パーセント」犠牲にすると述べ、二〇〇〇余りの小規模化学工場の閉鎖を命じた。経済成長に浮かれる中国ではこの対応は注目を集めたが、そもそも自分の監督下で汚染が深刻化した事態には目をつぶった発言でもあった。しかし化学工場を多く抱える地域の各地元政府は、李の意向に従わなかった。彼らは、地元に大きな利益をもたらす大口納税者である化学工場に対して生産量の規制を行わず、工場閉鎖を求める批判者たちの声も無視した。地元当局は経済成長を犠牲にする策は取らず、世間の目をそらすため、地元の環境活動家・呉立紅《ごりつこう》に矛先を向けるという挙に出た⑯。

呉立紅は、太湖の水質汚染に対する化学工場の責任を長年追及してきた。その活動はすでに北京政府の目にもとまり、二〇〇五年には国内における環境保護活動の先鋒という評価も得ていた。彼は太湖の水質を調査し、写真や湖水のサンプルなどの膨大な検証データを収集して、地元の郷・省政府と中央政府に、汚染の実態を報告する陳情書を提出していた。彼が予測していた最悪の事態がついに現実のものとなり、湖面は緑色の藻に覆われた。しかし呉は、北京政府の緊急環境対策とも一致するその先駆的な環境運動を称賛されるどころか、身柄を拘束されてしまった。汚染物質排出を公表すると脅して地元企業から金品を受け取ったという容疑で、呉の有罪は間もなく確定した。呉によれば、五日間食事も睡眠も許されず取り調べを受け、自白を強要されたのだという。

「経済よりも環境」策を高らかに宣言していた李源潮だったが、この間ずっと沈黙を保って汚染問題から距離をおき、呉の拘留と有罪確定を黙認した。その理由は間もなく明らかになった。一一月、懲役三年の判決に抗議する呉の訴えが却下されたころ、李は中央組織部のトップに正式に就任したのだ。李は派手に宣伝した環境優先政策に反して、太湖汚染と水源損失問題が生じたことについて、内部的には叱責を受けたかもしれないが、公にはまったく責任を追及されなかった。太湖汚染問題が李のイメージを損ね、キャリアを傷つけることにはならなかったのだ。待望の昇格が実現し、李は中央指導部の序列第一〇位の地位を得た。これは中央政治局常務委員九人に次ぐランクであり、次の党大会が開かれる二〇一二年には、常務委員の座も十分期待できるポストである。李は首都に到着したまさにそのときから、いかに行動すべきかをよく承知していた。李が自分の監督下で最初に発動した人事の一つは、江蘇省宣伝部長を中央宣伝部副部長に昇格させるというものだった。李の片腕となって国内メディア対策の中核を担うことになるポストである。長年、胡錦濤派であった李に求められるより大きな任務は、同派の人物をできるだけ多く上級幹部に据え、それによって胡錦濤体制を盤石なものとすることなのである。

　太湖汚染問題に何の対策もとらないまま中央政治局委員に昇格したことを見れば、李源潮は一見、縁故で出世した偽善者のように見える。だが、そのような批判は、政治についての現実と、経済と人事に関する権限が末端の行政レベルに委譲されている現実を見逃している。李が汚染問題の責任を追及し、末端政府の役人を懲戒処分にすることは可能だったが、実際にそうしていたら、地元の激しい反発を受け、将来のキャリアを棒に振ることになっただろう。また、法律も何の役にも立たなかった。反抗的な化学工場に対し李が強制命令を下すシステムはなく、ましてそれを執行することなど不可能だった。地元の裁判所は地元の党組織の中に組み込まれており、党から独立した機関ではない。汚染が国家的危機のレベルにまで達し、中央政府が緊急対策を命じるまで、いろいろな意味で李にできることはほとんどなかったのだ。

一見、強い権限を持つように見える李源潮のような省の党書記も、省以下の各レベルの政府に対しては無力なのである。同じころに湖南省で起きたもう一つの重大な公害問題においても、私はこの現実を痛感させられた。これは、湖南省の湘江《しょうこう》に数トンもの有害金属が垂れ流され、地域住民数百万人の水源が汚染されるという有名な事件だ。事態の真相解明に当たって最大の障壁となったのは、汚染問題を隠さずに解決に向けて努力している中央政府や省政府ではなく、末端レベルの地域政府だった。

湘江河岸には大小の工場が雑然と建ち並び、近郊には数十年前から操業する中国最大の亜鉛工場もある。多数の工場のあいだには、悪臭を放つ池や野菜畑が点在する。この村で採れた野菜だと分かると誰も買おうとしない、と地元の人々は冷笑する。「お客さんにお茶を出しても、誰も飲もうとはしないよ」と、ある住人は話した。この川が汚染された直近の原因は、二〇〇六年前半に五〇〜六〇の小規模のインジウム工場が排出した汚染物質だった。当時、半導体や液晶画面に使われるインジウムの国際価格が跳ね上がったことで、工場建設ラッシュが起こり、続々と建てられた粗雑な工場から汚染物質が垂れ流された。それまでインジウムの主な生産地は南部の広東省だったが、そこで大規模な汚染を引き起こした生産企業が、未開発の工業用地を求めて北上してきたのだった。

暗い気持ちで湘江の取材に向かう途中、私は長沙市にある湖南省環境保護局の局長の事務所で、実に印象的な出来事に出くわした。局長は親切で率直な人物で、問題を起こしている工場を閉鎖するつもりだと語り、「今日これから、閉鎖命令にサインするんですよ」と断言していた。ところが、湘江の汚染中心地付近を案内してほしいという私の求めを、事務所からその地域の環境担当責任者に電話で伝えてもらったところ、それには地元の郷政府の許可が必要だとして即座に断られ、局長にはどうすることもできなかった。

政府機関である環境保護局の局長の地位は郷レベルの環境担当官よりはるかに上だが、現場で実権を握っているのは局長ではなかった。湘江地域担当官が仕える相手（上司）は、彼の任免権を握っているその地域の党書記である。地元の党委員会としては、北京政府が環境規制を強化せよとの指示を出したそのときに、自らの手ぬるい規制の実態を公開するのは具合が悪かったということだ。湘江地域担当官らが私の接近を拒んだ理由はもう一つある。工場経営者たちは工場の利権を彼らにも与えていたため、インジウム工場の操業には彼らの利害が直接絡んでいたのだ。湘江の担当役人も太湖の担当役人も同様に、自らビジネスに加わっていたのである。

地元政府の環境担当官は、工場との取引材料をたくさん持っていた。操業を許可するのも禁止するのも彼らの意のままであり、高い収益を上げている最中に閉鎖命令を下すことさえできる。罰金を科すか否かを決める権限もある。汚染レベルの許容数値や、汚染物質の排出方法・排出時期も自由に決められる。地元政府は、汚染に抗議する住民を取り締まる警察も、地元裁判所の判事も管理下に置いている。地元銀行から工場への融資額も左右できたかもしれない。そうした数々の権限のおかげで、当局は企業に利権を要求することが可能となり、実際に受け取っている。操業許可に対する見返りは当人だけではなく、親族や友人たちにも及んでいる。先例のない大きなビジネスチャンスと、行政の持つ幅広い権限、この二つが結合して、地元政府の役人が企業の生殺与奪の権を握ることとなった。大都市から遠い地方では、中央の監視の目が行き届かず、説明責任も深く追及されないため、とりわけこの傾向が強い。腐敗が生まれやすい状況ではあるが、中国の場合はそれが極端なのだ。

　ビジネスの許認可の見返りとして多くの役人が賄賂を受け取り、逮捕されてきた。党と組織部の共通の関心事は、アメリカで「pay-for-play」〔プレーに参加したければ賄賂をよこせ〕と呼ばれる盛況な官職売買ビジネスである。最も儲かるポストは党書記と組織部長だ。誰がどのポストに就くかを最終的に決めるのは彼らだからである。役職の売買は、高潔で有能な人物を見出して登用するという組織部の使命を台無しにするものだ。つまり、政府を陰で支えるために働くはずの組織部が、その管理すべき役職を陰でこっそり取り引きすることで、組織部本来の機能が果たせなくなってしまったのである。これは中国では「買官売官」と呼ばれ、多くの事例が報告されているが、最も露骨で大規模なものは、黒竜江省の馬徳《まとく》の事件だった。

黙っていても賄賂が届く

伝統的な汚職では、役人が便宜をはかる見返りに金品を要求する。馬徳夫妻の話[17]では、彼らが賄賂を受け取るようになったのは、その反対で、見返りが欲しいとほのめかしもしないのに、多くの人から金品を受け取ってくれと迫られたというのだ。馬徳が、ロシアとの国境に近い中国東北部のはずれ、牡丹江《ぼたんこう》市の副市長に赴任したときのことだ。妻の話では、一日の仕事を終え、くたびれて帰宅した夫が、家の明かりをつけないでくれと頼むことがときどきあった。「明かりを点けた途端に、贈り物を持った人たちが列をなして押しかけるのです」と彼女は言う。

一九八八年に副市長に就任したばかりのころ、馬夫妻は、贈り物を持ってくる人がいてもドアを開けなかったという。まもなくそのことで、同僚の一人に非難された。「あなた方は天上のものしか食べないということですか?」と言われたのだそうだ。「贈り物を受け取らなかったら、それを持ってきた人は、あなた方から信用されていないのだと思います。あなた方はその人たちを、別の人の支配下に置きたいのですか。他の人たちはみんな、食べ物や飲み物やマッサージのサービスを受け取っています。人の上に立つ者が周囲から孤立して、それで仕事ができると思っているのですか。贈り物を拒否するのなら、これからの仕事はうまくいきませんよ」

腐敗なくして成功なしという考えは中国では普遍的なものである。二〇〇七年のベストセラー『駐京弁主任』[18]はこれをテーマにした小説だ。地方都市の北京事務所のロビイストを主人公にしたシリーズの一冊で、中国東北部のある都市で、高潔な官僚と汚職官僚が、地元の人民代表大会での決戦投票で副市長の座をめぐって戦いを繰り広げるという物語である。作者の経歴から、このフィクションは事実に基づいたものだと考えられる。著者の王暁方《おうぎょうほう》は、瀋陽《しんよう》市副市長の秘書をしていた人物だ。瀋陽も小説の舞台と同じ東北部にある工業都市だが、彼が勤務していた一九九〇年代後半、市政府は黒社会《マフィア》と深い関係にあった。

瀋陽市の副市長は在任中、何百万ドルもの収賄に関わり、部下からも多くの現金を受け取っていた。部下たちは副市長に取り入るため、祝祭ごとに彼に贈り物を渡していた。しかし、マカオで役人の賭博が党の反汚職機関に摘発されたとき、副市長は大口顧客用の特別室にいて証拠写真を撮られ、逮捕された。わずか数ヵ月で四〇〇〇万元を擦ったと推定され、二〇〇一年、死刑に処された。瀋陽市の市長も同じ罪状で執行猶予付きの死刑判決を受けたが、その後まもなく癌で死亡した。

王の小説には、まず李為民《りいみん》という信念を持った高潔な役人が登場する。公徳心に満ちて地域のために働く彼は、市政府の要職に就くと、家族に対しても立場を利用して個人的利益を得ることがないよう言い聞かせる。そんな彼の生真面目さは同僚に気に入られるどころか、激しい怒りを買ってしまう。運転手も秘書も、長時間働かされるうえに、何の余得もないため、彼のために仕事をするのを嫌がった。李は、高官用に用意された豪勢な施設に入らず、古い建物に住み続けた。これに対し同僚たちは、これでは自分たちのほうが印象が悪くなると困惑した。李は、政府が設けた贅沢な宴会を断って、自分のデスクで質素な食事をとり、同僚たちにも同じようにするよう強いた。こうした行動で、彼は「同僚の気持ちがわからない無分別な人」と思われた、と作者は書いている。

小説のなかの李のライバル、シアオ・チャオシュエンは、まったく逆のタイプだった。賭博と女性が好きで、ビジネス界や黒社会にもコネを持つ彼は、副市長選挙で李に圧勝することになる。李が、選挙運動を禁止する公的ルールを守って超然としているあいだに、シアオはまさに抜け目ない政治家さながら、市の人民代表大会のメンバーを訪れ、様々な約束と贈り物を提供した。シアオは元同僚たちの熱烈な支持を得る。彼らはみな、過去にシアオと一緒に仕事することで金銭的な利益を得ていたのだ。「シアオのためなら、みんな喜んで働いた。彼は自分の仕事から上がった利益を気前よく分配してくれるからだ」と作者は書いている。投票したのはその分け前にあずかった役人たちだったから、シアオが楽勝したのも当然のことだった。

この小説の作者、王は、瀋陽市の副市長が逮捕されるまで、彼の事務所に約五年間勤めていた。その後三年間は、市政府で市の業務に携わらず、党と警察によるその後の汚職捜査に協力した。「私は彼が賭博旅行に出かけることについて、あるとき顔が真っ赤になるまで大声で彼を非難しました」と王は言う。政府内での体験は王をすっかり幻滅させてしまった。「この三〇年で、中国は一つのことだけは一流になりました。経済は発展しました。でも、文化や社会や政治は何も進歩していません」と彼は語る。「本質的に、昔と同じ古いシステムのままです。人々はコネや賄賂で昇進していきます。欧米では、政治家は数年ごとに選挙で選ばれますが、中国では政治家は一生の仕事です。私たちは一生、その政治家から逃れることができないのです」

王は、手の小指の爪を半インチほど伸ばしてきれいにマニキュアをしている。これは今も中国では一般的な習慣で、かつては知識人と肉体労働者とを見分ける象徴だった。彼の場合、小指の爪は、作家や芸術家にも役人と同じ敬意が払われるべきだという、彼の願いも象徴しているようだ。王はそのような変化がすぐに起こるとは期待していない。彼は中国における役人の地位の高さを、旧ソ連の「レーニン同志がいちばん先だ」という古い言葉に凝縮されている役人崇拝にたとえた。作家と芸術家と役人が同席したら、「みんな役人に従うでしょう」と王は言う。「権力崇拝は中国では国民的宗教になりました」組織部による役人の監督、地元の人民代表会議の選挙による市長選出、これらのシステムはみな茶番である。「おじいさんが自分の息子を監督し、その息子がさらにその息子を監督しているようなものです。この政治システムを変えることは、腕を負傷した兵士に向かって、命を失うかもしれないが、出血を止めるために腕を切り落としなさい、と言うようなものです」

中国の官職売買では、贈収賄、汚職、背信行為、利己的な利益追求などが特徴だが、その詳細が、東北部のかつての工業地帯、吉林省の組織部が作成した内部文書[19]に、赤裸々かつ皮肉たっぷりに綴られている。文書には、出世競争のありさまが「四種の陸上競技」にたとえて生き生きと描かれている。四種の競技が組み合わされて行われた結果、人事システムを専門化するための組織部内の規則は完全に無視されてしまった。出世競争の「短距離走」とは、役人たちが、指導部が交替した直後に日和見的に支持に回ることをいう。「長距離走」は、あらゆる手段を使って上層部に取り入ることだ。手厚いもてなし、贈り物、上司の抱える様々な問題を解決する手助けなどをして歓心を買う。「リレー競技」では、上層部に近づくために「親戚、友人、学友、同郷者などの推薦状」をできる限り多く集める。「障害物レース」では、直属の上司を飛び越え、しばしば引退した幹部の力まで使って組織部に働きかけ、便宜をはかってもらう[20]。

馬徳は牡丹江市の副市長に赴任した当初、地元の人々に受け入れられず、人民代表大会の選挙に敗れてその地位を追われた。小説『駐京弁主任』の登場人物、李とそっくりの展開である。馬はこれを教訓とした。逮捕後の取り調べで告白した内容によると、彼はそれから一〇年ほどのちの二〇〇〇年、生涯最高位の職に就くが、黒竜江省綏化《すいか》市の党書記というこの要職は、同省の組織部部長に合計一〇万ドルの賄賂を渡して手に入れたものだった。馬もこのころにはやり方を心得ており、事務所であからさまに金銭を手渡して、その場で拒絶される危険を冒すことはなかった。彼は手術入院中の組織部長を見舞いに行き、そのとき初めて賄賂の一部を手渡した。賄賂ではなく、部長への見舞金ということにしたのだ。

綏化市に赴任すると馬徳は、地方の党書記に要求される日常業務を、すべて完璧に執り行った。二〇〇〇年一〇月、馬は市職員を一堂に集め、江西省の汚職官僚についてのドキュメンタリーフィルムを見せた。『胡長清《こちょうせい》の事件から学ぶべき教訓』というこのフィルムは、中央規律検査委員会という汚職取り締まり機関が作成したものだった（胡は九〇年代後半に五〇〇万元の収賄で有罪判決を受け、死刑が執行された。省レベルの党書記としては五〇年代以降初のことで、以後汚職による死刑が多数執行されることとなった）。上映が終わると馬は幹部職員に向けてスピーチをし、「深く自らを戒め……党規則と国家の法律を厳守するように」と述べた。馬はまた、中央組織部が汚職撲滅のために奨励する細かい規定や規則を用いて、透明で信頼性の高い官吏任命システムを実行すると高らかに宣言した。評価システムを数値化する、幹部昇進に当たって一般に意見を求める、常務委員会での選挙を公開する、など、これらこそが綏化市の真の「責任システム」の基本である、とした。党委員会のスピーチでは、「私は決して、個人的利益や金銭のために権力を利用することはありません」と述べている。「私たちは（委員会内で）よき団結を形作らねばなりません。勇気をもって真実を語り、卑劣な便宜供与や不正、裏人脈といった悪習をなくさねばなりません」

馬徳はその地位を金で買ったことで、長い年月をかけて作り上げられた腐敗システムの真ん中に、自ら飛び込んだのだった。そこには彼がかつてあれほど非難した悪のすべてが根付いていた。「一〇センチの氷柱は、たった一日の寒さでは育たない」と、馬の事件を評して、北京の中央党校の汚職専門研究者、邵道生《しょうどうせい》は述べた。この地方で官職の売買が始まったのは何年も前のことであり、二〇〇〇年に中央政府の国土資源部長にまで登り詰めた田鳳山《でんほうさん》(21)の在任中からである。馬がやったことは、既存の汚職システムを磨き上げ、より完全で大規模なものにすることだった。検察官によれば、馬や市政府の役人が多数逮捕・拘束された二〇〇二年時点で、二六五人の官僚が官職を売買しており、その半数は、綏化市政府の管轄下にある市組織部が任命したノーメンクラトゥーラ・レベルの幹部職員だった。彼らは官職を、まるでマーケットで株を売買するかのように売り買いしていたという。馬の家族の口座には、北京在住の息子の名義で、わずか三年間に二〇〇〇万元が入金されていた。

綏化市の下の行政レベルには「たくさんの馬徳の小型版」がいて、官職という飼い葉桶に群がっていた。そのなかに李剛という名の役人がいた。彼は綏化市下の人口三三万人の小さな県の党書記ポストを三〇万元で買った。李剛の管轄したこの県はほとんどが貧しい農村地帯で、貧しさはさらに進行中だった。貧困のため学校に通えない子供も多く、国有企業の破綻で失業者が路上にあふれていた。約三五〇〇世帯が、命をつなぐために政府の補助を必要としていた。李剛が逮捕されるまでの二年間、地域経済は収縮し、税収は三〇パーセント近く減少していた。こうした時期に李剛は、公職に就くため金をかき集め、その結果、不況のなかにあって一挙に金持ちになった。汚職取り締まり機関の調査官らがのちに李剛の賄賂の額を集計したところ、党書記ポスト購入の投資対効果は驚嘆すべきものだったという。「李剛は三〇万元支払いましたが、二年以内に利益は五〇〇万元になりました。投下資本利益率〔ROI〕は一五〇〇パーセントです。この世にこれほど実入りのいい仕事がほかにあるでしょうか」と、ある調査官は語った。

　馬徳の逮捕後の人生は、政治的ライバルだった綏化市長、王慎義《おうしんぎ》に負うところが大きかった。王は同県内で党内序列第二位の人物で、馬とは激しく憎み合う関係だった。「馬徳は冷酷で粗野な人です。大きな口で肉を噛み切り、酒で流し込みます」と、二人を知る人物は語る。「王慎義は上品で、女性的なところもあります。財布にお札を入れるときも、まるで銀行みたいにきちんと分けて入れるんです」二人は一時期、暫定協定を結んだ。市中心街の舗道改修工事という大きなプロジェクトで市を二分し、それぞれの持ち分で、簡単に出せる行政命令を使って、道路沿いの企業や住民から手数料を徴収した。そのプロジェクトは「市のインフラ整備のための総合計画」として宣伝された。最終的には、二〇〇二年に汚職疑惑で逮捕されたとき、二人は互いに相手の救世主となった。相手の情報をそれぞれ捜査当局に売ったのである。弁護士によると、馬の場合、罪状を洗いざらい告白したため、彼の死刑判決には執行猶予が付くこととなった。

馬は拘留中、悟りきった様子で、政治腐敗の本質的な誘因は人事システムそのものであり、党書記が絶対的な権限を与えられていることにあると語った。「実際どの地方でも、党書記は党と組織部を代表しています」と彼は言う。「そして党書記として、人事の最終決定権を持っているのです」有望な幹部を出世コースに乗せるというシステムも、同じ結果を生む。それは、有望株以外は一定以上の出世がないと公的に宣言しているようなものだからだ。「出世コースを外れた人間は、金儲けに腐心します。そして出世コースに乗った人間は、金が好きな上司に出くわせば、できるだけ早く昇進するため躊躇なく有り金をはたくのです」

このシステムを変えなければ、誰が党書記になろうが事態は変わらない。これを証明するには、汚職取り締まり機関〔中規委〕から汚職の前歴がない人物を選んで地方の党書記に任命し、一年間自由にやらせてみるといいと、馬は言う。その高潔な人物も、外部の監視がないところでは、これまで手にしたことのないほどの大金を、あっという間に受け取ることになるだろうという。

ポストに執着しない役人

馬徳の汚職事件は、広範な政治腐敗によって政府の人事システムの土台がむしばまれていることを浮き彫りにした。近年では、合法的な国有企業も、同じように党の権力基盤をむしばむ危険性があるということを組織部は発見している。ノーメンクラトゥーラ未登載レベルの官僚たちにとって、これまでは党のエリート層への昇進を勝ち取れるかどうかがキャリアの分かれ目だった。出世競争のゴールは上層部入り、すなわち組織部が直接支配するエリート名簿、ノーメンクラトゥーラに載ることである。一党支配の中国におけるこの昇格は、欧米の新進政治家が長年自分の選挙区に働きかけた末、ついにその役職に選ばれるようなものである。

しかし今世紀に入って数年のあいだに、国有企業内で出世街道を歩む役人たちは、これまでとは異なる計算をするようになった。国有企業が海外市場に上場すると、経営陣はストックオプションを受け取ることができる。国有企業の相次ぐ海外上場によって、経営陣の多くは、先達たちが経験しなかったジレンマを抱えることになった。エリート幹部へ昇進して政治の中枢に入り、そのポストに伴う監視とプレッシャー、そして安い給料を甘受するのか。それとも企業の幹部にとどまって、合法的に与えられた株〔ストックオプション〕を現金化して利益を得るか。多くの企業幹部がストックオプションという形で与えられる合法的な現金のほうを選んだのも無理はない。九〇年代前半には、こうしたジレンマは起こらなかっただろう。国有企業の幹部にストックオプションが与えられたのは九〇年代後半になってからのことである。

国有大企業を初めて海外に上場させたとき、上場の成否にあまりに多くのことがかかっていたため、中国政府はそれまでの方針を変更し、マーケットに対して明確なメッセージを送った。つまり、中国国有企業の幹部にも欧米の民間企業と同様にストックオプションを与えると発表したのだ。そうすることで、国有企業の経営陣も欧米人投資家と同じように、企業の増益と株価上昇に対して強いインセンティブを持っていると主張することができた。理論上、ストックオプションは企業の業績向上に直接結びついた報酬である。経営者はあらかじめ定められた価格で自社株を購入し、のちに株価が上がって利益が見込めるようになったときに売却できる。北京政府のメッセージは、海外マーケットでは好材料と受け止められた。なぜなら北京政府が「オプションを行使してはならない」という重要な内密の付記事項を目論見書から削っていたからである。中国のオプションは、経営陣のインセンティブを高める手段ではなく、海外上場によって国家が最大限の利益を得るために仕組まれた巧妙な策略だったのだ。オプションは企業経営陣の名義で保有されたが、利益は国家に入る仕組みになっていた。「このとき、中国政府は将来何が起こるかを深く考えていなかったのです」と中国紙『経済観察報〔『エコノミック・オブザーバー』〕』記者、李《り》立明《りつめい》は言う。「その場の問題を解決することしか頭になかったのです」

当初、中国人経営者の中には、自分たちに与えられたストックオプションの意味を正確に理解していない者もいた。香港市場で新株発行を予定していた上海の市営企業〈上海実業控股〉が、ある海外投資銀行を訪れ、国際投資信託会社フィデリティに紹介されたときのことだ。一九九六年五月に〈上海実業〉が上場されたときには、株価は七香港ドルほどだった。それがほぼ六倍になり、その経営者がオプションを行使した場合に転がり込む利益は、莫大な額と見込まれた。フィデリティのブローカーが、「オプションを所有していない同僚の方に妬まれませんか」と尋ねると、その答えは、「オプションなど意味ないですよ。オプションは実際には私のものではありませんから」というものであった。それを聞いたフィデリティのブローカーは激昂した、とその銀行家は当時を振り返る。「それでは、今度の新株上場に付記してある他の情報も、全部ウソだということですか」とブローカーは経営者に迫った。中国人のほうはすぐに自分の間違いに気付き、前言を撤回して、「同僚との差が出ないように、オプションの利益はすべて国家に寄付しました」と答えた。

中国の国有大企業の経営者の多くは、海外上場によって与えられたオプションから莫大な利益を得る可能性を持っている。だが彼らは、オプションを現金化しないようにという国の指示を遵守するしかない。しかし、ノーメンクラトゥーラに載らない下位レベルの経営者たちは、党の直接管理下にはないため、国の指示を守るべきだとは考えなかった。株式市場が急騰した今世紀初頭、これらの経営者たちはこっそりとオプション権を行使した。チャイナモバイルの経営陣は、二〇〇八年までに一五億三〇〇〇万米ドルのオプションを現金化したのである。

ストックオプション問題は、国有大企業経営者の報酬の低さという、もう一つのデリケートな国内問題とも結びついていた。経営者自身も欧米のCEOの高い報酬を羨ましく思っていた。「当時、香港の国有企業のCEOが、自分の秘書より低い給料しかもらっていなかったことは周知の事実です」と、ある中国人銀行家は語った。正規の給料があまりに少ないので、ボーナスや経費、非公式な不正資金、子会社からの別報酬などで、彼らは収入を増やすようになった。

海外上場した中国国有企業の経営者は、チャイナモバイルの先例を熱心に見習った。海運最大手のCOSCO〔コスコ。中国遠洋運輸総公司〕のシンガポール部門のトップ、季《き》海生《かいせい》は、自身が所有するオプションが数百万ドル相当に上ることに気がついた。シンガポール株式市場でのコスコの株価は、同国の外国貿易の急増に伴って急騰していた。彼と同じポストにある世界中の多くの経営者と同じように、自分も株価急騰の功績に対し個人的な報酬を得るのは当然だと考えた。「コスコ・インベストメントはシンガポールで奇跡的な成果を上げたのです。わが社の時価総額が一億シンガポールドル未満から一〇〇億シンガポールドルにまで膨れ上がったからです」と李は言う。「シンガポールのメディアは私を『スーパースター』と呼びます。私が百万長者・億万長者を数え切れないほど生み出したからです」彼は北京政府がオプションの行使を制限している規則が「理解」できないとし、「地元の規則に従わなければならない」と感じていると気軽に述べた。彼の言葉を言い換えれば、彼にはオプションを売る権利があるということであり、彼はその権利を速やかに行使した[22]。

季海生のような人々は二つの選択肢から一つを選んだのである。国家の定めたルールを遵守し、党上層部に昇進するにふさわしい人物でいるか。それとも、党序列は中位でも企業の中堅幹部として金を儲けるか。「党・政府内での出世の階段を登るつもりがなければ、様々な束縛は意味がなくなります」とジャーナリストの李立明は言う。われわれには不可解に思える中国のこのストックオプション問題は、緊迫した政治的問題へと発展した。これは単なる金銭上の問題ではなかった。金銭的な利益のために昇格を捨てるという新たなタイプの役人が登場したということが問題なのである。「このタイプの経営者たちは、自分が企業の価値を高めたのだから相応の報酬は当然だ、と言っています」と、ある中国人銀行家は語る。「党の言い分では、党がきみをそのポストに置いたからこそ、きみはそれができたのだ、ということになるのです」

二〇〇八年後半には、中国政府はオプション問題に対する新しい規制方針を打ち出した。まずは国有企業経営者の報酬を引き上げた。ただ、その後世界金融危機が起こると、それ以上は上げなかったのだが。そしてストックオプションに関する規則を成文化し、一人の経営者が現金化できる額を制限したのである。コスコの季海生は同社から静かに放り出された。政府規制に加えて、世界的金融危機による株価低迷でオプション現金化の魅力が薄れたことも、中国共産党にとっては状況の安定化につながった。

だが、基本的な問題は解決されていない。「政府は国有企業が完全に市場主義になることを望んではいません。市場主義が徹底されれば、政府は支配力を失うでしょう。彼らが恐れているのはまさにそれなのです」と季は言う。「経営者に多額の報酬を与えれば、彼らが党の体制内に戻ってこなくなるのではないかと恐れているのです」

北京でのストックオプション問題と、東北部での馬徳のあさましいスキャンダルは、一枚のコインの両面である。馬徳のケースでは、役人たちは金を使い、逮捕の危険を冒してまでも、体制の内部に必死に入り込もうとした。国有企業のケースでは、役人たちは体制の外側で権利を現金化することで財を築くことができた。党は内側と外側の両方から圧迫されていたのである。

党に対するこうした不忠行為が、党支配の土台となる組織、人民解放軍にも現れてくるのを防ぐために、党は多大な時間と労力をかけて取り組んでいる。

第四章　われわれはなぜ戦うのか

党と軍隊

「軍は自らの見解を持つことは許されない。

彼らは（党によって）意見を表明することを禁じられている」

（閻学通《えんがくつう》、清華大学教授）

「西側の敵対勢力は、中国人民解放軍（ＰＬＡ）の『西洋化』と『分割化』のために費用を惜しまず、あらゆる手段を講じるだろう。

そして『軍を党から切り離す』という考えを広めようとするだろう」

（顧明智《こめいち》少将、ＰＬＡ政治学院）

江沢民、胡錦濤のコンプレックス

閲兵式に出席する日の前の晩、江沢民は必ず鏡の前で自らの動きを練習した。江沢民公認の伝記作家がこう証言している。(1) バスルームの鏡の前でポップスターのまねごとをする一〇代の若者さながら、彼は入念に行進の手順をリハーサルした。鏡に向かって正確に手足を前後させて行進し、気をつけの姿勢。背筋をピンと伸ばし、厳格な表情。

権力の座を目指す者なら誰でも厳粛な最高司令官としての威厳を備えたいと思うものだが、それはなかなか難しい。一九八八年のアメリカ大統領選で、民主党候補のマイケル・デュカキスがヘルメットを被って戦車に乗り込み、戦う軍人のイメージを打ち出そうとしたが、結局物笑いの種になってしまったのは有名な話である。江沢民の場合、課題はより深刻だった。党中央軍事委員会の主席に選出された一九八九年には貫禄もなく、総書記に選出された初期には道化のイメージすら持たれていたが、そうしたイメージを払拭するだけでは済まなかった。なにしろ、中国共産党の総書記に就任するということはすなわち、実際に軍を自ら掌握しなければならない立場に立つということだからだ。

人民解放軍（ＰＬＡ）の前身である紅軍《こうぐん》は、一九二七年、共産党の軍事組織として結成された。政権を掌握して以来、中国共産党は軍を管轄下に置くよう専心してきた。七〇年代後半から、党は中央指令型の経済を緩和し、民間企業を奨励し、一般市民の私生活への干渉を緩めた。これら鄧小平の改革によって中国は、毛沢東の暗黒時代から抜け出した。しかし「軍は党の支配下にある」というＰＬＡの設立当初の理念が議論にのぼったことは一度もない。近年、軍はグローバルな能力の拡大に力を注いではいるものの、軍の使命は創立時のまま、軍は党に属する、ということに変わりはない。指導者に選出された直後、江沢民は党にとって軍がいかに重要な存在であるかを思い知らされる。一九八九年、北京の中心で、党に抗議するデモ隊が二ヵ月以上も居座り、鄧小平は彼らを駆逐するため軍を招集し、その結果、武器を持たない何百・何千もの人々が命を落とす事態に至った。江沢民が総書記に選出されたのは、一九八九年のこの軍事弾圧の少し前だったが、彼は軍を派遣するという決断には関与していなかった。鄧小平が江沢民に軍のトップの座を譲ったのはその五ヵ月後、国家と首都に対する党の支配力が回復してからのことだ。

江沢民とその後継者の胡錦濤が、彼らの前任者に比べて、軍に対する自らの統率力に不安を抱くのも当然だった。毛沢東にしても鄧小平にしても政治的指導者であると同時に、プロの革命家であり軍人でもあったからだ。共産党が政権を握る一九四九年まで何十年ものあいだ、中国は擬似軍事政権に支配されていた。江沢民と胡錦濤が登場してようやく、軍人による支配に終止符が打たれることになった。(2) 二人は、この一〇〇年のあいだで初めての、政治組織と軍事組織の両方を統轄する文民指導者となったのである。政権の座に就いた江沢民に鄧小平は「五日間の勤務日のうち、四日間は軍の幹部と過ごせ」というアドバイスを与えたという。どうやら鄧小平の後継者たちは彼の助言を肝に銘じたようだ。江沢民は軍のトップの座を引き継いだあとの二年間だけで、一〇〇以上の軍事施設を個人的に訪問している。

江沢民と胡錦濤指揮下の過去二〇年のあいだ、軍はこれまでにない厚遇を受けてきた。党の指示により、財政部は九〇年代の前半から、ＰＬＡの正規予算を毎年二桁ずつ増やし、武器の購入や兵器システムの開発に何十億ドルも投じてきた。文民指導者の下、軍の近代化のペースと範囲は加速していった。軍事力は拡大し、その影響力は近隣諸国を通り越して、インド洋や太平洋にまで及ぶようになっている。江沢民も胡錦濤も、ＰＬＡのセレモニーには定期的に参加し、付属の軍事大学を訪問し、地方を訪問したさいには兵士の食事の集まりに立ち寄った。また公式の閲兵式では、毛沢東に敬意を表してつねにオリーブグリーンの人民服を着用する。

どちらの指導者もその任期中、軍を完全に掌握したが、その方法は異なっていた。江沢民は台湾への強硬路線をとることでタカ派の後押しをした。一方、江沢民の後を引き継いだ胡錦濤は、軍事衝突寸前という危険な状況を打開するために台湾政策を軟化せざるを得ず、江とは逆に穏健派を支持した。中国における文民と軍の関係について書かれた文献の多くは、党と軍の関係が悪化する可能性に焦点を当てている。しかし、文民統制という新たな時代に入った中国において最も危険なのはこの江沢民と胡錦濤の意見の相違、つまり党指導部内の分裂にほかならない。

江沢民の冒険主義は指導部を混乱させた。それは、経済成長を成し遂げるために内政も外政も安定させるという、党の基本方針を脅かすものだったからだ。胡錦濤は江沢民の路線を変更するさい、鄧小平が一九七八年に指導者に返り咲いたときの政策にならった。鄧小平は、改革の初期段階では経済成長を優先させるべきだと軍部を説き伏せた。経済成長を遂げて初めて、国が安定し、軍の全面的な近代化を推進することも可能になると説得したのだ。かつて中国はソ連の赤軍をモデルに軍を作り上げたが、鄧小平は冷戦時代の軍拡競争まで見習うことは避けた。結局のところ、軍拡競争がソ連の共産主義を破滅に追いやったというのが中国の判断だった。二〇〇五年に胡錦濤の側近である鄭必堅《ていひつけん》が唱えた「中国の平和的台頭」論も、西側との軍拡競争は避けるべきだという考えに基づいている。「中国共産党はソビエト連邦共産党とは違う」と鄭必堅は言う。「だからこそ、われわれは将来の繁栄に確信を持っている」

台湾政策を変更するさい、胡錦濤は軍にもっと大きな役割を与える方針を立てた。軍を、世界的な影響力を強めている中国の国益にかなう存在に育て上げようというものだ。このためには経済成長を続けることが重要であることは、誰の目にも明らかだった。軍事予算に余裕がある限り、強硬派からの批判は避けられると胡錦濤は考えた。しかし台湾政策での軟化は、軍部および政府内の強硬派に苦い後味を残した。強硬派は私的な場面で、胡錦濤は台湾の再統一を事実上あきらめてしまったと憤慨している。

「台湾問題は終わってしまった。もう誰も再統一のことを話題にはしませんよ」強硬派のなかでも最も有名な一人、閻学通《えんがくつう》は言う。彼はカリフォルニア大学バークレー校で博士号を取得し、北京にある清華大学〔中国の教育機関トップ3の一つ〕の国際問題研究所長である。台湾との関係が急速に改善していた二〇〇九年の半ば、彼は吐き捨てるようにこう語った。

> 私が思うに、政府は経済成長にばかり焦点を当てて自らを正当化してきた。彼らは、たとえどれほど多くの領土を手放そうとも、国民がもっと豊かになれると信じている限り、国を支配する権利は自分たちにあるとする。これが今主流のイデオロギーだが、私はこういう態度こそが未来の破滅を招くと考えている。

閻学通の意見は扇動的で、これが広まるようなことがあれば、指導者の党内での立場、そして軍内での立場も脅かしかねないような内容だった。言うまでもなく、彼の発言が国内で報道されることはなかった。

「党への絶対的忠誠」キャンペーン

国内が安定し、また米国や台湾、日本とも良好な関係が続いていた二〇〇九年の前半に、ある主要な党機関紙が、軍の最高幹部の一人が執筆した記事を掲載した。[3] PLAを統括する最高機関、中央軍事委員会のメンバーである李《り》継耐《けいたい》将軍が寄せたその論評は、現在は安定した時代などではなく、重大な危機に瀕しているのだと警鐘を鳴らしていた。「軍がニュートラルな存在とか国家・国民のための存在とかいう考えは誤りであり、われわれはそのような考えに断固として反対する」彼は党機関紙『求是』でこう述べている。「PLAの全軍はつねに共産党の理念を自らの理念として、また共産党の意思を自らの意思として掲げなければならない」

さらにさかのぼって二〇〇五年、胡錦濤が前年の後半に軍の主導権を引き継いで以降、初めて迎える建軍記念日に『解放軍報』に掲載された論説は、同様のメッセージをより説得力をもって伝えている。中国の軍事に詳しいジェームズ・マルベノンによると、[4] その短い論説のなかで「(軍の) 党への絶対的忠誠」や同様の表現が一七回も繰り返されているという。前年の建軍記念日号の論説では、党への忠誠について言及されている箇所はわずか六ヵ所しかなかった。つまり胡錦濤が軍のトップになった二〇〇五年は、党の宣伝活動が非常に盛んで、党の信奉者も非常に活発に活動していた、ということになる。

わが軍は党の強力な指揮のもと、党の指令に基づいて行動し、つねに党の理念を軍の理念として掲げ、党の指示を自らの指示として従い、党の意思を自らの意思とする。わが軍の歴史は、軍に対する党の絶対的な主導権を支持してきた歴史であり、軍の勝利は、党の絶対的な主導権のもとで獲得された勝利である。そしてわが軍の栄光は、党の絶対的な指導のもとで築かれたものである。党の生命と力が宿る軍に対して党は絶対的主導権を持ち、党による絶対的主導権こそが、ＰＬＡの伝統の本質であり礎《いしずえ》である。

こうした軍の論説を理解するには、中国の指導者たちが民主主義について語るときと同様、レーニン主義の言葉を収録した辞書が必要になるくらいだ。西洋では一般的に、軍部は政治とは無関係な存在とされ、正当なプロセスで選ばれた政府の指示に従って国家に奉仕するものと考えられている。しかし、一つの政党が軍を支配している中国では、論理は西洋とはまったく逆になる。軍を政治的に、つまり党のために利用することは中国では問題とならない。逆に、軍を国家のための存在、つまり政治的にニュートラルな存在にすることこそ、党内における背信に等しい重罪とされる。

ソ連共産党が西側によるイデオロギー破壊に対して無防備になったのは、軍部をコントロールし続けられなかったせいだ、という理論を、中国軍の幹部学校では将来有望な将校たちに叩き込む。「東欧諸国における大変動ののち、帝国主義はまるで暴れ馬のように世界中を自由気ままに走り回り、発展途上の社会主義国家を長期にわたって、不安定な状況に追い込んだ」人民解放軍南京政治学院の教授はこう書いている。「西側の敵対勢力は、中国人民解放軍の『西洋化』と『分割化』のために費用を惜しまず、あらゆる手段を講じるだろう。そして『軍を党から切り離す』という考えを広めようとするだろう」

二〇〇九年、国内で最も影響力のあるシンクタンク、中国社会科学院の機関紙に顧明智《こめいち》少将は論評を寄せ(5)、「思想、政治的見解、組織において党は軍を支配すべきである」と述べている。さらに次のページでは「人類の普遍的価値としての自由、平等、人権という考えは、西側の資本家階級の覇権主義が生み出した絵空事に過ぎない」と述べて、そういった思想の伝播を痛烈に批判している。記事の反西側的なメッセージは、添付されたイラストによってさらに強調されている。イラクのアブ・グレイブ刑務所でイラク人収容者を虐待する米兵が写ったおぞましい写真のコラージュだ。

指導部は根気強く軍を教育するとともに、公的メディアを通じて絶え間なく、異常ともいえるキャンペーンを行っている。メディアは何年にもわたって「軍は党に絶対的忠誠を」という原則を強調し続けている。一見したところ、なぜこのように熱心にキャンペーンが行われているのか不可解に思える。というのも、党が軍に対して警戒心を抱くような、軍内部での目立った抗議活動は一〇年以上ものあいだ起きてはいないからだ。しかし、キャンペーン用の出版物をざっと読んでみれば、その理由は一目瞭然である。それは、江沢民と胡錦濤がともに行った軍への懐柔策が結果的にうまくいかず、党が軍を統制しきれなくなっているということだ。党への忠誠が何度も繰り返されているのを見ると、問題が大きくなればなるほど報道が少なくなった毛沢東時代の新聞を読んでいるような錯覚に陥る。毛沢東時代に、問題の重大さを知る唯一信頼できる方法は、「何も問題はない」という主張がどれくらい頻繁になされているかを見ることだった。その観点からすれば、公的機関の出版物に見られる論評の激しさは、党が、軍に対して警戒心を抱いているという証拠にほかならない。軍は党に忠誠を尽くすものという、党の信念は、一九八九年の天安門事件以降、根底から揺るがされてしまったのだ。

一九八九年、大規模なデモ運動が国中に広がり、支持の基盤も学生や労働者、知識階級と幅広く、デモの対処法をめぐって党の上層部で意見が分かれた。それらの記憶が今もなお党内に根強く残っている。そしてあまり知られてはいないが、党の意識のなかに深く焼きついたのは、当時、ＰＬＡのなかに、武力を行使して北京からデモ参加者たちを追い払えという党の命令に従うことを拒否した指揮官や兵士がいたことである。

名高い第三八集団軍〔最新の装備を備えたＰＬＡ最強の集団軍で、「万歳軍」の称号を有する〕の指揮官である徐勤先《じょきんせん》中将(6)は、五月半ばに最初の動員令を受けた。徐は市内への進軍の準備をし、その経路や連絡地点、撤退する部隊の集合場所などの計画を練った。しかし、当時の彼の言動の記録によると、北京軍区の政治委員より最終指令が下ったとき、徐はこれを拒否したという。北京に隣接する省に駐屯していた第三八集団軍は、ＰＬＡにおいて先駆的な軍隊であった。朝鮮戦争では、中国の軍〔名称は「中国人民志願軍」〕として最初に参加した。機甲部隊としても、航空団や電子戦用部隊を備えたのも、この第三八集団軍が初めてだ。また、首都の治安回復のために配置された最初の軍隊でもあった。

徐勤先は六月四日の数週間前、足の怪我のため入院した。彼はデモ運動が拡大していくのを見て、自分も学生たちの理念に共感していることに気づいた。彼は最初、怪我を理由に軍の指揮から外してほしいと願い出た。受け入れられず強要されると、命令をただちに拒んだ。「どのような罪に問われようとも、私は断固として、自ら進軍の指揮を執ることはできない」その後、彼は指揮官を解任される。現在、徐の元同僚のなかには、彼が命令に背いたのは軍を北京に進軍させたあとだと言う者もいる。ただ明らかなのは、徐が六月四日のあと軍法会議にかけられ、この時期の一連の行動に対して五年の刑を言い渡されたということだ。

北京政府の強迫観念は、天安門事件のあと少なくとも六ヵ月のあいだ続いた。デモ運動に関わっていた人物が在籍しているシンクタンクや研究機関や大学に、軍の部隊が駐屯した。民間の報道機関にはPLAのスタッフが派遣され、軍を支持する広報活動が行われているかどうか監視した。もちろん軍の機関も例外ではない。PLAの本部、実戦部隊、研究機関、大学、工場、それぞれにも、党が政府や企業を支配するために置いているのと同じ政治部と党委員会が設置されており、命令に背いた指揮官や職務を放棄した部隊を徹底的に調べ上げ、粛清し、刑罰を与えた。六月四日以降は、党は軍の支配をさらに強めることを決意した。結果、男女合わせて二三〇万人の小規模化されたPLAの内部では、驚くなかれ九万もの党の下部組織が稼動しており、その一つの組織で将兵二五人を監視している計算になる。(8)

首都の警備のため北京付近には三つの軍隊が駐屯しているが、主要都市の周囲にも大規模な戦闘部隊が同じ警備目的で配置されている。これには十分な理由がある。中国帝国の最も辺境の地であるチベット自治区では、二〇〇八年に騒乱が勃発し、ＰＬＡの軍隊が準軍事組織の人民武装警察部隊〔武装警察〕とともに招集された。新疆《しんきょう》ウイグル自治区でも、一九九〇年代にウイグル人住民による暴動が起きた付近にＰＬＡの四個師団が配置されている。一方で、総勢八〇万人の武装警察は、一九八九年以降、大幅な再装備と再訓練が施され、市民による大規模な騒乱の鎮圧をＰＬＡに代わって行うことになった。実は、政府は国内の暴動の最前線からＰＬＡを離しておきたいと望んでおり、二〇〇九年七月、新疆ウイグル自治区の首都ウルムチで起きた動乱では、その政府の思惑どおり、武装警察が主体となって鎮圧を行い、結果二〇〇人もの死者を出した。ウルムチでのＰＬＡは形だけの駐留でしかなかったという。しかし、もし危機的状況になれば、最終的にはＰＬＡが治安確保に乗り出すことに何ら変わりはない。

　党を支持する論評が続々と発表されるのは、単に一九八九年のトラウマが残っていることだけが理由ではない。近年、中国社会を大きく変容させ、古臭い政治的支配を脅かしている世の風潮が、軍の内部でも起きているからだ。現在のＰＬＡは、過去とは比べものにならないほど効率的で、統率が取れ、装備も整い、高度に訓練された集団となった。しかし、軍の明確な目的、つまり『なぜわれわれは戦うのか』（アメリカの映画会社が製作したフランク・キャプラ監督の第二次世界大戦時のプロパガンダ映画のタイトル）につねに答えられる状態を保つには、単に装備を最新にすればいいというわけではない。発達した市場経済社会となった今、人民服を着た忠実な軍の兵士たちは党の言うことなら何でも黙って聞くとは必ずしも期待できない。世界各国の軍隊と同様、ＰＬＡが若い有能な将校クラスの人材を惹きつけるためには、民間セクターに負けない高い報酬を提供していく必要がある。かつてのソ連の赤軍が頭を悩ますことのなかった問題だ。今の中国の若い世代の将校たちには、高い専門技術や戦略、言語の訓練を行うのはもちろん、これまでは当然だった党への忠誠心も育んでいかなければならなくなったのだ。

　軍の幹部学校では、古臭いイデオロギーを教えると同時に、党がかき立てた新たなナショナリズムをも植えつけようとしてきた。だが、それが裏目に出る。党が考える軍の使命とは異なる主張が現れるようになってきたのだ。国防予算が膨張を続けると、ネオ・ナショナリズムを声高に唱える知識人グループや一部の大衆は熱狂した。こういった人々は強い軍隊、ひいては戦争の可能性（ＰＬＡが戦う準備があろうとなかろうと）さえも歓迎すべきことだと主張する。文明の衝突による新しい世界秩序――中国が屈辱の一世紀を経て世界のトップに躍り出るという予見は、彼らにとっては最高の未来図だ。著名な保守派の扇動家、王小東《おうしょうとう》は、ダーウィン的な社会進化論を引き合いに出し、中国の好戦的な精神の活性化を求めている。[9]「外的環境からの圧力がなければ、種は衰退していくのみだ。同じことが人間社会にも当てはまる」激しくナショナリズムを説き、二〇〇九年にベストセラーとなった『中国不高興』〔日本語版『不機嫌な中国――中国が世界を思いどおりに動かす日』徳間書店〕のなかでそう書いている。王小東に『なぜわれわれは戦うのか』という質問をぶつければ、彼は避けられない戦争に勝つためではなく、戦いそのもののために戦う、国に命をかけるという名誉のために戦うのだと答えるだろう。

　党にとって軍の近代化は何より危険な改革だった。党が軍を近代的な戦闘部隊に進化させようとすればするほど、軍は党のものという伝統的な定義からそれていき、己の欲求のまま衝動に任せて、党とは異なる見解を持つ危険性が高くなる。政府幹部や研究者たちによれば、その傾向はすでに定着してしまっているという。「PLAは軍事に徹したプロの軍隊になってしまい、それゆえ党の軍というよりは国家の軍となっている」北京の著名な国際関係学の教授は述べる。「ただ、それを誰も大声で言えないだけだ」

一九八九年、デモ運動を武力鎮圧したことで、いざとなればPLAは党を守るという義務を果たす用意があることが証明された。だが同時に、非効率的で、規模が大きいだけでハイテク装備もなく、さらに武器の供給元である軍需産業は、冷戦時代に敵の攻撃を想定して不便な場所にあり、緊急時にすぐに武器を供給することができないことも明らかになった。そのような状態では、予期される危機に対処するには不十分だった。現在、党のために再構築されているPLAには複数の役割がある。中国が国際社会での政治的駆け引きに利用する道具としての役割、本土の外にある母国〔台湾〕を防衛する役割、そして国内では巡回する警察官の役割だ。このまま党が中国を支配し続けるためには、もっと大きな軍の能力が必要になる。ただ単に、広場に溢れたデモ参加者を攻撃する能力があればいいという問題ではないのだ。

軍事に徹するプロ集団へ

五〇年代の後半、中国国内で原油が発見された。だが当時、採掘能力を持つ（たとえばスタンダード・オイル社やエクソン社のような）大石油会社は国内にはなかった。そのため毛沢東は、片腕の中将として知られた余秋里《よしゅうり》と、(10) 彼の率いる何万もの兵士たちを使って東北部の原油を汲み上げさせることにした。余秋里は一九一四年に生まれ、一〇代にはすでに共産党員であった。余は、抗日戦争やそれに続く国民党との内戦のあいだに、出世の階段を駆け上がって軍の政治委員にまで上り詰めた。一九三六年の「長征」時、戦闘中に左腕を失うも、のちには彼の英雄的行為を周囲に見せつけるシンボルとなった。共産党が権力を掌握してからは中央の軍事司令部に所属していたが、一九五八年に石油工業部〔省に相当〕の部長に任命された。結果的にこの仕事で、共産党員の実業家の一人として名を馳せることとなる。

余秋里が石油工業部の部長となって一年足らずのあいだに、本格的な油田が発見された。場所は満州の一角にある大慶《たいけい》で、夏は蚊の多い湿地帯であり、冬は氷点下まで気温が下がって結氷する地域であった。労働力が何としても必要だった余は、国内で最大の人員を有する軍に頼って、技術の高い労働者を得ようとした。朝鮮戦争後、陸軍、海軍、空軍を合わせて約五五〇万人もの兵士がおり、ＰＬＡは規模のピークを迎えていた。余は毛沢東から、退役した兵士三万人を大慶へ派遣する許可を取りつけた。さらに三〇〇〇人の元将校も大慶へ派遣された。余のように辛抱強くない実業家にとって、軍は人材の供給源としてうってつけだった。五〇年代前半のＰＬＡは、黎明期の石油産業の発展の先頭に立ったことで、すでに工業技術を身につけており、第一九集団軍は師団を一つ分離し、これが共産主義中国の最初の石油工学兵団となった。そして大慶では、軍の部隊によって道路やパイプライン、ポンプ場など、あらゆるインフラ基盤が整備された。

一九六〇年の三月から復員軍人たちが大慶に到着し始めたが、彼らの多くは朝鮮戦争の経験者だった。党は油田の開発を「大慶の戦い」と称し大仰に扱った。国務院総理だった周恩来は、市の指導部に向けた演説のなかで、大慶の党書記を、戦いの前線に立つ司令官になぞらえている。そして労働者たちには「部隊は一丸となって敵を全滅せよ」と言い、「集中攻撃によって敵を壊滅、一滴残らず採掘するのだ」と発破をかけた。

ＰＬＡは建軍以来、つねに本来の軍事活動に加えて副業的な仕事にも携わってきた。収入を増やすため、あるいは乏しい予算を補うために自力で稼がなければならなかったのだ。大慶以外でも、部隊を解散し、または現役の兵士を使い、国家の産業計画の一翼を担ってきた。五〇年代後半には何百万もの兵士が、八〇年代半ばにはさらに一〇〇万の兵士が軍務を解かれ、政府は彼ら全員に仕事を与える必要があった。軍の事業によって大勢の復員兵が国内の辺境地に定住し、おかげで予算の負担が減り、また訓練を受けた人員を、遠く離れた資源豊かな辺境の地で活用することにもつながった。五〇年代前半に約一七万人の元兵士によって結成された新疆生産建設兵団は、のちに独立した治安部隊を持つ巨大な企業集団へと発展している。また同じ時期には、地方の商業局で働くために八万人以上の元兵士が派遣されている。鄧小平が初めて軍を整頓した一九八一年には、五万七〇〇〇人の復員兵士が法律機関に配属された。それまでの人生で法律を勉強するどころか、法廷に入ったことすらない者がほとんどだったにもかかわらず、その多くが判事となった。一九八二年には、新しく経済特区となった深圳《しんせん》に、何万もの兵士が建設会社で働くために派遣された。

ＰＬＡが営利目的のビジネスに力を入れ始めたのは八〇年代で、鄧小平の指示によるものだった。経済成長に予算を集中させたい鄧の期待に応え、八〇年代後半にはPLAの商業部門はおよそ二万もの会社[11]を抱え、そのピークを迎えた。大慶油田の開発による石油事業に加えて、五ツ星ホテルや製薬業、軽工業、正規の商取引から密輸、兵器の輸出にまで手を出すようになった。その利益は、名目上は兵士の生活水準向上のために用いることになっていたが、実際にはその大半が腐敗した将校、その家族や取り巻きのポケットのなかに消えた。

党よりさらに秘密主義のPLAは、もはや国家のなかの国家となっていた。軍は党と国を守るという責務を遂行すると同時に、上層部が密かに商業的利益を追求する場ともなった。ビジネスは多くの幹部を腐敗させ、本業から外れさせた。軍の財政はビジネスから得られる収益に左右されるようになり、そのため適切な財政管理が行えなくなった。軍は経済部門に比べて近代化に遅れをとっていたため、文民の指導部は様々な戦略的、経済的、社会的な課題に対処することが難しい状況にあった。九〇年代に経済部門が躍進し始めるや、党は軍を経済成長に追いつかせるべく改革を加速させることにした。

軍が克服しなければならない問題は、一〇年間に及ぶずさんな財政管理だけではなかった。中国の社会同様、軍もまた、毛沢東時代の慣習から抜け出さなくてはならなかった。つまり、党への深い係わり合いと、冷戦が残した不条理かつ肥大化した構造からの脱却である。鄧小平による初期の経済改革がもたらしたチャンスをつかんだ一部の人々は、毛沢東の時代には想像すらできなかった豊かさを知り、中国は世界の大国として羽を広げ始めていた。軍がその大国にとって真の戦力となるには、五〇年代や八〇年代の復員よりもさらに大規模に、何十万もの兵士を削減しなくてはならず、また文字どおり何千もの事業を始める必要があった。

中国の戦略を根本的に変えたのが石油だった。大慶で石油採掘を始めてから五年で、中国は石油を自給できるようになった。余秋里はその功績で政治局にポストを与えられ、中央指令型の経済と重工業を支持する経済的保守派の代表格として、のちの石油財閥の礎を築いた。しかし、大慶の栄光が続いたのは一九九三年までで、その年、中国は石油の純輸入国へと転じ、以降石油の輸入量は毎年増え続けることになる。これは中国経済の転換点であったと同時に、国の安全保障を大きく見直すきっかけともなった。石油が底を突き始めた年から、軍の公的予算は毎年二桁ずつ増え続けている。またその年は、中国が軍事戦略を見直し、軍事革命を行った年でもある。湾岸戦争で、目もくらむばかりのハイテク兵器の射撃能力を見せつけられたのが理由だった。「人民戦争」を戦うために訓練された巨大な陸軍に頼っていたPLAは、兵力を削減したスリムな軍、そしてハイテク兵器や、機動性、陸・海・空軍の連携に優れた軍へと変容した。かつて新しいエネルギー事業に労働力を提供したPLAに課せられた新たな使命は、十分な軍事力を国外に誇示することにより、中東その他の地域から船舶で、または近隣諸国からパイプライン網を通じて陸路で送り込まれる、石油やガスなどの供給を確保することとなった。

軍部と石油財閥との結びつきは、大慶油田の開発が終わったあとも続いた。イラン・イラク戦争中にイラクが中国から購入した兵器の支払いができなかったとき、イラクは一九九六年に現物で支払いをした。つまり、中国国有の兵器製造企業、ノリンコ〔中国北方工業〕と協定して、ペトロチャイナに一二億ドルに相当する石油採掘権を与えたのだ。このプロジェクトはアメリカによるサダム・フセインの追放〔湾岸戦争〕のために、二〇〇九年になるまで着手されなかった。同じように、カーツーム政権のスーダンでも油田開発に投資すると同時に、国有兵器企業が兵器の販売を行った。だが、全体的に見て、片腕の中将が行ったような、未開拓の分野における英雄的偉業はもはや昔の話だ。九〇年代前半からの文民指導部によるＰＬＡの改革は、かつての軍の形態を完全に一変させた。

　九〇年代の前半から、党は時間と手間をかけて軍を軍事活動に専念するように図ってきた。中央政治局は、一九九二年の中央委員会全体会議以降、党の中枢である常務委員会のメンバーに軍の関係者を選んでいない。わずか一五年ほど前の文化大革命の終わりごろには、軍が国を統率し、中央政治局委員の半分以上が軍人だった。現在、政治局委員二五人のうち、軍の制服組は二人だけである。一九九八年、江沢民の決定により、軍は大規模なビジネスから撤退することとなった。それがきちんと履行されるかを、後継者の胡錦濤が監視している。

　軍の一部の特権階級が法の網をすり抜けているのは明白で、日々大都市で普通に目にすることができる。ＰＬＡのナンバープレートのついたポルシェやＢＭＷ、高級スポーツカーを高級な服で着飾った女性が運転しているのは、もはや日常風景だ。平気でスピード違反をしたり、ナイトクラブやスポーツジムの外に違法駐車をしたりと、軍のナンバープレートを付けた車は、一般市民の法律を無視した傍若無人ぶりだ。だが、このようにあからさまに特権をひけらかすのは、腐敗と権力がはびこった軍の黄金時代を示す遅行指標にすぎない。よりルールに基づいた国家を作ろうと躍起になっている党指導部は、軍も他の機関と同じように、今や権限と任務が成文化されていると自負している。「軍はかつて大きな特権を持つ組織でした」胡錦濤の顧問の一人は言う。「職務を解かれた兵士は誰でも、政府内で再就職することができました。しかし今では、こういった特権もなくなりました。これは党の偉大なる功績です」

政治の中枢とビジネスの世界から締め出された軍部が二一世紀に果たすべき唯一の任務は、党のために世界最高レベルの陸軍、海軍、空軍を築き上げることだ。こうして軍事に専念する交換条件として、これまでになく豪華で近代的な兵舎と十分な報酬が与えられた。予算も一段と増え、軍の科学研究所には、将来のハイテク戦争に備えた技術開発のための資金が十分すぎるほど投入されている。だがこの新たな使命により、軍は軍事に徹するプロ集団という、西洋の伝統に根ざした意識と、軍は最大の資産として党が支配し続けるべきという党の信念とのあいだに、これまでになかった軋轢《あつれき》が生じることとなった。二一世紀の中国は、表向きはきらびやかな近代風の装飾がなされているが、その実、内面では旧態依然とした政治的統制という錘《おもり》をいまだに背負っているのだ。

現在、軍の最高司令官は、中央軍事委員会の主席である胡錦濤が務めている。共産党の総書記になったのだから必然ともいえるが、軍を取り巻く状況が激変するなか、総書記就任後すぐに最高司令官の座に就いたわけではない。江沢民は党総書記を退いてからも二年間にわたって軍のトップの座を手放さず、そのため政界や学界から多くの反感を買った。しかし江沢民には、胡錦濤が総書記の任期を終える二〇一二年を見越して、前例を作っておくという隠された意図があったのだ。

しかし軍の内部に日常業務に至るまで遍在的に張りめぐらされた党の管理システムや九万もの下部組織は、時代遅れと言っても過言ではない。内部の者には異様に見え、海外の研究者にとっては複雑でわかりにくい。「軍をダメにしているのはこの政治システムです」と、ある退役将校は私に言った。「実際に現場で仕事をしているのは軍曹レベルの下士官であるにもかかわらず、われわれには軍曹システムがないのです」この「軍曹システム」とは、現場の下士官に実質上の権限を与えるという西洋のしきたりのことだ。西洋では、軍の指揮官はNCO（准尉、軍曹、伍長などの下士官）の意見に耳を傾ける慣行が定着しており、現場のNCOたちには代理の指揮権が与えられている。PLAについて学んだ米軍の高官はこう語る。「われわれの文化では、下士官に権限を委任する人物が権威ある指揮官とされる。そのため指揮官は下士官の意見をよく聞く。しかし権限を委任することを好まない文化のなかでは、NCOシステムを採用するのは難しい。体面を重んじる中国では、実際にしている仕事よりも、その職に就いていることで権威を誇示するからだ」

何より政治を優先する中国では、西洋のような階層間の信頼関係がまったく存在しない。それどころか、中国では建軍当初から、軍の将校の階級に二重の統率システムがあった。つまり一つの地位を同じ階級の二人の将校（一人が指揮官、もう一人が政治委員）が占める。こうすれば頭が二つある人間のように、互いが互いを監視しあうことができる。二人の任務の違いを識別するのは難しく、誰が誰にいつ従うのかも曖昧だ。「指揮官が部下の意見に従うこともあるわれわれのNCOシステムは、彼らには理解できない」と、ある外国の軍高官は言う。「そしてわれわれも、同じ階級の指揮官が二人も存在する彼らのシステムが理解できない」（現在のPLAには下士官の部隊が存在するが、彼らは西洋のような権限や団結心を一切持ってはいない）

政治委員のシステムはソ連の赤軍から引き継がれたものだが、同時に中華帝国の大いなる遺産でもあった。中国の皇帝たちは軍の指揮官を戦いの前線に派遣し、彼らの忠誠心を試した。同じように共産党もソ連式の政治委員を使って、軍内部の監視、PLA組織部による人事管理、汚職の撲滅を行おうとしている。西洋のNCOシステムでは、上官が部下を信頼して決定を任せるという高い信頼関係を特徴としているが、中国に見られる政治委員のシステムでは、信頼が前提にない。

軍のありとあらゆる機関に存在する政治委員たちは、ある意味チアリーダーであり、洗脳教育者であり、そして運営管理者でもある。「彼らが強調するのは、自分たちはあくまでもプロの運営者としての任務を果たしているのであり、赤い手帳を持って監視してまわる政治工作員ではないということです」と、先の外国の軍高官は言う。だが、まれに政治委員の仕事内容が流出すると、やはり私的かつ政治的なことに踏み込んでいることが明らかになる。

政治委員に刃向かった有名な事件[12]がある。北京駐屯の部隊に所属していた兵士による一九九四年の事件だ。部下の私的な手紙をチェックしていた政治委員が、この兵士の妻が、すでに息子がいるにもかかわらず二人目の子を宿していると知った。政治委員は兵士の地元当局に連絡し、中絶の命令が下された。逆上した兵士は銃を抱えて凶暴な行動に出た。まず兵舎で政治委員と他の将校たちを殺し、それから天安門広場から二キロほど離れた首都の中心にある外交地区へ向かった。結局、合計一七人を撃ち殺し、自らも命を絶った。この惨劇の一因となったのは、一九八九年の天安門事件で軍の評判が落ちていたことだ。というのも兵舎にいた兵士たちは軍服から平服に着替えなくてはならず、荒れ狂った同僚を捕まえるのに遅れを取ってしまったのだった。着替えの理由は、軍服姿で「市民を混乱させることがないよう」にするためだった、とあるレポートは報告している。

若い将校たちは強制される政治教育に興味をなくし、政治教育と軍務との関係にも戸惑いを隠せない。その傾向は、公文書のなかにも一貫して見受けられる。人民解放軍軍事科学院の楊春《ようしゅん》長《ちょう》は二〇〇八年、最近の将校たちが「純粋に軍事的な観点」に影響されてしまい、政治的な役割を重視しなくなったことに不満をこぼしている。「以前、集まって意見交換をしていたときに、一人の若い同志がこう質問した。『今やわれわれは市場経済を手に入れ、利益を生むことを奨励され、規則や法律に従って行動することを求められている。それなのになぜ、いまだに政治的な任務を〈ライフライン〉だと言う必要があるのか?』と」

「その必要性には疑いの余地がない」と、楊はこの若い同志に言い返した。さらに上官たちに相談すると、返ってきた答えは、政治の優位性は「過去数十年の歴史によって科学的に実証された結論」であり、動かすことのできない真実であるというものだった。「一九五四年、(軍の政治的役割についての規則から)『ライフライン』の部分を削除した者がいたが、毛沢東主席が元に戻して承認した。鄧小平や江沢民、胡錦濤といった指導者同志も、政治的任務がライフラインだという考えの重要性を幾度となく強調してきた」ソ連が開発した政治委員のシステムは、スターリンによって、軍を鼓舞するのにもはや効果はないとして廃止された。しかし、共産党が今なお権力を握る中国においては、そのシステムは生き続けている。

ネオ・ナショナリズムを声高に唱える者たちは、軍が党の直接の支配下から外れることなどあり得ないと主張する。「そんなことは考えたこともない。考えるにも値しない」私の質問に対し、宋暁軍《そうぎょうぐん》はそう答えた。彼に会ったのは二〇〇九年、彼の著者『中国不高興』のプロモーション・ツアーも終盤のころだった。『中国不高興』は、王小東をはじめとする「新左派」と呼ばれる愛国主義者たちとの共著だ。宋暁軍は元海軍将校で、八〇年代半ばに退役するまで人民解放軍海軍潜艇学院で教鞭を執っていた。その後はミリタリー雑誌の編集に携わり、近代兵器の最新情報を軍事マニアに提供している。

宋暁軍らネオ・ナショナリストたちの考えはこうだ。共産党が軍や国家を支配していることに議論の余地はなく、その理由を説明したり正当化したりする必要など一切ない。何度も言われているように、共産党の支配は「歴史が下した判決」であり、軍が中心となって成功に導いた革命がもたらした紛れもない事実なのだ。「共産党支配について論じるさいに認識しておかなければならないことは、西洋諸国の支配下で苦しみを味わった中国という国のために、戦闘部隊とともに立ち上がったのは共産党だったという事実だ」と宋は言う。「（ＰＬＡが建軍された）一九二七年から（共産党が権力を掌握した）一九四九年までの期間は、中国にとって特別の意味を持っている。イギリスなどと違い、社会の最下層にいた人々が武力でもって立ち上がり、国家のプライドと威信を取り戻したのだ」

近年では、軍内で党への忠誠について語られることは少なくなり、軍は今や与えられた使命を受け入れ、自らの信念と価値観を持つプロの軍隊へと変わりつつある。口先では党の支配を認めながらも、若い世代はより軍事力を高めることに関心が向いている。「若い将校たちが軍の上層部について不満を漏らすのをよく耳にします」と、中国軍の教育機関を定期的に訪問している台湾の学者アンドリュー・ヤンは言う。「世界のめまぐるしい変化に敏感な若い世代は、世界各国に負けないグローバルな軍事システムを構築したいと考えています。この第二世代の将校たちは、世界を視野に入れているのです」

かつての将校階級は軍関係者の親族が独占していた。同じ施設のなかで育った彼らは、互いに助け合いながら出世の階段を登っていった。だが、今や将校となるには、共産党員であると同時に軍事の専門家であることが求められ、専門的な技術がなければ出世もままならない。その出世の道も専門ごとに細分化されるようになり、要求される教育レベルは高く、特別の軍事教育機関で訓練を受けなければならない[13]。そして伝統的な軍の階級制度が再度取り入れられ、一九六五年に毛沢東が復活させた革命時代の「指揮官」と「兵士」の区別は廃止された。今のPLAに欠けているものがあるとすれば、実際の戦闘経験だ。「私がこれまでに出合ったなかで、現在の軍は最も教育過剰の軍だ」と、軍の教育機関で講師を務めている人物は言う。上層部の退役軍人の子孫の多くは今も昇進の面で優遇されてはいるものの、頂点まで上り詰めることがほとんどなくなった。恵まれた家系にもかかわらず、トップの座をめぐる競争で脱落することが増えてきたのだ[14]。「その多くは頂点を極めることができず、二番手で終わる」と、何十年にもわたる軍事記録を仔細に調査した中国の研究者、薄智躍《はくちやく》は言う。「幹部の子弟たちが軍や中央委員会で昇進できないのは、その家系がマイナスとなっているということだ」

さらに指揮官の立場も徐々に変化してきた。指揮官は理論的には政治委員と同等の立場にいるが、自らの部隊に対し一義的な責任を負うというシステムが作り上げられている。中国の軍事専門家のヨウ・ジは言う。「軍を効率よく指揮するためには、権力を一点に集中させることが必要であり、ＰＬＡも例外ではない」とし、指揮官が政治委員とうまくやっていくには、「政治問題を戦闘指揮システムより下に」するしかないという。政治委員が徐々に脇に追いやられている事実は、ＰＬＡを研究している外国人の目にも明らかだ。「かつて中国の軍艦に乗って質問をしても、指揮官は政治委員の意見を仰いでからでなければ答えられなかった」ＰＬＡの海軍の艦艇に何度も乗った経験のあるアメリカのナショナル・ウォー・カレッジのバッド・コールは証言する。「だが今は、指揮官は政治委員が何を思おうが、まったく気にしていないように見受けられる」

もし党と軍の共生関係がなくなったのであれば、中国の政治研究の権威デービッド・シャンボーが言う「より統合され、軍事に徹した自治的で責任のある軍」[15]が生まれることとなるだろう。最終的な支配権は党がしっかり握っているが、国有大企業が党による細かい管理から解放されたように、軍も党の細かい管理から解き放たれ、日々の業務管理は自らで行えるようになった。党は軍部の支配を決してあきらめたわけではないが、両者の関係を見直すことで、党の柔軟なイメージを前面に押し出そうとしているのはほぼ間違いない。先の外国人軍高官も「党は今も軍の理念を強調するより政治的な指示をするほうが多いが、それでも社会の変化に適応しようとしている」と述べている。

プロパガンダの方法も、時代に合わせて変化してきている。二〇〇九年五月、海軍の創立六〇周年記念日に、中国は世界各国の海軍の将校を招待し、青島《チンタオ》港の沖で原子力潜水艦隊を披露した。同年一〇月、中華人民共和国建国の六〇周年記念には、天安門広場の軍事パレードの演出担当として、映画監督の張芸謀《チャンイーモウ》が起用された。かつての彼は巧妙に体制批判をする映画を作っていたが、二〇〇八年の北京オリンピック開会式の総合演出を担当したのを機に、体制側に加わっていた。同じ年、ソマリア沖での海賊対策のため海軍が初めて海外に出動したこともまた、重要な出来事である。というのも、それは、過去二〇年間の軍事予算の急騰と、世界における中国の経済的影響力の増大には密接なつながりがあることを明示しているからだ。

中央宣伝部は、軍と党が対立する機会を最小限に抑えるため、軍が独自の意見を公の場で表明できないようにしている。「軍は自らの見解を持つことは許されない。彼らは（党によって）意見を表明することを禁じられている」軍と親密な関係にある清華大学の閻学通教授は語る。軍の意見を禁じた代わりに、党は大々的に軍の宣伝を行っている。輝くばかりの最新の装備、無私無欲の愛国心、そして世界的役割の拡大、このようなフィクションを党が演出している。二〇〇九年にテレビ用に作られた三つの軍事イベント――ソマリア沖派遣、海軍記念日の原子力潜水艦披露、そして天安門広場でのパレード――は、自国の軍にプライドと自信を植えつけ、軍全体に行き渡っている党の支配をさらに強固にするべく周到に練り上げられたものだった。そして海外に向けては、より遠大で強引なメッセージを発している。それが最も明確に表れているのが、長年にわたって準備をしてきた台湾をめぐる戦いである。

台湾の独立の動きを阻止するために軍備を増強することは、軍にとっては政府から予算を引き出すための最も説得力のある手段であり、党の指導部にとっては愛国心を口実に思いどおりに事を進める手軽な方法だった。建前では、台湾の再統一は軍の神聖なる使命であり、その政治目的を果たすために軍事的手段は存在するとされてきた。「中国共産党は台湾をジグソーパズルの最後のピース〔中国統一を完成させるための最後のピース〕として位置づけてきた」台北のアンドリュー・ヤンは言う。「だから台湾をあきらめることなどあり得ない」

台湾の運命に関する論評の多くは軍事力のバランスばかりを重視し、台湾近くの島で発射訓練をしている中国のミサイルの数や、アメリカからの台湾への武器売却の是非について論じている。これも軽視はできないが、こうした議論は肝心な点を見過ごしている。台湾にとって最大の障害は、軍事力の規模や、武力衝突が起きたさいに伴う血なまぐさい戦争や経済的な打撃ではない。これらはむしろ中国が憂慮すべきことだろう。台湾における障害とは、明らかに政治的な問題、一言で言えば、中国共産党そのものが問題なのだ。

〝台湾〟で予算を引き出す

七〇年代の前半、台北の大学でコンピューターサイエンスを勉強していた呉《ご》剣燮《けんへん》は、しきりに与党国民党に入るよう圧力をかけられたという。党員になることのメリットについて、たとえば留学ビザ申し込みの列でも並ばなくていい、軍に入隊したときは早く出世できる、党が所有する企業での仕事口は選び放題、などと聞かされた。「誰も彼もが、つねに入党を勧めてきた」何年もあとになって台北の国立政治大学の彼の研究室で、彼は私にそう語った。「国民党に入れば、よりよい人生が手に入ると言われたのです」

中国国民党（KMT）は、いろいろな意味で中国共産党によく似ていた。中国共産党は、中国あるいは大陸（台湾ではそう呼んでいる）にいる宿敵であるにもかかわらず、だ。国民党も、中国共産党と同じようにレーニン主義に基づいて創立され、人事をつかさどる中央組織部を持っていた。台湾を最初に支配したときには、大企業のいくつかを直接所有しており、この点では舞台裏で企業を支配する中国共産党とは対照的である。また、軍部もじかに支配していた。中国共産党が最近あまり公にしたがらないことだが、国民党の軍が編成された一九二四年、同軍の最初の政治委員の一人が共産党員の周恩来だったという事実がある。のちに毛沢東のもとで長いあいだ辛抱強く総理を務めることになる周恩来は、二〇年代と四〇年代に二度にわたって結ばれた国共合作の期間、国民党と連携して働いていた。

国民党が大陸を逃れ、台湾で政府を樹立した一九四九年以降に台湾で育った世代は、中国のやり方というものを熟知している。というのも、彼らはかなり似かよった体制のなかで育ったからだ。一方で中国が台湾のやり方を理解することはありえない。九〇年代前半に台湾は政府の直接選挙を開始し、国民党の一党支配は終わった。その間中国共産党は、すぐ隣の台湾で民主主義が誕生し育まれていくのを見て、対応策を模索してきた。

中国の指導部は台湾に対し、中国の主権を認めるよう執拗に迫り続け、彼らの民主主義を堕落だと非難し、世界中の台湾外交官たちに嫌がらせをした。そのうえ定期的に武力でもって台湾を威嚇し、本気であることを知らしめるため、台湾の北端と南端近くに数回ミサイルを発射した。一九九六年、台湾で初めての総統直接選挙が行われる前にも、独立の道を歩めばどうなるかを警告する威嚇行為に出た。だが、そんな高圧的な非難や威嚇にもかかわらず、台湾では、指導者を投票で選ぶことがごく一般的となった。

呉剣燮は、世界中の民主主義国の官僚たちと同じように、選挙結果によって運命を大きく変えられた人物である。七〇年代、国民党からの勧誘をきっぱり断った彼は、アメリカに渡って政治学の博士号を取得し、学問の世界に身を置いていたが、台湾に戻ったのちは反対勢力と関わるようになる。二〇〇四年の総統選挙で再選を目指していた民主進歩党〔民進党〕の主席、陳水扁から、大陸委員会主任委員に任命され、二〇〇七年には、事実上の駐米大使を務めた。呉剣燮は短かった駐在期間にも、アメリカ政府の関心を得ようと必死の努力をした。が、不運なことに、当時アメリカは台湾よりも力を増しつつある中国に関心を向け、陳水扁総統をわずらわしく思っていた。国民党が政権を奪還すると、呉剣燮はただちに職を解かれた。私が彼に会った二〇〇九年の初めには、台北のはずれ、電車の終着駅近くにある国立政治大学の散らかった狭い研究室での仕事に戻っていた。

二〇〇八年に政権に返り咲いた国民党は、一九四九年から五〇年以上にわたって台湾を支配していたころとは、まったく別物になっていた。国民党がかつて所有していた大企業の多くは売却され、もしくは国有化されていた。国民党の中央組織部は、政府の人事をつかさどる組織から、選挙の候補者を指名するための組織へと変わり、軍への影響力も、戒厳令が解除された九〇年代前半から衰え、ついには失われていた。軍部の元政治将校たちは政治福祉将校という新しい肩書きを与えられ、その肩書きにふさわしい仕事が与えられていた。かつて国民党のものだった軍は、今や完全に国家・国民の軍となっていた。「陳水扁は、軍から国民党を締め出すよう明確な指示を出していた」と呉剣燮は言う。「軍の将校の多くは、軍の上官と党の政治委員という二人の上司に仕える二重生活がなくなって安堵していた」

手短に言えば、国民党は中国共産党が持っているのと同じ権力をすべて失っていたのである。国民党の変容は、中国の改革派にとっては大いに刺激となったが、共産党にとっては頭痛の種となった。なぜなら、台湾の民主主義と本土の独裁体制が、つねに比較されるようになったからだ。台湾は、中国の人々がつねに命令されて生きるよう運命づけられているわけではないことを示す、生きた手本だ。北京大学法学院教授の賀衛方《がえいほう》はそう指摘する。「今日の台湾は、明日の中国の姿なのだ」

共産党の言い分では、台湾で国民党が一時的にも力を失ったのは、共産主義に欠陥があったからではなく、彼ら自身に問題があったからだとなる。「国民党はしくじったのだ」と宋暁軍は言う。彼は国民党が衰退した原因を、何十年も前の国共合作の崩壊にまでさかのぼる。「国民党は二つの大きな過ちを犯した。一つは一九二七年、軍閥や財閥の側に立ったことだ。二つ目は一九四六年、彼らが右派勢力に味方し、共産党が解放した区域を攻撃したことだ」しかし、共産党員以外のわれわれに対して現代の台湾は、相異なる政治システムについて論じる機会を提供することになった。

二〇〇七年、北京で行われた全国人民代表大会の例年会議の冒頭で、前外交部長でスポークスマンである李肇星《りちょうせい》は、台湾政策についてこう述べた(16)。

「政策はすべて母国〔台湾〕の意思とその人民の意思に従う」

「つまり、国民は投票する権利を持つべきだということですか?」台湾のジャーナリストが甲高い声で尋ねた。

「難しい質問だな」尊大な彼は不快そうに笑って言った。「答えはノーだ。ノーだよ!」

国民党は台湾を支配し、一度失墜して、また政権の座に就いた。だが、九〇年代前半から数多くの選挙や政権交代を経てきても、台湾には変わらない点が一つある。それは台湾のほとんどの人が、自治権を持ち事実上独立した領土としての台湾の現状を望んでいるということだ。例年の世論調査では、回答者の七〇から八〇パーセントが、台湾の現在の政治的立場を、意見の細かな相違はあれども、一貫して支持し続けている。再統一の支持者でさえ、中国が共産党に支配されているうちは、中国とは合体したくないと思っている。

現在、台湾と中国のあいだに築かれた強い経済関係や人的交流を考えてみると、この調査結果は実に意味深長だ。八〇年代後半から何百万人もの台湾人が、起業、親類探し、観光のために中国へ渡っている。上海だけでも六〇万人もの台湾人が住んでいた時期もあるといわれる。さらに多くの台湾のハイテク企業が、安い人件費を求めて次々に製造拠点を大陸へと移しており、結果、中国は台湾にとって最も重要な経済パートナーとなった。この間、台湾の人々は中国の驚くべき発展を間近で目にしていたわけだが、それでも再統一に賛成する人はほんの一握りしかいない。「問題は一党独裁だ」とアンドリュー・ヤンは言う。「台湾の人々はその違いを骨身にしみて理解している」

大きな注目を集める台湾の総統選挙は、台湾の政治風土が大陸とはまったく異なるものとなったことを如実に表している。しかし、些細なことからも違いは見えてくる。呉剣燮の研究室で取材を終えたあと、彼は私を階下の研究室に案内し、ジョージ・ツアイなる人物に紹介してくれた。彼もまた政府の元顧問で、呉と同じ大学の研究者であるが、熱心な国民党員でもある。台湾の政治用語では、呉剣燮は独立派である民進党のシンボルカラーにちなんで「緑派」と呼ばれ、一方の再統一を目指すツアイは「青派」と呼ばれる。だが、公然の政敵である彼を、呉剣燮は私に快く紹介してくれた。政党間の競争がない中国に住んでいる者にしてみれば、政敵同士が礼儀正しい挨拶を交わすことなど考えられない。民主主義国家ではごく当たり前の行動でも、一党独裁の中国では決して目にすることができない光景だ。

再統一を強く支持しているツアイは、ひっきりなしに海峡を越えて活動をしている。その後数ヵ月のあいだにも三度中国へ渡る予定を立てていた。のちに中国で会ったさいには、セミナーを開催するために内モンゴル自治区、仏教壁画で有名な敦煌、そして毛沢東が国民党との内戦で根拠地とした井崗山《せいこうざん》など、中国の様々な地域に連れて行ってくれた。今度の訪中では、台湾問題についてありとあらゆる角度から中国側と議論を交わすつもりとのことだった。

ツアイによると、私と会う一週間前、北京の諜報機関から次のような緊急の電話を受けたという。台湾の総統、馬英九《まえいきゅう》が台北のシンクタンクに向けて行った演説は、胡錦濤が最近台湾について言及した演説への返答と受け取ってもいいのか？ と。ツアイは国家安全会議や他の政府機関に電話で問い合わせたあとで北京に電話をかけ、総統の演説をそのように解釈しないようにと伝えた。中国政府は間違いなくツアイを信頼している。彼のように再統一を支持して積極的に活動している人物は、台湾にはほとんどいない。だが、ツアイには独自の理念がある。「私は再統一には賛成だが、共産党の支配を受け入れるつもりはない。それはご免こうむる」

台湾は一九世紀の末に日本の植民地となり、蔣介石率いる国民党が政府を樹立した一九四九年以降は、中国共産党にとって敵の前哨地となった。中国共産党にしてみれば、台湾の返還は、侵略的な西洋列強によって屈辱的に分割された祖国を回復するうえで、仕上げを飾る栄光となる。共産党が政権に就いてからは、台湾問題について政府と異なる見解を持つことは固く禁じられてきた。やがて中国政府は、世界各国との二国間関係においても、台湾に対する中国政府の見解を押しつけるようになった。中国に招待された人間は、どんなに地位が低くても、台湾に対する中国の主権を認める「一つの中国」政策に従うことを要求される。従わなければたちまち「要注意人物」の烙印を押されてしまう。「一つの中国」政策に従わない国は、外交関係が危険にさらされ、企業がしっぺ返しを受けることになる。この「一つの中国」政策は信じられないほど厳格に取り締まられており、台湾が中国の不可分の一部であるという基本原則からの逸脱は一切許されない。

中国の国内メディアも、この原則を逸脱しないようその表現には慎重を期さなければならない。二〇〇二年、上海の半導体プラント建設について報じた新聞が、それを「中国で最大規模である」と称えたが、その翌朝には、この表現に重大な過ちがあると指摘された。世界で最大規模の半導体プラントは台湾にあり、台湾はもちろん中国の一部であるから、中国で最大とはいえないとのことだった。記事を書いた記者は伝統的な自己批判を強いられ、罰として給与を一時カットされた。

台湾の現実は、中国政府が国民に対して押しつけているイメージとはかなり違っている。台湾の人々は、胡錦濤の言う「一つの家族」の一部だとはまったく思っていないし、それどころか、長きにわたって共産党が占領している国に強い絆を感じる人もほとんどいない。一九九六年、初めての直接選挙で総統となった国民党のリーダー、李登輝は、本土からの独立を推進したため、中国政府は彼を「売国奴」、「刑期一万年の極悪人」と猛烈に非難した。しかし、李登輝こそ台湾の変転の歴史を体現する人物だ。日本の植民地時代に育ったために流暢な日本語を話すことができ、その一方で北京語の発音はお粗末、また、一度も大陸に渡ったことがなかったため、本土に対して精神的なつながりを見出すにも努力が必要なくらいだった。

九〇年代に李登輝のもとで推し進められた民主化運動は、台湾と中国のあいだに緊張をもたらし、それは一〇年以上も続いた。江沢民が軍の強硬派に迎合していったのは、ちょうどこの時期である。中国の政治家にとって台湾はつねに政治力を試す試金石であり、ほんのわずかでも弱腰になれば政敵に攻撃の口実を与えてしまう。一九九五年の初め、軍部への影響力がまだ確固たるものではなかった時期、江沢民は初めて台湾の再統一を提案した。だが、これ〔台湾への歩み寄りを示した八項目の包括的台湾政策〕は、軍からまったく支持されず空振りに終わってしまった。しかしそのあとすぐ、強硬に転じるまたとない機会が訪れる。

数ヵ月後の一九九五年六月、李登輝の訪米に対してアメリカがビザを発給した。江沢民[17]は、強い態度で反発を示すべきだという軍上層部の意見を受け入れて、台湾の北の海にミサイルを撃ち込むという軍の提案に同意した。その翌年には、台湾で初めての総統選挙に対して中国の不快感を表明するため、ミサイル試射を含む大規模な軍事演習を実施することも許可した。しかしこのとき軍事訓練の責任者は、政治局に指揮されることなく独自に軍事演習を行いたいと主張し、江沢民は軍事訓練の主導権を握ることができなかった。その後、クリントン大統領が米軍の空母艦隊を台湾近海に派遣し、中国の軍が太刀打ちできないほどの軍事力を見せつけ、江沢民のプライドはさらに傷つけられる結果となった。

こうして一九九五年と九六年の危機を教訓に、江沢民は二度と強硬派に主導権を握られることのないよう、再統一についてさらに強硬な立場を取るようになった。かつて一九九一年の第一次湾岸戦争時、米軍の高度な技術力を見せつけられて中国指導部は強い危機感を抱いた。それからすでに五年が経過し、経済面ではアメリカとの貿易がかつてないほどの規模となっていたにもかかわらず、軍事面ではいまだにアメリカの足元にも及ばず、台湾攻撃を実施できる態勢も整っていないことに、江沢民は大きなショックを受けていた。江沢民の強硬路線のおかげで、台湾問題は軍部にとって必ず予算が確保できる最強の手段となった。「軍自体が、いまだ準備不足だと思っている」と、台北のアンドリュー・ヤンは言う。「彼らは言う――今すぐ出動を命じられても無理だ。それより、もっと予算をまわしてくれ、と」

二度目の任期となる一九九七年から、江沢民は台湾問題にさらにウエイトを置くことで強硬派に取り入り、再統一の期限まで定めた。任期が終盤を迎えており、いくら強硬政策をとっても最終責任をとる必要がないとわかっていた江沢民は、安心して大胆な政策をとることができた。江沢民は、台湾が再統一についての対話を拒むだけでも、中国が反撃行動に出る十分な理由になるとまで言い放った。この時期、軍部の意見が公になることはほとんどなかったが、当時の多くの記録を見れば、軍部が江沢民をけしかけていたことは明らかだ。元外交官で研究者のスーザン・シャークによれば、(18)一九九九年、指導者たちの避暑地だった河北省にある北戴河《ほくたいが》区の海沿いの町で、「将校たちが熱っぽく、台湾のせいで国の名誉が危険にさらされていると議論」し、中国は決意を示すために行動を起こさなければならないと主張していたという。

二〇〇二年、総書記となった胡錦濤が江沢民から引き継いだものは、拡大する経済と、政府と軍を支配下に置く共産党体制だった。しかし、台湾問題に関しては、文字どおり時限爆弾を受け取る羽目になった。すでに何十もの潜水艦を新たに就役させ、自国の海軍駆逐艦を造り、潜水艦から発射できる対艦ミサイルを配置し、台湾から数百キロメートルの湾岸に何千ものミサイルを配備していた。それも台湾を取り戻すというたった一つの目的で。このような状況で胡錦濤は、まさに危険な地雷原を歩くように、きわめて用心深く政治を進めていかざるを得なかった。軍に配慮しつつも、台湾問題から経済に重心をシフトさせる方法を見つけなくてはならなかった。

二〇〇四年に妙案が生まれた。それは結果的に彼の優れた技量を証明することとなる。その年、党の従順な議会である全国人民代表大会に、反国家分裂法の議案が提出された。台湾が独立を宣言したときにそれを軍事力で封じ込めるというものだが、なぜわざわざ法律にしなければならないのか、評論家のあいだでも謎だった。それまでチベット自治区や新疆ウイグル自治区の独立派を黙らせるのに中国政府が法律を必要とすることなど一度もなかったからだ。反国家分裂法は台湾で反発を買い、ヨーロッパ諸国やアメリカからは辛辣な非難を受けた。しかし法が採択されたことで、胡錦濤は強硬路線からシフトすることができた。採択後すぐ、中国は初めて台湾の国民党員を大陸へ招待し、共産党員との対話を復活させる。そしてその後も対話は途切れることなく続いている。

国内では強気な発言、海外では批判を無視することで、胡錦濤は台湾問題をどうにか強硬派の手から取り上げ、自分のやり方で取り組むことができるようになった。その過程で、江沢民が定めた再統一の期限は立ち消えとなった。その代わりに胡錦濤は、台湾の友好的な政治家と表立って対談を行うようになった。これまで台湾の有権者の反感を買い、距離を置く原因でもあった好戦的な物言いも少なくなった。「胡錦濤は再統一の期限については触れたがらない。それが得策ではないと考えているからだ」台湾戦略・国際研究センターのアレックス・ファンは言う。「胡錦濤は経済を強くすることによって自らの立場も強めている。彼にとって台湾問題は急務ではない」

二〇〇八年に国民党の馬英九が総統に当選し、独立派の陳水扁と民進党による八年間の支配に終止符が打たれた。この国民党の勝利を中国は大いに歓迎した。ジョージ・ツアイによると、「選挙後、中国の当局者が『われわれは国民党に負けないほど多くのものを費やしたのだ！』と話した」という。中国共産党が実際に金銭を費やしたのか、それとも単に政治的な支援をしたのか、中国当局者は語らなかった。とにかく中国と台湾の関係はこれまでの一五年間で最も友好的になり、政治家が互いを訪問し合うのも定例行事となった。また、実りのない交渉で何年間も頓挫していた両者間の往来もついに認められた。

ツアイをはじめ多くの人が、台湾に対する中国の態度の軟化は、中国政府が台湾政治を正しく理解するようになったからだと考えている。「彼らは民主主義に慣れ、台湾政治がどのように機能しているのかを理解するようになった」とツアイは言う。「台湾が安定し民主的であれば、中国にトラブルを引き起こさないだろう」この言葉は台湾の民主主義の成功に言及したものであるが、ここには大いなる皮肉も隠されている。中国が台湾の民主主義に順応したのは、台湾の人々に取り入るためではない。台湾の民主主義のなかに、中国は自らの政策を組み込んでしまったのだ。

中国の国営メディアは当然ながら、台湾とのあいだに生まれた新しい友好関係を祝福しているが、その水面下で取り交わされた異例の契約について触れることはない。契約とはつまり、台湾が正式な独立をあきらめる代わりに、胡錦濤は事実上半永久的に、再統一の期限を切らないということである。ただし中国の強硬派には、この契約はとうてい受け入れがたいものだった。

〝弱腰の中国〟を叱る

　長年にわたって将来の情勢を予測し、中国は台湾を武力で奪還すべきだと強く提言してきた閻学通[19]は二〇〇八年の半ばに、ナショナリズム色の濃い『環球時報』紙のホームページに異例の意見文を投稿した。彼によると、それは二〇〇〇年以降、台湾との戦争は避けられないという誤った予測をし続けてきたことへの謝罪だという。これまでの見解を改めて、今後は和平が続くだろうと予測しているが、だからといってそれを歓迎しているわけではない。それどころかこの著名な教授は、中国が台湾問題に対して断固たる決意を示せていないことを嘆き、絶望する。「もう再統一はあり得ない」とのちに語った。「『一つの中国の原則』はもう存在しない。台湾を取り戻そうという努力も見られない」

　台湾には厳しい態度をとるべきだという立場を固守する政治勢力やメディアのなかでさえ、閻学通のように公の場で強硬な意見を述べる者は珍しい。「個人的には、軍事衝突は早ければ早いほど、規模の小さい局地的な戦争で台湾を支配することができるだろうと思う」二〇〇四年に閻はそう語っていた。何度もインタビューをし、論説も多く読んで感じたことは、彼の対台湾戦争についての態度は、イラクの武装勢力に対してジョージ・W・ブッシュ大統領が当初投げつけていた挑発の言葉──「かかってこい！」に似ているということだった。

　二〇〇〇年に独立派の陳水扁が総統に選ばれたとき、閻学通は中国政府が台湾を永遠に失うことを恐れ、急遽何らかの行動に出るものと思っていたらしい。戦争になれば中国経済に影響が出ることなどは一切構わず、国家の威信にかかわる問題を前にして経済の問題など関係ないとまで言い切っていた。「強い国は国民全員に恩恵をもたらすことができるが、豊かな国にはそれができない」と書いている。「豊かな国であっても国民が豊かだとは限らない。国民が貧しくても国が豊かだということは起こりうる。しかし強い国は、国民に安全と誇りをもたらすことができる」

戦争をするより、戦争を避けるほうがダメージは大きいはずだと閻学通は主張する。たとえば戦わずにバルト三国を失ったソ連が、その後どうなったかを見てみよ、崩壊したではないか。「ソ連の崩壊によってロシア人の平均寿命は五年も短くなり、幼児死亡率は上がり、総人口は一九九二年から二〇〇一年のあいだで五百万人も減少した」と、二〇〇五年にブログに書き記している。「ソ連が崩壊したためにロシアが支払った代償は、結局、大規模な総力戦に相当する」中国では戦争によって死傷者が出たとしても、大した問題ではない、と言う。いずれにしてもこの国では毎年、労働災害で約一〇万人が命を落としているのだから、というのが国際問題研究所の所長、閻学通の意見だ。

その過激な発言によって、閻学通は台湾でも悪名高い人物となり、彼が海外のジャーナリストたちの取材に応じれば、その意見はたいていメディアで取り上げられた。しかし、二〇〇五年ごろに胡錦濤が台湾との緊張緩和に乗り出すと、閻学通の歯に衣着せぬ物言いは、中国当局にとって厄介で耳障りなものになった。党の中央宣伝部は、彼の新聞コラムの一つを打ち切りに追い込み、メディアへの登場も制限するよう指示を出した。しかし、このように外交的に無作法な強硬論を振りかざす一方で、彼は中国の非常に微妙な問題についても指摘していた。それは、台湾への主権を強く主張できないことで生じる、弱腰の中国というイメージを欧米諸国に与えるということだった。

閻学通と同じく、二〇〇九年のベストセラー『中国不高興』もまた、中国が今なお列強諸国の帝国主義から与えられている脅威に、弱腰でお粗末な対応しか打ち出せてこなかった党指導部への憤懣をあらわにしている。「口を開くたびに、くだらないナンセンスが飛び出す」と（著者の一人である）宋暁軍は言う。「彼らは過去の中国の軍事力の弱さと無能さを延々と嘆きながら、『好戦的な精神』や『国防の強化』といった言葉を聞くと、たちまち飛びのいて、『ファシスト』呼ばわりしてくる」これに対して中国の外交官はたびたび悲しげにこんな軽口を叩く。弱腰外交に怒った国民から中国の代表者たちに、もっと背骨を伸ばして昂然と外国と渡り合ってもらいたいという意味で、しばしばカルシウム剤が送りつけられてくる、と。どこの国でもそうだが、中国の外交部もまた、弱腰外交をしばしば批判される。しかし、中国共産党の場合、外国の支配にさらされてきた脆弱な中国を解放することこそが本来の存在理由であるため、弱腰のイメージはその存在理由を脅かしかねない危険をはらんでいる。

閻学通と宋暁軍はともに、共産党と政府の弱気な外交政策は中国特有の慢性疾患だと非難する。だが二人の意見が異なる点は、国民の反応に対する予想だった。宋は、その著書『中国不高興』で記したように、中国社会に新たな不屈の愛国主義の波が生まれつつあると本気で信じていた。一方の閻学通は共産党を軽蔑すると同時に、国民に対しても幻滅していた。

二〇〇九年の半ばに会ったとき、閻学通はまだ、戦争が必至だと誤って予測したことを詫びていた。だが、その予測を導いた根拠が誤っていたことを詫びたのではない。本人によれば、最大の過ちとは、国民に対する判断ミスだったという。彼は、台湾問題が重要な議題から外されれば、国民は当然、台湾の再統一を求めて立ち上がるものと信じていた。だが実際は誰も気に留めなかった。「中国の国民はそれほど愛国的ではない」と彼は言う。「彼らは金によって動く。現代を支配しているイデオロギーは拝金主義だ。台湾の現在の状況が金儲けに好都合である限り、台湾が独立しようがしまいが、どうでもいいのだ」

閻学通によれば、同じく拝金主義のせいで、都市部の中流階級も彼が教えている大学生たちも、政治や民主主義にまったく興味を示さなくなったという。そういった理想のために闘ったところで、日に日に快適さを増す自分たちの生活が犠牲になるだけだからだという。閻にインタビューをする数日前、天安門事件の二〇周年記念日に、二〇年前にデモ運動に関わっていた閻と同じ学部の教授たちが、大学生だった自分たちと比べて今の学生がいかに変わったかについて話し合ったそうだ。今の学生たちは一九八九年の事件についてほとんど興味がなく、デモに参加することにはさらに関心が薄い。「もし明日、中国政府が『われわれはアメリカを憎んでいる、アメリカ大使館とマクドナルドを攻撃すれば身の安全は保障する』と言えば、学生は大挙して押しよせ、石を投げつけるだろう。だがもし政府が、マクドナルドに石を投げた者を罰すると言えば、誰一人として行動は起こすまい」と閻は言う。「社会が完全に拝金主義に飲み込まれているうちは、社会的な犯罪は山ほど起きても、政治的暴力が起こることはない。人々はカネのために殺人を犯し、銀行に押し入り、ほかにも非合法な行いを数々起こすだろう。カネを盗むためなら命を顧みない者すらいるかもしれない。だが、政治に対するデモ運動に加わるために命を危険にさらす者は現れない」

共産党に反対する運動に関わればキャリアが危険にさらされる、と長いあいだ学生たちが脅されてきた事実は棚に上げたものの、閻は社会全体の価値観について大局的見地から意見を述べていた。「政府はカネを儲けるためなら、どんな手段を使おうが気にしない。たとえそれが、売春だろうと麻薬取引だろうと、密輸だろうと汚職だろうと贈収賄だろうとどうでもいい。それどころか、自らの領土を他者に売り渡すことさえ構わないと考えている」と指摘する。「だからこそ、台湾問題をはじめとする領土問題においても、政府は国民の支持を得ている。つまり、『(日本に対して) 東シナ海の主権を主張しない。そのほうが経済成長にとって好都合だからだ。フィリピンに対しても (南シナ海の領土問題で) 抗議しない。そのほうが経済発展のためには有利になる。同じように、中国の経済成長を優先して台湾に主権を認める』というわけだ」

「党指導部は、国を動かす基となる有力なイデオロギーをもはや持たないことを自覚している。彼らにはもはや中核となる社会的価値観は存在しない。現在、政府と国民が共有している唯一のイデオロギーは、拝金主義だ」だが閻は、富がそのまま強さにつながるとは考えていない。「わが国の軍事予算はロシアの一・六倍だ。にもかかわらず、ロシアと同規模の軍事力を築いてはいない」と言う。「教育予算もインドよりはるかに多いが、ノーベル賞を受賞した中国人は一人もいない。インドはすでに一〇人も受賞している。富裕層の人口も、一流企業の数も日本に勝っている。それでも世界クラスの製品をいまだ生産できていない。外貨準備高も世界のどの国よりも多いが、香港のような金融センターさえ持たない」と枚挙にいとまがない。

閻学通とは異なり、台湾の前国防部副部長の林中斌《りんちゅうひん》は、胡錦濤の対台湾政策についても、また彼が台湾問題に関して強硬派から主導権を奪ったことについても、高く評価した。中国が台湾への態度を軟化させる数年前、林中斌は大陸の親戚を通じて、政治局が台湾問題を「当たり障りのない国際問題」に転換する決意をしたと伝え聞いていたが、本当にそのとおりになったという。胡錦濤の新たな台湾政策は、いかにも中国的な言い回しで凝縮される。「台湾を手に入れるには、まず島に入り、次に彼らの家に入り、それから彼らの心に入る」胡錦濤の対台湾政策について中国の信頼できる情報筋が約束していたことが、すべて実際に起こったのだ。

林中斌によれば、胡錦濤が台湾問題を議題から外したのは、台湾が中国の安定にとっても、共産党の政権維持、また党による軍の支配にとっても、もはや脅威ではなくなったからだという。「胡錦濤にとって最大の敵は国外ではなく、国内にいる腐敗した役人たちであることを彼はよく理解している」

第五章　上海閥

党と腐敗

「人々は都市の片隅から片隅へと追い立てられてきた。私たちの多くは不法な監視、家宅捜索、強制送還、拘留、強制労働による再教育、精神病院への監禁、盗聴、嫌がらせなどの弾圧にも耐えなければならない」

（鄭恩寵《ていおんちょう》、上海の弁護士）


「私の記憶に間違いがなければ、わが国では民間企業が国内総生産の四〇パーセント以上を占めている。だがここ上海では域内総生産の八〇パーセント近くを国有企業が占めている。社会主義の最も忠実な僕《しもべ》は誰かと問われれば、上海だと言わざるを得ない」

（陳良宇《ちんりょうう》、上海市党委員会書記）

小さなデモの巨大な相手

それは抗議行動というにはあまりにも漠然とした行動で始まった。二〇〇二年夏、地域住民の小さな一団がのろのろとした足取りで、上海旧市街の路地を地方裁判所へ向かっていた。一行は息が詰まるような暑さをしのぐため、日陰になった側を進んでいる。先頭を歩くのは四一歳のレストラン経営者だ。背が高く痩せていて優美といってもいい穏やかな物腰の徐海明《じょかいめい》はその抗議活動と同様、控え目な印象を与えた。

徐が上海の中心にある静安《せいあん》区で始めた事業も、控え目なものだった。三階建てのティーハウス兼レストランはチベット風、かつヒッピー的なスタイルのデザインだ。それは大都市の厳しい競争社会のなかで、ゆとりある社会に思いを馳せる金銭的余裕のある若者たちのあいだで評判になり、たちまち人気となった。徐が二年前に購入したこの店は、かつての植民地都市の広い一区画の角地に建つビルで、近くには南京路が通っている。南京路は上海の繁華街、メインストリートの一つで、左右にはオフィスビルがずらりと建ち並び、旧フランス租界を切るように進んで、うねうねと黄浦江《こうほこう》まで続いている。徐は貯えのなかから購入代金として五万ドルを支払い、残りは改装のためにつぎ込んだ。

徐はこのティーハウスで政治的な立場を表明しようという気は一切なかった。反体制文化であるチベット風とはいえ、壁にダライ・ラマの写真が飾ってあるわけではなく、それ以外にも当局を刺激するようなものはなかった。問題は、徐のチベット志向ではなく、時期と場所だった。商売が軌道に乗り始めたころ、区政府から立ち退きを命じる通知が届いた。その地区の開発を計画している区政府は、そのビルを事業家に売却し、利益の一部を立ち退き料として徐に支払うという。開発推進のため、役人たちの懐《ふところ》を温めるために、徐は立ち退かねばならなかった。徐は言う。

「役人たちはお願いするという態度ではなく、ただビルを取り壊す予定だと言っただけです」

上海にはかつて何万もの人々が住んでいた植民地時代の住居が交差するように建ち並んでいたが、その地区の多くが一九九〇年代と今世紀初頭に取り壊された。その破壊の跡は連合軍の猛攻撃を受けたベルリンのようであった。続く再開発の波は、史上最大の建築ブームと言っても過言ではなかった。マンハッタンの三分の一の規模にあたる約二〇平方キロメートルの土地が、二〇〇〇年から二〇〇五年という短期間に開発された。過去一〇年間にすでに大規模な建築計画が進められていたが、その上さらに、文字どおり何百という超高層ビルやマンションが、ほんの数年のあいだに新たに建てられた。市の中心地の対岸、黄浦江東岸のかつては小さな村だった土地には、あらゆる金融機関が集中する金融センターが誕生している。

政府と企業家にとって莫大な金額を手にできる一大プロジェクトだ。この不動産ブームがもたらす巨万の富を阻止するようなことを彼らが許すはずがなく、徐のような一市民が起こした向こう見ずな行動は、単に今の暮らしを失う以上のリスクをはらんでいた。気がつけば、土地の売却で利益を得る上海市政府、土地開発事業で大儲けをする宅地開発業者や役人たちを相手に闘う羽目になっていた。開発業者に立ち向かうということは、全権を有する上海市の党委員会書記である陳良宇《ちんりょうう》と、その後ろに連なる大勢の腐敗した役人に向かって銃口を向けるにも等しい行為だった。

住民たちの側に立ってその不満を訴え続け、何度も逮捕されている上海の弁護士、鄭恩寵《ていおんちょう》は、二〇〇七年の党大会に先だち、胡錦濤国家主席に公開書簡を送り、上海の最高指導部を告発したが、その内容は決して大げさなものではなかった。そのなかで「人々は都市の片隅から片隅へと追い立てられてきた」と書かれているのは、住民たちが市の中心部にある住み慣れた住居や地域社会から追い立てられ、遠い郊外の小さな新しいアパートの一室を適当にあてがわれていることを指している。「私たちの多くは不法な監視、家宅捜索、強制送還、拘留、強制労働による再教育、精神病院への監禁、盗聴、嫌がらせなどの弾圧にも耐えなければならない」

行進を終えた徐海明は、支持者で埋められた地方裁判所の傍聴席の前に立ち、三人の裁判官に向かって土地の権利書の束を振って見せた。そして「私たちに強制退去を命じる政府のいかなる決定も違法です。わが国の法律は私たちの所有権を守るものだからです」と主張した。「私たちが裁判に訴えるという思い切った行動に出たのは、わが国の裁判官は高潔で、法制度は健全だと今も信じているからです」とはいえ、現行の法律ではどうにもならないことを徐は知っていた。彼が闘っている市政府と区政府の党委員会が、法廷を支配し、裁判官を任命し、彼らの給料を支払っているからである。堂々とした徐の証言もただのパフォーマンスにすぎず、このきわめて危険な抗議行動は、共謀する市と開発業者から少しでも有利な立ち退き条件を引き出すための手段だった。法廷やメディアで騒ぎを引き起こせば、陳良宇と上海市を従わせる力を持つ唯一の組織の注意を引くことができると徐は最初から計算していたのだ。その組織とは、党の汚職取り締まり機関である中央規律検査委員会〔中規委〕である。

中央規律検査委員会による捜査と聞けば、党のいかなる役人も震え上がる。しかし、その捜査は多くの人が考えるようなやり方で行われるのではない。犯罪捜査における中国の党幹部の扱いは、アメリカ軍の関係者に対する扱いとよく似ている。一般の法執行機関や刑事犯罪を扱う機関では逮捕することはできず、まず党が容疑の捜査を行う。党内部の反汚職機関である中規委のみが役人を取り調べ、事件性があると判断すれば拘留する権利を持つ。ある役人はこの体制についてこう理論づける。「国にはその国のルールがある。しかし家にいるときには、家の規則に従わなくてはならない。最も重要なのはその家の規則なのだから」

「家の規則」はごく単純だ。容疑者である役人を取り調べたいと思えば、中規委はまず、容疑者の党内ランクの一つ上の機関の許可を得なければならない。つまり、容疑者のランクが上であればあるほど、中規委が調査の許可を得るのは難しくなる。中国における一連の汚職事件と、犯罪者への容赦のない裁きは、ときに党が公平な態度で汚職の根絶に取り組んでいるという印象を与える。しかし実際には、中規委の調査員はつねに牽制されるような仕組みが出来上がっており、エリオット・ネス[*1]率いる捜査チーム『アンタッチャブル[*2]』の現代中国版からはほど遠い。最高指導部を調査の対象から外すこうした不公平なシステムによって、中規委はあらゆる場面で政治的駆け引きや政治闘争の影響を受けることになる。

上海について言えば、大物逮捕のハードルは特に高かった。上海市は単に中国における商業の中心というだけではない。中国共産党内で大都市は省と同格に扱われ、上海市党書記の地位にある陳良宇は、自動的に党中央政治局の委員のポストを与えられていた。陳とその取り巻きを調査するには、中央政府に直訴し、胡錦濤その人と、多くの上海高官で占められた政治局常務委員会の委員九人全員の承認を得るしかなかった。しかし、徐海明が幸運だったのは、抗議活動を始めた時期が、中央政府における上海の政治的影響力が弱まり始めていた時期とちょうど重なったことだ。だが、汚職事件を解き明かし、その背後にある政治的取引を白日の下にさらすには数年を要した。

腐敗取り締まりの落とし穴

二〇〇八年九月、北京市の前副市長、劉志華《りゅうしか》が約一〇〇万ドルの賄賂を受け取ったとして有罪判決を受けたとき、ネット上の掲示板(1)ではその金額の少ないことに野次が飛ぶほどだった。あるブロガーはオリンピックの建設担当であった劉を次のように評した。「たいした金額ではない！彼はクリーンな政治家と言ってしかるべきだ。裁判の必要はない。今すぐ彼を釈放せよ！」

腐敗が党の政権維持を脅かしていると、ここ二〇年のあいだ、最高指導者は演説のたびに絶望的とも言える口調で繰り返してきた。胡錦濤は中央規律検査委員会に向けた二〇〇六年の演説で、党幹部による権力の濫用が社会的紛争や抗議行動を引き起こすとして正面切って非難した。「この時限爆弾は社会の深部に埋め込まれ……次々と爆発を起こし、社会全体を大混乱に陥れ、政権を麻痺させるだろう」力強いメッセージのように聞こえるが、この警告も、江沢民前主席が行った同様の演説とその内容はほとんど変わっていない。

次々と新たな汚職事件が発覚するたびに、国営メディアは憤激と憎悪をもって報道し続け、最高指導部は党が汚職に対して「生きるか死ぬかの」闘いを挑んでいるという厳粛な演説を行う。どの指導者もより真剣に取り組むと誓うものの、状況はほとんど改善されていない。事実上、最高指導部を管理するのは最高指導部しかないという制度では、変わりようがないからだ。ときとともに大きく変わってきたのは賄賂の金額だけで、今では比較的地位の低い役人であってもその額が数百万ドルに達するのが普通である。

悪名高い厦門《アモイ》遠華《えんか》〔密輸〕事件は、学歴は低いが奸智にたけた実業家が、市の役人ほぼ全員を買収し、軍をも巻き込んで、福建省の港湾都市・厦門を舞台に、六〇億ドル以上に相当する品物の密輸、脱税を行ったとされる事件である。九〇年代後半、この事件が明らかになると、中央政府も国民も一様に衝撃を受け、大きな関心を寄せた。しかし、それ以外の汚職事件では、貧しい田舎をはじめ中国全域で上級官僚が関わる事件があまりにも頻発するため、国営メディアでも取り扱いがマンネリになっているケースのほうが多い。

私がこの章を執筆中だった二〇〇九年の数ヵ月のあいだにも、はるか西方の新疆《しんきょう》ウイグル自治区にあるウルムチの鉄路局長が三六〇万ドルを横領して告発され、上海では、不動産担当の中堅官僚が一〇〇〇万ドルの賄賂を受け取ったかどで有罪判決を受け、約六〇〇〇万ドル相当の不動産を没収された。四川省成都《せいと》近くの田舎の郷では、党の書記と地方の不動産会社社長が二五〇万ドルの賄賂を受け取ったとして処刑され、広東省で最も貧しいとされる地区では公安局長の家から四四〇万ドルの現金が発見された。中国西部の重慶市では、開発区のトップが三二一〇万ドルの横領と一四〇万ドルの収賄の罪で裁判にかけられ、これにはほかにも三〇名の官僚が関わっている。東北部のラストベルト地域〔かつての国家社会主義産業の中心地〕に位置する長春市では、ある区の公安分局長の事務所から現金一九〇万ドルが見つかった。そして蘇州市では建設担当の副市長が、一度の賄賂としては最高額の約一二〇〇万ドルを受け取ったとして判決を受けた(2)。こうした例を考え合わせてみると、一〇億ドル規模の建設予算を管理していた北京の副市長が、賄賂の額が少なすぎるとからかわれるのも不思議ではない。

毎年新たな百万長者が生まれているこの国で、公的立場を利用して金を儲けるという誘惑に打ち勝つのは難しい。中国の役人は、数千年の歴史を誇る官僚制度の下で働くことで、地位や権力、威厳を享受する。しかし、名誉が欲しいとか政策立案をしたいとかいう理由だけでは、政府の職にこれほど人気が集中することはない。多くの人間が政府の仕事に就きたがるのは、その地位が現金に直結するからだ。王明高《おうめいこう》が率いる国の調査チームが、「役人の清廉潔白症候群」と題する研究を行っているが、このいかにも中国的なネーミングは、逆に役人がいかに潔癖でないかを強調している。王明高自身、「役人になる本来の目的は、金持ちになることである」と述べている。役人になることで手に入る不法な利益がなければ、何の金銭的価値もない政府の職を売買する闇市場が盛況になるなどあり得ないはずなのだ。

役人の給与が微々たるものであることもまた、収賄を促す要因となっている(3)。政府や党の幹部の給与体系は公表されていないが、部長〔閣僚に相当〕が公の場で不満を漏らしてしまうほど少ない金額だ。当時国務委員だった陳至立《ちんしりつ》は、大学教授の二〇〇七年の年収が一万三〇〇〇ドルに満たないという不満を聞き、同じ公開討論会に出席していた科学技術部の部長に、彼の給与の額を尋ねた。当時部長であった徐冠華《じょかんか》は、月収約一三五〇ドルだと答えた。陳は自分の月収はおよそ一四五〇ドルだと言い添えている。家や車、生涯受け取り年金などに関する特権はあるにしても、正規の現金収入は高級官僚であっても惨めなもので、違法な収入によってつねに水増ししている状態である。「すべての役人には三つの生活がある」と、汚職容疑で収監されている役人兼実業家は言う。「公人としての生活、個人としての生活、そして秘密の生活だ」

辛口批評で人気の高いネット掲示板では、犯罪行為を闇に隠しているという意味で、汚職官僚のことを「ニュー・ブラックカラー・クラス」と呼ぶ。「彼らは一流メーカーの車に乗り、会員制のバーに行き、最高級ホテルの柔らかなベッドで眠る。家具はすべて最高級のレッドウッド、最高の景色を見渡せる閑静な場所にある自宅。公費でゴルフや旅行に行き、贅沢な生活を楽しんでいる」二〇〇九年七月、匿名のブログにはこう掲載されている。「彼らは新たに登場した『ブラックカラー・クラス』だ。自家用車の色は黒。収入は秘密。生活も秘密。職業も秘密。彼らに関することはすべて秘密にされている。まるで黒服を着て闇夜に立つ人間のようだ」

汚職がはびこっているのは、国が深く関与する分野や、行政裁量の余地が大きい分野だ。たとえば、関税、徴税、土地の売却、インフラ開発、調達をはじめとする政府の規制に左右される分野である。二〇〇八年、政府の職で最も多くの応募者を集めたのは、中央政府の外交部や財政部の高級官僚職といったエリート職ではない。応募者の関心が高かった政府機関の上位一〇機関のうち八つが地方税務局で、一位が広東、八つのすべてが富裕な沿岸地域の税務局だった。残る二つは上海市と深圳《しんせん》市の税関である。一方、最下位から一〇機関、最も関心が低かった機関はすべて地方の統計局であった。[4]

中規委は、北京の西にある飾り気のない近代的ビルを活動拠点としているが、そこにはわずか八〇〇人の常勤職員がいるだけだ。中央組織部や中央宣伝部と同じように、汚職と取り組むこの機関も地方分権化されており、地方政府や各国家機関の隅々にまで小さな支部を持っている。つまり、省、市、県の各政府、彼らの管轄下にある国有機関、これらすべての中に、党員に目を光らせる反腐敗機関〔中規委〕やその代理人が置かれている。同様に国有大企業の中にも中規委の代理人がいる。このように中規委の調査員や代理人は全国あまねく配置されているため、表面的には万全の対策が講じられているように見えるかもしれない。だが実際には、この委員会の腐敗摘発能力は、もはや時代に適応できないものになっている。

一九七〇年代後半に組織されたこの委員会は、当時の状況に対応するものだった。当時は、役人も都市の市民も活動範囲が限られており、労働者や物、金銭はあちこち移動することなく、「汚職は個人か少人数で行われた」この委員会の活動を専門に研究しているフローラ・サピオによれば[5]、委員会の正規職員はたいてい「中国共産党の一般党員」であり、学歴が低く、法律的な訓練もほとんど受けておらず、調査能力も乏しい。一方、現在の中国は、急増する富、拡大を続けるビジネス、強権を持つ閉ざされた政府、巨大な既得権益と世界的影響力を持つ国家へと変貌を遂げ、そのような国家で起こる腐敗に挑むには、委員会の伝統的な手法は完全に時代遅れになっているのだ。

宣伝活動のなかで紹介される中規委の役人の姿(6)は、社会に浸透した汚職に勝ち目の少ない闘いを挑み、厳しい労働環境で働く腐敗担当官のイメージを強く植えつけてきた。たとえば二〇〇五年、浙江《せっこう》省の反腐敗組織の役人である李有星《りゆうせい》のインタビューが国内メディアで大きく取り上げられたことがある。そのなかで李は、この八年間一日も休日がないと訴えた。李は当時、富裕な都市である泰州で、木造のぼろ家に住んでいた。そこにあるのは継ぎはぎだらけの長椅子、錆びた冷蔵庫と故障したテレビだ。妻は殺されるのではないかと怯え、夜中に叫び声を上げて目を覚ます。にもかかわらず、李は闘い続けた。「党と委員会の要求が衝突する場合、われわれは無条件で委員会の要求に従わなければなりません」と李は言う。「死にたくない人、役職を失いたくない人はこの委員会の代表になるべきではありませんね」

委員会が有利に活動できるように、党は調査対象となった者を自由に扱える権限を同機関に与え、断固たる措置を取れるようにしている。なかでも最終兵器といえるのが、拘留に関する権限である。委員会は法的な制約なしに呼び出しができる。拘留の時間と場所の二つが規定されていることから「双規」〔二重規則〕と呼ばれる手順に則って、委員会は容疑者を事実上拉致し、正式な事件として訴訟手続きを取るかどうか決定されるまで拘留して尋問する。取り調べを受ける役人たちは家族に電話する権利や弁護士を雇う権利は与えられず、裁判も行われず、法制度に委ねられることなく、最大六ヵ月まで拘留される。

容疑者の福利に関して一つだけ考慮される点がある。容疑者を拘留する場所は、会社の事務所、寄宿舎、病院など、どこでもかまわないという点だ。ただし条件が一つある。拘留する場所は、一階建ての建物か、高層ビルであれば一階部分でなければならない。九〇年代後半、尋問から逃れようと高層ビルの留置所から飛び降り自殺を図る高級官僚が続出し、そうした事態を防ぐための処置だ。サピオ女史によれば、委員会の担当官は拘留者がトイレに行くときでさえ監視と警戒を怠らない。「睡眠不足と二四時間続く尋問、優しさを見せたかと思えば虐待的な扱いをするといった巧みなアメとムチの使い分け」――これらの拷問方法は、アメリカではブッシュ政権がテロリストの追及に使った手段として初めて報道され、日常的に耳にするようになったが、中国では長いあいだ、拘留中の容疑者から協力を取りつける合法的な手法とされてきた。別の人間に関する情報を提供すれば、調査員に協力したと見なされ、前職への復帰を許される場合も稀にはあるが、「双規」による取り調べを受けた者が以降昇進することはまずない。「双規」この取り調べは拘留者のその後に深い傷跡を残す恐ろしい体験となる。逆の見方をすれば、「双規」は容疑を受けた官僚が他人を売って自分だけ逃れる最後のチャンスでもあるのだ。

これという裁判官も陪審員もなく下された委員会の判決は、容疑者の党籍剝奪を発表するという独特の方法で公となり、ようやく事件は正式に検察官に委ねられる。裁判および正式な判決と刑の言い渡しは数ヵ月かそれ以上先になるとしても、重大な汚職を理由に党籍を剝奪された時点で、裁判所の有罪判決を受けたも同然なのだ。ひとたび司直の手に委ねられた時点で彼らの運命は決している。「『双規』による取り調べのあいだであれば、まだ個人的自由を求めて、降格処分だけで釈放されようとあがき続ける」と北京の弁護士で、汚職で告発された役人の国選弁護人を務めている銭列陽《せんれつよう》は言う。事件が法廷に持ち込まれるころには有罪か無罪かはすでに決まっていて、争われるのは刑期だけになっている、と銭は明かす。「法制度に委ねられると、容疑者たちは完全に希望を失います。それは政治生命の終わりを意味するからです。通常、私が弁護を引き受ける段階では、容疑者たちの精神状態はどん底に落ち込んでいます」

規律検査委員会をつねに管理下に置いている党、あるいは少なくとも党の部門は、委員会の闇の力が人々に与える恐怖に、大いなる利用価値を見出しているようだ。委員会のスパイは「沙粒〔砂の粒〕」と呼ばれ、調査対象となりそうな組織や疑わしい組織にばらまかれている。ある上海の新聞社の編集者は、不動産がらみの汚職事件の最中、社内の誰かが委員会のスパイだという噂を耳にしたが、それが誰かはわからないと語っていた。「もしかしたら清掃係かもしれないし、副編集長かもしれない」

委員会は当然ながら秘密裏に活動しており、その情報源の大半は、水面下に渦巻く噂話である。それは大量の匿名の手紙や訴状という形で、毎日、委員会の事務所に届けられる。海外にある中国の団体に対する告訴をきっかけに明るみに出た汚職もあれば、別の調査の最中に発見された証拠がもとで発覚した汚職もある。だが汚職を暴く最大の協力者については公にされることなく、調査もひそかに行われる。王明高の試算によれば、調査者の約六〇〜七〇パーセントが密告者の通報をきっかけに行われる。『人民日報』の報道によれば、省によってはその割合は九〇パーセントにも上る。「一般人の目が最も鋭い」と王は言う。「多くの事件が一般人からの通報で発覚しています」

もちろん、多くの情報提供者は「一般人」のふりをしているだけで、実際には、個人的、政治的ライバルの勢力を弱めようとする対抗派閥のメンバーであることが多い。上海の事件のようにトップレベルの政治闘争では、情報が中国の政界に逆輸入されることを狙って、香港の中国系メディアや海外のメディアに流されることもあるし、最近では国外にホストコンピューターを持つ中国語のウェブサイトに匿名の情報が流されることもある。匿名の手紙は様々なレベルの役人が、嫌がらせを受けたり自分が逮捕されたりすることなしに、上官の汚職について申し立てができる唯一安全な手段となっている。

大衆向け犯罪小説の出版という形で、政敵のスキャンダルを広めるという方法もある。中国の現代小説は、堕落した党幹部、幹部の家族による搾取的な商取引、その愛人たちに対する国民の不信感に乗じて書かれている。だがこうした小説は、少しだけ脚色された物語のなかで現実の汚職事件を暴く、巧妙な転覆工作として利用されることもある。最も有名な実話小説である『天怒』[*3]は、一九九五年、当時北京市長であった陳希同《ちんきどう》の解任劇を描き、失脚に関する国営メディアの無味乾燥な記事にはなかった生々しい内容を暴露している。本のなかで、北京市党委書記の放蕩息子はやりたい放題に振る舞い、政府の資金を流用して豪華な家を建て、愛の巣として使っていた五つ星ホテルの部屋で父親とともに愛人たちと乱交パーティーをする場面をビデオ録画して楽しむ。当時、陳希同を政敵と呼んではばからなかった江沢民は調査を後押しし、その本を称賛したが、のちに当局が内輪の恥は十分に公になったと判断し、本の販売は差し止められた。

匿名の密告を恐れるあまり、官僚たちは疑惑を招くような行動を是が非でも隠そうとする。張《ちょう》恩照《おんしょう》は当時、中国の銀行で総資産ランキング三位の中国建設銀行の行長兼会長であったが、二〇〇二年、アメリカの金融サービス会社から、カリフォルニアを代表するゴルフコース、ペブルビーチでのゴルフに招待されたさい、ゴルフクラブを用意しておいてほしいと依頼した。というのも、ゴルフはアジア各地でそうであるように、中国でも仕事上の人脈作りに最適なスポーツとして非常に人気が高まっているが、政府が農業用に確保しておこうと考えているわずかな土地や水資源が使われるため、当局側はゴルフにあまりいいイメージを持っていない。定期的に反ゴルフキャンペーンが行われ、ゴルフは国民に害をなす「緑色鴉片《アヘン》」との烙印を押されている。このため高級官僚であった張は、北京で飛行機に搭乗するさいにゴルフクラブを持っていては不必要な注目を浴びてしまうと考え、ゴルフクラブをコース上で渡してもらうよう主催者側に相談をもちかけた。

このせっかくの裏工作も、結局は無駄に終わった。二〇〇五年三月、張恩照はアメリカで告訴された容疑を理由に、規律検査委員会によって拘留されたからだ。ペブルビーチで接待を受けた会社から、およそ一〇〇万ドルの賄賂を受け取ったという容疑だった。三月中旬の平日、夕方の早い時間に、張は委員会からの突然の電話を北京の自宅で受け、そこで待つようにと告げられた。そのあと張は同僚に一本電話をかけ、彼が約束している二日後の講演の代役を頼んだ。銀行関係者の話によれば、張は「私は講演ができなくなりそうだから」と言って電話を切ったという。午後八時ごろ、一台の車が張の自宅に迎えに来て、尋問のため委員会の本部へ連行した。張が再び公の場に姿を現すことはなかった。およそ一八ヵ月後、ようやく張は収賄の罪で裁かれ、一五年の禁固刑を言い渡された。

中国建設銀行はこの数ヵ月後に海外市場での上場が予定されており、上場担当の顧問によると、張に対する容疑を聞いた「温家宝は激怒した」という。汚職事件の影響で数年に及ぶ金融システム改革が台無しになる恐れがあったからだ。だが、ひとまず落ち着きを取り戻すと、温は張がとにかく逮捕されてよかったと考えたかもしれない。というのも、この事件は、張の逮捕に至ったとはいえ、時代遅れの中規委のさらなる重大な欠陥が浮き彫りになったからだ。その欠陥とはつまり、高級官僚を管理し調査できるのは高級官僚自身であるという事実である。

大きな国有機関のすべてがそうであるように、中国建設銀行の内部には監視委員会が設けられ、その責任者が中規委の代表の役割を果たしている。この責任者の任務は、党が出した腐敗撲滅の指令の詳細を組織内に浸透させるという、幹部がなすべき通常の形式的な政治的義務を果たすことである。さらに、銀行内の腐敗に関する内部告発の処理も担当する。腐敗に関する申し立てはすべて彼のもとに届けられる。張恩照の事件では、このシステムの根本的な欠陥がよくわかる。銀行内の反腐敗委員には張を監視する義務があるが、当の張は銀行の党委員会書記であり、反腐敗委員よりも地位が上なのだ。つまり、委員は他の社員を監視するのと同様、張についても名目上は監視を行うが、そもそも彼を任命したのは上司である張なのだ。ただ、張が不運だったのは、告発が海外で行われたために、それが北京の委員会本部〔中規委〕の耳に入ってしまったことだ。もし告発がアメリカではなく銀行の内部でなされたものであれば、張は自身に関する調査の承認を任されることになり、調査は間違いなく行われなかったであろう。

中国建設銀行の張恩照や上海の陳良宇のような「最高幹部」を管理する効果的な方法をいかにして編み出すかは、体制全体の課題となっている。(8)北京にある中央党校の研究者、牛玉琴《ぎゅうぎょくきん》によれば、党委員会のトップは、省政府、市政府、国有企業であろうと、自身の不正行為に対して責任を問われることはほとんどない。「こうした人々は組織のはるか上空、または外側に存在している」という。各省庁や企業の内部にいる反腐敗委員会の代表が、自分の管轄内で発見した汚職事件を上に報告することがほとんどないのは、上司に睨まれれば解雇などの制裁を受ける恐れがあるからである。(9)委員たちは「あえて、または進んで『不正を摘発すること』はない」と、別の党校の研究者である李永忠《りえいちゅう》は言う。李はこの弱点を克服する策として、党の管理下にない独立した委員会を作ることを提案したが、党はそのような機関を認めようとせず、取り上げられなかったという。ほかにも提案したが、同様の理由で認められなかった。「何十もの規則を作っても、賄賂を食べる一つの口を取り締まれない」と牛玉琴は嘆く。「委員会を総動員しても一匹のブタを取り締まることができないのです」

牛玉琴や李永忠のような中国人学者は、委員会の独立性と実効性に問題があるのは、委員会のシステムそのものの構造的な問題が原因であると厳しく指摘する報告書を数多く提出したが、彼らの党校内での地位ゆえに、どんなに結論が明白であっても撤回せざるを得なかった。彼らの結論とは、党や党内の人間が自らを管理する限り、汚職問題は横行し続けるだろうというものだ。だが、この二人の学者の理論は、ある台湾人学者によってあっさり論破されることになる。その学者はずばり指摘した。もし党が反腐敗機関の独立という二人の提案を受け入れれば、「中国共産党が退廃的なブルジョア思想としてこれまで否定し続けてきた、モンテスキューの『三権分立』を行うことになってしまう」

委員会が調査を始めるには上からの政治的許可が必要というシステムによって、最大の恩恵を受けるのは国の最高指導部である。内戦でも起こらない限り、委員会が中央政治局中枢にいる九人のメンバーを調査する許可を得られる仕組みは存在せず、事実上彼らの自制に委ねられている。元最高幹部の息子が私に語ったように、「幹部たちが法の適用を受けないことは動かぬ事実」なのである。地位の高さが本人だけでなく、ひいては一族までも守り、最高幹部とその一族の私生活やビジネスについて公に論じるのは完全にタブーという認識を広めている。

二〇〇七年の北京ダイヤモンドフェアで、台湾の宝石商が温家宝夫人の張培莉《ちょうばいり》に会ったさいに起きた騒動は、幹部たちの家族を取り巻くタブーの力を浮き彫りにした[10]。張夫人は何年ものあいだ、中国宝石協会副主席を務め、国内のダイヤモンド業界に利権を保有していると報じられている。宝石商は夫人に自分の店を褒められたことに気をよくし、台湾のケーブルテレビ局の前で、夫人が身に付けていた高価な宝飾品の数々について賛辞の言葉を贈り、自分の見積もりでは約三〇万ドルの価値があると語った。単純素朴な宝石商はただ自分の鑑定力を誇示して商品の販売促進につなげたかっただけなのだが、このコメントが香港や台湾でトップニュースとして相次いで中継され始めると、自分が踏み込んではいけない領域に入り込んでしまったことに気づいた。数日のうちに、台湾の宝石商は香港と台湾の中国語のメディアに一斉に全面広告を載せ、温家宝夫人に謝罪し、メディアが事実を歪めていると非難した。

温家宝夫人が注目を集めたのは、派手なダイヤモンド業界における彼女の地位が、夫の清廉で謙虚な人民の総理という入念に作り上げられたイメージに、まったくそぐわないからだ。開かれた政治文化においては、夫人が規制の厳しいダイヤモンド業界で得ている利権と温の立場とのあいだには明らかな矛盾があり、国民的議論の格好のテーマとなるだろう。しかしながら中央宣伝部の監視の下では、夫人の商取引はブラックホールに消えてしまう。温家宝は夫人を伴って公共の場に出ないよう気を配り、中国メディアは夫人のビジネスについて報道することを許されない。

「これは、中国政府が唱えている開かれた雰囲気やイメージと矛盾しており、公の場に配偶者を参加させるという西洋ではごく一般的な習慣とも相容れない」と香港の政治誌『開放』の編集者である金鐘《きんしょう》は言う。「江沢民の妻は高齢ですが、今でもつねに行動を共にしています。朱鎔基、李鵬も妻を同伴していましたし、現在の胡錦濤国家主席も同じです。なぜ温家宝は違うのでしょうか。どんな理由があって、温の妻は姿を見せないのでしょう。中国人はこのことにあえて触れようとはしないのです」

胡錦濤の息子の胡海峰《こかいほう》がかつて代表を勤めた会社に関して収賄容疑が浮上したときにも、温夫人のときと同様の厳しい報道管制が敷かれた。この事件は胡錦濤にとってとりわけ都合の悪いものだった。それまでの彼は前任者の江沢民と違い、家族をきちんと管理しているという評価を得ていたからだ。二〇〇九年七月、南アフリカのナミビアで事件の第一報が報じられると、中国のインターネット警察は胡海峰事件を真っ先に削除した。ネット警察は検閲能力の高さを発揮し、インターネットサイト内から事件に関する記事を完全に締め出すことに成功した。中国で『ニューヨーク・タイムズ』や『フィナンシャル・タイムズ』のウェブサイト上の胡海峰事件に関する記事が閲覧可能だったのは、それがブロックされるまでの束の間であった。また、会員限定でパスワード入力の必要な情報検索サイトのファクティバ・ドットコムも普段なら中国でも機能するのだが、ナミビアでの事件を検索しようとしたとたん、機能不能になるという始末だった。

権力や財産を誇示しないように注意していれば、また温夫人や胡海峰のように発覚した場合でもその詳細をメディアから締め出すことができれば、最高指導者とその家族が追及を受けることはまずない。「皇帝が調査官による汚職事件の追及を望まなければ、そこで調査は終わりですよ」と王明高は言う。「調査官が皇帝の親族を調べようとすれば、皇帝自身の利益の核心部分を調べることになる。そんなことをすれば、階級全体を相手に一人で闘うようなものですから」唯一、それを変えることができるのは、トップダウンの決断だけである。

九〇年代半ば、江沢民が北京市長、陳希同を汚職容疑で解任したことは、江沢民がついに中央政府で実権を握ったことを象徴していた。江沢民は当初、自分を任命した長老たちに従うだけの弱い指導者だったが、上海出身の忠実な部下を中央政府のトップの座に就けることで、徐々に手際よく自分の権力基盤を築いていった。「上海閥」は一〇年近く中央政府を牛耳り、自分たちの地元に大幅な政策上の特権を与え、他地域から大きな不評を買った。しかし、上海閥の勢力は二〇〇二~二〇〇三年のあいだにピークを迎え、その後は衰退の一途をたどり、上海市と上海出身の指導者たちはかつてないほど弱体化していった。

「政治的に正しい」都市

上海は植民地時代、東洋の真珠[11]ともてはやされ、重商主義と拝金主義の貿易中心地だったが、「政治とギャングの行為の区別がつかない」という土地柄だった。一九四九年、市内に進軍してきた毛沢東の軍隊は、自由な貿易の中継地である上海を冷遇した。彼らは上海を「帝国主義の娼婦」と呼び、民間企業を閉鎖し、企業家をギャングや外国人と一まとめにして拘留または追放するなど、長期にわたって上海に懲罰を与え続けた。六〇年代半ばには歴史が再び元に戻り、ギャングも顔負けするほどの腐敗に満ちた共産党超過激派の牙城となった。上海がこうした悲惨な政治的状況から解放されたのは、一九八九年のことである。上海が今日、外国人や地方からの観光客を一様に感嘆させる復活を遂げたのは、皮肉なことに、その年に北京や全国各地で起きたデモに対する武力弾圧がきっかけだった。

一九六六年、毛沢東と彼の三番目の妻[*4]である江青は、紅衛兵と呼ばれる上海出身の急進派の一団を使って文化大革命に着手するが、それは北京の政敵に対する反乱にほかならなかった。「四人組」として知られた上海出身の江青とその三人の仲間は、経済と芸術を根本から改変しようとし、毛の死後には、中央政府全体を掌握しようとした。一九七六年一〇月、四人組が裏をかかれ北京で逮捕されたあとも、上海の党委員会は闘いをやめようとせず、北京の次期政権に対する武力抗争を実施しようと地元の武装集団を動員していた。これに対して中央政府も軍事手段に訴えるべく準備を開始し、また足元の上海では極左派の指導者に辟易《へきえき》していた市民が街頭デモを展開し、新しい中央政府を支持したため、上海の幹部はようやく引き下がった。

再び懲罰を料されることになった上海は、中央によって国有産業の拠点に改められ、産業で生じた利益は、五〇年代と同様に、すべて北京の中央政府に差し出すよう強制された。そのため地元には再投資のための資金は一切残らなかった。一九八三年の一年間だけでも、上海が中央政府に支払った税金の額は、過去三三年間に上海が北京から受け取った投資資金を上回る。[12] こうして上海は四〇年以上にわたって北京の支配下で沈滞していたが、九〇年代前半になってようやく、上海にとって有利な政治状況が現れることになった。

鄧小平は国家経済を立て直し、天安門虐殺後の左派からの批判をかわす方法を模索していたが、一九九二年の南巡講和をきっかけに上海を切り札にして政治の表舞台に返り咲く。鄧は七〇年代後半に打ち出した改革開放政策で、最初に設立した経済特区に上海を含めなかったことは大きな誤りだったと遺憾の意を表したのだ。鄧の政策が中国南部などの地域で実行に移されてから一〇年以上を経て、ようやく上海は自由を手に入れたのである。

九〇年代前半の上海市は、商業都市としての華々しい歴史を持ってはいても、商業活動が行われていない都市だった。そんな上海を受け継いだ指導部は、まず商業の活性化に取り組んだ。そして一九九二年から一〇年のあいだに、それまでの数十年間に蓄積していた需要に駆り立てられて、上海は活気を取り戻した。この経済成長の目に見える成果として、上海のきらめく摩天楼、堂々とした公共建築物、大きく弧を描いて延びる高速道路やめまぐるしい大都市の活力が挙げられるが、それらは上海の復活を象徴すると同時に、中国の復活を世界に発信するシンボルでもあった。なかでも上海自身の大転換が象徴されているのは、浦東金融地区の目を見張るような景観だろう。マンハッタンと見紛う摩天楼や、写真撮影の有名なスポットを有するこの金融地区は、ほんの数年前までは家々が点在する小村にすぎなかった。

外灘《バンド》と呼ばれる対岸の細長い地域には、植民地時代の建築物が並び、そのなかには高級レストランが数多くある。次々とやって来る外国人観光客の多くが、そのテラスでグラスを触れあわせながら、浦東の景観に目を奪われる。この景観を見ていると、上海は再び企業家にとっての楽園として全盛期を迎えているというイメージが浮かぶが、それは現実の姿からは程遠い。鄧小平は中国南部や揚子江デルタ地帯ではリスクも厭わず民間経済を育むという政策を進めたが、上海は社会主義的繁栄を誇示するための一種の展示物として開発されたのだ。摩天楼に感嘆する観光客のほとんどは、その建物の多くが市営企業によって建てられたことを知らない。上海は多くの観光客が信じているような自由市場などではなく、党の理想の象徴なのである。商業的繁栄と国家支配が結びついた都市、いわば筋肉増強剤で強化したシンガポールとでも言うべきだろう。

上海はますます「政治的に正しい」都市となり、世紀の変わり目に上海市長を務めた徐匡迪《じょきょうてき》は、権力におもねる典型的な人物だった。徐匡迪はひっきりなしに事務所を訪れる訪問者たちに応対するとき、まず握手をするが、手を上下に振るのは一回だけで、当惑する相手をさっさと待合席まで引っ張っていき、また次の人物に同じ動作を繰り返すというふうだった。時間に追われていることはいえ、一般の常識では考えられないやり方である。徐は市政府の中ではきわめてリベラルな人物ではあるが、上海に企業家が少ない事実を憂慮することはなかった。むしろ短期的には利点であると考えていた。「思春期には特に、親の指導がきわめて重要だと私は考えます」二〇〇一年、徐は私にこう言った。無意識ではあるが、どこか横柄な口ぶりは、全権を握る官僚だけが持ち得るものだった。「政府は国有企業に対する支配権を絶対に失ってはならないのです。われわれにはロシアのようなショック療法は不要です。日本を見てください。経済が好調だった時代は、政府が大きな役割を果たしていました。同じことが台湾や韓国にも言えます。その後、市場経済を導入しましたが、あまり効果的ではありませんでした」徐は、上海の民間企業の経済生産は一九九二年にわずか一パーセントにすぎなかったが、二〇一〇年になってもまだ二〇パーセント程度だろうと予想していた。

陳良宇も、のちに似たような自慢をしている[13]。それは、上海が資本主義化し過ぎているという政敵からの非難に抗弁したときだった。「私の記憶に間違いがなければ、わが国では民間企業が国内総生産の四〇パーセント以上を占めている。だがここ上海では域内総生産の八〇パーセント近くを国有企業が占めている。社会主義の最も忠実な僕《しもべ》は誰かと問われれば、上海だと言わざるを得ない」陳の失脚後に内部で配布された彼の発言録によれば「上海はわが国の社会主義市場経済のモデルを築き上げた。上海が実践してきたのは資本主義ではない。上海が資本主義という帽子をかぶるのは適切ではない。そんな帽子は上海には合わない」とある。

政府支配と密接に結びついた上海経済が、自由を手に入れてから一五年間、計画どおりに進んだことを示す証拠がある。マサチューセッツ工科大学の経済学者、黄亜生《こうあせい》がその注目すべき研究で以下のことを立証した[14]。上海は二〇〇四年の時点で、北京とチベットを除き、都市の規模と世帯数に比べて民間企業の数が最も少ないのだ。北京とチベットには、それぞれ政府と軍関連の主要産業があるため、民間部門の割合が上海より低いのも頷ける。結果として、上海で生みだされる富のほとんどが政府に還元され、インフラ事業や長年温めてきた企画の資金として、そしてもちろん賄賂として吸い上げられることになった。黄は言う。「上海市は金持ちだが、上海市民はそうではない」

上海は九〇年代後半以降、別の目標に向かっても進んでいた。それは、中央政治局で最大にして最強、そして最も一致団結した派閥である江沢民とその同志を通して、中央に強大な政治的影響力を持つことだった。急速に成長する民間企業に対抗するために、政府はつねに権力と富を兼ね備えていなければならないと強調する上海の政治哲学は、すでに国全体の方針となっていた。上海は国家権力を擁護する砦として成功しただけでなく、中央での政治的影響力を持つことにより、民間住宅建設、資本市場、国有企業、社会保障制度における重要な改革はまず上海で実験するという地位を与えられたのである。

その一方で「上海閥」の強い勢力により、上海は多くの政治的制約を受けるようになった。中央政府は、上海市のメディアから中央政府の実情が他の地域に漏れるのを望まなかったからだ。多くの政府機関や政治課題が競合する北京とは対照的に、上海には単独で全権を掌握する確固たる市政府と、結束が固く厳重に統率された宣伝部があった。一九八九年の天安門事件のおかげで大きな成功を収めた上海は、事件の教訓を心に刻んでいるという姿勢をつねに積極的に示し、北京が望むような模範的なモデルになったのである。

上海はここに至るまでに、抜かりなく自らの政治的立場を固めていた。中国の省や都市では、官僚が自分の地元で高い地位に就くことを禁じるルールがあり、北京を凌駕するほどの確固たる地盤を築くことができない仕組みになっている。だが、上海は慎重にこれに違反し、市の要職を忠実な地元幹部で固めたのだ。その結果、上海は他の都市よりも優位な立場を確保したのである。たとえてみれば、着色窓の車に乗り、自分の姿を見られることなく、標的とする都市の機密情報を収集する諜報員のような立場だ。上海からは外が見え、他地域の政治状況を調査することができたが、他の地域は上海のなかを見ることができなかった。

上海人はつねに排他的な集団であり、上海弁で話すことに無上の喜びを感じ、その視線を同胞の中国人ではなく中国以外の世界へと向けてきた。そんな彼らにしてみれば、市の復興は単に、自分たちの優れた知性とビジネス感覚に値する権力と栄光を取り戻したにすぎなかった。上海はこの間に、国内の他地域にはるかに先んじて発展していった[15]。上海と貴州省のような貧しい内陸部では、一人当たりの国内総生産（ＧＤＰ）の格差が、一九九〇年からの一〇年間で二倍近くにまで開いた。しかし、上海が多大な苦労の末に得た成功に沸く一方で、それを政治的特権による成果だと見なす他地域の多くで怒りが募っていた。こうした感情は、長い行列に並んで待っている人々が口にする定番の嫌みに表れた。「上海委員会の同志を一番前にお連れしろ！」こうした怒りの裏には、中央政府の形勢が変われば、上海の立場は急速に弱まるという思いも込められていた。そんな上海と対決することは、胡錦濤にとって様々な利点があった。リーダーシップを強固なものにし、反腐敗や経済政策を取り仕切る彼の資質を大いに喧伝できるだろう。さらに、傲慢さで悪評の高い上海を押さえつければ、他の地域での人気は急上昇すると思われた。

胡錦濤、そっと証拠を集める

江沢民が党総書記に任命[16]されたのは一九八九年五月、北京に戦車がなだれこむ数週間前のことだった。そのため北京に入るのも人目をしのばざるを得なかった。困惑する江を空港で出迎えたのは、中国の大衆車であるフォルクスワーゲン社のサンタナで、当時最高指導者が常用していた紅旗付きのリムジンではなかった。鄧小平と会うために市内に車を乗り入れる前に、江は労働者用の服に着替えるように言われた。通りには怒りに燃えたデモ参加者たちが溢れており、彼らの目に留まらないようにする必要があったからだ。

これに比べ、二〇〇二年の党大会で行われた江沢民から胡錦濤への権力の移譲は、党の歴史における画期的事件だった。この党大会が開かれたのは、徐海明が上海で最初の退去勧告を受けたのとほぼ同時期である。江は胡に党総書記の座を譲っただけでなく、何の波風も立てずに辞任を承諾したのだ。江と胡の交代劇は、一九四九年の革命以降初めての平和的な権力の移譲であり、それだけでも注目に値するが、主な共産主義諸国のなかでも初めてのことだった。しかもこの移譲は、党内で考案されたルールに則って行われた。このなかで、最高指導者および部長〔閣僚〕の退職年齢が設定され、党総書記と国家主席の任期は五年、二期までと非公式ではあるが新たに定められたのだ。

権力移行には紛糾が付き物という歴史がある独裁主義的な党にとって、江から胡へのスムーズな移譲は非常に重要な意味を持っている。ソビエト連邦でもレーニンからゴルバチョフに至るまで、権力移行のたびに最高指導者の解任や粛清が行われている(17)。中国では、毛沢東が自分の後継者に指名した華国鋒《かこくほう》が、哀れにも鄧小平にその座を奪われた。鄧は自身が党総書記になることは辞退したが、陰の最高実力者としての地位を保ち続け、のちに自分の秘蔵っ子であった胡耀邦と趙紫陽の二人の解任劇を裏で操っていた。趙紫陽は一九八九年に自宅軟禁とされ、その刑は死ぬまで続いた。江沢民は趙紫陽の後任として、鄧小平と当時の党の有力者であった長老たちにより、秘密裏に上海から抜擢された。「胡錦濤への交代により、中国政府は帝国主義時代からようやく脱却し、独壇場の時代はもはや終わりを告げた」と上海党機関紙の前編集者である周瑞金《しゅうずいきん》は言う。

「もはや指導者を神と見なす者はいない」

しかし、江沢民は総書記を退任するにあたり、争いの種を残した。軍のトップである党中央軍事委員会主席の座を退任後も二〇ヵ月に渡って維持し続け、江の留任は虚栄と独善であるとして多くの官僚を激怒させた。常務委員会の九人のメンバーにも、江の上海閥の腹心が多く選出された。八〇年代に上海で江と共に働いていた黄菊《こうぎく》は、江の党総書記就任から数年のうちに江のコネで中央入りを果たしていたが、さらに常務委員に選出された。江沢民派のなかで最も悪名高い賈《か》慶林《けいりん》も常務委員に昇格した。だが常務委員会における上海閥の存在は遅行指標であって、国政における派閥の勢力は二〇〇二年の党大会がすでにピークだったのである。

胡錦濤は党書記に就任するまでの一〇年間、慎重に時機が来るのを待って、徹底して目立たない態度を貫き、自分の政敵に表立って反対することは一切なかった。党の最高指導部は、一九八九年に表立った意見の衝突により多くの者が権力の座を追われた事態を受け、内部分裂は避けようと決意し、新しい集団指導体制が導入されていた。こうした理由から、胡は政策や人事決定を意のままにできる最高指導者に就任したあとも、同輩中のリーダー的存在にすぎないという立場に置かれた。

だが、その協力体制にもかかわらず、江と胡、そして両陣営のあいだには潜在的なライバル意識が残っていた。江が上海を掌握しているあいだ、胡は上海から歓迎もされず、必要ともされなかった。胡は二〇〇〇年から二〇〇四年七月までのあいだ、一度も上海市を訪れなかったが、これは合衆国の大統領候補者が選挙運動中にニューヨークを訪れないようなものだ。長いあいだ訪問しない理由には政治的計算もあった。胡は自分が上海を訪れるのは、党総書記として上海を確実に手中に収めたときと決めていたのだ。

早くも二〇〇一年の時点で、上海の不動産市場や地元官僚による露骨な不当利得の話が、匿名の手紙や陳情書、中国語の香港メディアや英語圏の外国メディアの記事などを通して北京に伝わり始めていた。胡には江を味方につけておく必要性があったが、胡の支持者たち〔「擁胡同盟」〕は上海の汚職という好機を見逃しはしなかった。「腐敗の調査はつねに手段として使われるのです」と収監された経験のある役人は語った。「権力闘争には欠かせない要素なのです」胡の支持者たちは、上海の堕落が上海の外にじわじわと漏れていくのを見守っていた。そしてゆっくりと、上海の力を削ぐべく利用できる証拠を集め始めた。二〇〇二年一〇月に上海市の党書記に任命された陳良宇は、その後三年間にわたって自らの立場を弱めていくことになる。控え目な態度を取らなかった陳は、中央政府に自分を攻撃させる口実を与えてしまったのだ。

陳良宇は一七歳で中国人民解放軍に入隊し、軍の学校で設計員としての訓練を受けたのち、軍務を解かれて上海の工作機械工場での仕事に就いた。シカゴで教育を受けた裕福なエンジニアの息子であった陳が党員資格を得たのは、一九八〇年になってからのことである。それまでは、父親のアメリカ合衆国での学歴を理由に、家庭環境が不適格として、政界に入る資格がないとされていた。特権階級であった陳の父親は文化大革命の暴力闘争〔批斗〕の標的となり、アメリカのスパイであるとして攻撃を受け、家族で住んでいた南京路近くの大邸宅から追放された。紅衛兵が激怒したのは、一九四九年の革命後であっても陳の豪邸には冷蔵庫のような贅沢品があり、植民地式にインド人の警備員までいたからだという。

入党を許された陳良宇は、その自信満々で傲慢な性格からか、すぐに出世コースに乗った。八〇年代半ばまでには老幹部局の担当になり、権力ある党の長老に取り入るチャンスを得た。長老たちの支援は非常に価値があった。次に、黄浦江沿いにある上海で最も繁栄している地区の一つの区長に就任した。黄浦区長としての代表的な功績は、外灘に建ち並ぶ植民地時代の建物を彩る華やかなイルミネーションであり、その見事な景観は今も観光客たちを感嘆させている。江沢民の後押しにより、陳は上海市党委員、さらには上海市党書記に昇格した。徐匡迪市長は人気の高いライバルだったが、二〇〇一年、一言の説明もなく戦線から脱落し、中央政府行きの道を断たれた。

徐匡迪が入党したのも人生の半ばを過ぎてからだったが、彼の場合、イデオロギーへの狂信を嫌悪したことが仇となり、上海閥の強硬派から十分な信頼を得られなかったのだ。偏見がなく柔軟性もある徐は、市の雄弁なスポークスマンで、しばしば市民参加型のラジオ番組にかかってくる住民からの電話を取るなどして、上海の開発計画の宣伝に尽力していた。それに比べると、陳良宇の話し方は洗練されておらず、とても上海大使とは言えなかった。「陳の父親は非常に教養のある人物です」と友人の一人は言った。「その息子なら無作法であるはずがないのですが、今の地位のせいでそのような態度を取ってしまうのです」陳とその取り巻きは、党内の人脈が少ない徐市長には決してできないやり方で上海市を支配していく。「すべてが彼を中心に回っていました」市の官僚の一人は言う。「ある意味、上海における陳の力は、江沢民や黄菊を大きく上回っていました」

陳は忠実な黄浦区時代の部下で周りを固めた。陳の「黄浦閥」に属する面々も、そのボスと同じく人格が変わっていった。陳の政策秘書である秦裕《しんゆう》は、数年後に拘留され、陳の失脚の前兆となる人物だが、かつては市立大学で教鞭を執る謙虚で几帳面な学者だった。ところが、秘書の座につくと、別人のような尊大で高圧的な態度を取るようになり、以前の友人たちとは疎遠になったと彼の友人は語る。部下のあいだでは、秦が恩師と夕食を取ったときの話が噂になった。かつての礼儀をわきまえた姿は影をひそめ、秦は食事中ずっと声高に携帯電話で話し続け、夕食の相手を無視したという。年長者を敬う伝統のある社会においてはあるまじき不作法だった。

しかし、こんなことは、のちに数年を隔てて起きた二つの出来事がなければ、問題にはならなかっただろう。一つは、陳と上海市が費用を度外視して大規模プロジェクトと急成長にのめり込み、中央政府から莫大なコストのかかる経済計画を抑えるように命令を受けていたはずなのに、それを無視して突き進んだことである。もう一つは、それよりさかのぼること数年前、地元の不動産業界の大物、周正毅《しゅうせいき》をめぐる一連の騒動に、上海政府も巻き込まれたことだ。周正毅は市の不動産市場が過去一〇年のあいだに生み出してきた新興富裕層〔新富人〕の一人である。

周正毅が犯した過ちとは、彼が金儲けと土地開発に積極的に動いたことではない。そんな人間は数多くいる。周の転落を招いたのは、彼の貪欲さと軽率さだった。中国で失脚した役人や実業家たちと同様、体制を脅かすという大罪を犯し、そのため体制に潰されたのだ。だがそこに至るまでに、周はさらに政治的な標的ともなり、身を危険にさらすことになったのである。周に関する苦情が北京に徐々に届き始めたとき、首都にはそれを熱心に聞いてくれる上海の政敵が多くいたからだ。レストラン経営者から抗議者となった徐海明は言う。「周正毅の事件がなければ、私たちの闘いは惨憺たる結果に終わっていたことでしょう」

前哨戦は土地スキャンダル

貧しい工場労働者の息子であった周正毅が、上流社会への階段を駆け上る足がかりをつかんだのは一九九五年、国有企業の株の一部が上場される直前に従業員向けに発行された株を、麺屋事業の成功で得た資金を元手に購入したことだった。周は次の投資も完璧なタイミングで行った。

そして民間不動産市場が活発になり始めた上海の土地にその収益をつぎ込み、瞬く間に、上海と香港の両方で、危険なほどに注目を集める成功者となる。高級車のベントレーに、魅力的な恋人（のちに妻）、そして数多くの上場企業を手に入れた。机の上のディスプレイにつねにロンドン金属取引所の相場を表示し、趣味である商品取引にふけった。「彼は若くて、極端にうぬぼれが強い、才気煥発なトレーダーです」と、上海に本拠を置く会計士、ルパート・フージワーフは言った。中国長者番付の資料を集めるなかで出会った周は、「自分の投資についてはすべて記憶していました」他の多くの企業家と違い、周はフージワーフの長者番付に載ることに大きな喜びを感じていた。絶頂期には中国の富豪第一一位にランクされている。

逮捕の数週間前、周正毅は自分と同じ上海の新興企業家の面々と、駐中国英大使のクリストファー・ハム卿と夕食を共にした[18]。その席で、周は自分が「成り上がり者」であると率直に認めて周囲から好感を持たれている。また、中国人企業家が洗練されたライフスタイルを身に付けるのは西洋の先輩企業家より苦労が多いと嘆き、金持ちになったばかりのころは「普通と上質」について何も知らなかったため、自宅の浴室を黄金で飾ったと明かした。のちにこれが非常に悪趣味だと気づくと、今度は家中を有名ブランドの製品で埋め尽くしたそうだ。当時イギリスの寄宿学校に行っていた息子について、どこの学校かと尋ねられると、周は言葉に詰まった。携帯電話を取り上げ、香港にいる妻に電話をしたが、妻にもわからなかった。そこで彼はイギリスにいる息子に電話をし、ようやくその学校が、ミルフィールドというイギリス有数の上流階級向けの学校だとわかった。同席していた仲間がミルフィールドを選んだ理由を尋ねると、周は「学費がいちばん高かったからさ」と答えた。

ビジネスにおいては、周正毅はそれほど好感の持てる人物ではなかった。周にはすでに中国で最も有名な銀行家の一人、王雪冰《おうせつひょう》に対する腐敗調査のときにかろうじて罪に問われずに済んだ過去があった。王の調査に関連して、中国銀行上海支店が周に数々の疑わしい融資を行ったことが明らかになったのだ。周はこの一件を無傷で乗り越えたが、その傲慢さが仇となって、「東八塊」と呼ばれる市の中心地を再開発するという彼の最大の計画は失敗に終わることになる。上海の北京西路に沿って長く延びるその東八塊には、かつて石庫門もしくは「石門」住宅と呼ばれる、植民地時代に主流だった低層の住宅が建ち並んでいた。一九世紀後半のヨーロッパのテラスハウスを模倣したもので、玄関の石細工には優雅なシノワズリが使われていた。だがその優雅さも七〇年後には色褪せ、上海市の大部分と同様、共産党政権のもとで手つかずのまま放置されてきた。そこに文化大革命の混乱のなかでいつの間にか人が住み着き、一家族用の建物に今では三、四家族が住んでいるというありさまだった。

周正毅はこの土地再開発の権利をめぐって、香港の李嘉誠《りかせい》のような世界的大富豪や、経験も資本力も豊富な地元の開発業者たちを打ち負かし、住民を立ち退かせてこの上海中心部の一等地を再開発する権利を勝ち取った。二〇〇二年、周と静安区政府とのあいだで交わされた契約はきわめてシンプルだった。周は七〇年間ほとんど無料で土地を借りる代わりに、住民への補償を行い、新たに造成された同じ地域に住民のための新しい家をまとめて提供し、それによって長い歴史を持つ地域社会を保存するという内容だった。しかし、東八塊に住む何千という家族はまもなく、周には約束を果たす気がまったくないことに気づかされる。最初に立ち退き、家を取り壊された約二一六〇余りの世帯は配慮されるどころか、微々たる補償金だけで、市のはずれの片隅にあるアパートに追いやられたのである。

怒り狂った住民が集団訴訟の準備を始めたころ、上海出身の瀋婷《しんてい》は香港の自宅で電話を受けた(19)。三〇年代、瀋の祖母は金貨三枚と引き換えにこの東八塊で家を購入した。瀋自身もその家で育ったが、まだその家に住んでいる母親は今や追い出される寸前であった。瀋は夫と二人の子供と香港に住んでいたが、上海の実家に戻り母親がよりよい条件を得られるように手助けすることにした。地元の住宅局に請願し、法的な訴訟手続きを取ろうとしたが、失敗に終わった。次に弁護士を探し始めた。まず二〇ほどの弁護士事務所に当たったが、どこも相手にしてくれなかった。「取り壊しと移転の問題にあえて挑もうという弁護士はいませんよ」とある弁護士は言った。「引き受けたら仕事を失ってしまいます」と言う弁護士もいた。二〇〇三年四月、母親が強制退去させられた翌日、ついに瀋は鄭恩寵弁護士のドアをノックする。

鄭恩寵は周正毅とはまったく違った人生を送っていた。郊外に住む弁護士らしい地味な風貌で、いつも同じパッとしないスーツを着、それに似合うぼろぼろの書類カバンを抱え、会議から会議へと一心不乱に飛び回っていた。たとえ風采は上がらなくとも、内には居住者の訴えを取り上げる決意と勇気を秘めていた。鄭は瀋の求めに応じ、母親を含めた三〇〇人の住民を代表して区に集団訴訟を起こすことを引き受けた。鄭恩寵はレストラン経営者から活動家に転身した徐海明の相談にも乗り始めた。

ほどなくして市の役人たちが鄭を脅しにかかった。鄭が集団訴訟を起こした直後、市当局は鄭の税金に関する調査を行った。何も見つからないとわかると、鄭が所属する弁護士事務所に圧力をかけた。そして弁護士事務所は「同僚に相談せずに再定住問題を引き受けた」ことを理由に鄭を辞職させた。次に当局は、鄭が新しい弁護士事務所を開設するために必要な弁護士免許の発行を故意に遅らせた。鄭の話によると、弁護士登録を管轄する地元の党機関のトップは彼にこう言った。「上海の区長の九〇パーセント」が鄭について苦情を申し立てており、弁護士免許を取り戻したければ、住民の訴訟を取り下げるように、と。それでも鄭は住民に助言を与え、彼らのために訴状を書くことをやめなかった。鄭は東八塊の住民のために働くことが、自分に災難しかもたらさないことを重々承知していた。「瀋婷、私はこの件で重大なトラブルに巻き込まれるだろう。そのときはぜひ私を助けてほしい」と言った。「周正毅はまず間違いなく、上海の頼昌星《らいしょうせい》だ」(頼昌星はカナダに亡命中で、六〇億ドルを横領した厦門遠華密輸事件の主犯)

上海での土地スキャンダルは、固く閉じられたドアの下から汚い物が沁み出てくるかのように、市の外にも漏れ始めた。容赦ない調査に慣れていない区の役人たちは、開発で個人的に手にした金銭的利益に関する証拠を突きつけられると、ぎこちない対応をした。上海市の土地スキャンダルの震源地となった静安区の党書記であるスン・ジンカンは、徐海明の区画開発で市の規則を無視してどんな利益を得たのかを尋ねられると、自分は不法な利得は得ていないと主張した。「政府は民間経済の発展を奨励しています」というのがスンの答えだった。役人にとって不動産取引はおいしいものだった。不動産プロジェクトの承認を担当する静安区政府の一部門は、その地区の開発から利益の一部を得ることができる。同じ静安区政府のもう一つの部門、家屋土地資源管理局は、住民を追い立てて、補償額を相場価格よりずっと低く抑えれば、収入が得られる仕組みになっている。

上海は、ニューヨークやロンドンなどと肩を並べる世界的な大都市だと宣伝していることから、イメージに関してきわめて敏感で、不動産スキャンダルに関する情報が流出するのを慌てて止めにかかった。大きな駅には私服の警官を配置し、市民が上海を出て中央政府に陳情に行くのを見張らせた。上海市駐在の新華社の中国人記者は、国営通信社が党当局に提供する内密の情報サービスの一環として、不動産スキャンダルに関する記事を北京に送り続けていたが、上海市の宣伝局に連行され、やめるように命じられた。香港のジャーナリストたちは本土の、特にビジネス上のライバルである上海のスキャンダルには飛びつくのがつねだが、彼らも脅迫的な電話で脅され、上海滞在中はぴったりと尾行された。上海に拠点を置く海外の記者たちもその問題を取り上げると厳重に監視され、彼らと接触した中国人はその会話を逐一市の国家安全局に報告するよう命じられた。私も静安スキャンダルについて書いたあと、定期的に静安区の私服公安警察官の訪問を受け、それ以降の記事に関する情報について詰問されるようになった。

不動産スキャンダルを隠そうとする市当局の高圧的なやり方も、上海のきらびやかな外見を守るには遅すぎた。二〇〇三年の五月後半、北京から中央規律検査委員会の調査員が不意に上海を訪れ、マーラーヴィラ・ホテルに調査本部を置いた。北京の調査団が乗り込むということは、上海市党委員会と市の反腐敗委員会の面目を失わせることにほかならず、調査の拠点として選んだ場所も上海への侮蔑が込められていた。なぜなら、おとぎの国から抜け出てきたような小塔で有名なマーラーヴィラは、もとは一九三〇年代に英国籍ユダヤ人のマーラーが娘の見た夢〔アンデルセン童話に出てくるお城に住んでいたという夢〕をもとに建てたノルウェー風の邸宅だったが、長年にわたり、胡錦濤の権力基盤である共産主義青年団の上海本部でもあったからだ。

上海到着後数日のうちに委員会の調査員は周正毅を拘留した。この調査が政治的な意味を持つことは明らかだった。北京は過去一〇数年で初めて重大な汚職事件の調査で上海に立ち入り、長いあいだ誰にも手出しをさせなかった上海に北京が介入できるということを示したのである。だが、北京の反腐敗組織による特務部隊の駐留という事態に至っても、陳良宇は足元に危機が迫っていることに気づくことはなかった。

上海市党書記の転落

当初、上海はすばやく防御態勢を整えた。いまだ軍のトップの座に留まっていた江沢民は、保持していた影響力を使って一連の内部指示を出し、周正毅事件を上海の管轄に戻してしまった。中央宣伝部にいる江の腹心の部下も動いた。事件に関する長文の記事が掲載されたビジネス誌『財形』数万部が、中国各地の新聞の売店から回収された。この先駆的な雑誌のすべての版が発行停止となったのは初めてのことだった。数週間後、上海当局はさらなる報復措置に出て、直接行動主義の弁護士、鄭恩寵を国家機密漏洩罪という、権力者が批判者に対する政治的見せしめによく用いる罪で逮捕し、三年の刑を下した。しばらく北京は周正毅事件から手を引き、事件の処理を上海に任せた。そうすることで、政敵同士である二つの陣営は、最高首脳部内の分裂という致命的なダメージをギリギリのところで回避した。しかし、陳が次に取った行動によって、上海は完全に北京の標的に戻ってしまった。

陳良宇の最初の過ちは、周正毅を不動産スキャンダルとはまったく関係のない軽微な罪で告訴し、北京を見くびったことだ。周は刑期三年のうち二年だけで出所し、ほどなく市の中心部にあるビジネス地区の高価な高層ビルにオフィスを構え、不動産ビジネスに復帰したのだ。のちに明らかになるのだが、周は服役中、担当の看守らを買収していた。周は通常四人に課される強制労働を逃れ、いつでも友人の訪問を受け、担当看守の空調の利いた事務所で電話を使い、テレビを観ることができた。周に対する寛大な処遇や刑務所の特別待遇も、もし陳が北京に対して新たな経済戦争を仕掛けなければ、取るに足りないこととして無視され、白日の下にさらされることもなかっただろう。

陳とその前任者たちが上海市党書記の座にいるあいだ、規模の大きさや費用の莫大さが理由で上海が開発から手を引いたことは一切ない。再び世界の注目の的となることを目指して、巨大プロジェクトに次々と大金を注ぎ込んだ。F1レースの誘致を目的に一〇億ドルのサーキットを数年で建設し、F1と共に世界各地を回る関係者たちを驚嘆させた。「民主主義国家ではこうはいかなかった」[20]と元F1チャンピオンのジャッキー・スチュワートも驚きを隠せなかった。さらに、シーズン最後のテニス・マスターズ・カップ開催のために三億ドルのテニスセンター（上海旗忠森林体育城テニスセンター〕が建設され、同じように絶賛された。走行距離わずか三三キロメートルほど、空港を出発した乗客が降ろされるのは、市の商業中心地からは程遠い場所という史上初の商業リニアモーターカー〔上海磁浮列車〕の建設には、数千万ドル以上が使われた。市の中心地にある植民地時代の歌劇院は、近くの新たな地下鉄工事のために取り壊されずに済むように、多額の費用をかけて文字どおり土台から持ち上げられ、約七〇メートル移動させられた。さらに市は、ディズニーの代表的なテーマパークの誘致をウォルト・ディズニーと、またポンピドゥー・センターのような総合文化施設の建設のためにパリと交渉を始めた。

　上海が接する揚子江河口は沈泥だらけで狭く水深も浅いため、港には適していなかった。そこで上海市は外海に世界最大の港〔洋山深水港〕を建設し、そこから湾内の島々を埋め立て地でつなぎ、港から上海まで一本の桁外れに長い三二・五キロメートルの橋〔東海大橋〕を海上にかけるという一大プロジェクトに着手した。上海の南一〇〇キロメートルのところには、水深の深い天然の港に恵まれた発展著しいビジネス地帯、寧波《ニンポー》があり、そこの港を利用すればわずかな費用で済むにもかかわらず、上海はそれを無視して、市が保有する港の建設に莫大な資金を投じようとしたのである。

　こうした上海の野心、活力、計画の実行が批判されることはなかった。世界の大都市ならば、このような巨大なプロジェクトの一つですら、財政を大きく圧迫するとして果てしない議論が起こり、計画の遅延を招いたことだろう。ところが上海はわずか数年でほとんどのプロジェクトをあっという間に完了してしまった。F1サーキット、テニス競技場、リニアモーターカー、港の第一期工事に加えて、新しい地下鉄や橋といったインフラ計画、ほかにも数多くの通常の建築工事を成し遂げた。これに比べて、市の政治的手腕はお世辞にも巧みであるとは言えないものだった。

転機を迎えたのは周正毅の逮捕から一年後の二〇〇四年五月、北京が厳しい全国的な金融引き締め政策を発表したときである。中央政府が最も注視する中国経済指標である投資率は許容限度を超え、前年同月比五〇パーセントという前代未聞の伸び率を示していた。中央政府は迅速に行動した。銀行は融資の削減を命じられ、地方政府はすべての大型プロジェクトについてまず北京の承認を得るよう指示された。九〇年代前半から何年にもわたり、上海は全国平均を二パーセント上回る早さで成長するという内部目標を定めてきた。すでに経済の急成長を遂げた裕福な上海市にとって、このような目標をさらに達成するのは容易なことではなかった。ところが陳良宇は、金融引き締め政策が発表されてすぐに、北京が何と言おうと、わが上海の成長ペースを落とすつもりはないと公言したのだ。国内の多くの市の指導者も北京に対して同様の反抗心を抱いていただろうが、あえて声を大にして言ったのは陳だけだった。

温家宝総理が金融引き締め政策について政治局に説明したとき、陳は温に食ってかかったと、会議に出席していた役人たちは証言する。陳は政策によって上海など急成長する沿岸地域は損害を被ると訴えた。温の政策の結果、企業が破産し、失業者の列が長くなるといった不安定な状況が生じた場合、総理として「政治的責任を負う覚悟はあるのか」と問い詰めた。胡錦濤があいだに入り、中央政府の決定が優先されることを再び強調し、ようやく議論は収まった。とはいえ、陳の横柄な振る舞いにより状況は一変した。温と公然と対決したことで、陳はただの経済政策上の意見の相違を、トップレベルの危険な政治紛争に発展させてしまったのだ。

このときまで陳良宇は、軍の統率権を握り上海閥のゴッドファーザーである江沢民からの政治的保護を受けていた。だがこの年の九月、江沢民は最後の役職となった党中央軍事委員会主席という地位を辞任し、人目につかない上海の大邸宅に退いた。旧フランス租界の入り組んだ市街にあるその邸宅は、機密扱いで市内地図にも載らないほどだ。江に代わって国家の三つの最高権力――党中央委員会総書記、国家主席、党中央軍事委員会主席――のすべてを胡錦濤が手にすることにより、陳は危険な状況に置かれることになった。今や胡が陳を糾弾するのに必要なのは、中央政治局の常務委員九人の合意と、江による非公式の承諾、そして当然ながら確かな汚職の証拠のみとなった。

北京が上海に対して訴訟を起こすなら、喜んで手を貸すという人々がいくらでもいた。周正毅の逮捕後も、権利を侵害された住宅所有者たちは上海市党委員会と政府に対する運動を続けていた。濤婷を含む原告グループは、二〇〇三年から二〇〇四年のあいだ、上海の主要駅に配置された監視の目をくぐり、定期的に北京へ陳情しに行き、発言の機会を求めて北京市内を官庁から官庁へ、これ見よがしに列をなして歩いた。まず国家信訪局に行き、次に党中央政法委員会、そして国務院法制弁公室へと足を向けるのがつねのルートだった。上海公安警察に一斉検挙された彼らは、あるとき、上海政府高官の柴俊勇《ししゅんゆう》に声をかけられた。「きみたちの望みは上海市政府を困らせ、黄菊と陳良宇にダメージを与えることだ。すでに目的は達している」濤によれば、柴はこう語った。「今では党中央もこの件についてよく知っていることだし、もうこれ以上はあきらめなさい。上海が立ち直れば、きみたちの問題も解決できるだろう」

原告たちは柴俊勇を無視して、公安部や建設部など、自分たちに注意を向けてくれそうなところへ行進を続けた。徐海明もこのころ北京に入り、天安門広場で、上海政府は「個人資産の搾取をやめろ」と求める横断幕を掲げて、個人で小さな抗議運動を行っていた。中国で最も警備が厳重な天安門広場では、抗議運動のほとんどは直ちに排除される。「広場にいられたのは一分ほどでした」と徐は語った。この時期の北京には、つねに上海の私服警察官がうようよしていた。どの請願者の主張も抗議も、結局は押しつぶされた。だがこの抗議行動は、彼らの本来の目的よりも大きな効果をもたらした。それぞれの事件が上海を困惑させ、北京にいる意気盛んな政敵たちの攻撃材料になったのだ。

ウォーターゲート事件の調査に携わったジャーナリスト、ボブ・ウッドワードとカール・バーンスタインが、「金を追え」という忠告を受けたことは有名だが、陳の事件の場合、中国の汚職捜査にはより馴染みのある「親族を追え」という原則が採用された。瀋婷ら原告たちが長年陳に対して告発してきた多くの罪、つまり陳が親族に不当な利益をもたらしたという罪の多くが実証された。市営企業は、契約に関して便宜を図ってもらう返礼として、陳の妻と息子に実体のない役職を与えて給与を支払っていた。父親と弟は高額な不動産取引において便宜を図ってもらい、そこには周正毅との取引も含まれていた。義理の弟はＦ１サーキットを担当する仕事を任され、私腹を肥やしていた。

かつて陳を取り巻いていた官僚たちの逮捕劇を見れば、この間の陳の失脚の過程がよくわかる。さらに中規委がいかに機能したかという実証でもあった。二〇〇五年から二〇〇六年のあいだに、上海政府内の陳の盟友が一人また一人と逮捕、拘留され、『双規』の規定に則って尋問された。そして、このかつての「陳の盟友」たちは次々と、のちに国営メディアが辛辣に論評したように、調査官の求めに応じて「すべての資料を提出」した。[21] 陳は親族を優遇した罪に加え、それまで無名だった地元の企業家が運営する会社に、約二億七〇〇〇万ドルの資金を流用した真の首謀者として上海市社会保障基金から告発された。地元企業家は二〇〇六年八月に逮捕され、まもなく大きな事件が起こることを予想させた。その月の後半に陳の個人秘書であった秦裕が拘留されると、陳にまでその手が及ぶのも時間の問題となった。

陳を失脚させるに当たってトップレベルでの政治的な取引が行われたことを示す明々白々な証拠が、まもなく実に中国的なやり方で表面化した。二〇〇六年八月に江沢民が八〇歳の誕生日を迎えるのに合わせて江沢民選集を発売すると、ある国営出版社が発表したのである。胡錦濤は先頭に立って派手な称賛を送った。「『江沢民文選』が出版され世に広まることは、党と国家の政治活動における重大な出来事である」と胡は言った。国営メディアによる国家主導の賛辞の嵐は一週間続き、全国各地で江の理論を学ぶための研究グループが党組織によって結成された。江の選集に関する発表を通じて胡と江が上海事件に関して和解したことを知らせる、これは中国では最大限の情報公開であった。江を味方に引き入れた政治局常務委員会は、陳の腐敗調査を正式に承認した。この合意の裏には、ビジネス取引で優遇を受けているとして長いあいだ噂になっている江とその親族については不問に付すという裏取引があったのである。

　一つの壁が崩れると一万人がその壁を倒そうと押し寄せる〔墻倒衆人推〕という中国の古い諺《ことわざ》がある。ひとたび陳が収監されると、不祥事を起こした党委書記の数々の女性遍歴が、国営メディアで取り上げられた。インターネット上には元愛人と言われる人物たちの名前が続々公表され、彼女たちは陳との関係を否定しなければならない窮地に追い込まれた。中央宣伝部は失脚した官僚を厳しく批判するときに、その官僚の異性問題を好んで公表する。そうすることで、汚職は個人の道徳的堕落が原因だとごまかし、本当の原因である構造的な問題が表面化することを避けられるからだ。

　上海事件の締めくくりは八ヵ月後の二〇〇八年三月、中国東北部の長春、かつて日本の支配下にあった満州国の首都で行われた陳の裁判であるが、これも同じく政治的色合いの強いものだった。党が長春を裁判の地として選んだのは、もちろん上海からできるだけ離れたいという意図が働いたからにほかならない。当局は上海の裁判官が陳やその支持者の力添えでその地位に就いたことを重々承知しており、陳の裁判において北京の方針に従うとは考えられなかった。陳は一八年の刑を言い渡されたあと、被告席からごく短い陳述をした。「私は党の信頼を裏切りました」被告席で陳はこう述べた。「上海市民の信頼を裏切り、親族の信頼を裏切りました」陳の容貌には、正式な裁判に至るまでの『双規』のあいだに、長期間拘留されたすべての高官に共通して起こる変化がはっきりと表れていた。拘留中は髪の毛を染めることができず、かつての漆黒の髪は白くなっていた。

陳が拘留されていたのは、北京のはずれにある秦城監獄だったが、そこは共産党が政権を握った一九四九年から重要な政治犯を収容してきた刑務所だ。他の囚人と同様、陳は独房に監禁され、一日一時間だけ独房の外に出ることを許された。陳の監視のために看守の特別チームが組まれ、その監視用の窓からは陳の独房とトイレのなかを覗くことができた。しかし国内の他の刑務所に比べれば、秦城の状況は比較的よかった。食事に自分のお金でナッツと赤ワインを追加したいという陳の要求は却下された、と中国の週刊誌が報じているが、陳に割り当てられていた一日三〇ドルの食費は、一般の労働者の賃金をはるかに上回っていた。伝統的に秦城監獄の看守は敬意をもって囚人たちに接するが、これは失脚した官僚が釈放されて権力を取り戻せば自分たちの立場が危うくなることを、過去の苦い経験から学んでいるからである。[22]

多くの上海官僚は上海が攻撃のターゲットにされたことに苦々しい思いを抱いていた。社会保障基金から流用された金は全額返金された。それに上海の汚職は国内のどの地域とも変わらない、と官僚たちはぼやく。しかし、いずれにせよ上海市には潔く罰を受けるしか道がなかった。最後の悔い改めの儀式として、市政府は逮捕された官僚がカメラの前で涙ながらに罪を告白する映像を公開した。事件の影響はすぐに多方面に広がった。最終的に決まった新たな党書記は上海閥のメンバーではなかった。北京が任命した反腐敗組織のトップも、上海市とは何のしがらみもない人物だった。周正毅は再び逮捕、収監され、今度は刑期一六年という途方もない判決を受けた。弁護士の鄭恩寵は釈放されたが、その直後、復讐心に燃えた市当局に再び拘留される。

鄭弁護士から法的助言を受けて抗議活動をしていた徐海明の物語は、より幸せな結末を迎えた。

差し押さえを受けた資産は、最初に提示されたよりも好条件で取引が成立し、徐の土地の開発に投資した区の官僚たちは懲罰を受け、分け前の返却を命じられた。「私たちは資産価値の約四分の一を手に入れましたが、それは買ったときより高い価格でした」と徐は言った。「でも静安区の官僚たちは安く手に入れた資産を買値と同じ値段で売るように命じられたのです。官僚の一人が言っていましたが、彼らは九〇〇パーセントの収益を見越していたそうです」

濤婷の運動にもそれなりの成果が上がり、母親は東八塊を追放されたのちに与えられたアパートの部屋より大きな新しい部屋を与えられた。しかし濤自身の怒りは収まらず、その怒りは市当局と彼女の闘いを書いた一冊の本に結晶した。濤が言うには、二〇〇七年一一月、その本が香港で出版される直前に、上海官僚のワンと名乗る男から電話がかかってきた。

濤の話から二人のやり取りを再現する。

「あくまでもその本を出版するというのなら、こちらにも考えがある。あなたは二度と回郷証（通常、香港住民が中国本土に旅行するさいには当然の権利として入手できる）を取得できなくなるだろう」と官僚は言った。

「胡錦濤は、国家は法によって統治されるべきだと言ったのよ。あんたなんて怖くないわ」と濤は応じた。

「よろしい。では自分で行って胡錦濤の許可を取って来るがいい」ワンはそう答えた。「この国には共産党しかない。スーパーのチェーン店のように、次から次へと渡り歩くわけにはいかないのだ」

謎の電話主の言葉は本当だった。本の出版以降、濤に対し本土に戻る許可が下りたことはない。「この国には共産党しかない」というその辛辣な返答は、ずばり的を射ている。上海の腐敗撲滅運動も、国内各地で起きている運動と同様、結局は権力を独占する党の壁にぶつかり、調査は打ち止めになる。党が内部の者を捕え、殺し――そして保護する――のは、それなりの政治的理由があるからだ。党員の調査を外部機関に委ねることなどあり得ない。なぜならそれは、党の独裁権を譲り渡すことに等しいからだ。非公式な場面で官僚たちが正直に認めているように、腐敗撲滅運動がもし党の支配を離れて独立して進められることがあるとするなら、その運動そのものが撲滅されることは間違いない。

九〇年代半ばに起きた陳希同の汚職事件をもとにした実話小説『天怒』のなかで、著者がある言い回しを引用し、汚職調査は初めこそ厳格で恐ろしいが、結局は尻すぼみに終わるものだという、決まりきったプロセスをこうたとえている。「腐敗撲滅運動では、トラが報告書を作り、キツネが笑いながら手を叩き、ハエが楽しげにブンブン飛び、ネズミだけが通りで恐れおののく」(23)

この本の後半では、北京市の某汚職官僚が匿名で、腐敗撲滅運動を抑え込むのはそれが党の権力掌握を脅かすからだとして、こう総括している。「最近、腐敗撲滅運動は多くの雷を発生させ、大量の雨を降らせている。だが嵐も山を越せば、雷が鳴り続けても雨は弱まるように、暴風雨は必ず収まる。そしてしばらくすると雷の音もまったく聞こえなくなる。腐敗撲滅の取り組みを徹底的に行うことができないのは、ただならぬ数の人間が関わっているからだ」とその官僚は言う。

よく知られている多くの汚職事件について述べたあと、官僚は続けた。

改革開放の時代になったからといって、われわれが権力の座から退き、資本家階級がわれわれに取って代わることなど容認できようか。絶対に無理だ。腐敗撲滅運動を徹底的に最後までやり抜くことなどできない。なぜなら、体制を維持するには、莫大な数の中堅幹部の支持に頼るしかないからだ。何の利益もなければ、彼らは政権に身を捧げるだろうか。中堅幹部が体制に揺るぎない忠誠を尽くすのは、体制から恩恵を受けているからだ。汚職によってわが国の政治体制はいっそう確固たるものになる。

中国の官僚は香港の官僚と待遇に雲泥の差がある。また台湾の官僚、あるいは先進国の官僚と比べても同じだ。外国の官僚の給与は中国官僚の何十倍、ときには一〇〇倍以上も高いのだ。また、汚職撲滅運動を徹底的に推し進めれば、共産党の闇の部分が白日の下にさらされてしまう。そうなれば、中国共産党に対する大衆の信頼は失われる。そのような歴史的責任を引き受ける者などいるはずがない。

上海の事件は、中華人民共和国史上、最も熾烈を極めた汚職捜査の一つである。二〇〇八年四月までに、官僚と企業家合わせて約三〇人が収監された。調査が大規模かつ冷酷に行われた背景には、中国共産党の面目を保つ必要があったのだ。確かに上海の官僚たちが言うとおり、上海市の汚職が他の地域より特にひどかったわけではない。しかし政治的な意味で、上海官僚の汚職事件は上海市だけの問題では終わらない体制全体の問題だったのだ。『天怒』のなかに登場する官僚は、政治の制約を受けない腐敗撲滅組織など党が容認するはずがないと述べているが、上海のケースでもそのとおりになった。たとえば江沢民の一族を調査すればどこに行き着いただろうか。賈慶林の福建省時代や温家宝夫人の商取引について反腐敗組織が党の制約なしに調査すれば、何が暴露されるだろう。そうした問いは党にとっては答えがたいものだった。いったん糸がほどければ、それがどこで終わるか予想がつかないのである。

過去一〇年間で最大のスキャンダル、二〇〇八年のオリンピック前に起きた三鹿《さんろく》事件に対する党の対応においても、ほぼ同じ論理が働いた。三鹿事件では、上海の事件のような高官の汚職はなかったが、何万人もの乳児に毒物被害を与えた事実上市有の共同体企業である乳製品会社による隠蔽工作には、上海事件と共通する点があった。どちらの事件でも、地方官僚があまりにも大きな権力を行使し、歯止めが利かなくなって、最終的には中央政府が乗り出し、事態の収拾に動いた。中国の目覚しい経済発展のためには党や政府の地方分権化は不可欠だったが、分権化も度を越せば、致命的な結果をもたらす危険性をはらんでいるのだ。

○訳注

＊1　エリオット・ネス　アメリカ合衆国財務省の酒類取締局（Bureau of Prohibition）の捜査

官。

＊2　アンタッチャブル　「手出しできない奴ら」という意味。あらゆる買収に応じないという意味でメディアがネスの捜査チームにつけた渾名。彼らをモデルにした映画も製作された。

＊3　『天怒』（上下）　陳放著、長谷川慶太郎・監修、青木隆・構成、リベロ、一九九八年一月。

＊4　毛沢東と彼の三番目の妻　最初の妻＝羅一秀、二番目の妻＝楊開慧、三番目の妻＝賀子珍、四番目の妻＝江青。ネット上でも四人の妻を持ったという記述が多く見られるが、「最初の妻は形式的な妻であるから、実質的には江青は三番目の妻」とする見方もある由。

第六章　皇帝は遠い

党と地方

「中央政府の決定は中南海の外には伝わらない。
地方は聞く耳を持たないのだ」
（張保慶《ちょうほけい》、教育部副部長）

「当時、あらゆる場面で協調が求められるということは誰もが知っていた。
だからわれわれは三鹿《さんろく》事件[1]を調査することができなかった。
全国民の健康に甚大な被害が及ぶのではないかと非常に危惧していたが、
調査のために記者たちを派遣することができなかったのだ」
（傅剣鋒《ふけんぽう》、『南方週末』編集者）

オリンピックと「毒粉ミルク」事件

北京オリンピックの開幕がほぼ一週間後に迫るなか、国内最大の粉ミルクメーカー、三鹿集団では、幹部らが緊急会議に招集されていた。そしてほどなく、会議室内はパニックに近い険しい雰囲気に包まれた。

何年も前から細心の注意を払ってオリンピックの準備を進めてきた中国の指導部は、中国の暦《こよみ》上縁起がよいとされる二〇〇八年八月八日、午後八時を開幕のときと決めた。北京周辺のすべての場所ではオリンピックが優先された。大気汚染改善のために、前もって市内から巨大な製鉄所などを移転し、何百万もの車の通行を規制した。外交政策でさえ、当然一時的ではあるが、中国の人権問題への批判をかわせる程度に微調整が行われた。開幕までわずか数日という土壇場で、開会式で国歌を斉唱する予定だった少女を、別の少女のほうがふさわしいといって、幹部が直々に変更するほどの気の入れようだった。中国が世界の強国という本来の立場に返り咲く。それを具体的に示す演出の瞬間を妨げるものは、何一つあってはならなかったのだ。

三鹿集団の本社は、首都から車で九〇分、河北省の省都である石家荘《せきかそう》市にある。八月一日、夜が更けるなか、この会社の重役たちにもオリンピック開催は重くのしかかっていた。三鹿はプレオリンピックの熱心なスポンサーでもあった。この前日には、北京の式典に向かう中央政府公認のオリンピック「聖火」が街を通過したが、そのさいにも三鹿の職員が数人、聖火ランナーとして参加していた。しかし、国家が威信を知らしめようとしているこのときに、三鹿の幹部たちは、多くの人々を混乱に陥れ、共産党の面目を潰しかねない重大な危機に直面していた。数ヵ月も前から自社の粉ミルクに関する苦情を無視していたが、ついに主力製品の乳児用粉ミルクに多量の化学物質が混入しているという動かぬ証拠が、最高幹部らの手元に届いたのだ。三鹿製品を溶かしたミルクを唯一の栄養源とする何十万もの乳児が、じわじわと汚染を受けていた。

会議の議長を務めていたのは、三鹿の会長、田文華《でんぶんか》だった。街の小さな乳製品製造所を国内屈指のブランドにまで育て上げた人物だ。田文華は、招集された約一〇人の幹部らとともに翌日の明け方まで何時間もかけて激しい議論を行い、最終決定を下した。それは、化学物質混入を消費者にありのままに知らせるのではなく、事実を隠蔽せよとの指示だった。秘密裏のうちに、在庫になっている汚染製品を回収し、新たに生産された安全な粉ミルクと徐々に入れ替えることが決定された。販売済みの粉ミルクについては何の対策もとらず、消費されるまで購入者の家に放置されることになった。

元獣医だった田文華は、昔の女性教師のような風貌で、女性の上級幹部にありがちな質素でシンプルな服装をしていた。午前四時、彼女は情報が一切漏れないように、会議の詳細な記録を厳重に管理するよう指示して会議を締めくくった。これが二〇年間経営してきた会社での最後の仕事となるのだが、彼女は職場の人間にこう言ったという。「事態を収拾するには隠蔽しかない」だが、事件の実態は白日の下にさらされた。完全に田の判断ミスだった。

化学物質の混入が表沙汰になったのは、それから数週間後の九月半ば、オリンピックがすでに大成功の宣言をもって閉幕したあとのことだった。病気になり、なかには重篤な状態の乳児もいるという噂が広がり、中央政府や国内メディアは憤激をもって動き出した。事実の隠蔽は陰惨な結果をもたらしていた。問題が明らかになったころには二九万人の乳幼児が病気の診断を受けていた。そのほとんどが、一組の夫婦に子供一人と制限した「一人っ子政策」のもとで生まれた唯一の子供である。その多くが腎臓に後遺障害を抱えることになり、六人の乳幼児が死亡した。

三鹿の不祥事によって様々な問題が照らし出された。機能しない政府機関や監査機関、効力のない法律制度、緩い食品安全基準、会社法に基づく企業幹部の責任、暴利を貪る実業家たち。隠蔽が発覚したあと、こうしたことすべてが非難された。田文華と三鹿の幹部らは事件が明るみに出るとすぐに解任され、その後正式に逮捕、起訴された。粉ミルクへの化学物質混入に関与した多くの中間業者らも拘束され、そのうち数人はのちに処刑された。世間の関心は非常に高く、怒りも大きかった。しかし、地方政治の実態を知る者からすれば、この騒動も中国ではよく見られる欺瞞に満ちたものだった。批判が集中しているのは政府や監督官庁、法制度といった政治の表舞台に限られ、一般市民が日常のなかでメディアや情報交換を通じて得る情報の範囲でしかない。あえてカーテンに隠れた舞台裏を覗き、そこにある党の不透明な権力とゆがんだシステムがどのようにこの事件の発端から細部にわたって影響を及ぼしたのか、明らかにしようとする者はほとんどいなかった。

国外から見ると、中国の権力は北京から激流のごとく流れ出し、党中央部から中国全土の省や市、県の従順な共産党の役人たちに浸透していくように思える。だがこのイメージは、政治的に抜け目のない地方の役人たちのたゆまぬ努力の結果、作られたものなのだ。何よりも暗記学習を重んじる学校制度のなかで鍛え上げられてきた地方幹部たちは、北京からどんなに遠く離れていようと、中央から出された最新の指示を一言一句間違えることなく、国外からの来訪者にも伝えることができる。江沢民の在任期間中は、誰にインタビューをしても、江のトレードマークであった「三つの代表」理論を完璧に踏まえた答えが返ってきた。同様に、胡錦濤政権となった今は、その基本思想である「科学的発展観」と「和諧社会」をひととおり称賛したあとでなければ、どんな議論も始まらないほどだ。津々浦々に浸透する圧倒的なプロパガンダシステムを誇る中国では、新たな政策が公布されれば、どんな役人でも知らなかったでは済まされない。もちろん、どの役人も中央の指示を正確に暗記する抜け目なさを備えているので、そのような心配は無用だ。

このトップダウンのシステムは、党の政治的利益を追求する政策においても同様である。チベットや新疆《しんきよう》などの統治権問題でも、地方幹部らは慎重に北京に準じた態度をとり、また非合法とされた法輪功の精神運動への厳しい弾圧に見られるように、国のトップが認可したキャンペーンは熱心に行う。体制の基本的なシステムや一党支配の必要性について、役人から疑問の声が上がることなど無きに等しい。しかし、地方の金銭的利害が絡む経済行政となると、話はまったく違ってくる。中央の指示が一本の川のごとく流れるというイメージとはほど遠く、経済管理についての指示はあちこちに水門が設けられていて、地方が自らに都合のいい政策の場合だけ水門をあけて取り入れるといった具合だ。中国のある学者が言うように、中央への従順を装いながら、都合の悪い政策はどんどん下流に流していくのだ。

中央政府はこうした地方の不服従に苛立ちを隠せない。(2) 二〇〇五年には当時の教育部副部長であった張保慶が、中央政府が貧しい学生のための学費ローン制度を明確に指示したにもかかわらず、多くの地方であっさり無視されたと訴えた。激怒した張は「中央政府の決定は中南海の外には伝わらない」、さらに「地方は聞く耳を持たないのだ」と言い捨てるほどだった。この発言の裏には、北京政府、すなわち党自身が抱える問題の根本的な原因が指摘されている。つまり、党が全権力を握り強力であるがゆえに政府は脆弱となり、未熟な機関が生み出されるという逆説的な現状があり、その現状が地方の党幹部に事実上の絶対権力を与えているという図式である。民主的な政府や開かれたメディアによる権力のチェック機能がない中国では、地方の党幹部の命令ともなると、それは法律にも等しいのだ。

中国には「山は高く皇帝は遠い」という成語がある。北京から遠く離れるほど地方幹部がより自主独立しているさまを表すのによく使われる。だが実際には、首都にごく近い地方であっても、中央政府から内情を隠し続けることは可能なのだ。党組織があまりに自己完結的で不透明であるがゆえに、国民に対してのみならず、内部でも互いに秘密を保とうとする力が働く。首都から車でたった二時間の距離にある石家荘市で起きた三鹿の事件では、地元幹部らが中央政府に知らせることなく、市の最重要企業を守ろうとした。しかし彼らは同時に、オリンピックの成功を全土の幹部の政治的任務とした中央政府からの圧力を受けていた。地方の経済保護政策と国家的な政治運動、この相反する二つの責務が三鹿事件を引き起こしたとも言える。

しかし、三鹿の事件を詳しく検証する前に、反抗的な態度を見せる地方こそ、中国発展の最大の原動力でもあったということを思い起こすべきだろう。中国の目覚しい発展の物語のなかでは、つねに中央指導部が発展のために貢献した主力として描かれ、反抗的で腐敗がはびこる後進的な地方は脇に追いやられている。しかし、罪に問われることなくやり過ごせるものならば、地方の幹部たちが政府の指示を無視しようとするのは、至極当然で理にかなっているのではないか。なぜなら中国のような広大な国で、それぞれ大きく事情の異なる地方に合わせて中央が政策を制定することなど不可能だからだ。党が非中央集権型の構造だからこそ、地方に権力の水門が作られ、そこから地方の反逆が生まれると同時に、活力も生み出されるのだ。

地方同士はみなライバル

東北部に位置する丹東市《たんとう》でまっさきに訪問者の目を引くのは、中国の都市の喧騒と、鴨緑江《おうりょくこう》を挟んで数百メートル先に広がる活気のない荒涼とした北朝鮮の、丹東とはまったく対照的な風景だ。丹東のレストランやカラオケ店は客で溢れかえり、通りは車や人の往来と商売で埋め尽くされている。鴨緑江の中国側は、ほんの一〇年前までは質素な平屋の建物が並ぶ商業地だったが、現在では高層マンションが建ち並んでいる。それに引き換え、対岸に広がるのは近代以前とも思える光景だ。高い煉瓦作りの煙突から出た煙はひょろひょろと細長くたなびき、数頭のやせ細った水牛が、栄養不足のみすぼらしい農夫とボロを着た子供たちに追われて畑を耕している。

中国の都市の多くは、靴下、ワイシャツ、ズボン、革製品というように一つの製品の生産に特化し、そうすることによって世界的規模の製品販売を推し進めた。石家荘市では、三鹿をはじめとする酪農業界が市のバックアップを受けていた。珠江《しゅこう》デルタや長江《ちょうこう》デルタといった中国経済の中心地から遠く離れていた丹東市では、便座の輸出で国内最大の都市に成長した。市内の最大企業は、ウォルマートだけに製品を一括して納品しているほどだ。そして住民たちも抜け目なく、街をうろつく場違いに目立つ欧米人を相手に商売に精を出す。同僚と私が川沿いの地域を散策していると、地元の自称ツアーガイドが近づいてきて言った。「北朝鮮へ行ってみたくないですか?」それから一時間もしないうちにわれわれは街の中心部を離れ、ボートで川を上っていた。そして世界で最も閉ざされた、入国困難とされる国の領土へと、流れを横切って突き進んだのである。

二〇〇六年一〇月、丹東市を訪れた私はその発展と変貌ぶりに衝撃を受けた。前回の訪問から八年のあいだに、丹東は退屈な僻地から賑やかで人が溢れかえるビジネスの中心地へと姿を変えていたのだ。私は地元の政府や企業の幹部に賛辞を送ったが、返ってきた反応はさらに驚くべきものだった。地元の人々は祝賀ムードとはほど遠く、急成長を絶賛する訪問者の言葉に悲しげに首を振って、「この程度の成長スピードではダメなんですよ」と嘆くのだ。のちにこの市の成長率の公式データを調べてみたが、その年の丹東の経済成長率は一六パーセント超の大きな伸びを示していた。にもかかわらず、地元の人々が結果に満足していないのは、すぐ近くの営口《えいこう》港が一八パーセント以上の増加で成長していたからだ。丹東の人々は国家経済の成長率などほとんど関心がない。地方は嫉妬心を燃やしながら、周辺の地方同士で互いの成長率を比較することでしか、自己評価ができないのだ。

中国はその成長物語のなかで、アメリカ、ヨーロッパ、日本などの先進国や、東南アジア、メキシコ、インドおよびその周辺諸国といった低コストを売り物にする製造拠点と果敢に戦ってきたと描かれることが多い。現在のところ、確かにそのとおりだろう。中国は比較的安価で意欲的な労働力に富み、製品を低価格で提供できるという競争上明らかに優位な条件が揃っている。また、他のアジア諸国から経済的成功の事例を数多く取り入れることも怠らなかった。たとえば、かつての日本にならい、自国の通貨を安く抑えて輸出振興を図った。さらに、指定経済特区や工業団地といった経済モデルを、国内で実験することなく実践に移すことができたのも、すでに台湾で実証済みであったものを取り入れることができたからだ。

しかし、この国の経済を推進しているのはまったく別のもう一つの要因であることは、国中を旅してみれば明らかである。それは、地方が火花を散らして戦う、弱肉強食のような熾烈な競争だ。「中国株式会社」を構成する魚の群れと同じように、それぞれの省や市、県から郷《ごう》に至るまで、投資を呼び込むための何かしらの特徴を出そうと必死になっている。シカゴで教育を受けた経済学者で、香港で数年間教鞭を執り、中国本土に対するアドバイスも行ってきたスティーブン・チャンは、長い時間を費やして中国がいかにして鮮烈な経済発展をやってのけたのかを調査した。そして二〇〇八年、北京で開催された経済改革に関する民間協議会でこう報告した。(3)「中国は、汚職や粗末な司法制度、言論・信仰の自由の制限、公私にわたる教育や医療の規制、為替管理、矛盾した政策、さらには一年に何万もの暴動といった多くの問題を抱えていたにもかかわらず」、中国経済はこの三〇年のあいだ、年間一〇パーセント近い成長を達成してきた。

中国はいかにしてこのような結果を出すことができたのか? 珠江デルタや長江デルタといった産業の中心地を何度も訪れた結果、チャンが実感したのは、その謎を解く鍵は地方同士の熾烈なビジネス競争だということだった。地方の党委員会の書記はその管轄区域においては独裁的とも言える権力を握っており、刃向かおうとする者すべてにとって危険な敵となる。陳情に来た者や批判的な活動家を拘留することはもちろん、人事権を濫用してライバルが地方政府内で昇進するのを阻むこともできる。しかし、この強大な権力を用いて地方の書記が経済面での発展を目指せば、世界各国のビジネス中心地にとっても、さらにすぐ隣の市にとっても、恐ろしい競争相手に変わるのだ。

以下はチャンの言葉である。

事業許可が欲しければ、地方政府があなたのために動き相談に乗る人をあてがってくれるでしょう。建築許可が欲しければ、返金保証付き〔不満なら返品して代金払い戻しを受けられる〕で出してくれるでしょう。敷地内を通る汚い小川が不満なら、小さな湖を作ろうと申し出てくるでしょう。建築家や建築業者を見つけるときも、生産段階では、賃金の安い従業員を探す手助けをしてくれるでしょう。安価な電力、公園や娯楽施設、便利な輸送機関、飲料水、輝かしい歴史、さらには地元の女性がいかに美しいかまで、彼らは何でも売るのです。大げさな話ではありません!

チャンが冗談めかして述べた女性の美しさを売るという話は、安徽《あんき》省のある地区で二〇〇五年に行われた美人コンテストを指している。地元への投資を募って全国をキャンペーン行脚する一団の顔として、地元で最も美しい女性たちを選んだのだ。その戦略に対して国中から非難の声が上がったが、地元党委員会の書記は、「美貌は財産だ。それを使って何が悪い?」と反論したという。チャンによれば、人口三〇万人の地域で、投資を募るためだけに五〇〇人近くを雇っているのは普通のことだという。

今世紀の中国では、地方の開発計画に対する暴力的な抗議行動が多発し、指導部にとって大きな懸念材料となっている。しかし、地方政府はそれが地元への投資を支持するデモであれば承認している。二〇〇九年、湖南省では隣り合う二つの市が、上海からの高速鉄道の通過を求める運動を起こした。婁底《ろうてい》市の新化県では「地元の鉄道を守る運動」が起こり、隣の召陽《しょうよう》市政府は何千もの住民に事業誘致のための街頭デモを促した。結局この争いは、両方の地域に鉄道が通過することで和解に至った。そしてひとたび決着がつくと、万一にも同様の街頭デモが他地域に広がらないよう、当局公認の街頭デモの写真は地方政府によってインターネット上から削除された。[4]

地域経済を促進する上で地方政府の重要な役割とは、各地方があたかも独立した一企業のごとく活動するということだ。地方政府自らが投資を促し、銀行に融資を強要し、株を保有するのである。言いかえれば、地方は会社と同じように機能している。同時に、地元党幹部の圧倒的な権力を背景に、裁判所や経済活動を管理する地方条例をも支配することで、事実上独自の自治区を作り上げてもいる。このような仕組みのなかでは、各地方が企業であり、各企業が地方ということになる。そしてそれらすべてが、強い動機を持って互いに競い合っているのだ。

中央政府は地方の活力を利用して新たな施策を試し、成功した場合には国の政策に反映させるという賢明な策をとってきた。たとえば八〇年代前半、多くの地方が中央計画経済に縛られ行き詰まるなか、投資の自由化政策を推進するために深圳《しんせん》などで経済特区を設け、市場経済を作り上げた。また近年では、保健衛生や年金、土地改革に関する政策も、全国展開がなされる前に地方レベルでのストレステストが行われている。

一九七八年から九三年までの期間は、共産主義体制下で地方分権化が進んだ黄金期であり、民間部門の成長率や富裕層の増加率も最大だった。この一五年間の中国のGDP成長率は、二八〇パーセント。八〇年代前半だけで絶対的貧困にある人口が約半分になり、一人当たりの実質所得も急激に増えた。国内屈指の経済学者らが作成した論文[5]には「もし中国の各省を一つの経済圏と見なせば、世界でこの時期の経済成長率トップ30地域のうち、二〇は中国の省が占めることになるだろう」と記されている。この黄金期が幕を閉じたのは、中央政府が定期的に見せる地方における権力低下への恐怖心だった。いつものパターンだ、と中国の経済学者は指摘する。「地方分権が進めば中央統制が利かなくなり、そうなれば中央集権化が進む。中央集権が進めば地方経済の停滞を招き、そうなれば地方分権化が進む。この繰り返しだ」九〇年代前半、方向転換のきっかけとなったのは、中央政府の税収が国全体の税収のわずか二〇パーセント、一五年前の約半分にまで落ち込んだことに中央政府が危機感を抱いたことだった。その年、中央政府への税収の大幅改善を狙って、新たな税制が導入された。

地方の活力は輝かしい成長率を達成したが、その半面、無駄の多い投資主導型成長という経済モデルを生み出し、今や世界的に懸念される現象となっている。インドは、GDPのおよそ四分の一を投資に充てることで、成長率を七パーセントから八パーセントに引き上げることに成功した。これに対し中国は、地方政府が隣の王さんや張さんに負けじと地方政府同士が張り合い、手当たり次第に浪費を続けた結果、巨大な隣国、インドより数パーセント高い数字を得るのにGDPの約半分も投資することになった。中国が消費を上回る投資を続ける限り、その過剰な生産のはけ口として国外に市場を求めるしかない。そうなると、米国の住宅バブルを引き起こしたような経済的アンバランスが、収まるどころかますます進むことになる。

中国の経済成長のバランスを取り戻す、という公約を果たせたか否かという点で、胡錦濤と温家宝を評価するなら、一期目に当たる最初の五年間は二人とも同じ理由で惨敗といえる。どちらも就任当初は、前政権の際限のない投資による成長戦略に代わって、より柔軟で穏やかな成長戦略を提案した。中国はもっと環境に優しく、公平で平和的、そして重工業の大煙突や安価な輸出に依存しない国になるだろう、と。しかし、こうした美辞麗句の裏には政治的戦略が潜んでいた。中国の政治家たちも世界中の政治家と同様、前任者との違いを際立たせたいとの思いがあるからだ。だが、二期目が始まる二〇〇七年、人民大会堂で二人が颯爽と壇上に登ったとき、すでに経済は一期目の五年間に猛烈な勢いで記録的な成長を遂げていた。経済は減速するどころか、エネルギーを大量に消費する鉄鋼、セメント、アルミニウムの生産量はときに三倍まで跳ね上がり、貿易黒字は八倍に膨らんでいた。また、暴動や抗議行動の数は、公式発表されているだけでも記録的に上昇し、中国は共産主義体制になって以来、最も貧富の格差が拡大していた。

胡錦濤と温家宝があとで気づいたのは、税金の徴収を急激に中央集権化に戻すことは、逆説的ではあるが、中央政府の権力強化よりむしろ地方経済の自由化をいっそう促進するだけだ、ということだった。地方政府には今もなお様々なプログラムが、特に教育と保健衛生の分野で課されているが、そのための資金源となる税金を直接徴収することができなくなった地方政府は、必要な資金を調達するために、それまで以上にビジネスにのめり込むようになったのだ。新税制が「品行方正だった少女を売春婦にした」というのは評論家、梁京《りょうきょう》の言葉だ。(6) 予算不足を補うため、地方政府は「農民をいじめ、労働者を搾取し、環境を破壊した。一方、中央政府はこうした事態が進行していても見て見ぬふりをし、GDPと税収ばかりを気にしていた」とも梁は述べている。資金調達に必死になるあまり、地方政府のなかには、ゾッとするような草の根レベルの税収アップ計画を展開したところもある。二〇〇九年五月、湖北省公安県は、県の職員たちに最低でも年間二万三〇〇〇箱〔原文どおりだが、いくつかのネットのサイトでは二三万箱となっている〕のタバコを吸うことを命じ、その理由を「税収と消費者の権利」を守るためだとした。職員が喫煙すればするほど、地方政府の税収が増えるという構想だったが、一般市民の抗議を受けて、のちに撤回された。

多くの地元政府は現金収入を得るために不動産に頼るようになった。予算不足を補塡するため、たいてい適正価格より高値で土地が販売された。「税制改革によって地方には他の収入源がなくなった。だから土地に目を向けたのだ」と言うのは、農民の苦境を専門に研究している于建嶸《うけんそう》教授だ。于教授の調査によると、河北省では年度予算の三〇パーセントが、有限の資源である土地販売によって調達されたものだという。中国全土で起きる抗議行動のおよそ六〇パーセントは、土地を売りさばく地方政府に対する怒りに起因しているのだ。

このような状況下では、経済のバランスを取り戻そうという中央の政策などほとんど効果がなかった。胡錦濤と温家宝が直面する課題は、超大型タンカーの方向転換に似ているとよく言われる。巨大な仕事を成し遂げるにはそれなりの時間が必要だという意味だ。だが実際の中国経済は一隻の超大型タンカーというより、身勝手な小型商船からなる大艦隊のようなものである。商船一隻一隻が全速力で前進しようとし、艦隊全体にいかなる負担がかかろうと気にも留めない。もし中国が今後も消費を上回る投資を続ければ、不均衡の重圧に耐えかねた国内経済が徐々にグラつき始め、世界的な影響を及ぼすことにもなるだろう。地元政府には、すでに売る土地が底を突き始めている。今後数年間は現行の経済モデルで成長を絞り出すことができても、このままでは立ち行かないことは、西洋のエコノミストや世界銀行に言われるまでもなく、中国の中央指導部も重々承知していた。問題の根源はなんといっても政治的なものなのだ。

　これまで中央政府は、自ら原因を招いた地方での過剰投資や政治的腐敗を抑えながらも、地方の活力を維持しようと最大限の努力をしてきたが、これもまた政治的な理由からだった。中央政府は、小さな県の選り抜きの党書記たちに対し、地元の小さな機関ではなく、北京の中央党校に通うよう求めるようになった。将来の昇進に備えた必須コースの一環として、中央政府の優先事項は地方政府のそれよりも優位に立つことを教え込むため、三〇〇〇以上の県から集められた党書記一人一人に、政治局のメンバーや部長〔大臣に相当〕たちが直々に指導を授けるのだ。以前の中央政府なら、身分の低い地方の党書記たちを「ゴマ粒官僚〔芝麻官〕」とバカにして気にもかけなかった。彼らが握る地元での権力など、中央から見ればちっぽけに思えたからだ。だが、中央からどう呼ばれようと、地方に住む住民にとって彼らは生死を左右するほどの権力を持つため、地方では畏敬の念を込めて「父母官」と呼ばれている。今では中央政府も彼らに関心を払うようになった。

ゴマ粒官僚たちを従わせるためには、最新のツールも巧みに利用されている。国内のジャーナリストやブロガーが地方の役人による権力の濫用を暴露することを許したのだ。もちろん、中央政府の最高幹部はその対象に入っていない。中国で言うところの「人肉検索エンジン」によって、地方の役人たちが次々に失脚させられたのは二〇〇九年のことだった。たとえば、不動産管理を担当する南京のある役人は、一パック二二ドルもする「南京九五之尊」という超高級たばこを吸い、一万五〇〇〇ドルはすると思われるスイス製のバシュロン・コンスタンタンの腕時計をした姿をインターネット上に公開された。腕時計は偽物だという抗議も空しく、彼は解雇され、犯罪捜査の対象となった。また深圳の海事局に所属する党書記は、酔ってトイレで少女に性的いたずらをしようとしたところを少女の父親にとがめられ、この父親に暴行を加えた。その様子が撮影されてネットに投稿されたため、彼は解雇された。この役人は「私の（党での）地位はおまえらの市長クラスだぞ。その私が子供の首をつまんで何が悪い？ おまえらが何だと言うんだ？」と叫んだという。雲南省の刑務所では、死亡した受刑者の頭部にあった怪我の原因がネット上で議論を呼び、看守たちが異動になった。刑務所側は、他の受刑者と目隠し遊びのようなことをしたあとで死んだと説明していたのだが、最終的には殴打による死亡だったことを認めた。

地方の党幹部に染みついた秘密主義は、地元に根ざした党の宣伝部によって徹底されているが、単に経済方針に逆らうくらいであれば、中央にとって大した問題ではない。中央政府の産業政策に背いていくつか余分に製鋼所を作ろうと、何本かの川が規定より汚れていようと、それらがどんなに悪質であっても、それによって国家の威信が傷つくことはないからだ。しかし三鹿事件の場合、事件が発覚すれば中央政府も大きな痛手を被ることになる。なぜなら、（オリンピックという）中央の政治的優先事項があったからこそ、地方政府はこの地元の最優良企業が起こした事件を隠蔽しようと試みたのである。そのため三鹿事件では、様々な立場や名目、場面で下されたすべての重要な決定の背後に、党の見えざる手が働いていた。乳幼児の汚染という驚くべき事実が暴露され、民衆が逆上するなか、中央政府はその問題で党幹部が果たした中枢的かつ邪悪ともいえる役割が、決して表沙汰にならないように画策したのである。

遣り手女性幹部のジレンマ

爆発的に成長する中国にあっても、ここ一〇年間の乳業の発展は目覚しいものだった。中国人の食生活に乳製品が加われば健康効果が上がると見込んだ政府の後押しにより、二〇〇一年からの五年間で乳製品の消費量は倍増し、収益はさらに早いペースで増加した。国内でもトップの大企業である蒙牛乳業は、香港株式市場に上場する前にゴールドマン・サックスやモルガン・スタンレーから投資を受け、マッキンゼーによる事業計画を導入しており、一九九九年には五九〇万ドルの収益を計上した。そして二〇〇七年までに、内モンゴルの一企業でしかなかった蒙牛乳業は、売上三一億ドル、国内トップの企業として認められるまでになった。彼らが好んで使うフレーズ、「牛ではありますが、走る速さはロケット級なのです！」どおりの成長だった。

もう一社、猛スピードで成長したのが三鹿だった。一九八七年、当時会長に就任したばかりの田文華の下で、三鹿は他社に先駆けてアウトソーシングによるミルクの生産を始めた。それ以降、国内の他業種もこの生産方式をこぞって真似るようになった。まず三鹿が酪農家に牛を貸し出し、酪農家は収集拠点や中間業者の巨大なネットワークを通して牛乳を届けることで、牛の賃料を返済する。牛の貸し出しやシステム管理の見返りとして、三鹿は酪農家から管理手数料を徴収するというシステムだった。地元の小さな酪農業者が、牛乳の直接生産をやめ、乳製品販売の大手企業へと変貌を遂げたのだ。

三鹿は粉ミルクの国内売上で一五年連続ナンバー1、石家荘市最大の納税者となり、市にとって計り知れないほど貴重な資産となった。三鹿がいなければ、この市も他の大都市と同じように産業誘致や投資の呼び込みに躍起になっていたことだろう。中国企業のあいだでは三鹿は共同体企業と呼ばれていた。地元の共産党や政府の政治的管理の下で、経営者と従業員が株を所有するのだ。二〇〇五年、競合他社の追従を受けた田文華は、最新技術の専門知識を提供すると申し出た世界最大の乳製品輸出業者、ニュージーランドのフォンテラ社との提携をとりつけ、業界トップの座を揺るぎないものとした。

勤勉で質素で、珍しく汚職疑惑にまみれることもなかった田文華は、三鹿の商業的成功によって一足飛びに党のエリート集団の仲間入りを果たした。一九八三年ごろには、中華全国婦女連合会が彼女を「赤旗八本の旗手〔全国三八紅旗手〕」と呼ぶようになった。その後彼女が党から受けた数々の賞のタイトルを見れば、党がいかに彼女の事業の成功を評価していたかがわかる。河北省では、

「貢献度に優れた子供たちのための国民的労働者〔全国有突出貢献の児童工作者〕」、または「人民のための優れた公務員〔全国労働模范〕」と呼ばれたこともある。二〇〇五年には「中国乳業において最も権威ある企業家〔中国乳業界最有権威的企業家〕」となった。さらに田《でん》は、党が統括する組織で毎年全国人民代表大会と同時期に会議を行う、中国人民政治協商会議のメンバーにもなった。

　名刺にエンボス文字で記された二つの肩書きは、彼女の相反する立場をはっきりと示している。田は三鹿の会長であると同時に、さらに高い地位である三鹿の党委員会の書記でもある。この地位に付随して、会社幹部を縛るルールと別のルールが課せられている。会長としては、三鹿の重役会に報告する義務があり、党の書記としては、中国では婉曲的に「より高い地位の権力者」と呼ばれている存在、つまり党内の一段上のレベルにいる上位者たちに報告する義務があった。

　田文華の豊富な経験と、新たな株主であるフォンテラ社の専門知識をもってすれば、合弁会社の三鹿は、中国の産業全体を巻き込むような食品汚染事件に前もって対処することができたはずだ。それまでにも食品業界の絡んだ事件は数多く起きており、教訓には事欠かなかった。二〇〇四年、内陸部の貧しい安徽省では、ニセの粉ミルクで一三人の乳児が死亡している。身体が衰弱する一方で頭部が膨らむ症状から、被害者は「大きな頭の赤ちゃん」と呼ばれた。事件はほかにも続いた。それからすぐ、一七年も前の古米が、収穫したての新米として店頭で売られているのが見つかる。上海最大手の乳業会社が、賞味期限切れの牛乳を再加工して出荷していたことも発覚した。二〇〇七年、アメリカでは、中国製のペットフードを食べた猫や犬が病気にかかって死んでゆくという事件もあった。パナマでも、凍結防止用の薬品を含む中国製の歯磨き粉が原因で、多数の死者が出た。

海外で事件が相次ぎ、中国への非難が高まったことから、政府は明確な対応を見せる必要があった。しかし、反帝国主義思想を注入された共産党のなかで育った幹部の一部には、こうした非難には反撃するべきだと考える者もいた。輸出入される食品の品質管理を担当する局〔国家品質監督検査検疫総局〕の局長、李長江《りちょうこう》は「外国メディア、特にアメリカを拠点とするメディアは、いわゆる危険な中国製品について悪意に満ちた報道を行っている」と発言した。李局長は外国人が「白を黒と言い募っている」と訴えたが、こうした猛烈な抗議の裏には、食品の安全に関する中央政府の深い懸念が隠されていた。二〇〇七年後半、政府はついにこの問題について、最大限の力を振りしぼって強い意思を示した。鄭篠萸《ていしょうゆ》・国家食品薬品監督管理局長が、自社製品の市販について政府の承認を求めた製薬会社から賄賂を受け取ったとして有罪判決を受け、処刑されたのだ。閣僚クラスの高官の処刑は非常に稀で、中国の姿勢を強くアピールしたわけだが、オリンピック前の暗いニュースは避けるべきという当時の党の最優先事項のために、かき消されてしまった。

急激に工業化する中国を、ディケンズの作品に出てくる粗悪な工場や、一九〇六年出版のアプトン・シンクレアの小説『ジャングル』でその恐るべき実態を暴かれたシカゴの食肉加工業と比較する評論家は多い。中国で起きた食品関連の事件は、やはり急激な産業化を遂げていた時代の西洋が抱えていた問題と不気味なほど符合している。急激な経済成長やそれに伴う社会の変貌によって生じた、富、汚染、汚職に対して、政府の規制当局が対応しきれなかったのは、中国も、一世紀近く前のアメリカやヨーロッパも同じだ。しかし西洋と中国のあいだには重大な違いが一つある。それは共産党と、党によるメディア規制である。

アメリカでは、スキャンダルを追いかける記者たちが、悪徳資本家の罪の数々を暴くことで、キャリアを築きあげていた。中国で増えつつある民営メディアのジャーナリストたちにも、同じような欲求はある。しかし彼らには、宣伝部という、メディアを一貫して支配する乗り越えられない壁があるのだ。強い権力を持つ宣伝部は、情報に明るい市民などというジェファーソン流の理念など、とうの昔に覆してしまった。宣伝部の創立精神によれば、メディアの存在意義は共産党の役に立つことであり、市民のことなど二の次なのだ。オリンピック開催の年に宣伝部が案じていたのは、暴露記事が騒動を呼んだり、地方経済にダメージを与えたりすることだけではない。中国がかつてないほど世界の注目を集めている最中に、メディアの規制を緩めれば、党や国家が恥をかかされるという最悪の事態が引き起こされかねないと懸念していたのだ。

オリンピック開催のかなり前、二〇〇七年後半から、宣伝部による既存の報道規制がさらに強化された。運の悪いことに、石家荘市の三鹿本社に自社の粉ミルクに関する苦情がポツポツと届き始めたのは、ちょうど新たな規制が施行されたのと同時期だった。その後八ヵ月間、三鹿の顧客サービス窓口で記録された苦情はどれも同じ内容だった。親たちは乳児に三鹿の粉ミルクを与えていたら、尿が赤くなったと訴えていた。腎臓が侵されるに従って、おしっこがまったく出なくなった赤ちゃんもいた。

腎機能障害の原因は、プラスチックや接着剤の原料となるメラミンという化合物で、窒素を多く含むことから肥料にも使われていた。中国乳業界では、個人の酪農家たちから牛乳を集め、三鹿のような企業にまとめて納入する仲介業者が急成長していたが、彼らのあいだでは、メラミンが「粉末タンパク質」という信じられない名前で呼ばれていた。以前、中国のメーカーがこのメラミンを使って、小麦グルテンに含まれるタンパク質量を多く見せかけたペットフードをアメリカに輸出したことがある。それが直接の原因で、多くの猫や犬が死亡した。そして二〇〇七年後半、今度は牛乳の納入業者たちがまったく同じ手を使ったのだ。市場でのコスト削減競争に打ち勝ち、「大きな頭の赤ちゃん」事件以降定められた新たな栄養基準を満たさなければならないなかで、納入業者たちはなんとかして利益を上げる方法を模索していた。数年前に田文華が始めたアウトソーシングによる生産は、競合他社も採用するようになっていたが、当初は画期的だったはずのその手法が業界全体を蝕んでいた。三鹿をはじめとする乳業会社は自社製品の品質管理を、価格のことしか頭にない悪徳仲介業者の手に委ねてしまったのだ。

しかし、この間も経済や党の活動の表舞台では、三鹿は引き続き絶好調の企業と評価されていた。[7] 二〇〇七年後半には、国営放送の中国中央電視台（ＣＣＴＶ）で毎週放送されていた「中国製品の品質」という番組で、高品質の乳製品を作る企業として称賛を受けた。病に冒される乳児が増えていたにもかかわらず、その後も二〇〇八年まで称賛の記事は立て続けにメディアに登場した。実際には記事の多くが、三鹿社内の広報担当者が書いた有料広告だったのだが、記者が書いた通常の記事として扱われていた。八月六日の時点でも、記者になりすました三鹿の広報担当者は、『人民日報』や、中国最大手のポータルサイト新浪網〔シナ・ドットコム〕に、過去三〇年間に「中国を変えた」ブランドの一つとして評価されたという記事を載せた。豊かな資金力を持つ企業と党の管理下にあるメディアとの親密な関係の典型とも言える広報戦略は、三鹿に多くの恩恵をもたらした。国家品質監督検査検疫総局の検査を三年連続クリアした結果、二〇〇八年には当局の汚染物質に関する検査が、三鹿の粉ミルクに対してはもはや行われなくなっていたのもその例である。

しかし、外から見えない舞台裏では、健康食品と幸せな赤ちゃんという本来の姿はすでに消えうせていた。三鹿社内では何ヵ月も前から警報のベルが鳴り響いていたのだ。二〇〇七年後半、最初に届いた病気の乳児に関する苦情を無視したあとも、苦情は増え続けていた。二〇〇八年二月、浙江《せっこう》省に住む少女の父親がウェブサイトに娘の排尿困難の詳細を掲載すると、三鹿は父親に無償で粉ミルクを提供し、記事を削除させた。七月になると、湖南省の地元テレビ局が、乳児のあいだで腎臓結石が急増しているというニュースを報じるが、このときには、オリンピック前の報道規制に触れないようにと、三鹿の製品を映し出すだけでナレーションでは企業名を明言しない方法でうやむやに終わらせた。同じく七月、中国南部の広東省でも、調査報道で有名な週刊誌『南方週末』の編集者が、三鹿の粉ミルクを飲んだ二〇人の乳児が入院した事実をつかんだ。(8) しかし、オリンピックを前にして、イメージを損なうニュースを地方支部に見張らせていた宣伝部は、その報道を完全に封じてしまう。編集者の傅剣鋒《ふけんぽう》は、のちに自分のブログに罪悪感をにじませたコメントを掲載している。「当時、あらゆる場面で協調が求められるということは誰もが知っていた。だから、われわれは三鹿事件を調査することができなかった。全国民の健康に甚大な被害が及ぶのではないかと非常に危惧していたが、調査のために記者たちを派遣することができなかったのだ」

七月後半までには、三鹿も地元政府の研究所で独自の検査をしていた。そして八月一日に報告されたのは、ただならぬ結果だった。一六セット送ったサンプルのうち、一五のサンプルに有害レベルのメラミン混入の可能性が認められたのだ。この検査結果によって田文華にのしかかったのは、消費者の健康と企業としての責任というジレンマだけではなかった。党の幹部でもある彼女にとって、最大のジレンマはきわめて政治的なものだった。つまり、党の指令によって彼女は二つの相反する選択肢から一つを選ばなければならないというジレンマに陥っていたのだ。田文華には、企業経営者として危険な商品の製造、販売を禁ずる法律に従う義務がある。そして三鹿の党委員会書記として、党からの指示を最優先するという政治的責任がある。当時の政治的責任とは、中央政府が短期の政治的最重要課題として掲げていた、オリンピックの確実な成功だ。開催を目前に控えて、宣伝部による報道規制はさらに強化されており、三鹿も石家荘市も知らなかったでは済まされないほど明確な指示が出ていた(9)。八月初旬に出された二一項目からなる命令書の八項目目には「食品の安全問題について一切のコメントを禁ずる」と明言されていた。オリンピック開会を一週間後に控えたこの時期に、三鹿の粉ミルクの大規模なリコールを行ったり、ミルクを飲んだ乳児が汚染を受けたと認めたりすることは、国内外で騒動を引き起こし、三鹿のビジネスを壊滅させるだけでなく、三鹿幹部と地元役人たちの党員としてのキャリアを台無しにすることも意味していた。

八月二日、三鹿幹部による緊急会議終了からわずか数時間後の土曜日の朝、田文華は電話会議システムを使っての緊急取締役会議を招集した。急な招集だったため、フォンテラ社から出向中の取締役で参加したのは、ベテランのボブ・メイジャーただ一人だった。メイジャーは同僚に、取締役会は数時間の議論の末、自分の要求した完全リコールで合意したことを伝えた。しかし数時間後、上海にあるメイジャーの自宅に再び電話がかかり、石家荘市の当局が取締役会の決定を却下したことが伝えられた。フォンテラ社は、取締役会が乳製品の完全リコールという決定に至るまでを詳細に記した議事録を用意した。これに対し三鹿側は、販売前の製品に限ってのリコールで合意したという議事録を提出した。そして、両者とも相手側が作成した議事録にサインすることを拒んだのである。

どちらの言い分が優勢になるかは、明らかだった。取締役会議の前、深夜の極秘会議で決められた三鹿の当初の方針は、石家荘市政府の命令に沿ったものだったからだ。表向きには、取締役会議が会社の唯一正式な意思決定機関であるはずだが、そこでの協議はあっさり無視された。『法制日報』はのちにこう報道している。「（幹部たちは）まさに（八月一日深夜の）あの会議で状況を読み違え、数々の誤った決断を下して、三鹿を破滅の道へと導いたのだ」

石家荘市の製品安全担当でもあった副市長は、オリンピックを念頭に置き、完全に政治的な観点から三鹿に隠蔽工作を命じた[10]。絶対に問題を表沙汰にするな、というのがその指示だった。メディアの口を封じること。怒った消費者が中央政府に苦情を申し立てに行くのを止めること。そして最後に、ほかに方法がなければ「人の口は金でふさげ」と中国流に簡潔に指示して締めくくった。三鹿は直ちに、メディアを「調整する」ための助力を要請する文書を地元宣伝部に送った。

そこには「これは問題を煽り立て、社会に悪影響を及ぼすことを防ぐためです」とあった。さらに、インターネット上にも対策を講じた。中国検索エンジンのバイドゥ(11)は中国政府の要請でインターネット検索にフィルターをかけ、党に批判的なコメントを除外することで長い実績を持つ。通称「保護協定」と呼ばれる同様のサービスが企業に対しても販売されており、三鹿もバイドゥから事前に購入していたこの「保護協定」を利用したのだ。自社製品と病気の乳児やメラミンを結びつけるような検索を制限もしくは排除する協定は、三〇〇万人民元で売られたという（バイドゥはのちにこの販売を否定している）。

隠蔽工作が始まって一週間以上が経ち、オリンピック開幕から四日目となっても、三鹿広報部は明るいニュースを発信し続けていた。国内の食品業界のウェブサイトに掲載された記事には、三鹿がオリンピック開会式当日に生まれた子供に粉ミルクを無料で贈呈したと書かれている。記事にはこうあった。「オリンピック生まれの子供たちに、三鹿の粉ミルクから『たくましく前へ進もう』の言葉を送ります」「最先端技術を用いて作られた高品質で栄養価の高い三鹿の粉ミルクを飲んで『たくましく前へ進もう！』中国の未来のために！」九月九日になってようやく、中央政府の耳に届くほどの警笛を鳴らす者が現れた。何週間もどうすべきか考えあぐねたフォンテラ社が、ニュージーランド政府に相談、ニュージーランド政府が在北京大使を通じて汚染粉ミルクの件を中国政府に報告させたのだ。すぐに全製品の回収が行われ、甚大な影響が広がった。

数日後、新華社が田文華の解雇を報じ(12)、誰が解雇の決定を下したかを明らかにした。大見出しには、解雇は河北省の党委員会の「組織の問題」であるとあった。そして、五〇〇字からなる記事の最後には、社内取締役会も「規則と手順に従って」彼女を解任したと補足のように記されていた。実際のところ、取締役会は彼女の解任に何の役割も果たしてはいなかった。取締役たちによれば、党委員会が田を解雇し、それを発表したのち、深夜の緊急電話会議という形で取締役会が招集され、形式的に判を押しただけらしい。フォンテラ社の幹部はのちにこんなことを言っている。「彼らは何かを決めたあとにいつもこう確認するのです。『どうすればこの決定を合法的にすることができるだろうか？』ってね」

事件が公になる一ヵ月前の八月、石家荘市の党委員会がパニック状態で隠蔽工作に追われ始めたとき、三鹿の取締役会はのけ者にされていた。そして本格的な政治危機を迎えたときも、事件の主導権を握っていた中央と地元の党指導部から、当然のように、再び蚊帳《かや》の外に置かれたのである。

中央が〝見えざる手〟を総動員

三鹿の粉ミルクによって病に冒された子供の親たちが集まるというので訪ねてみた。会合場所に指定されたホテルの一室で最初に私の目に留まったのは、壁に貼られたスケッチだった。遠目には子供が描く普通の絵に見えた。棒線でシンプルに描かれた骸骨のような人物がにっこり笑い、その周りに同じような線で太陽や花なども描かれている。考え抜かれたアイディアだと感じ入りながら私はそれらを見ていた。おそらく、病気の子供たちが看護を受けて回復していく過程で、一種の心理療法として描いたものだろう、と。しかし、近づいてよく見てみると、少し様子が違う。手を握り合う二人の女性の絵には、「大好きなママたち」という文字が添えられていた。つまりレズビアンの両親ということだ。また別の絵には、男性が二人描かれていて「ゲイはいいこと」とあった。

北京の西部にあるこの二つ星ホテルの一室は、三鹿と政府を訴えようという親と弁護士たちが直面している弱い立場を象徴していた。中国ではどの市や町にも、その一等地に大規模な政府の建物があり、国の権力を見せつける象徴となっている。壮大な玄関ホールや華美な会議室などは、すべて招待客に畏敬の念を起こさせるようなデザインだ。一方、李方平《りほうへい》弁護士のように、国を相手に争おうとする人々は質素な暮らしを強いられている。その日、李弁護士が被害者の親たちとの会合場所として借りたのは、うらぶれた二つ星ホテルの一三階にひっそりと設けられた、同性愛者たちの夜のたまり場だったのだ。たまり場に身を潜める同性愛者たちが社会規範に立ち向かおうとしているように、李は自らの信念に突き動かされて、社会の片隅に追いやられている人々を救う活動へと飛び込んだのだった。

事件が公になると李方平はすぐに、被害者のいる各地方で集団訴訟の準備をするため、電子メールや携帯メールを送信してボランティアの弁護士を募った。その反響はかつてないほど大きく、数日のうちに中国の三一の省・行政区のうち二二の省・行政区の一二四人もの弁護士から協力の返事が届いた。李は言う。「社会に貢献したいと思っている弁護士はまだまだいると思います。しかしその後、この事件は国家規模の危機に発展してしまったのです」この発言の最後の部分については、党も同じように考えていた。三鹿事件は、李が手がけてきたなかでも最大の事件となるはずだった。しかし、遅ればせながらニュージーランド政府が中央政府に事件を報告した日から、三鹿事件は国の最高指導部が直接指揮する案件となり、李のような弁護士などはすっかり出る幕がなくなってしまった。

事件がいったん公になると、中央宣伝部はすぐさま方針を変更した。宣伝部によるオリンピックのための報道規制が、石家荘市を隠蔽に走らせたすべての動機になったことは確かだが、汚染粉ミルクに関する報道を抑える最初の隠蔽工作に中央宣伝部は直接関わっていなかった。宣伝部にとって、もはや厳重な秘密主義は選択肢にはなかった。オリンピックが終わると、宣伝部は二つの目標を念頭に、報道の管理と世論の誘導に取りかかった。一つは、被害者の親たちの怒りが手に負えなくなったり、事件がより大きな政治問題になったりしないように管理すること。そしてもう一つは、この事件によって党指導部のイメージが損なわれないようにすることだった。

李弁護士らの動きを抑え込むため、宣伝部とは別の謎めいた党組織も同時に活動を開始した。それは中央政法委員会と呼ばれる政治局の機関である。李は、集団訴訟を始めようとしてすぐにその委員会からの圧力を感じた。最初に電話で圧力をかけてきたのは、全華中国律師協会だった。「党と政府を信じるのだ!」と言われたという。それからすぐに会合に呼ばれたかと思うと、「この件の弁護を引き受けるのをやめ、全地域の依頼人の代理人となるのもやめろ!」と命令された。また、北京市の司法局からはこんな連絡もあった。「こうした事件を扱う場合には、直ちに報告するように!」

全華中国律師協会も司法局も、まさに機関という機関すべてが、最終的には中央政法委員会の支配下にある。その支配は世間の目から隠された舞台裏で、各機関が設置を義務づけられている党の下部組織を通して行使されている。たとえば、律師協会内の党書記は北京司法局の政府高官である。市の司法局の上には司法部があり、司法部は最終的に中央政法委員会に報告する仕組みになっている。李方平は中央政法委員会についてこう述べている。「それはクモの巣の真ん中にいるクモのような存在で、公安部とも検察当局とも、裁判所や裁判官とも繋がっているのです」

李方平は口調の穏やかなクリスチャンで、リストバンドには「中国のために祈ろう」という信念を刻んでいる。彼は訴訟から手を引くよう言われるたびに論駁してきたという。李はこう語った。「当局は、私が集団訴訟を起こしたことが気に入らない。個人が裁判に関与することをひどく嫌っているのです」中央政法委員会が直接、李に働きかけてきたことはない。党の中央機関は、政府機関や国の支配下にある専門団体を介して、少し距離を置いたところから権力を行使することを好むからだ。李は地方の記者から、委員会が弁護士を抑える命令を出していることを聞いていたという。その話は多くの意味でいかにも中国らしいものだった。その記者は党が法制度を操作している事実について確かな情報をつかんでいた。しかし、記者はそれを李に個人的に流すことはできても、新聞上で報道することは宣伝部の力によって阻止されていたという。集団訴訟への協力に名乗りを上げていた国中の弁護士たちは、徐々に脱落していった。そのなかには、免許取り消しの脅迫に屈服した者もいたという。そして、国中の裁判所がこの申し立てを却下すると、ほとんどの者が活動を打ち切った。

宣伝部と同じように中央政法委員会も、政治的管理には細心の注意を払っていた。つまり、実際にはあらゆる場面で介入を行うのだが、あくまでも正式な法的手続きを踏んでいるように見せかけるということである。委員会はまず、田文華と三鹿の主な共同被告人の審理を、一回の裁判で片付ける計画を立てた。裁判は、三人の裁判官による合議制で、一二月三一日午前八時三〇分に始まり、ほぼ一四時間後の午後一〇時一〇分まで、ぶっ通しで続けられた。裁判官たちは、まるで最悪の労働搾取工場で働く労働者だった。田文華と様々な罪に問われた二〇人以上の被告人たちへの判決も、すべて一ヵ月後に一日で言い渡された。

被害者家族による抗議の機会を減らすために審理を迅速に進める一方で、裁判所は厳しい判決を下した。「粉末タンパク質」の業者は、一人には執行猶予が付いたものの、三人には死刑が言い渡された。田文華は終身刑となった。石家荘市の市長は、直属だった多数の高官とともに解任された。市で最も強い権力を持っていた石家荘市の党書記も、最終的には解任されている。この年の初めから中国製品の安全性に関する外国からの批判に苛立っていた、食品の品質を管理する国家品質監督検査検疫総局長、李長江も屈辱的な辞任に追い込まれた。政府の策定した支払い計画に基づいて、賠償金を受け取った家族は何万にも上る。さらに一触即発状態にあった市民の怒りに形ばかりの誠意を見せるため、石家荘市の最高人民法院は五組の家族からの訴訟を受け入れることに合意し、この問題の最終的な決着を図ろうとした。

三鹿事件の判決が出た直後、汚染されたピーナッツ製品を故意に発売し、数百人に健康被害を与え、何人もの死者を出した容疑で、米国ジョージア州の実業家が逮捕された。中国の国営通信社は、三鹿の事件に関する海外の大々的な報道を苦々しく思っていたため、ジョージアの事件を嬉々として報じた。問題の会社の製品を食べて健康被害を受けたのは約六〇〇人。八人の死者が出たことも記事の論調に影響を与えていた。新華社の見出しには、それがよく表れている。「サルモネラ菌混入の可能性は十分認識されていた。売り続けられた製品。担当代理店、気づいていながら調査せず」

道徳的腐敗という点で三鹿事件に負けず劣らずのこの事件に対して、新華社の論調は怒りに満ち溢れていた。それは、三鹿事件を中国の体制の問題だとする批判に対し、これは中国だけの問題ではないし、また事件をきちんと処理した体制の優秀さを世界に伝え切れなかったという忸怩《じくじ》たる思いが背景にあったからだ。どんな事件であれ、隠蔽工作を推し進めるのは、私利私欲にまみれ、事の重大さに無関心という人間的な要因であるであることは明白だ。世界中どの国でも、組織は誤りを犯しがちで、腐敗へと導かれるものだ。だが、三鹿の事件で露呈したのは、多大な犠牲を払ってキャリアとビジネスを守ろうとする普通の人間の弱さをはるかに超えたものだった。この事件では、共産党が市民だけでなく党自身に対しても、最初から最後までその見えざる権力を行使するという実態が浮き彫りになったのだ。

国家が危機に直面したとき、中国共産党は世界でもほとんど類を見ない規模の動員を行い、指導力を誇示することができる。たとえば二〇〇八年五月、マグニチュード七・九の四川《しせん》大地震で九万人近くが命を落とし、何百万もの人々が家を失ったとき、党の迅速な対応は目を見張るものだった。まず、温家宝総理が、地震発生からわずか数時間以内に飛行機で被災地に降り立った。

そして何千もの高官、兵士、一般市民が即座に救済活動にあたったのである。『人民日報』はこう報じた。「このような恐ろしい自然災害に直面したとき、党と政府は社会主義国家ならではの強力な動員力を発揮する」「どんな困難も乗り越えられるのだ」

しかし災害当初、精力的に救援活動を行ったのは当局というよりむしろ一般国民だった。裕福な企業家や、できたばかりのNGO、民間企業や個々の市民までが、かつてないほどの自発的な活動力を発揮し、独自の援助活動をすべく大挙して被災地に押し寄せ、当局もあえて彼らを排除しようとはしなかった。

数週間後、中央組織部は異例の記者会見を行い、まるで誤りを訂正するかのように、救援活動における党の成果を列挙した。マルクス主義の伝統のなかで自らを人民の先導者と考える中国共産党は、救援活動で後塵を拝したという印象を持たれることに我慢がならなかったのだ。この記者会見で、中央組織部の副部長、欧陽淞《おうようしょう》はまるで月間生産統計でも読み上げるかのように、地震の救援活動において党が貢献した項目を並べ立てた。五〇〇〇以上の党委員会からの兵士、一万近い地方の党、一〇〇〇〇に及ぶ党の臨時組織、そして四万人以上の党員がみな「怯むことなく危険と困難に立ち向かった」と。

中央組織部の記者会見は、その七〇年の歴史のなかでこれが四回目にすぎず、思いもよらぬ出来事だった。会見で機械的に言葉を発した欧陽淞は、他人の手柄を横取りする人物そのものだった。地震によって、国中が一つの目標に向かって精神的に一致団結したという意味で、逆説的ではあるが、指導部は政治的勝利を得たといえる。しかし、党の自尊心を保つためには、やはり党のメンバーが同胞の救助に活躍したという記録が欲しかったのだ。

すべての成功は一つの源、すなわち党によってもたらされる——この教えが浸透している中国では、しばしば信じがたい報道を耳にする。[13] 二〇〇七年、河南省で起きた炭鉱事故に関して、国営メディアは次のように報じた。暗闇のなかから日の光の射す地上に助け出された瞬間、一人の炭鉱作業員が上げた第一声は「党中央部に感謝いたします！ 国務院にも感謝いたします！ 河南省政府にも感謝いたします！ そして国民のみなさんありがとうございました！」だったというのだ。救出された炭鉱作業員が家族や愛する人について言及しなかったという事実はさておき、この発言で注目すべきは、支配階層の序列が完璧に守られている点である。党を先頭に、次は中央政府、そのあとに省の指導部、最後に国民という序列だ。組織部は、震災時の援助活動や、小規模なものでは炭鉱事故での救助劇について誇らしげに報じたが、その性質からすれば例外的なことだった。通常、組織部のような党組織は、三鹿事件のときに人目につかないところで権力を振るったように、目立たぬように行動することを好むからだ。

三鹿事件では、地方から中央のレベルまで党の多数の組織が互いに反目し合い、ときには協力しあって、あらゆる局面で事件を押さえ込もうと画策した。党組織が報道を検閲し、企業の管理能力を奪い、取締役会を無視し、最終的には役員たちを解雇し、逮捕した。被害者たちが訴訟を起こそうと団結すると、党組織が弁護士を脅し、裁判所を操作し、訴訟当事者を買収し、最終的にひと握りの訴訟を受け入れた。そして最後には、事件の収束を図るために加害者を厳罰に処した。

様々な段階のあらゆる場面で党がとった行動を再確認することができるのは党の内部だけであり、本当の意味での世間の厳しい目にさらされることは決してない。田文華の党書記解任劇でわずかに言及されたこと以外、三鹿事件で党が果たした役割はほとんど外に漏れることがなかった。二一世紀の中国では、いまだにこうした秘密主義が公然とまかり通っている。自らを「歴史の審判」の代弁者であると豪語し、中国を支配する党にとって、様々な組織や企業、メディアや法律を操作することはごく日常的な仕事なのである。

三鹿事件は、秘密主義かつ神秘主義を奉じる中国共産党の最悪の姿を浮き彫りにした。しかし、過去三〇年間、国とともに発展してきた中国の民間企業に関しては、党はおおっぴらに表舞台でその栄誉を分かち合っている。長年にわたる舞台裏での活動を打ち捨て、公共の面前で民間企業における党の存在感を前面に打ち出している。党は民間部門と対立するどころか、両者が一体となって相互利益を目指し、互いに調和しながら事業を推し進めているというイメージを植えつけようとしているのだ。

第七章　社会主義を完成させた鄧小平

党と資本主義

「鄧小平は賢明な人物でした。社会主義を完成させたのは彼です。鄧氏以前の社会主義は欠陥だらけでした」

（年広久《ねんこうきゅう》、企業家）


「私は自分で自分をハイアール社内の党書記に任命したのです。ですから、自分とは衝突のしようがないでしょう?」

（張瑞敏《ちょうずいびん》、中国最大の家電メーカー、ハイアール最高経営責任者）


「民間企業に対する政府支援は国有部門に対するほど手厚くはない。われわれはそれを自然の法則と考えています」

（劉永行《りゅうえいこう》、イーストホープ・グループ〈東方希望集団〉）

セレブになった「大バカ者」

かつて「ミスター・種《たね》バカ」として中国全土に名を馳せた男は、二階建ての質素な彼の店舗兼貯蔵センターの窓から、高くそびえ立つ隣のオフィスビル群を指さして言った。「刑務所に入っていたのは私だけではありません。今窓の外に見えるビルはすべて、私と一緒に刑務所にいた仲間が所有しているのです」

男の名前は、年広久《ねんこうきゅう》、彼は何度も何年にもわたって刑務所に入り、そのたびに仲間を増やした。初めて収監されたのは一九六三年、安徽《あんき》省中央部にある生まれ故郷の蕪湖《ぶこ》市で、自営のくだもの屋台を出したことにより、違法な投機に携わったという罪に問われたのだ。二度目は数年後の文化大革命の時期、資本主義者としての逮捕記録があるだけで十分な逮捕理由とされ、「牛鬼蛇神」と呼ばれて収監された。三度目は一九八九年の天安門事件のあと、党の強硬派が企業家とデモ参加者の学生をひとまとめに破壊分子と見なしたときである。そのとき彼と同じ監房にいた企業家の一人が、隣のオフィスビル群のオーナーで、その男は出所後、次々と会社を立ち上げたのだという。

改革開放が始まった七〇年代後半の数年間、年広久は庶民のおやつを手ごろな価格で売る店を開いていた。中国人がふだん考えごとをしながら食べている、煎《い》ったひまわりの種やかぼちゃの種を売る店だ。農家から大量に買いつけては、国のあちこちで安く販売していた。彼は目立って反抗的な性格から、当局に目を付けられるようになったが、その性格が後年、単なる露店でしかなかった彼の商売を変貌させるのに役立ったとも言える。無教養だった彼の父親は、地元では「大バカ者」として知られていた。同じく無教養だった年広久もまた「小さな大バカ者」とか「大バカの息子」と呼ばれて育った。種の販売に何かうまい宣伝文句はないかと考えた年は、自分のあだ名を使うことにした。パッケージには年《ねん》の笑顔が印刷され、商品名と一緒にわかりやすいキャッチフレーズを載せた。「大バカ者の種〜賢者のおやつ〜」種の名前は瞬く間に有名になった。そして、数年のうちに彼は、従業員数一〇〇人以上という好調な事業と最初の富を手にしたのである。

中国で最も人口が多く、最も貧しい安徽省を取り仕切る地元の幹部たちは当初、年広久の成功に胸を躍らすどころか茫然としていた。貧弱な地元経済を心配する以上に、「大バカ者の種」のような民間企業に商売を許すことが政治的な過ちにならないかを懸念していたのだ。安徽省は「大バカ者の種」に関する報告を何度も中央へ送り、資本主義的経済活動を停止させるべきかどうかお伺いを立てた。年のビジネスに関するその報告は、一九八四年、ついに鄧小平の手元に届く。鄧小平はすぐに、当時彼が奨励していた自由経済の実験に沿った狡猾《こうかつ》ともいえる回答を返した。もしここで年のビジネスを閉鎖すれば、国民は改革開放政策が変わったと思うだろう、だから二年ほど様子を見ようと、中央顧問委員会に伝えたのだ。鄧はこう言ったという。「『大バカ者の種』などという企業が、社会主義の脅威となると、本気で思っているのですか?」

私が年広久と初めて会ったのは二〇〇八年後半だが、それまでに彼は、破壊分子の資本主義者から、国の後押しを受けるビジネス界の名士へと変身していた。地元宣伝部の役人が年の店の入り口で私を出迎えてくれたことからも、その地位がいかに向上したかを窺い知ることができる。中国の役人といえば、外国人記者が市民から話を聞きだすのを妨害し、記者たちを街の外に連れ出すのが常だった。ところが、このときの蕪湖市の役人は、私を宴会に招待しただけでなく、市内案内まで買って出て、必要とすることには何でも手を貸してくれた。鄧小平が打ち出した改革開放政策の三〇周年式典を数ヵ月後に控え、市は年広久を企業家主導の経済の地元代表として選んでいた。だからこその厚いもてなしだった。

七〇代となった年広久は、農夫のように真っ黒に日焼けした肌に、長めのラフな髪、シノワズリー模様のシルクの裏地が付いた立ち襟のネールジャケットを着て、まるで年老いた二枚目俳優のようだった。しかし、成功は、田舎育ちで身に付いた習慣までは消してくれなかった。ときおり、大きな咳払いをすると、鼻でも掻くような気軽さでオフィスの床に痰を吐いたりする。彼の言葉を聞き取るのは一苦労だ。長年にわたる過剰な喫煙がたたってしわがれた声と乾いた笑い声に、生粋の地元訛りが輪をかけているからだ。彼が自分の人生を語り始めたとき、私は正しく理解できているか不安になった。彼が毛沢東の「非道な犯罪の数々」や大勢の人々の虐殺について非難したのかどうかもよくわからなかった。宣伝部の役人は神経質そうに笑って「あまり深刻に受け止めてはいけませんよ」と言った。

話が盛り上がるにつれて、年の口調は反抗的なビジネスマンというより、党の役人のようになっていった。よく響く声で、いくつものスローガンを長い間《ま》をおきながら繰り返す。一つのスローガンを言い終えるときには、誰かに後ろから針でも刺されたかのように、決まって甲高い声で語尾を上げる。人民大会堂で最高指導部のスピーチを聞いたことがある人なら、この高い声が聴衆に拍手のタイミングを知らせるシグナルであることがわかるだろう。年は、一九七八年の「第一一期中央委員会第三回全体会議」を、「中国の運命を好転させた」（拍手）会議として称賛した。そして、中国経済は「好調かつ、健全に発展している」（拍手）と宣言する。さらに、法制度も近代化され、政府の干渉から解き放たれた（拍手）と言明した。年の話のなかで最も印象的だったのは、ときおり挟まれる毛沢東の旧体制への非難ではなく、中国共産党、特に彼にとっての英雄である鄧小平へ向けての賛辞だった。「鄧小平は賢明な人物でした。社会主義を完成させたのは彼です。鄧氏以前の社会主義は欠陥だらけでした」

年広久が述べた「社会主義を完成させた鄧小平」という短い言葉は、共産党と企業家が共存する、入り組んだ現代中国の社会状況をうまく言い表している。党は社会主義を理念としながら、市場の動向に沿った動きをする。年のような企業家は市場を崇拝しつつも、党の意向に沿うように配慮を欠かさない。こうした状況下では、国有と民間の区別がつきにくくなるのも当然だ。一九四九年に権力を握ったあと、中国共産党は民間事業を閉鎖し、資産を没収した。やがて、民間の商業活動を法で処罰するようになったが、政治的な変遷や地域の事情によって政策が徹底されることはなかった。七〇年代後半に鄧小平によって改革開放政策が推し進められたあとも、企業家に対する疑念は長いあいだ消えることがなかった。こうした疑念は根深く、二〇〇一年七月、江沢民が企業家を正式な党員として認める決定を下したときも、指導部のあいだで意見が分かれ、その対立は珍しく表沙汰になり、保守的な市民にも大きな動揺をもたらした。しかし、鄧小平と後継者の江沢民のおかげで、中国共産党が新たな力を手に入れたことは間違いない。それは、党と同様に民主政治や自主的労働組合を毛嫌いしている企業家との協力関係である。強大な権力を持つ党は、労働者たちを押さえつけるだけでなく、民主主義国家の政治家でもかなわぬほどの順応性を発揮するようになる。党は、民間企業が国家に利益をもたらす限り、資本主義経済の基準からしても、とても尋常とは思われないほど企業を支援することになったのである。

党が民間部門に疑念を抱いていたのは、彼らが資産を保有し、個人資産の蓄積が、党の掲げるマルクスや毛沢東の理念と著しく矛盾するからではなかった。それに関しては、三〇年の長きにわたる断続的な付き合いのなかで、すべての関係者が、利益を生む必要性という一点で合意していたからだ。党にとっての真の問題は、国内外の民間部門が政治的な対抗勢力になるかもしれないという脅威だった。民間部門を支配下に置こうとする党の本能的な欲求は、新たな企業家階級の莫大な富によってたびたび阻止されてきた。そこで、利害関係を考えた党は、雇用を生み出す原動力として民間企業を奨励する一方で、強大になりすぎたときには手綱を引くという方法をとることにした。たとえば、企業家の党員資格を認める一方で、党に刃向かう企業家を威圧し投獄する。あるいは財産権をより確実に保護するとしながら、企業や資産、不動産の所有権に関する規則を複雑にしたのだ。

とはいえ、共産党と資本主義的ビジネスのあいだに前代未聞の協調関係が築かれたことには、重大な意味がある。協調関係は先行きが不確かで不安定で不自然なものではあるが、短期的に見れば、一世紀以上続いた社会主義の通念を覆したのである。数十年かかったとはいえ、今では党最高指導部のあいだでも、企業家は社会主義を害するものではなく、適切に管理して国家につなぎとめておけば、国を救う要《かなめ》となるというコンセンサスが得られている。活発な民間経済だけが共産主義体制の破綻を防ぐということに、鄧小平がいち早く気づいたことは中国にとって幸運だった（その他の社会主義国家のほとんどはこのことに気づかず崩壊の道を歩んでいった）。

ハイアールは誰のものか

中国最大手の白物家電メーカーで、国内で最も有名なブランド、ハイアールのトップ、張瑞敏《ちょうずいびん》と初めて面会したとき、私は実に素朴な質問を投げかけた。張はハイアールの最高経営責任者であると同時に、社内の党委員会の書記でもある。党と金儲けのあいだに生じるであろう衝突と、どのように折り合いを付けているのか？　この質問に、張はいとも簡単に答えた。「私は自分で自分をハイアール社内の党書記に任命したのです。ですから、自分とは衝突のしようがないでしょう？」

同じ頃、一九二一年に創立された中国共産党の八〇周年を目前に控えて、張瑞敏は新華社のインタビューにも答えていた。倒産寸前で抜け殻のようになっていたハイアールを、たった一七年で立て直すことができたのは、彼が「強大な力」を備えていたからだという記事に新華社が言及すると、張は私への対応と比べてかなり丁重に、「私にそんな力があるわけがありませんよ。私はごく普通の党員です」と述べた。記事にはさらに、ハイアールでは張の指導を受けて、中間管理職も幹部も伝統的な共産主義の教義を自主的に学び、それを白物家電部門での仕事に役立てた、とある。二〇〇二年、張は実業家として初めて党中央委員会のメンバーとなった。

中国のメディアは張瑞敏を中国で最も有名な企業家としてもてはやした。たとえを探すのに熱心な記者たちは、しばしば彼を「中国のジャック・ウェルチ〔米ゼネラル・エレクトリック社元会長〕」と呼んだ。この通称は、国内外の新聞に掲載された張に関する多くの記事で見出しを飾っている。ハイアールの躍進はまさにサクセス・ストーリーであり、張はその成功の立役者なのだ。一九八四年、倒産寸前だった同社の最高経営責任者に就任した彼が、製品の品質の悪さを全従業員に見せつけるために、自社製品の冷蔵庫をハンマーで打ち砕いたという伝説的な話がある。熱い企業家精神に溢れたこの話は、すべての経営学大学院の教科書に追加された。そして今では、世界中でハイアールブランドの製品が売買されるようになった。だがごく単純な理由から、ゼネラル・エレクトリック社や「ニュートロン・ジャック〔ジャック・ウェルチの別名〕」との比較は、根本的に成立しない。それは、ハイアールが民間企業ではないからだ。ハイアールの経営幹部が普通の民間企業のように株主の権力を行使しようとすれば、地元政府から、それを阻止する強制的な命令が発令されるのだ。

ハイアールのこうした立場は、中国のビジネス全体を取り巻く大きな問題を象徴している。中国経済における民間部門は、七〇年代後半には公式統計に載らないほど規模が小さかったが、三〇年後には、経済生産の中心とは言わないまでも、雇用創出の主要エンジンにまで成長した。このことに関しては議論の余地はない。しかし民間部門の正確な規模となると、誰にもわからない、あるいは少なくとも一致した認識はない。そもそも誰が何を所有しているのかを見きわめることが難しいのだ。

香港に拠点を置く新興の投資ファンド、CLSAは、二〇〇五年九月、中国の経済成長の原動力として企業家が果たした役割について分厚い報告書を作成した。[1] 報告書はこう述べている。「今や民間部門はGDPの七〇パーセント以上を占めており、労働人口の七五パーセントを雇用して、活気ある中流階級の基盤を作りだしている。この状況下では、世界最大の共産党に、市場経済を逆戻りさせるという選択肢はありえない」「今日の経済問題で最も重要なのは『景気後退に政府がどう対応するか』ではなく『中国の企業家たちがどう対応するか』ということだ」

一週間後、CLSAのライバルで同様に評価の高いスイス系投資銀行UBS・中国調査部門は、CLSAの報告書に反論する内容の報告書を発表した。その内容は「いかなる指標を用いても、中国経済に占める民間部門の割合が三〇パーセントを上回ることはない」というものだ。「中国では、主要な産業は一〇〇パーセント、または大部分が国家によって運営されている。以下にその例を挙げる。石油、石油化学、鉱業、銀行、保険、通信、鉄鋼、アルミ、電気、航空、空港、鉄道、港湾、道路、自動車、医療、教育、公共サービス、すべてがそうである」

マサチューセッツ工科大学の黄亜生《こうあせい》教授は何年もかけて中国の公式データや、民間部門に関する資料を詳細に研究[2]してきたが、彼に民間部門の規模について尋ねると、こんな返事が返ってきた。「正直なところ私にはわからないし、ほとんどの人にはわからないだろうと思います。わからないということ自体が多くのことを物語っています。また、わからないのは、民間部門がまだどこか違法だと考えられているせいもあるでしょう」正確な数字にこそ辿り着かなかったものの、黄教授の達した結論は次のようなものだった。二〇世紀末の中国における純粋な民間部門の規模、つまり政府との提携や関係がまったくない企業の割合は「きわめて小さく」、全工業生産高の二〇パーセント程度にすぎない。

何が国営で何が民営なのかが不明瞭なのは、所有権を明確にすることに対して党が意図的に慎重姿勢を取り続けているからだ。あなたの会社は民間企業、または「個人経営」という文字どおりの意味での「私営」ですか？　という質問を実際の企業家にすると、いまだにほとんどの人が「人民による経営」を意味する「民営」という政治的に正しい言葉を使うべきだと反論するのは実に印象的だ。私有財産の撤廃を誓って創立された人民共和国においては、実際には個人経営の企業であっても、私営であることを誇示するより「人民による経営」だと表現するほうが好まれるのだ。現在、経済学者の多くはこの問題を回避し、国営か非国営かの二種類に分けるにとどめている。

党が初めて市場経済を認めた当初、商取引を最も熱心に受け入れたのは農村部であった。鄧小平が打ち出した新しい政策は、国が要求する割り当て量より多く収穫した作物については、農民が市場で販売してもよいというものだった。その影響は革命的だった。改革が始まってから五年後には、国中のほぼすべての農家が古い共同組織〔人民公社〕を打ち捨て、小企業へと生まれ変わったのだ。八〇年代前半、全人口の多くが暮らし働く農村部でこのような革命が起き得たのは、国の最高レベルの後押しがあったからだ。胡耀邦や趙紫陽が率いる党指導部は、農村部における経験が豊富で、リベラルな政策の推進派だった。結果、農村部の財政は潤い、個人資産も増加した。

また「郷鎮《ごうちん》企業」という婉曲な名称で取引を行う民間企業も繁栄した。マサチューセッツ工科大学の黄教授は、このころの中国の資本主義は活気に溢れ、高潔で、何千万もの人々の「赤貧からの脱却」を可能にする道だったと言う。しかし、八〇年代の試みは一〇年ともたなかった。可能性に満ちたリベラルな経済と政治の結合は、一九八九年六月、北京での虐殺事件によって終焉を迎えたのだ。

天安門事件が始まった六月四日からほどなくして、息を吹き返した保守派勢力が民間部門に猛攻撃を開始した。その代表格である陳雲は、陳元の父で、一時は財政経済委員会主任を務めたこともある人物だが、計画経済からの逸脱が国家に「致命的な傷」を与えたと断言した。総書記就任をわずか数ヵ月後に控えていた江沢民は、自分の立場になおも強い不安感を抱えていたため保守派に同調し、企業家は「不正や横領、賄賂や脱税を繰り返す自営業者か行商人」だと烙印を押した。冷ややかな気運はすぐに安徽省にも流れ込んだ。「ミスター・種バカ」こと年広久もこの年の九月までに逮捕された。

年広久は大きな家を建て、たくさんのガールフレンドをはべらせて街中を練り歩くなど、いつも自らの富をひけらかしていた。八〇年代初めには、当時としては大金だった一〇〇万人民元以上の利益を自宅に隠していたが、夏の暑さでカビだらけにしてしまい、屋外で紙幣を干すという一大ショーを行ったこともある。中国の農民たちが田舎道に収穫した作物を干して水分を飛ばすように、自分の工場の近くで太陽の下に紙幣を並べたのだ。この富の陳列で、彼はそれまで以上の悪評を買っていた。その後一九八九年後半には企業家にとって冬の時代が訪れたが、そのときでさえ蕪湖市の党は執拗に年広久に科すべき罪状を探して奮闘していた。まず「公金の横領及び悪用」で告訴しようとしたが、省の裁判所に上訴したところで却下となった。年は企業の所有者として一度は承認を受けているため、自分の資金を流用したからといって罪にはならないとのことだった。安徽省に残された告訴の理由はもはや「不良行為」しかなかった。つまり、一九八四年から八九年までのあいだに一〇人の女性と関係を持った罪である。年はこれを完全に否認した。浮気の罪を突きつけられて、彼はこう言ったという。「人数が違っています。正しくは一二人です」年は三年の刑を言い渡されたが、二年で釈放された。これもまた鄧小平が個人的に介入してくれたおかげだと彼は言う。

派手な私生活を送っていた年広久だが、国の法律を逸脱するようなことはなかった。地元商務局の台帳に純粋な民間企業としての登録はできなかったため、共同体企業として登録していた。そのうえ、役人を従業員として雇用し、事業で得た利益を地元政府に納めてもいたのだ。しかしそうした配慮も、切羽詰まったときには何の役にも立たなかった。それどころか役人たちは給料のために働かされることを不快に思っていたようだった。「勤務時間中に新聞を読んでいる役人には罰金を科し、遅刻をする者には一分につき一人民元の減給をしました」と年も認めている。投獄されているあいだに、事業は崩壊し、会社は閉鎖された。釈放後、年は「大バカ者の種」を再開し、私が彼に出会った二〇〇八年当時も引き続き精力的に事業を行っていた。ただし、八〇年代に築いていたような大きな成功を再び手にすることはなかった。

一九八九年の保守反動以降、中国経済の成長と繁栄に民間企業が欠かせないという認識が十分に浸透するまで四年の歳月を要した。一九九二年に鄧小平が行った南部視察〔南巡講話〕が、政府内にあった保守派の極端なイデオロギーの障壁を打破するきっかけとなった。九〇年代、保守派の勢いが衰え、改革開放政策が推進されると、繊維製品、食品、家電製品といった、政府が戦略的とは考えない部門の国有企業が大量に売却され、役人に優先的に払い下げられた。二〇〇一年、中国が世界貿易機関（WTO）に加盟すると、有能な企業家は新たな輸出市場に進出できるようになった。さらに、イギリスのマーガレット・サッチャーが公営住宅を居住者に安く売り渡して民営化した例に倣って、九〇年代の中国でもあらゆる都市が次々に国営住宅を売却し、民間の不動産市場が生まれた。

しかし、一九八九年の弾圧事件のあと、党は国有部門に対する管理だけでなく、民間部門に対する管理も一変させた。農村部における起業を推進してきた八〇年代の政策は、新政権によって一新され、政情不安や経済的激変の震源地である都市部が優遇されることになった。農民の税負担はさらに重くなり、農村部での事業資金の借り入れは厳しくなった。一方、九〇年代に起きた巨大な再構築の波を乗り切った国有大企業は、党が彼らのために築いた強固かつ資金面の心配のない要塞に引きこもってしまった。重工業、通信、輸送の部門はすべて国有とされ、市場の厳しい競争から保護されたのである。

張瑞敏の経営するハイアールは、八〇年代末の政治的大変動以降、中国ビジネス界が受けた影響を象徴する企業といえる。ハイアールは、管理職と労働者が地元政府の監督のもとで自社株を所有するいわゆる共同体企業であり、青島《チンタオ》市政府からつねに多大な支援を受けてきた。しかし、市は社用地を与えたり、優遇融資を行ったりするだけで、それ以外はほとんどが企業の裁量に任せられていた。ハイアールはどう見ても、長年にわたって国の干渉をほとんど受けることなく、順調に経営されている民間企業だった。経営陣の多くは、自分たちが自らの宇宙の主になったような妄想を抱くようになっていたが、二〇〇四年、妄想を現実のものとする計画を思いついた。香港に上場している会社を買収し、そこに自社の大切な資産の一部を投入することを提案したのだ。そうなれば、張をはじめとするハイアールの経営陣は一挙に最大の個人株主になり、企業の経営権、商標、取締役報酬を得ることができる。そのうえ、香港で取り引きされる株はさらなる海外進出の資金として使えると考えたのである。

政治的にタイミングの悪い時期にたびたびぶつかった年広久と同様、ハイアールの経営陣に多額の報酬をもたらすはずの今回の戦略もタイミングが悪かった。国民的議論が、国有資産の民営化に反対する方向に振れていたからだ。昔ながらの左翼勢力と、民衆の人気を得ようとする評論家たちが団結して、この買収計画に反対する過激なキャンペーンを大々的に展開し、経営者によるこうした買収をロシアのエリツィンによる悪評高い民営化にたとえていた。キャンペーンの反響に驚いた政府は、対応を余儀なくされた。そして、これまで曖昧にされてきたハイアールの所有権は、たちまち明確にされることになる。二〇〇四年四月、国有企業の管理を担当する青島市当局は、事前通告なしに、ハイアールは国有企業であると正式発表したのだ。その結果、香港の企業買収の話は立ち消えになり、ハイアールとその経営陣は、しばらくのあいだ身動きが取れなくなった。このハイアールの一件は、民間経営されている企業も、いつ国有資産であると主張されるかわからないことを思い知らせる警告となった。

しかし、ハイアールの幹部たちはその後三年にわたって、政治的、商業的なあらゆる影響力を用いてこの決定を覆すための反撃活動を行った。経営陣は、青島市の企業を監督する当局が招集した国有企業の会議への出席をきっぱりと拒否した。総裁の楊綿綿《ようめんめん》はこう言った。「私たちの成功体験をお話しするために会議に招集されるのなら、私たちが共同体企業だということをまずはっきりさせたいのです」市が経営難に陥っている青島市内の企業の買収をハイアールに持ちかけたときも、頑として引き受けなかった。結局、青島市政府は折れることになった。[3] 二〇〇七年四月、青島市の国有企業として政府のウェブサイトに掲載されていたハイアールの名は、クリックひとつで消去された。ハイアールは民間経営の共同体企業に戻ったのである。運命の逆転を祝うかのように、ハイアールはすぐに経営陣に対するストックオプション制度を再び導入した。ただし、中央委員会のメンバーにストックオプションを与えるのはふさわしくないという理由で、張瑞敏は除外された。

改革開放から三〇年以上が経過しても、中国の企業は政治的に順応するため、様々な装いで現れ、あらゆる種類の名称をつけて取引を行っている。[4] 完全な国有企業を名乗ることもあれば、共同体企業、協同組合、有限会社（国家と個人が株式を共有する会社）を名乗ることもある。なかには国有や共同体として登録し、中国人の言う「紅帽子」となることで、より手堅い政治的保護を受けようとする企業もある。企業の名称偽装は企業家の生活を複雑なものにしているが、もはや常識でもある。中国の銀行はすべて国有だが、どのような形にせよやはり国の後ろ盾のある国有企業への融資を好む。それとは対照的に、民間企業、特に小規模な企業にはほとんど信用を置いていない。銀行は企業家たちの会社を理解していないのか、それとも信用していないのか、あるいは安全な保有資産ではなく、キャッシュフローを担保に貸し付けを行うことのリスクを計算しているのか。とどのつまり、理由は実にシンプルで、民間企業を特権階級として認めていないのである。

　こうした風潮のなか、非常に賢明な企業は、二つの顔をうまく使いこなしている。IBMのパソコン事業を買収した中国のパソコン大手、レノボは、創立当初から国営の科学研究機関を最大の株主としているが、会社の登記や上場は海外で行い、経営自体はほとんど民営である。本社もしばらくのあいだ、アメリカに置かれていた。会長の楊元慶《ようげんけい》は、彼が党員であることに言及されると、しどろもどろになる。IBMとの取引が成立したあとの二〇〇四年後半、党員としての立場と仕事上の責務にどう折り合いをつけているのか尋ねられると、「政治の話はやめましょう、いいですね？」と話をそらした。[5] とはいえ元慶は政治とは一定の距離を保つ努力もしている。楊の顧問たちの話では、某政治局〔常務〕委員がトップを務め、党が社会全体から広く意見を受け入れていることを印象づけるために作られた有名無実の組織である中央人民政治協商会議から、加入を要請されたとき、彼は丁重に断ったという。

　通信機器メーカーのファーウェイ〔華為技術〕は、中国の企業としては世界的に最も成功した企業と言えるだろう。彼らが民間企業ではなく、共同体企業という言葉を慎重に用いているのは、その定義の差によって、企業の発展を左右する重要な局面で国の支援を受けられるかどうかが分かれるからだ。一九九六年、当時常務副総理を務めていた朱鎔基は、四つの大手国有銀行のトップを従えてファーウェイを訪れた。そして、国内の通信機器市場で外国企業と張り合うために資金が必要だと聞くと、その場で各銀行に支援を命じた。朱は「銀行は（地方の企業に）貸し付けを行うべきだ！」と断言したという。しかし、ファーウェイが真の共同体企業かという点には疑問が残る。企業の株式所有構造の全容が公表されたことがないからだ。株式の大部分を所有しているのは、人民解放軍総後勤部出身で、一九八八年にファーウェイを創設した任正非《にんせいひ》とその経営陣だと思われる。同様の曖昧さは、深圳を基盤とする保険会社、ピンアン〔中国平安保険〕の構造にも見られる。中国の大手金融機関の一つでもあるピンアンは、民間企業に分類されてはいるものの、株式の大部分の所有者については不透明なままなのだ。

ハイアールを攻撃した社会運動や、レノボやファーウェイ、ピンアンなどの企業の所有権をめぐる議論に気を取られると、より重大な時勢の変化を見失いがちだ。それは、二〇世紀の終わりには、多くの中国人が莫大な個人資産を築くようになり、さらに富裕層の一部が自分の資産についておおっぴらに語り始めたという実情である。新たな大富豪階級の出現は、党にとって重大な脅威となることを意味する。一九四九年に政権を握るとすぐに民間企業を一掃した中国共産党は、今や、企業家に順応する道を模索せざるを得なくなったのだ。

中国初の〝大富豪ランキング〟

九〇年代後半、上海在住の若き会計士で中国語も堪能なルパート・フージワーフ〔胡潤〕は、「新たな中国」の実情について豊かな知識があるにもかかわらず、それを説明できないことに悩んでいた。「新聞を読めばGDPが上昇していくだろうとわかるし、観光に訪れれば街の景観が変わっていく様子がわかります。しかし、こんな表面的なものでは中国の現状を説明することはできないのです」そこで、企業家でもあるフージワーフは、企業家経済のシンボルとして西側諸国で古くから使われている方法を用いることにした。つまり、中国で初めての大富豪ランキングを作成したのだ。

富の蓄積や新しい階級の台頭に神経をとがらせる共産主義国家中国で、何かを出版すれば必ず当局の目に留まる。中国が階級社会になったという認識をちょっと示すだけでも党は懸念をあらわにする。上海市副市長の姜斯憲《きょうしけん》は、二〇〇二年に私がインタビューしたとき、市では新たな中流階級が急速に増加していると、ことのついでのように話してくれた。それは一見害のない発言で、事実、市のセールスポイントであり、中国も「西洋のように」なりつつあるのだという西洋人の見解を後押しするものだった。ところが次の日、彼の事務所から電話があり、上海の新たな中流階級に関する発言を記録から削除してほしいという副市長からの至急の依頼を伝えられた。

副市長が富や新たな階級について発言できなくとも、フージワーフがそのような制限を受けることはなかった。フージワーフはまず、多くの企業家の固定電話に勧誘電話をかけることからスタートした。それまで自分の話をする機会がなかった多くの企業家は、単純に興味をそそられて、会ったこともない外国人の電話に応対したのかもしれない。もし相手が地元のジャーナリストであれば、そのような好意的な態度を示すことはなかったはずだ。中国のメディアが国の管理下にあることは重々承知しているからだ。だがその一方で、自分の富を白日の下にさらせば政治的な死に至ると考えた企業家も多く、彼らはフージワーフの依頼を避けたり、自分たちの名前を載せないよう圧力をかけたりした。秘密主義者のファーウェイ社長、任正非は、弁護士や広報担当の顧問を通じて脅迫的な手紙を何通も送り、彼の名前を削除するように要求したという。中国南部を拠点に、不動産業や家電製品の製造販売などで富を築いた繆寿良《びょうじゅりょう》は、二〇〇二年、近づくなと威嚇してきた。これについてフージワーフは「彼は地元の党幹部から怒りを買うことに、とても神経質になっていました」と言う。しかし二〇〇三年、繆は北京にある党の諮問機関への参加を許可されると、すぐに態度を和らげ、協力に同意したそうだ。

このランキングの公表はまさしく時機に投じたものだった。一九四九年以降初めて認められた真の私有財産と、それと並行して進展してきた企業家文化が頂点に達した時期にうまく合致していたのである。中国は数多くの経済的奇跡を成し遂げたが、中国の人々は誰も豊かになっていない、とよく言われてきたが、もはやこれは正しくない。今や共産主義国家中国には、国内で生まれた実業家が存在し、彼らの財産、家族、消費傾向、ビジネス戦略から投資計画に至るまでのすべてが、突如として国家の財産となったのだ。地元メディアはランキング企画のイニシアチブを取ることはできなかったが、海外で公表されたランキングの報告と称してすぐに同じリストを掲載した。一方、企業家たちにとって自らの富を公表することは、自らの政治的適応性と生存能力が試される試験にほかならなかった。そしてトップクラスの企業家たちの多くがこの試験に失敗するのである。

政治的な罠はあちこちに転がっている。不動産業や生花業を手掛け、二〇〇一年のランキングで三位になったオランダ国籍の楊斌《ようひん》は、国境を越えて北朝鮮へビジネスを拡張するという重大な失敗を犯し、すぐに脱税容疑で逮捕された。自分たちの縄張りが侵害されたと見なした外交担当の上層部の逆鱗に触れたのだ。一九九一年に中国の企業として初めてニューヨーク証券取引所への上場を果たした仰融《ぎょうゆう》は、遼寧《りようねい》省当局に逮捕されそうになり、二〇〇三年、アメリカへ逃れた。彼の罪状は複雑であったが、要するに、ここでも政治的な力が働いたのだ。まず地元以外への投資計画をめぐり、かつての支援者だった遼寧省政府と関係が悪化し、さらに彼の会社の大量の株式の所有権をめぐって中央銀行〔中国人民銀行〕と衝突したことが原因だった。政府との争いが公になると、仰融の命運も尽きてしまった。

二〇〇八年になっても、ランキングのトップに立つことは依然として危険なものだった。国美電器という家電量販店チェーンの代表で、六三億ドルの富を築いて中国一の大富豪となった黄光《こうこう》裕《ゆう》は、二〇〇八年一一月、インサイダー取引の罪で拘束された。黄のような人物が逮捕されたことに対する最初の反応は、「どんな不正を働いたのか?」ではなく、「誰の怒りを買ったのか?」だった。しかし富裕な実業家の逮捕というと、それだけで人目を引くため、もっと重要な事実が見逃されている。企業家は、銀行融資をなかなか受けられず、最も儲かる部門から締め出され、国有企業との不当な提携を強要されることが多いうえに、ときには刑務所送りにされるというのが現実なのだ。しかし、このような数々の妨害にもかかわらず、私有財産は次第に現代中国の不可欠な要素となっていった。

企業家の多くにとって、ランキング入りすることには利点がある。地元政府との関係が良好で、保護を受けられる状況であれば、企業家の社会的地位が向上するチャンスになるし、融資を受けるさいの信用度も上がるだろう。二〇〇二年、その年の富豪ランキングが発表される少し前に江《こう》蘇《そ》省の沙鋼《しゃこう》集団を訪れたときのことだ。工場の個人所有者である沈文栄《ちんぶんえい》の広報担当者は、ランキングによって自分のボスが政治的に目をつけられることについて、苦々しい口調で不満を漏らした。私はそれなら心配には及ばないと言った。数日後に発表されるランキングで、沈文栄は二〇〇一年より三〇か四〇位ほど順位を落としているはずだった。私はランクが落ちることで、今年は確実にマスコミからの注目度は下がると請け合ったのだ。ところがこれを聞いたとたん、沈の部下の様子は一変した。彼は怒りだし、大声で言った。「本当は、うちの会社はどこよりも業績がいいんだ！」

富裕になるにしたがって、企業家たちの政治的な感覚も研ぎ澄まされていった。富が大きくなると、賢明な企業家は党に接近するようになり、党のほうからも彼らに近づく。かつては政治闘争に没頭していた王石《おうせき》などの企業家も、過去の罪を公記録から完全に消し去ろうとした。中国不動産開発業の最大手、万科企業のトップを務める王石は、リチャード・ブランソンのような冒険好きのCEOで、ヒマラヤ山脈への登山や中央アジア横断トレッキングについての本も出版している。一九八九年、三八歳だった彼は、そのパイオニア的な情熱から違った意味での旅に出た。北京でのデモ参加者を支持して、深圳《しんせん》を行進する従業員たちの先頭に立ったのだ。抗議行動で果たした役割のために、王の名前は地元政府のブラックリストに載り、一年間投獄されていたという報告もある。(6)

釈放後の数年間、王石は一九八九年の出来事について、行進に参加したことを後悔していると公然と発言していた。一九九七年の『タイム』誌、一九九九年の『ワシントンポスト』紙のインタビューでは、抗議運動を率いたのは間違いだったと答えた。「会長としての私は象徴であり、個人ではないのです。抗議運動に参加したかったとしても、自制すべきでした」と語っている。しかし、中国で最も裕福な人々の一員となった二〇〇八年ごろには、長々と自らの経歴を語った『ニューヨークタイムズ』紙のインタビューで、抗議運動での出来事などまったく記憶にないと言い切るようになっていた。彼はさらに、広報担当者を通じて、行進したことなど一度もないと主張してきた。王の抗議運動そのものが、彼の人生から完全に消されてしまったのだ。

二〇〇八年後半、王石は企業家として中国でビジネスを行う上で、自らが学んだルールをまとめた。(7)王は民間企業を創立した当初から、政府を株主として受け入れ、自らの企業を「紅帽子」にする配慮をしていたという。「多く取り過ぎれば、政府の機嫌を損ねますし、取り分が少な過ぎれば、自分自身に腹が立つでしょう」と彼は言う。数年後、政府が出資を引き揚げたときも、彼は国有企業を新たなパートナーにしようと力を尽くした。第一のルールは、急成長を遂げるためには「紅帽子」になるか、あるいは国有企業と提携すること。第二は、国との連携なしに会社を大きくするのは危険を伴うと知ること。三つ目は言うまでもなく、一九八九年の出来事から学んだルール、つまり、政治に立ち入らないこと、である。

党と民間企業の関係を転換させた象徴的な出来事は、二〇〇二年、五年に一度の党大会で、江沢民が企業家の党員資格を正式に認めたことだった。多くの裕福な企業家は、すでに党員として登録されていた。地方の党幹部は裕福な企業家を党員にすることのメリットがわかっていたからである。また、ビジネスに乗り出す前にすでに党員だった企業家もいた。そのためフージワーフのランキングに載っている企業家のうち、五人に一人はすでに党員だった。江沢民はかつて企業家を強欲な行商人と呼んだ日和見主義者だったが、ときの経過とともにその姿勢を修正していた。民間経済が成長するにつれ、彼の政治的な計算によって、企業家を公に認めることによる利点を見出したのだ。そして、政府と国有企業をつねに舞台裏で支配してきた党も、最も活力のある経済分野である民間経済が党の支配下にあることを知らしめることに政治的利益を認めるようになった。民間企業の表舞台に党の看板を出すことで、民間企業が最終的に誰の管理下にあるのかを全国民に強く印象づけたのである。

江沢民によって正当化された企業家の党員認可は、非常に大きな反響を呼び、大いに議論を呼んだ。伝統的社会主義からの撤退を猛烈に非難する陳情書を定期的に提出し、声高に叫ぶ少数の強硬派が、江沢民の構想に反対するべく駆り出された。そこに、浙江《せっこう》省の党書記、張徳江《ちょうとくこう》も加わり、指導部内の分裂が珍しく表面化した。江沢民の決定が発表される前に、張は、企業家は地方の党組織の支配権を握りかねない、よって党への加入を認めるべきでないことは「一点の曇りもなく明らかだ」と発言していた。民間企業に関するベストセラー本の中国人作家、呉暁波《ごぎょうは》は言う。

「張徳江はこの問題に関する自分の立場を詳細に論じ、そのうえで企業家の党加入への反対を表明していたのです。ところがその直後、江沢民が浙江省を訪れ、いかなる反対があろうとも企業家の党加入を認めるつもりだと発言したため、張は窮地に追い込まれてしまったのです」

張徳江が党書記を務めていた浙江省は、企業家の世帯収入が国内でトップの省だった。その後、二〇〇二年の党大会で、張は広東省の党書記として政治局入りを果たすが、その広東省も民間企業によって経済的な恩恵を受けている省の一つだった。だが張の反対姿勢は、彼の奥深くにある共産主義者としての信念によるものだった。中国東北部に位置する遼寧省出身の彼は、若いとき、党の命を受けて、省に隣接する、同じくスターリン主義を掲げる同胞国家、北朝鮮へ留学していた。二〇〇二年、技術系出身者が多い政治局に、経済学の学位を持つわずか二人のメンバーの一人として快く迎え入れられた。しかし、その学位が平壌の金日成総合大学で取得されたことを知る者はほとんどいなかった。

張徳江は企業家のもたらす最大の脅威を直感していた。その脅威とは、潤沢な資金を持つ民間企業が、完全に自立したネットワークを社会に形成し、彼らの活動が党に報告されずに素通りするようになることだった。そのネットワークが培地となって、党から見えないところで、対抗勢力の中枢が育つこともあり得る。このような現象、いわゆる「和平演変《わへいえんぺん》〔平和的な漸進的変化〕」は、党の長年にわたる懸念事項だった。それは、自らの支配の外にある集団によって党の支配力がじわじわと浸食されていくプロセスにほかならない。北京にあるアメリカの直販企業のトップはこう指摘する。「党は自らの管轄外で大規模な組織が活動できる状況を望まないのです。宗教的、政治的、単なる大きなグループ、何であろうととにかく嫌うのです。党に対抗する存在を作りたくないのです」

民間部門に対するこのような党の懸念はほとんど見過ごされているが、これをくっきりと浮き彫りにしたのは、直販業界をめぐる紛争だった。アムウェイやエイボンのような販売活動というと、西側諸国ではタッパーウェアのホームパーティ〔商品説明会〕や郊外に住む人々の平穏な暮らしを思い浮かべる。しかし、すべてを権力の維持という観点から考える中国共産党は、こうした産業形態が中国で成長することについてまったく別の見方をしていた。中国では、エイボン・レディの訪問販売は非常に政治的な行動と考えられていたのだ。

エイボン・レディの共産党式解釈

ワシントンの経験豊かなロビイスト、リチャード・ホルウィル[8]は、過去に経験したことのない交渉に臨むことになった。九〇年代後半、ホルウィルは、彼の主要取引先であるアメリカ直販業界の最大手、アムウェイの代理人として北京にいた。今回、テーブルを挟んで向かい合っているのは、これまでとはまったく違う交渉相手だった。それはアムウェイに対する確固たる要求を携えた公安局、つまり警察だったのだ。ホルウィルはそれまでに何度も北京を訪れ、直販ビジネスに利益をもたらす新たな市場の扉をこじ開けようと、商務部をはじめ、外国貿易や企業の登記を取り扱う数々の政府機関ともみ合いながら交渉してきた。だが、交渉の席に警察が出てきたということは、状況が変化したということであり、この交渉がアムウェイやエイボンだけの問題ではなく、直販業界全体に関する問題になったことを示していた。

アムウェイは、自社の家庭用品やパーソナルケア用品などを売る販売員を増やすという単純なビジネスモデルによって、初期投資ゼロで世界的企業にまで成長した。上位の販売員たちは、アムウェイ製品を販売するとともに、新たな販売員を勧誘することで利益を得る。しかし当時中国では、怪しげなマルチ商法が多く生まれており、各地方政府は定評のある企業との見分けができなかった。なかでも最も悪名高かったのは、通常の八倍近い価格で「足のマッサージ機」を売りつけ、購入資金回収のために、購入者に新たな販売員の勧誘を強制していた台湾の企業だ。各行政区の政府には、安易な儲け話を信じ込んで財産を失い、怒りに燃えた被害者たちが押し寄せていた。騙されて全財産を失った人々のなかには自殺した者や、官庁の外で暴動を起こした者もいた。これに対し中央政府は、新たな問題が生じたときには問題の産業全体を完全に閉鎖するという、いかにもお役所らしい対応をとった。一九九八年、国務院は、国営放送の夜のニュース番組で、直販業界は直ちにビジネスの一切を停止せよという通達を発表したのである。

警察による矢継ぎ早の質問が始まったとたん、彼らが想定しているのは、暴動や詐欺以上のことだとホルウィルにははっきりわかった。質問は次のようなものだった。アムウェイの販売チームのなかに法輪功はいるか？　台湾人の販売員を採用しているのは誰か？　ホルウィルは「法輪功の信奉者はすべて解雇するように、警官に直接言われましたよ」と語った。だが、彼らを解雇したところで何の解決にもならない、アメリカ議会の反発を買うだけだと言い返したそうだ。「私は、勤務時間中に布教活動をしたり、おかしな商売をしている者を見つけた場合には解雇すると言いました。すると警官は私を見てこう言うのです。『とにかく用心することだ』と」当時、ある外国の新聞記事に書かれた冷笑的な一文が(9)、中国当局が世界のアムウェイやエイボンに対して抱いていた猜疑心をうまく言い表している。「『ピンポーン。エイボンでございます』は、秘密の反革命メッセージを運んでいるのか?」中国の公安当局の目には、間違いなくそう映っていたのだ。

中国では宗教は党によって厳密に管理されている。五つの公認宗教以外は認められておらず、すべての宗教活動は宗教局の地方支部に登録するよう義務付けられている。NGOや民間の慈善団体なども、中国で足場を得るのはなかなか難しい。その理由はみな同じで、政府が登録を受け付けたり、活動の法的基盤を提供したりすることに乗り気ではないからだ。党による宗教やNGO、エイボン・レディなどの管理は、それらの組織が党の対抗勢力になるのを防ぐという共通の原則に基づいて行われているのである。

直販業は、西側諸国では合法的なビジネスと見なされているが、中国では宗教やNGOと同じく、党に懸念を抱かせる要素を持っており、ビジネス分野における扇動的な集団として一括りにされた。福音主義者の集会に似たその集会には何十万もの人々が集まり、勧誘活動の一環として、直販業が彼らに何を与えたかという感動的なスピーチを繰り広げる。当時アムウェイの仕事をしていたハーバート・ホーは、三〇年間党のために尽くしたという男のこんな訴えを聞いたという。

「これまで何も得るものはありませんでした。しかしアムウェイに入ってたった三年間ですでに家を買い、子供たちを大学に行かせるだけの資金を得ることができました。アムウェイこそ私の新たな故郷なのです」ホーはこう付け加えた。「まさしくこれが、役人にとっては聞くに堪えない不快な話であり、かすかに宗教的な臭いを感じさせるのです。しかし、中国政府はこのことにうまく対処できていません」外資系企業の中には、一九八九年の大虐殺の記念日である六月四日という非常にデリケートな日に、無謀にも販促集会を開いた企業まである。

直販業界の幹部のなかには、警察の立場で考えてみれば、彼らの言うことにも一理あると認める者もいた。互いの接触を禁じられていた法輪功の信奉者が多数、直販チームに参加し始めたからだ。ある幹部はこう語った。「会社が大きな集会を開いたときに、彼ら（法輪功の信奉者）も小さな集会を開いていました。政府が彼らの仕事や収入を奪う効果的な政策を実施したため、直販は彼らが活動を再開する格好の場となったのです」外国貿易や労働問題を担当する中国の省庁〔部〕は、収入と職を生み出す堅実な直販企業を支援していた。しかし、彼らには国家安全部や公安部〔警察〕に立ち向かうほどの力はなかった。

政府と中国メディアが発した厳しい停止命令は、党が直販業界に対し、いかに過敏になっているかを如実に示していた。公安部は、これらの企業が参加者の「身も心も」コントロールしようとしていると断定し、中国南部の比較的リベラルな新聞でも、直販企業のことを「限りなくカルト集団に近い、国内法令無視の独立王国」と呼んでいたほどだ。その頃、カルトという言葉は、法的に禁止された法輪功との関連から、含みのある政治用語になっていた。国務院は直販業界を非難する理由を、「それは部外者を締め出す組織で、秘密主義の取引をしており、販売員は国中いたるところに広がっている」と説明するが、この説明がそのまま党にも当てはまるところがいかにも皮肉だ。

　直販業界の業務再開にあたり、政府は全国各地のアムウェイの代理店に店頭販売を行うよう命じた。そうすることで取引が個人の家などの見えない場所ではなく、オープンな場所で行われるようにしたのである。そして、販売員は製品の販売に対する報酬を得ることはできても、他の販売員を勧誘したことによって手数料を受け取ることはできないとされた。さらに、二五人から五〇人以上（上限は企業によって異なる）の集会を開くには、二週間から一ヵ月前に警察の承認を得ることが必要となった。これらの条件は、直販企業が国家の管理外で政治的なトロイの木馬となる〔スパイ活動を行う〕のを避ける目的で定められたものだった。だが、政府が取り締まりにかけていた当初の情熱も、二〇〇八年までには冷め、約二〇社以上の海外企業に営業許可が下りた。なかでもアムウェイは、「政府関係費」と称するものに莫大な資金を投じ、中国においてビジネスを成功させた。それでも警察はいまだに、不法な直販企業に対する「厳打」運動（通常は犯罪組織の取り締まりに使われる言葉）を毎年実施している。

　アムウェイやエイボンへの弾圧は、党の支配が脅かされることを懸念したためであったが、同じころ、これと同じ理由で、党は率先して新たな取り組みを行っていた。それは海外の大企業に労働組合を作らせる運動で、まず見せしめとして党が選んだのは、アメリカ資本主義を代表する巨大企業、ウォルマートであった。

運動が始まったのは二〇〇六年前半、明王朝時代の古い港を持ち、現代的なスポーツ用品製造業の中心地でもある泉州市でのことだった。中国の法律では、従業員による労働組合の結成が認められているが、企業に義務付けてまではいない。ウォルマート側は当初、労働組合に対して異論はないが、自社の従業員は組合の結成にまったく興味がないようだと周到にかわし、抵抗していた。しかし、組合結成に賛同する従業員たちが、店から離れたところで深夜にひそかに会合を開き、必要数以上の署名を集めたため、労働組合の結成はウォルマートの法的義務となった。

しかし、労働組合によってビジネスに支障をきたすかもしれないというウォルマートの心配は杞憂に終わる。組合が結成されてまもなく私が泉州市を訪れたとき、地元の労働組合長である傅《ふ》福栄《ふくえい》が、勝ち誇った様子で事務所にあった重要書類を披露してくれた(10)。それは真っ赤な拇印が三〇人分押された一枚の紙で、まるで秘密結社設立の誓約書のようだった。「われわれは決してストライキのような単純な手段に出ることはありません」と傅は言った。「労働組合があることによって、従業員と会社は良好な関係を保てるでしょう」意識してのことではないのかもしれないが、その考え方を後押しするような雰囲気は、傅に会う前に出会った他の組合員からも十分に伝わってきた。空港まで出迎えてくれた従業員は、組合員としての名刺を持っておらず、副業として家族と河南省で経営しているという砕石業の名刺をくれた。翌朝付き添ってくれた従業員も組合の名刺を切らしており、やはり副業としてやっている地元のスニーカー工場の共同株主の名刺を持っていた。彼らはウォルマートに労働組合を設立させたという政治的な勝利に酔うばかりで、それを賃金や労働条件の改善につなげた者は誰一人としていなかった。

中国の共産主義体制下で、唯一合法的な労働組合である中華全国総工会〔全総〕は、独立した労働組合の出現を阻止する役目を果たしてきた。国有企業で働く労働者を代表するというより、党のために機能している組織だ。この点をまったく理解していなかった外国の労働組合の多くは、世界中の組合労働者を苦しめているウォルマートに対抗する全総の運動を歓迎し、熱狂的な声援を送っていた。二〇〇六年、劣悪な労働条件に対する長年にわたる苦情に応える形で、中国政府が新たな労働法を導入したさい、政府の対応を引き出したのは、この全総だった。しかし、この新たな運動も、最初から最後まで、注意深く党の利益を計算した上で行われたものだった。その実態は、ワシントン大学のブルース・ディクソン教授の言葉にも表れている。「ここ数年、党は中華全国総工会が、政府の政策や法律の制定において労働者の要望を強く主張することを許してきました。しかし一方では、独立した労働組合の結成を主唱する者を投獄しているのです」

ウォルマート組合結成運動は、エイボン・レディをめぐる党の政治的パニックと共通点を持っていた[11]。つまり党は、中国経済で重要な地位を占めるようになった外資系企業においても、絶対的な存在感を示そうとしたという点である。二人の中国労働法の専門家はこう語っている。「(組合運動の)基本的な目的は、国有企業に対抗する存在となった外資系企業で働く数多くの労働者に対し、再び党の支配権が及ぶようにすることなのです」外資系企業で働く中国人の数は二八〇〇万人、都市部の労働人口の約一〇パーセントに上る。三年に及ぶ組合運動の結果、全総の登録者に占める外資系企業の労働者の割合は、二〇〇三年の三〇パーセントから、二〇〇八年三月には七三パーセントにまで上昇した。この運動により、全総は組合費から莫大な収入を得ることになった。運動の成果はそれだけではなかった。党は、外資系企業の内部に、新たな監視の目と耳を設置したのである。中国東北部のあるウォルマートの店舗では、組合が設立されたその年に、密かに共産党委員会が設立された。それは、超資本主義の象徴ともいえる企業にとっては衝撃的なことだったが、同時に、党の掲げるイデオロギーがいかに空虚なものになってしまったかを示す証しでもあった。

外資系企業の内部に潜入し、管理しようという党の取り組みは、より大きな戦略のほんの一部でしかなかった。究極の目標は、国内すべての民間の大企業に対し、つねに存在感を示し続けることであった。あらゆるところで支配権を行使したいという党の異常なまでの欲望は、二〇〇七年に着手された温州市の民間企業への潜入運動に最もよく表れている。これに比べれば、ウォルマートなど党にとっては取るに足りない相手だっただろう。

儲ける温州に〝浸透〟する

上海から飛行機で南へ一時間、山岳地帯を背に、沿岸部に位置する温州市は、古くから発展した中国資本主義のるつぼとして歴史的にも有名な都市だ。陸路による交通の便が悪く、農地に乏しいうえ、危険なほど台湾に近いという地理的条件も相まって、温州市は一九四九年以来、自活を強いられてきた。国からの資金援助はほとんどなく、主に家族だけの小規模な企業経営で市民は何とか生活を維持してきた。温州の企業はまず、ボタン、ライター、身分証明書用のプラスチックケース、靴などの製造に特化し、こうした手に入りにくい生活必需品を地元市場に供給することで、利益を得た。次にその利益を、国内や海外への投資にあてた。時代によって差はあるが、温州市の企業は世界市場において、ライターで最大八〇パーセント、鍵では約三分の一のシェアを獲得するまでに成長したのだ。

不動産市場が開放され始めると、上海などの都市で、温州市の企業家が不動産投機ブームの先導役となった。二〇〇二年に地価が高騰する直前に、中国人民間投資家として、山西省の炭鉱に最初に投資したのも彼らだった。ほかにも海外の中国系ビジネス団体や、九〇年代、ヨーロッパで生まれた人材斡旋業にも勢力を伸ばしている。こうして中国国内では、温州市の商人たちのビジネス感覚は神話的なものとなった。中国の書店のビジネス書コーナーには、『神の力で富を築いた温州の人々』『恐るべき温州の人々』『温州の富豪姉妹』『温州人のビジネス書』『中国のユダヤ人』といった温州市関係のタイトルが溢れている。

温州市であれどこであれ、中国の民間企業を訪ねるさい、私はいつも社内に党委員会があるかどうか、それがどんな役割を果たしているかを質問することにしている。重役の中には、たいていオフレコではあるが、党委員会は「政治的に正しい」お飾りに過ぎないとして片付ける者もいる。「形式的なものなのです。政治的儀礼とでもいいましょうか」と言うのは、二〇〇一年に企業内に有する草の根レベルの党組織の数でトップ10に入り、賞を受けた上海にある民間企業、新希望グループの上級役員、劉永好《りゅうえいこう》だ。彼は、四川省の田舎出身の劉四兄弟の一人で、九〇年代に豚の飼料販売で財を成した。私は一九九六年と二〇〇六年の二度彼に会ったが、どちらのときも新希望グループ内部での党の影響力を公然と否定した。党の影響力を否定する経営者は少ない。劉はこう語った。「(社内の)党員にとって、何らかの勉強会や活動を企画するのはいいことだと思います。しかし、弊社の経営陣に党委員会の書記は入っていませんよ」

しかし、こうした稀な例を除けば、驚くほどお決まりの答えが返ってくる。政府の役人たちが指導者のスピーチを、実際には無視していても空で覚えているのと同様、企業家も企業内における党の存在を正当化するセリフを暗記している。それによれば、党委員会は労働組合のような存在で、労働者の不満に対応し、「道徳的」かつ「精神的」な助言を与えているのだそうだ。寧波《ニンポー》市に広大な敷地を持つ中国随一のアパレルメーカー、ヤンガー〔雅戈爾〕の李如城《りじょじょう》は「企業の道徳性を保つために、党委員会の存在は非常に重要です」と言った。「精神的な核となるものを持たなければなりません。さもなければ空っぽになってしまいますよ」そう話す李の口調は、党について部外者に語る多くの中国人と同じように、重苦しく畏敬の念に満ちたもので、個人的な意見ではなく、公式の方針をそのまま口にしているようにしか思えなかった。

党が民間部門に関心を抱く本当の理由については、どの企業家も一切触れなかった。レーニン主義の戦略をそのまま実践している中国共産党は、単なる監視機関ではない。党は、いわゆるスリーパー組織〔普通の市民として生活し、いざというときに活動するスパイの組織〕でもあるのだ。国中の主要な団体のすべてに、党側の人間を配置するのが党の目的であり、党自体もそれをはっきりと認めている。[12]「(禁止された宗派である)法輪功のような破壊的な活動が行われた場合、(党委員会を使って)あらゆる手段を行使し、危機を封じ込めることができます」と、上海党委員会で草の根レベルを担当する張大紅《ちょうたいこう》は言う。

党は海外との合弁企業でも存在感を示そうとする。その理想的なモデルが、乗用車やトラックを生産する国有企業、トンフォン〔東風汽車〕と日本の日産との提携であり、党校でもこの事例を取り上げて教えている。この提携は、日本と中国の合弁事業のなかでは最大規模で、経営不振にあえぐトンフォンを救うものと考えられたが、中国側はそれだけでは満足せず、新企業内での党の役割に関する要求を通すため、交渉を一年も引き延ばした。トンフォンの要求は、合弁会社の中に党の象徴である党委員会を設置するだけに留まらなかった。党の高位にある代表者を、上級管理職に就かせ、給料と経費を支払うことも求めた。さらには、委員会事務所の外に党の額を掲げるよう、具体的な合意を取りつけたのである。組織部の事例研究にはこうある。「日産とトンフォンの提携で重要なのは、企業内の党組織を絶対に隠れた存在にしないことだ」

非国有企業内での活動に関する二〇〇五年版の組織部の内部報告書[13]には、民間企業や合弁企業で党が力を失いつつあるという、現場からの意気消沈した報告ばかりが並んでいる。ある党員の言葉が引用されている。「われわれには事実上、金も力もない。何か発言したところで、軽蔑されるのが落ちだ」こうした状況のなか、日産とトンフォンの合弁事業は、党の代表者を意思決定過程の中枢に据える同意を交わすなど、党にとって明るい材料となる珍しいケースだった。

二〇〇七年、党はついに温州市の民間企業への侵入を開始する。それまで温州に入り込もうとしなかったのは、市が中央政府の方針に従う素振りをまったく見せなかったからかもしれない。その数年前に私が現地を訪れたときには、形式的な歓迎の宴会で私に応対した役人が、当時江沢民によって新たに提唱された「三つの代表」という垢抜けない名前の方針について冗談を言っていたほどだった。「初めの二つ（の代表）は思い出せますよ。三つ目が何か覚えている者などいるでしょうか？」口いっぱいにシーフードを頬張りながら、彼は高らかに笑い声を上げていた。中国の役人が、外国人を前に上層部を嘲笑うような発言を平然とすることはほとんどない。出会って間もない相手であればなおのことだ。しかし皮肉なことに、その後まもなく江沢民のその政策は成功を収め、企業家たちが党の傘下に入れられることになったのである。その夜、宴席にいた役人たちは江沢民の表明した政策についてよくわかっていなかったが、ＢＭＷやメルセデス・ベンツといった高級車の価格については一ドルの単位まで詳しく知っていた。

温州市に対する党の浸透作戦は、表面的には失敗に終わったかのように思えた。一〇万ある民間企業のうち、企業内に党委員会を設立できたのはわずか四一〇〇社、四パーセントに過ぎなかったからだ。二〇〇八年前半、『人民日報』に掲載された第一報(14)には、党委員会が貧しい家族にテレビセットを贈ったとか身体障害者の家庭を訪問したなど、善行が書き連ねられ、党はマルクス・レーニン主義の先駆者というよりソーシャルワーカーのように描かれていた。そんななか、党の担当者たちは事の成り行きを楽観しているふうを装っていた。この件に関しては、何のノルマも、重圧も、政治的問題もないというのだ。邵徳平《しょうとくへい》は言った。「民間企業や社会集団、ＮＧＯが党委員会を作るというのならば、助力はします。しかし、設立を命じたり、強要したりすることはありません」「設立する資格のある団体から申請があれば、私たちは指導的役割を果たすだけなのです」

しかし、よくよく調べてみると別の姿が明らかになった。確かに党組織を作った企業はほんの一部だったが、そのすべてが市の主要な民間企業だったのだ。巨大組織である党は、かつて江沢民が「自営業の行商人」として撥ねつけたような小規模の企業ではなく、大規模で勢いのある企業を選りすぐったのだ。つまり、地元だけでなく国内のいたるところに勢力を広げている民間の大企業のほうが、政治的にははるかに弱い立場にあるという抜け目のない判断を下したのである。「党委員会を設立することは正常化のシンボルのようなものです」地元の大学教授、馬津龍《ましんりゅう》は言う。「党の組織を有していて初めて、中央政府のリーダーが温州を訪れたときの訪問先となります。これこそが党委員会の最大の役割なのです」

ワシントンの法律事務所が政府とのコネ作りのために元政治家を雇い入れるのと同じように、温州市の大企業も地元宣伝部を退職した高官を党委員会の代表として、競って雇うようになった。市最大級の民間企業で、電子装置メーカーの正泰グループ[15]は、自社の党委員会のトップを雇うにあたって、同じ産業部門のライバル、ＤＥＬＩＸＩ〔徳力西〕が雇った役人よりも格上の高官を探した。役人側も採用されることを期待している。馬教授は言う。「両社に雇われた党書記は二人とも早期退職をしています」「民間企業で働くほうが給料は高いですからね」

党にとって民間企業と提携するメリットは、企業内で存在感を発揮できることと、退職者の天下り先を得られることである。だが、企業家が得るメリットのほうが大きいことはまず間違いない。彼らが市の人民代表大会や、大会と同時に開かれる諮問委員会の代表になるケースも増える。馬教授自身も企業家の勢力を肌で感じたという。温州市で大きな影響力を持つトップ三〇人を決める政府の企画で彼も指名を受けたが、この企画が発表されると間もなく、彼を含む学術関係者の名前がノミネートから外されたからだ。「結局、候補者のリストには企業家の名前しか残りませんでした。代表になるには金がかかりますからね。そんな余裕があるのは彼らだけですよ」と馬教授は語った。

全国の民間部門のなかに入り込む目的で、党は草の根レベルで小さなビジネス団体を設立していたが、そこでも同じような傾向がうかがわれる。こうした団体も次第に自身のためのビジネスやロビー活動にのめり込むようになっていたのだ。ブルース・ディクソンの調査によれば、国の認可を受けたビジネス団体が行うべき主な仕事は、民間企業に対して党の指導力を浸透させることだと考える役人は、一九九九年から二〇〇五年のあいだに四八パーセントから二三パーセントにまで減少している。逆に、団体の主な責務が自らのビジネスのために働くことだと考える役人は、同じ期間で四二パーセントから五七パーセントに上昇した。ディクソンは「民間部門における党の力を強化する企ては、党の指導力を浸透させるよりも、団体の企業利益を増やすことに成功した」と指摘する(16)

「紅帽子」になることの重要性を強調する王石、青島《チンタオ》政府とハイアールの闘争、政府機関と手を組もうとするファーウェイ、温州市の大企業による党機関の設置、これらには大きな共通点がある。得るものが大きくなるほど、党との良好な関係の重要性も増し、良好な政治的関係によってもたらされる利益はさらに莫大なものになるということだ。今世紀初頭、政府が牛耳っていた産業部門の扉をこじ開けようとした二人の企業家がいたが、その対照的な運命は、ビジネスを発展させるには政府との関係をどのように築くべきか、それに失敗すればいかに高価な代償を支払わされるかを示す典型的な例である。

「鉄本公司」の悲劇に学ぶ

劉永行[17]は、アルミ業界に飛び込んで約一〇年が経過したころ、長年国が独占していた産業への参入を試みたことで何を学んだかとインタビューで問われ、考え込んでしまった。九〇年代後半、劉が投資計画を考え出したとき、その戦略は単純明快なものだった。彼は中国の工業生産や都市建設が急成長を遂げるだろうと考え、そうなればアルミニウムとその原料が急騰すると踏んだのだ。当時、中国におけるアルミナの国内供給は、国有企業一社の独占下にあった。劉は合理化と低価格を武器にこの業界に参入すれば、自分の経営する東方希望集団にまたとないチャンスをもたらすと考えた。そして、劉はボーキサイトの採掘からアルミナの析出、アルミニウムの精錬までの全製造工程を自社で管理し、どの過程でもライバルの国有企業の妨害を受けない状況を目指したのである。

すでに中国屈指の裕福な企業家であった劉は、製造工程の少なくとも一部を手にすることができた。二〇〇二年からの五年間は、中国の重工業にとって記録的成長と収益を生んだ黄金期だった。しかし、業界参入のための政治的な問題にはきわめて慎重に対処しなければならないことを思い知らされたという。劉は何を学んだかと問われた二〇〇八年のインタビューで、わが社は決して「鉄本の二の舞」にはならないと肝に銘じていたと答えた。「鉄本は、われわれ全員の教訓となっています。あれは悲劇でしたよ」

江蘇鉄本鋼鉄〔鉄本公司〕は、事業を手広くし過ぎて当然の報いを受けた悪徳企業家の物語として、今や中国経済の歴史物語のなかでは脚注のような存在になり下がっている。実のところ、鉄本の経営者、戴国芳《たいこくほう》がやろうとしたことは劉永行とほとんど変わらない。今世紀初頭、戴もまた鉄鋼業界に巨大なチャンスを見出した。彼は低価格で勝負すれば、上海近郊にある宝山《ほうざん》鋼鉄のような過保護の国有大企業から、利益の多い市場のシェアを奪うのは容易だと考えた。彼が負けているのは規模だけだった。その後数年のあいだ、市場は彼の思惑どおりに動いた。鉄鋼の需要と利益は、二〇〇八年半ばまでの五、六年で急上昇したのだ。

しかし劉永行と違って、戴国芳は成功を享受する前に姿を消すことになる。劉のビジネスは、国有部門からの様々な攻撃を受けながらも、かろうじて生き残った。一方の戴は、中央政府の画策により過熱した報道のなか、獄中の人となった。二人の実業家の運命を分けたのは単純なことだった。劉が国の独占企業との攻防で、政治面においても抜け目なく切り抜けてきたのに対し、戴のほうは中央政府が政治的な風向きを操作し、彼に対して向かい風となるよう仕向けたとき、その風をまともに浴びてしまったのだ。

中国の鉄鋼業界で主要企業になろうという戴国芳の計画は、江蘇省の長江《ちようこう》デルタ地区にある産業都市、常州市の党幹部とともに立ち上げたものだった。当時四一歳の戴は、小さな鉄鋼工場の経営者だったが、溶鉱炉を持つまでに事業を拡大したいという夢を抱いていた。そして二〇〇二年、巨大製鋼所を設立するという彼の提案が、市の幹部に採用された。当時、同じ長江デルタにある近隣のライバル都市、蘇州市と無錫《むしゃく》市が目覚しい経済発展を遂げており、はるかに遅れを取っていた常州市は苦々しい思いを抱いていたからだ。北京大学の著名な経済学者、周其仁《しゅうきじん》は指摘する。「常州市としては、『このチャンスを逃してはならない』と考えたのでしょう」「事業は難なく決定されました。戴氏には土地や貸付金といった地元政府からの支援が必要でしたし、市側は中央政府に対して事業計画を報告する必要がありました。ですから常州市は『心配することはない。われわれが面倒を見よう』と戴の求めに応じたのです」

悪徳企業家がはびこっていた時代にあっても、鉄本の計画は大胆なものだった。最終的な計画が出来上がるころには、戴国芳が常州市に設立する新たな鉄鋼会社の最大生産量は八四〇万トンと見積もられていた。これは国際基準から見ても大きな数字で、二〇〇八年のイギリスの鋼鉄生産量の三分の二に匹敵する量だったが、中国全体でみれば五パーセント以下の規模だった。五〇〇〇万ドルを超える鉄鋼ビジネスは、すべて中央政府の許可を得ることが必要だった。常州市はこれを回避するために、一二億八〇〇〇万ドルの計画を単純に二二の独立した企業に分割して、市自身でこの計画の実行を許可した。国有大銀行の地元支店もこの計画に参加し、資本金の四〇パーセントに当たる資金の貸し付けを約束した。そして二〇〇三年の半ば、戴は建設を開始した。

計画への着手があと一、二年早ければ、戴と常州市は罪を逃れることができたかもしれない。しかし二〇〇四年前半は、過熱気味の経済に対して中央政府内で警鐘が鳴り始めた時期だった。政府は重工業に照準を絞った。重工業は多大なエネルギーを消費するうえ、すでに高騰している物価をさらに押し上げ、温室効果ガスをはじめとする汚染物質を何トンも排出し、投資額の割には雇用人数が少ないからだ。中国には「サルを従わせたければ、鶏を殺すところを見せよ」という言い回しがあるが、この言葉どおり、中央政府はこれ以上の投資を抑制するために、強いメッセージを発する必要があるという決断を下したのである。生産量増加の大部分は、猛烈な勢いで拡大していた国有の鉄鋼メーカーによるものであったが、彼らは何の咎めも受けず、鉄本だけが格好の政治的標的として槍玉に挙げられることになった。

　中央政府は直ちにこの計画に総力を結集した。二〇〇四年三月、政府の命を受けて鉄本の建設作業は中止。その一ヵ月後の四月末、政府はこの計画を本格的な政治的事件のレベルへと引き上げた。国務院は戴の鉄鋼所について話し合う特別会議を招集した。会議の議事録は、鉄本の「違法な犯罪行為」と「地元政府と銀行の著しい法律違反」に対する憤激に満ちていたと国営メディアは報じている。また、前任者の朱鎔基と比べて温厚な総理として知られ、公然と人を批判することもめったになかった温家宝が、この件に関しては珍しく朱鎔基に劣らない政治的な剛健さを発揮した。鉄本の帳簿類から法律違反の証拠を徹底的に探すため、中央政府の九つもの機関と省庁〔部〕から常州市に調査団が派遣された。政府は、こうした徹底的な捜査をすれば、いつものように必ず違法行為の証拠が数多く発見されると確信していた。経済界における壮大な見せしめ裁判の準備が着々と進められていた。

　鉄本事件はその後数ヵ月から数年をかけて解明されていったが、その気恥ずかしくなるほどのやり方は、事件全体が茶番劇であることを明確に示していた。中央政府が派遣した調査団が下した結論は、鉄本事件の主な違法行為は、市政府が計画を二二の小さなビジネスに分割したことにあるというものだった。比較的地位の低い市政府の役人が多数解雇され、市の党書記は正式に処罰を受けた。しかし、収監されたのは戴国芳のみである。そして、二年後に彼の事件が法廷に持ち込まれたときには、不正経理や銀行からの不正融資といった極端な表現は消滅していた。そもそも巨大な鉄鋼所の建設を禁ずる法律など存在しない。あるのは政府規制だけであり、党はこの規制を利用して、規制を守らない役人の職を奪うという権力を行使する。戴の最終的な起訴内容は、税金の払い戻しを求める不正請求書の発行という、業界では一般的に行われていることだった。

中央政府に見せしめにされたことに憤慨していた常州市は、起訴内容が格下げされたことや、調査団が法律違反の確たる証拠を見つけられなかったことに、中央政府の弱さを感じ取っていた。二〇〇六年三月、出廷した戴は挑戦的に無罪を主張した。中国のこうした裁判では、予想される厳しい判決を軽減する唯一の方法として、有罪を認めるのが一般的だ。だがそれ以上に衝撃的だったのは、市の党委員会の支配下にある常州市の裁判所が、戴と同様、中央政府を嘲るような態度を取ったことである。なんと裁判所は判決の言い渡しを四年間も引き延ばしたのだ。戴の弁護を担当した北京の弁護士、銭列陽《せんれつよう》は、判決の遅れにすっかり困惑したという。二〇〇八年、銭弁護士はこう言った。「このようなケースは実に珍しい。われわれは裁判所に対して繰り返し判決を下すよう求めてきましたが、今では諦めています」無罪判決が下りないことは銭にもわかっていた。無罪になれば、中央政府と市政府は企業の資産や土地の所有権の問題を突きつけられ、強制没収に対する補償も要求されるからだ。「『無罪』判決になれば、ありとあらゆる政治的混乱が生じるでしょう」と銭は言った。しかしここでは、判決を出さないこと自体が、政治的な意思表明だった。つまり、中央政府が地方の大きな発展を阻んだことに対し、市が不満を表明したのである。

裁判所は、二〇〇九年半ば、すでに釈放されて自宅軟禁となっていた戴国芳に対して、些細な罪状でひっそりと有罪判決を下した。この判決は、中央政府による鉄本攻撃が徒労に終わったことをはっきり示していた。中国の粗鋼生産量は二〇〇四年までの三年間で倍増し、二億八〇〇〇万トンに達した。さらに二〇〇八年、世界金融危機や国内における不動産の暴落によって生産量の下降が始まる前には、五億トンを上回った。これは生産量二位以下の粗鋼生産国が七つ集まっても及ばない数字だ。二〇〇九年半ばには、粗鋼生産量は年率換算で約五億五〇〇〇万トンとなった。結局、鉄本に対する政治的な破壊活動は、粗鋼生産量を抑えることができず、中国の経済にまったく影響を及ぼさなかったことになる。「一体なぜ、無名の民間企業一つに中央政府の九つもの省庁が重砲を向けるような事態になったのだろう?」二〇〇六年の公判中に、経済学者の周其仁は新聞の解説欄にこのような記事を記した。「国有大企業は巨大なプロジェクトに参加することができる。しかし、民間企業が参加し、特に国有企業と競うような場合には、いたるところから攻撃を受けることになる(18)」

事件に関する彼の解説のなかでは公表されていないが、周其仁は獄中の戴国芳へのインタビューの許可を求めていた。民間部門の政治問題に対する周の関心から生じた、きわめて異例の要求だった。常州市の党幹部は、周の要求を市警察に回し、市警察は省に上げ、省は北京の公安部に委ね、そこでようやく訪問の許可が下りた。刑務所の鉄格子の向こうにいた戴は、優れたビジネスマンだったが、政治的感覚には欠けていたという。周もこう認める。「戴氏は業界全体のことは、基本的なコストに至るまで、何もかも完全に知り尽くしていました。中国の新たな鉄鋼生産においても、鉄本のコストが一番低いだろうと考えていました」「彼は市場経済に基づいて投資を行いましたが、いかんせん中国は政治経済に基づいて動いているのです」

劉永行はこの教訓をはるか昔、八〇年代後半から九〇年代前半に、兄弟とともに豚用飼料のビジネスで最初の富を築いた時点ですでに学んでいた。自分の会社を経営するようになった現在も、その戦略は一貫して変わっていない。それは、つねに政府の政策のほんの少しだけ先を行き、それ以上は控える、というものだ。「まだ政策がないので、前を行くということが何度もありました」「つまり、現行の規制の範囲内で、半歩先を行くわけです。状況を読むのです。うまく自制しなければなりません。さもないと行き詰まってしまいます」そして、鉄本のように溝にはまってしまう、と言い添えた。「民間企業に対する政府支援は国有部門に対するほど手厚くはない。これは改革の特徴なのです」「それが改革の特徴である以上、変えることはできません。われわれはそれを自然の法則と考えています」

民間部門に対する政府の偏見についても、劉永行はずっと以前に学んでいた。兄弟と離れて事業を始める二〇〇二年までの二〇年間、劉兄弟が商売のために国有銀行の融資を当てにすることは一度もなかった。当初は銀行側も彼らへの融資に関心を持っていなかった。やがて銀行から彼らに融資を持ちかけるようになったが、そのころには劉兄弟が融資を必要としなくなっていた。多くの企業家と同様、彼らもまた自らの利益を投資に回すことを習得していたのである。それが中国という世界なのだと納得してからは、自分の態度がいい方向へ変わったと劉は言う。「そのように考えないと、恨みで一杯になってしまって、何もやらなくなるか、あるいは法に触れるような極端な行動に走ることにもなりかねません」

劉永行が苦労の末に確立した自立の精神は、ビジネス以外の面にも影響を及ぼした。役人と節度ある関係を築き、成功のために怪しげな取引に手をさない。これを厳しく守ることで、投資する部門はおのずと決まっていった。不動産業を選ばなかったのは、役人との付き合いに耐えられないからだという。「不動産業には多くの（インサイダー）取引が付きものですし、つねに接待や贈品が必要なのです」同様に、新たに立ち上げた会社を証券取引所に上場しないことにした理由についてもこう話す。「（規制当局）や政府の諸機関へのロビー活動に相当な労力を取られるでしょう……そのうえ違法行為に限りなく近づくことになりますからね」

アルミニウム業界に参入しようとした劉永行が直面した障壁は、戴国芳が鉄鋼業でぶつかった障壁より大きかった。彼の前に立ちはだかっていたのは、国有の独占企業、チャイナルコだった。チャイナルコは北京の党本部が直接経営する一五社ほどあるエリート国有大企業の一つだが、高度な技術と積極的な戦略を有する中国きっての有力企業というだけでなく、この業界への参入を願うすべての競争相手が必要とする原材料と技術を支配していた。最大の問題はアルミナの供給で、チャイナルコが国内市場の九八パーセントを支配し、事実上独占していたことだ。しかし完全防備のチャイナルコにも、政治面と技術面の二つに攻めどころがあった。政治的な面については、劉は巧妙かつ合法的な方法で攻め落としていく。そして技術面では、実に興味深い攻略法でアルミナ抽出の主要技術を手に入れたのである。

劉はまず首都から離れた場所に照準を合わせた。チャイナルコは北京においては全権力を握っていたが、地方ではまったく事情が違っていた。チャイナルコが再構築されて、株式の一部が海外に上場された二〇〇一年、中央政府はチャイナルコに国内ほぼ全域のボーキサイトの採掘権を与えていた。チャイナルコは価格を吊り上げるためにボーキサイトの生産調整をしようとしていたが、資源を保有している地方は資金不足にあえいでおり、一刻も早く採掘したいと考えていた。[19]中国のボーキサイト埋蔵量の六〇パーセントを有する河南省で、劉は開きかけたドアを押し開けたのだ。新たな税収を得るために省が下した決断は、中央政府に縛られるのを避けるためチャイナルコとは契約しないというものだった。そして河南省は、この業界への参入を試みる劉をはじめとする企業家たちに、ボーキサイト採掘の許可を与え始めたのである。

チャイナルコはあらゆる局面で劉に戦いを仕掛けた。中央政府における自社の影響力を用いて、資源開発管理という名目で劉の計画を遅らせた。河南省での事業を進める許可を出す条件として、支配株式を要求した。その一方では、原料の独占をより強固にするため、一般向けのアルミナ輸入許可の発行を遅らせてもいた。しかし、一つにまとまった民間アルミニウム業界にとって、状況は次第に好転していった。劉は河南省のボーキサイト鉱山を手に入れ、鉱石から不純物を除去してアルミナを抽出できるようになった。チャイナルコによる株式保有の要求も退けた。さらに、内モンゴルと山東省に精錬所も設立した。どちらも近くの炭鉱と連携した火力発電所から電力の供給を受けており、この電力の確保も彼が目をつけていたことだった（アルミニウムの精錬にはかなりの量の電力が必要となる）。

最後に残った課題は、チャイナルコが独占所有権を持っている技術、すなわち品質の低い地元のボーキサイトからアルミナを抽出する技術である。その技術をどのように入手したかについて劉は口が堅いが、この業界に参入を試みた他の企業家たちを見ると、単にチャイナルコの技術を堂々と盗用しただけなのだ。競合相手を市場から締め出し、独占を確保するため、チャイナルコは技術の使用についてもボーキサイトと同様の制限をしようとした。遼寧省と貴州省にある国立のアルミニウム研究施設を支配下に置くことで、技術が他に漏れないようにしたのだ。だが、研究所の技術者たちは、技術供与の制限に苛立っていた。市場経済においては、専門技術の使用権を与えれば与えるほど、報酬が手に入るからだ。そして二〇〇三年、不満を抱いた多くの上級技術者が二つの研究所を退職し、瀋陽《しんよう》市の大学に新たな研究所を設立した。精錬所建設の設計図を持って出た彼らは、その後すぐにチャイナルコが使用を独占していた設計図を、希望する企業家たちに販売し始めた。一二ヵ月という短期間で、四人の技術者が五〇〇万ドル近い収入を得た。

技術者たちが逮捕されたときには、すでに手遅れだった。劉のプロジェクトを含め、競合するアルミナ精錬所はすでに認可を受けているか、設立を終えて操業していたのだ。彼らは、中国におけるアルミ製品の需要の高まりを完璧なタイミングで捉えていた。チャイナルコのビジネスは壊滅的なダメージを受けた。国内のアルミナ市場の九八パーセントを獲得し、事実上の独占状態だったチャイナルコの占有率は、二〇〇八年までの三年間で半分以下にまで急落した。最も驚くべきは、中国最大級の勢力を誇る国有企業の一つに大打撃を与えた直接的原因が、地方の民間企業による産業スパイ活動であったことだ。チャイナルコに技術を供与していた五人の退職技術者は、企業秘密を盗用した罪により貴陽《きよう》市の裁判所で有罪判決を受けた。うち一人は三年の刑を言い渡されたが、他の四人はほんのわずかな罰金刑だけで済んだ。

原料入手を阻み、技術を独占するチャイナルコとの長期にわたる戦いにおいて、劉の最大の強みとなったのは資金力だった。中国の長者番付によると、二〇〇八年の劉の資産は約三〇億ドルで、国内随一の富豪の一人である。彼は、銀行の融資に頼ることなく、共同出資者と協力して事業に資金を提供することができた。対照的に、常州市の戴国芳は政治的圧力を受けやすい銀行と提携していた。劉のケースは、企業家が生き残って成功するには潤沢な資金と政治的な順応性が必要であることを示している。中央政府の一部は、チャイナルコによるアルミナ独占を維持することに経済的メリットはないと考えており、劉はそんな彼らの支持を得ることに成功したのだ。だが、劉の成功にとって最も重要だったのは、何といっても北京以外の省との繋がり、つまり地元の経済発展を推し進めたいと考えていた各省政府との関係だった。地方の役人は、劉のような企業家を誘致するために、ありとあらゆるインセンティブや権利を用意していた。「われわれは、業績や税収、環境保護、そして社会的イメージの面でも彼らのニーズを満たすことができたのです」「少し乱暴な言い方を許していただければ、地方の役人たちは、たとえ腐敗した役人であっても、誰もが政治的業績を求めているのです」と劉も認めている。

企業家は成功しても仲間はずれ

二〇〇八年、共産党は選り抜きの企業家三五人のグループを、北京の中央党校へ招いた[20]。民間企業の願いを聞き入れていることを示すパフォーマンスだった。招請を受けたのは当初三四人だったが、情報を提供してくれた企業家によると、「三五人目は、頼み込んで参加した」のだそうだ。

党校の近代的なビル群は、首都の外れ、円明園に近い広大で快適な土地に広がっており、役人の再教育機関として全国各地に設置されている二八〇〇の全日制の教育機関の頂点に立っている。こうした教育機関の多くでは、党の歴史や政府から発せられた最新の政治的キャンペーンについて、役人向けの退屈な再教育講座が行われている。党内に企業家を取り込む計画の一環として、ときおりこの講座に中小の企業家たちが招かれている。

三五人の企業家が招かれた講座は、それまで党校が行ってきたどの講座よりも徹底した内容だった。企業家たちはキャンパス内で生活し、全国から集まった前途有望な未来の中国の指導者候補である役人たちと共に、緊密なグループを作って勉強した。さらに、党で最も権力を持つ大物による講義も受けることができた。企業家の多くは、技術系か新たなメディア事業を運営しており、全員が自力で大成功を収めた富裕な人々だった。参加者の中には、ナスダックに上場している英会話学校、〈新東方〉の余敏洪《よびんこう》や、周辺機器メーカー〈愛国者〉の馮軍《ひょうぐん》、エドワード・ティエンと長いあいだ同僚だった〈アジアインフォ〉のジェームズ・ティンなども含まれていた。党校のエリート向け講座に参加するということは、アメリカでいえば、次世代アメリカの政治指導者たちと並んで、ハーバード大学のエクゼクディブMBAクラスに招待されるようなものだ。中国においては、他に類を見ないほど稀な人脈づくりの機会である。

党校に到着し、企業家の多くが最初に目を奪われたのは、その設備の素晴らしさだった。彼らの居室には無線インターネット付きのレノボ社製液晶大型テレビが備えられていた。五〇メートルのプールに、テニスコート、スカッシュコート、さらには設備の整ったジムで、専任トレーナーによる個別トレーニングを受けることもできた。企業家たちはまるで寄宿学校に放り込まれた若者たちのように、彼らに認められた日常生活での特権を役人たちのものと比較して、自分たちがどれほど厚遇されているかを推し量った。学生食堂では、企業家たちが無料で食事ができたのに対し、役人たちは一食につき五人民元を支払っていた。自分たちの部屋にある歯磨き粉はコルゲートの製品だが、役人たちは黒妹《ヘイメイ》のものだった。

「私たちは厚遇されていました」と、その企業家は言った。「国のトップレベルの役人たちより、私たちの待遇のほうが上だったのです」それぞれの部屋のドアには居住者の氏名と合わせて、役人の場合には管轄地域、企業家の場合は企業名と業務内容が書かれたプレートが貼られていた。全員に名札が配られ、企業家たちはほかではなかなか会えないような役人と容易に知り合う場を与えられた。「公害防止装置や鉄道の通信機器を販売している人たちは、講座中に大きな商談をまとめていましたよ」とその企業家は語った。

講座は「毛沢東思想」「鄧小平理論」といった神聖な文書についての概説から始まる。地方における軍事闘争や、多角的貿易交渉、世界の時事問題に関して、長時間にわたる講義もあった。地元で初めてベテランの政治家と接したときに多くの人が感じるのと同じように、多くの企業家たちは党校で学ぶ役人たちの雄弁さと、様々な見解をバランスよくスピーチに組み込む能力に圧倒された。そして講座が終わるころには、役人と彼らが担う壮大な仕事に対する新たな尊敬の念が芽生えていた。役人が一人で何千万もの人々の福祉や各種サービスの提供に責任を持つことはよくあることだ。投資銀行家並みに忙しく働き、長期にわたって家族と引き離され、一晩に三つ四つの宴会に出席し、果てしなく乾杯を繰り返すことに耐えなければならない。競争心も強く、役人同士が刺激し合うだけでなく、企業家に対してアピールするなど、校内における彼らの聴衆すべてに感銘を与えようと競い合っていた。その企業家はこう評する。「彼らの競争は私たちよりも厳しい。彼らに比べれば、私たちなんかアマチュアですよ。いったん体制のなかに入ると、私たちもその強力な擁護者になってしまいました。孤児の法則と同じですね。一度家族の一員になると、その家族のために戦うというでしょう」

しかし、講座のクライマックスで、企業家たちは自らが家族の一員ではなく里子に近い存在であることをはっきりと思い知らされた。党校の校長であり、胡錦濤の確実な後継者と目されている習近平が来て演説を行ったとき、役人には演説のコピーが配られ、それを読み進めながら話を聞くことができたが、企業家にはコピーは与えられなかった。党の機密保持の規則により、コピーの配布は禁じられているというのだ。彼らにはメモを取ることさえ許されなかった。これほど地位の高い党の大物の目の前に座り、静かに話を聞くことを許されただけでも、企業家にとっては名誉であるというわけだ。

これと同様の服従を求められるのが歴史教育の分野で、党は懸命にその統制に努め、異議を許さない。党は民間部門の成長に驚くほど適応し、企業家から十分な距離を置いて彼らの繁栄を認めたが、その一方で党と敵対する勢力を作る機会を与えないようにしてきた。だが党にとっては、中国の政府とビジネスを支配するだけでは不足なのだ。権力を維持するためには、中国の歴史をも支配する必要があることを党はずっと以前から知っているのである。

第八章　『墓碑』

党と歴史

「たった一人で山奥へ宝探しに行き、
周りを虎や野獣に取り囲まれているような気分だった」
（楊継縄《ようけいじょう》、『墓碑』の著者）

「中国では中央宣伝部の部長は、
アメリカの国防省長官や旧ソ連の農業大臣に匹敵する存在だ。
宣伝部長がどのようにリーダーシップを発揮するかで、
国家の安定性が左右される」
（劉忠徳《りゅうちゅうとく》、前中央宣伝部副部長）

四〇〇〇万人の〝ホロコースト〟を隠蔽

二〇〇八年半ば、『墓碑』[*1]の初版が香港の書店に並んだ。昔の電話帳並みに分厚い二分冊が一つにビニールパックされ、うずたかく積み上げられていた。その威圧的な存在感はひときわ目を引き、内容の重みを十分伝えていた。

著者、楊継縄は、約二〇年にわたる綿密な調査に基づき、一九五八年から三年間で三五〇〇万から四〇〇〇万人の中国人が餓死した悲劇の全容を発表した。中国共産党が長年隠蔽してきた事実を明らかにしたのである。楊の試算では、この三年間には出生率も低下し、さらに四〇〇〇万人の人口減となっている。男女ともに健康状態が劣悪で、妊娠、出産は不可能だったのだ。この壮大な著作の内容は、海外の中国研究者のあいだではすでに知られていた事実を裏付けるものだった。毛沢東のユートピア建設計画が、人災による史上最悪の飢饉をもたらした、という事実である。「真の共産主義」確立のため急ピッチで進められた毛沢東の計画は、ホロコースト並みの大惨事を生んだ。この本の内容と同じく注目すべきは、中国の国営通信社、新華社のジャーナリストである著者が、どのようにして資料を集め、この本を書くことができたのかという点だ。

楊継縄はジャーナリスト人生の大半を、新華社の通信員らしく組織に忠実に過ごし、政府や党の公式見解について宣伝部の検閲付きで記事を書いてきた。その表向きの仕事の裏では、新華社の上級通信員として党に提出する内部報告書の作成に携わった。この内密の文書の作成にあたっても、手加減なく真摯な仕事をしてきた。その報告書は北京政府が地方党幹部の動静を監視するのに不可欠なものだった。軍の職権濫用、経済状況の悪化、汚職など多くの内部報告が北京の党幹部たちのデスクに届けられ、楊の勤務する地方の党幹部をうろたえさせた。

一九八九年、党による民主化運動弾圧に幻滅した楊は、かつて主人と仰いだ党に対して反撃を開始した。中央政府のために地方をスパイする仕事をやめ、党に対する内部告発に着手したのである。新華社の上級通信員という立場を利用して、楊は国中の公文書にアクセスし、大飢饉の全容を明らかにすることができた。中国内外のどの研究者にも、これまでにはできなかったことだ。その成果である『墓碑』は、中国本土に在住する中国人が中国語で書いた出版物として、共産党体制下で最も厳しい告発の一つとなった。加えて、この本の完成に関わったのはすべて党の内部の人々である。楊に賛同する人々が、党員という立場にもかかわらず、大飢饉について何十年も語られてきた嘘を暴く決意をし、長い時間をかけて密かに協力してくれたのである。

楊の協力者は党内に多数いた。正確な死亡者数を把握するため、政府機関で何年も黙々と努力してきた人口統計学者たち。担当地域で起こった飢饉のおぞましい記録を何十年間も手放そうとしなかった地方幹部たち。国内穀物生産史の調査を装った著者に、目配せして快く扉を開いてくれた公文書館の管理人たち。そして、悲劇の真実を明らかにするため各地のコネを提供してくれた、新華社の同僚通信員たち。

『墓碑』が分厚い二分冊になったのには十分な理由がある。気が遠くなるほど詳細な記述に満ちているのは、出版後に当局から信頼できないと言われるのを防ぐためのようだ。「戦争もなかった。疫病もなかった。異常気象もなかった。それなのに三五〇〇万から四〇〇〇万の国民が消えてしまった。信じられないことです」と著者は言う。「史上類を見ないことが起きたというのに、当局はこれを隠蔽してきた。だから大飢饉という歴史的事件を知る中国人は少ない。語り伝えられてはきましたが、最近の若い人には信じられないことのようです」

中央政府は飢饉の最中にもその後にも、各地に調査団を派遣したが、今日に至るまで、大飢饉とその犠牲者数について政府の公式発表は一切行われていない。「われわれは地方幹部からの内部報告を受けていたので、膨大な数の餓死者が出たことはすでに認識していました」と語るのは、多くの人命が失われたこの事態について独自にデータを集計した人口学者ワン・ウエイジだ。「しかし、中央政府による大がかりな調査は行われませんでした」大飢饉に関して問いを発するだけでも、政治的に危険な人物とされた。なぜなら、大飢饉を問題にすれば、毛沢東はじめ当時の指導者に数千万人を死なせた直接の責任があることになるからだ。

一九五〇年代後半、毛沢東は農業集団化政策を指示した。穀物生産で高い生産性を保持していた農民の労働力を使って、庭先に粗末な溶鉱炉を作らせて鉄鋼増産を目指した。「大躍進」政策の旗が振られ、毛に追随する者たちの予測では、数年で食糧生産高は倍増、三倍増となり、鉄鋼生産高では西洋先進国を追い抜くことになっていた。このころの中国は、毛沢東を個人崇拝する一派による過酷な支配の下にあった。毛沢東主席は「優れたマルクス主義者」「卓越した思想家」と称えられ、完全無欠な神のオーラをまとうようになった。

新たに建設された農村のコミューンは、記録的な穀物生産高を達成せよとの毛の指示に応えるため、収穫高を大幅に水増しして報告するようになった。毛沢東の絶対的命令に従わなければ政治的生命を失うと恐れた奴隷根性の地方役人たちが、暴力をも厭わず目標達成を目指したため、水増し報告はますますエスカレートしていった。中央に報告された数字に疑問を差しはさむ者は、「保守反動」の烙印を押された。生産目標達成のため、地方役人は民兵に人々を鞭打たせ、多くの死者が出ることになった。食糧がすっかり底をつく地域も出てきた。しかし、備蓄のある倉庫は閉鎖され、非常用の食糧が放出されないという事態に至った。備蓄量が北京に報告した数字と合わなくなるという理由から、備蓄を放出することは政治的な誤りだと解釈されたのだ。当時河南省の役人だったユ・トゥホンは、鍵をかけられた満杯の食糧庫の外に、餓死寸前の住民たちが群がっているのを目撃した。息絶える瞬間、住民たちは「共産党よ、毛主席よ、助けてください！」と叫んだ。

言うまでもなく、『墓碑』を中国国内で出版することはできなかった。[1] 香港では飛ぶように売れたにもかかわらず、この本に食指を動かす出版社は一社もなかった。中国中央部の大都市武漢では、社会治安総合治理委員会が、この本を「猥褻で暴力的な未成年に有害な図書」に指定し、発見次第没収の処分とした。一方、党はこの本を黙殺するという別の手段を選んだ。メディアで取り上げることを禁じ、この本を批判して耳目を集めるようなことも自粛したのである。

党が批判者を即座に投獄し、ときには命を奪うという時代は、すでに過去のものとなった。現在の中央宣伝部はメディアを熟知しており、より目立たない、洗練された様々な方法で問題に対処している。党は強硬な批判者を、まるでいたずらっ子を呼ぶかのように「トラブルメーカー」と呼ぶが、そう呼ばれた者は職を奪われ、家族を脅迫されて沈黙させられ、メディアから締め出されて、非国民という屈辱的なレッテルを貼られる。最終手段としては、現在でも投獄や国外追放は行われている。国外追放になれば、永久に故郷には戻れず、政治的活動もできなくなる。

「大躍進」政策の恐ろしさについては、西洋諸国に多くの文献があり、海外の中国現代史研究者にはその歴史はよく知られている。しかし、中国国内では党が国家の歴史を統制しており、海外で語られている中国史とはまったく別の物語として歴史が語られる。もっとも、実際に中国で歴史が語られるとすれば、の話だが。楊はその著書の出版後も生き長らえ、現在も北京の新華社の社宅で暮らしている。しかし、党は『墓碑』とその著者を黙殺することによって、その本が海の底深く沈み、他の多くの不都合な秘密と一緒に隠れてしまうことを願ったのだ。

「歴史」を監視する中央宣伝部

一九九六年、中国大飢饉について最初に英語で本を書いたジャスパー・ベッカーが指摘しているように、この出来事に関して最も特筆すべきは、大飢饉が起こったという事実を二〇年間誰も知らなかったという点だ。[*2] 一九八〇年代前半、アメリカの人口学者たちが中国の人口統計を見て初めて、三年間で三〇〇〇万人が死亡したという事実が明るみに出た。

飢饉の隠蔽については、政府が本当に何千万もの死者の存在を隠すことができるのか、という疑問が投げかけられてきた。二〇〇三年、中国政府は新型肺炎ＳＡＲＳの流行を隠蔽しようとした。ＳＡＲＳは中国南部で発生し、やがて香港や北京などの大都市に拡大した。党の上級幹部でもある北京在住の軍医が、ファックスで海外メディアに正確な死亡者数を伝えて初めて、胡錦濤政府はＳＡＲＳの拡大規模を認め、思い切った隔離政策をとった。二〇〇八年、三鹿《さんろく》集団の汚染粉ミルク事件のさいにも似たようなシナリオが展開された。汚染された粉ミルクとその被害を受けた乳幼児の実態は、三鹿集団と地元党委員会によって隠蔽された。ニュージーランド政府がこれを暴露し、中国国内のあるジャーナリストが、党宣伝部の命令に逆らって企業名を発表して、ようやく事実が明らかになった。

この二つの事件について大多数の人は、密告者によって発覚は早まったが、結局、政府は真実を認めざるを得なかっただろうと言う。感染症の拡大や患者の死、その家族の悲しみを完全に隠し通すことは不可能だ、そうした事実は地域全体に広がるものだというのが大半の意見である。反体制派を投獄するように、すべての人々を閉じ込め、口を封じ、投獄することは不可能だと言う。しかし、毛沢東時代の全体主義体制下では、政府は大飢饉のような重大事についてさえ言論を封じ、その後の議論も禁じることができた。当時の中国には、情報公開を求めるメディアも市民社会もなかった。大飢饉の最大の犠牲者である農民たちは無力で、中央政府との距離は遠く隔たっていた。国家統計局にあるのは不正確なデータだけで、大飢饉に続いて展開された文化大革命のあいだは、統計局自体が閉鎖された。そして、飢餓の実態調査に当たる人物、調査内容、調査対象地域は党の管理下に置かれた。一九八九年に北京の民主化運動を世界に伝えた衛星放送アンテナやファックスはまだ存在せず、それを使うメディア関係者は、国内にも国外にもいなかった。

SARSや汚染粉ミルク事件の起こった二一世紀、党が大飢饉に対して行ったような大規模な事実の隠蔽はほぼ不可能になっている。中国は携帯電話やインターネットで世界とつながり、グローバル経済に組み込まれている。食糧難や旅行の制限などは、グローバル化した世界にただちに影響を与え、中国自身にたちまち跳ね返ってくる。重大事件の報道を封じることは現在では不可能だが、それでも党は今もなお、事件の影響をコントロールすることは非常に得意である。

党はこの大飢饉を、政治には何の責任もないかのように、「三年続いた困難な時期」と呼ぶよう国民に強要している。（八〇年代とそれ以前は、公式には「自然災害の三年間」と呼ばれていた）。飢饉の直後、一九六六年から一〇年間に及んだ文化大革命が大きな誤りを含んでいたことを党は認めているが、将来そのような不安定な事態が起こるのを未然に防げるのは党だけであると主張することで、文革をめぐる議論を自らに都合よくねじ曲げている。広東省党委員会書記で中央政治局委員でもある汪洋《おうよう》は、二〇〇九年八月の記者会見で、中国における言論の自由について質問した記者をたしなめ、「文革当時は言論の自由があった。だからこそ国はあのような混乱に陥ったのだ」と述べた。一九八九年の民主化運動のさいには詳細な報道がなされたが、その記憶も今では曖昧なものになっている。党によって、民主化弾圧と弾圧に関係した人々についての報道が徹底して統制された結果である。事実を隠蔽し、曖昧にし、真実の一部だけを伝え、事実を省略し、必要ならば完全な嘘をでっち上げる。こうした熱心な努力によって、党が語るストーリー以外は抹殺されてしまうのだ。

中国に深く根付いたこうした記憶喪失の例は、国内のあちこちにある。最近建設された上海歴史博物館では、植民地支配下の上海市街の様子が、豊富な展示物によって比較的偏りなく示されている。しかし一九四〇年前後から、展示は何の説明もなく不自然に抜け落ちている。中国共産党が上海を占拠した一九四九年や、その後ほぼ半世紀にわたる大混乱の時代の展示はない。国際都市として繁栄を誇った上海は、一九六〇年代以降、内戦によって破壊され、一九七〇年代には文化大革命の大波に翻弄された。この空白に違和感を覚えながら展示の最後尾まで進むと、政府が不都合な時代を隠蔽しようとしているのが滑稽なほどよくわかる。解説が再開されるのは一九九〇年代以降で、いきなり登場する最先端国際都市の写真では、活気溢れる大都会の空に花火が上がっている。館長の藩君祥《はんくんしょう》(2)に、上海の歴史物語に大きな穴があいている理由を尋ねると、彼は気まずそうに、「過去のこととして忘れなければならないことはたくさんあります」と言って目をそらし、話題を変えた。

　中央宣伝部は、メディア管理を担当すると同時に、歴史をめぐる論争においても大きな役割を担う。宣伝部の放った歩哨があらゆる地点に立って、あらゆる歴史論争に目を光らせている。教育部を使って学校の教科書を審査し、シンクタンクや大学の研究発表の内容をチェックする。中央統一戦線工作部を使って、「歴史的に正しい」資料を香港や台湾の同胞向けに準備する。ジャーナリストから映画監督まで、全メディア関係者が発する情報をすべてチェックする。中央組織部と同様、宣伝部の電話番号は電話帳には掲載されない。宣伝部本部は北京の中心部、紫禁城〔故宮〕に隣接する「中南海」の向かいにあるが、そこには宣伝部という標識はない。宣伝部がメディアに発する指令は機密扱いである。わずかのあいだ、政府内部のネット上に、編集者に対する宣伝部の指令がアップされていたが、安全保障上の理由でこれも停止された。「彼らはいかなる証拠も残そうとしない。内実が明らかになることを恐れているからです」と、編集者、李大同《りだいどう》は語る。彼はある歴史問題について物議をかもす記事を発表し、宣伝部を解雇された人物だ。

宣伝部は、メディア部門の退職者を募って「精査・評価チーム」を編成し、当局の方針から逸脱した記事がないか、新聞を一紙ずつチェックさせている。匿名で活動するこのグループは、逸脱が疑われる記事を党上層部へ報告する権限があるため強大な力を持っている。しかし「もし中央政治局や中央書記処から記事についてのコメントなどが送られてくれば、キャリアを失うことになるかもしれない」と李大同は語る。「何のコメントもなかったとしても、ダモクレスの剣のようなものだ。ギリシャ神話に出てくるダモクレスは、天井から毛髪一本で剣を吊るした王座に座らされ、王位にはつねに危険があることを教えられたが、それと同じだ」別の新聞編集者は、宣伝部はギリシャ神話の盗賊プロクルステスだと語る。「凹凸をハンマーでたたいて平らにする者」として知られるプロクルステスは、捕らえた旅人を鉄のベッドに寝かせ、ベッドより脚が長い者はその脚を切り落とし、短い者はその脚を引っ張って伸ばした。みんな同じ背丈でなければならないというわけだ。「宣伝部が口にする言葉は『イエス』か『ノー』の二つだけです」とその編集者は言う。「人の背丈を切りつめたり引き伸ばしたりする、『イエス』と『ノー』しか言えない変人の支配下で、中国人は生きていかなければならない」

この編集者がそう語るのは、個人的に不愉快な経験をしたからだろうが、近年ますます複雑巧妙化している宣伝部の実態を語るには、そんな単純なたとえでは不十分だ。中国が市場経済を推進していくためには、一党支配に対する国民の支持が必要だ。そのため宣伝部は、大衆の心をつかむため、あらゆる広告や政治的ＰＲに、西側世界で実験済みの多くの人心掌握術を借用してきた。アン＝マリー・ブレイディがその著書『Marketing Dictatorship』*3 で語るように、「中国は多くの点で西洋を手本にしてきた。もっとも、西洋のリベラルな知識人が自慢したい点ではないのだけれど」

歴史は学校の「愛国教育」にとっても、列強の植民地支配で被った屈辱をメディアで繰り返し主張するさいにも不可欠なものであり、歴史の重要性は近年ますます大きくなっている。さらに、宣伝部は愛国主義を党そのものに結びつけようとしている。「現在進められている愛国主義運動の主な内容は、中国共産党に対する熱烈な愛情をより強めていくことだ」共産主義青年団のトップの陸昊《りくこう》は、二〇〇九年のキャンペーン開始にあたってこう書いている。「大切なのは、社会主義・愛国主義・党のリーダーシップという三つの要素を統合する方向に若者を導くことだ」[3]

宣伝部による歴史の監視範囲は、共産党政権の時代だけにとどまらない。[4] 二〇〇一年、党公認の歴史の最新版で、党の「バックグラウンド」は一八四〇年にまでさかのぼると定義された。「中国共産党の結成が歴史的必然であったことを説明するため」である。この決定によってただちに、帝国主義列強による植民地支配のきっかけとなった第一次アヘン戦争以降の歴史が、すべて宣伝部の監督下に置かれることになった。党が新たな歴史認識を採用したことで、党とは異なる見解を持つ歴史研究者が当局とぶつかる危険性がそうとう高まった。

歴史は、党が国民を統制するための手段であり、そこで最優先されるのは党の威信と権力を保持することである。人事や汚職捜査が党の内部で行われるのと同じように、デリケートな歴史認識の問題も、すべて党の内部で決められる。歴史問題は必ず部外秘で議論され、議論に暗号が使われることも多い。世界各国の左派政党では、たとえばイギリスの労働党やフランスの左派党のように、イデオロギーの変更にあたっては公に激しい論戦が繰り広げられるが、中国ではそうした議論は一切行われない。

大躍進、文化大革命、一九五九年のチベット動乱、一九八九年の民主化運動などについても、党内部で討議した結果、党の公式声明が発表されるだけである。党幹部の歴史認識は、個人の意見がどんなものであろうと、党の公式声明に拘束される。内閣の閣僚の意見が内閣全体の意見に拘束されるのと同じである。組織の決定に従うか、組織から抜けるかだ。それゆえ党の決定は、理屈の上では中国国民一三億人の総意とされる。中国人が公の場で党と違う意見を述べて人々を扇動したいと思うなら、危険を覚悟の上でやらなければならない。

宣伝部は、党の公式見解を国民に強制するという自らの役割の重要性を十分に自覚している。まさしく国家の安全保障にかかわる仕事なのだ。「中国では中央宣伝部の部長は、アメリカの国防長官や旧ソ連の農業大臣に匹敵する存在だ」と、一九九〇年から八年間、宣伝部副部長を務めた劉忠徳は言う。「宣伝部長がどのようにリーダーシップを発揮するかで、国家の安定性が左右される[5]」

宣伝部が扱った近年の歴史問題のなかで最大のものは、一九八〇年代末から九〇年代にかけてのソ連・東欧諸国の共産主義の崩壊の扱いで、これについては今も論争が続いている。二〇〇六年になってようやく、この件を扱った「部外秘」のDVD（全八話）が中央・省・市各レベルの党幹部に配布され、ソ連崩壊を教訓とするため必ず視聴するようにとの指示が出された[6]。二〇〇七年の党大会前にも、当局はソ連崩壊や冷戦についてのコメントに目を光らせていた。大会に先立ち、宣伝部はメディアに対してその年の報道内容について二〇項目のガイドラインを指示した。その第一九項目には「一〇月革命九〇周年に関する報道は厳しく制限する。ソ連崩壊を書き立てるような記事は禁止」とある。

同じころ、『フィナンシャル・タイムズ』紙の経済コラムニスト、マーティン・ウルフが、中国で自著を出版するための交渉を行っていたが、国家直属の中信出版社から執拗に内容の訂正を求められた。問題は、ソ連など共産主義諸国の独裁者についての表現だった。出版社側は、ソ連の「共産主義独裁者」という表現を「当時のソ連の指導者」に、ソ連の「共産主義システム」を「中央集権的な計画経済」に差し替えるように求めた。権力欲に取りつかれた独裁者のリストには、ヒトラー、スターリン、毛沢東、レーニンの名前があったが、毛沢東とレーニンの名は削られることになった。

ハリウッド映画にちらりと出てくるソ連時代の描写さえ、当局の検閲を免れることはない。ジェームズ・ボンド主演の映画『007 カジノ・ロワイヤル』は二〇〇七年前半、検閲なしという触れ込みで、中国で封切られた。だが実際は、ジュディ・デンチ演じるスパイのボスMのせりふが、一ヵ所だけ変更されていた。「ああ、冷戦のころが懐かしい (Christ, I miss the Cold War)」というせりふが、「ああ、昔が懐かしい (God, I miss the old times)」に替えられ、そうして初めて中国国内での上映が許可されたのである。

「歴史の終焉」論は、イラクやアフガニスタン戦争の泥沼化や金融危機に打ちのめされた西側諸国にとっては、もはや説得力のない説かもしれないが、中国共産党は今もなおこの理論に怯えている。上海メディアグループの若き総裁、黎瑞剛《れいずいごう》は、二〇〇七年五月、中国メディアの代表としてドイツを訪問した。訪問団のなかに『人民日報』の上級編集者もいたが、帰国後に黎瑞剛は、その編集者がボンの歴史館の展示にショックを受けていた姿を思い起こしている。(7) 東欧共産主義諸国の崩壊を展示したスペースには、旧東ドイツ共産党が不名誉な最期を迎える直前に出した、党機関紙の最終版第一面が貼り出されていた。「われわれの新聞の最終版も、こうして博物館に保存されるのだろうか」と、その編集者は一行に向かって冷笑的につぶやいたという。

歴史は中国共産党の弱点であるにもかかわらず、党はその弱点に固い装甲を施して武器に仕立て、鋭くもないその切っ先で内外の脅威に対抗している。歴史は大衆の支持を固めるための手段なのだ。日本に対して「正しい歴史認識」を持つよう、またドイツを見習って深く反省するよう強硬に求め続けるのは、若者の反日感情を養うのに効果的だった。中国で大規模な反日デモが起こった二〇〇五年、『人民日報』は「日本は故意に歴史を改竄《かいざん》し、中国を侵略した事実を否定し、数々の残虐行為をなかったことにしている。それゆえ、アジアにおいて史上まれな孤立状態にある」と報じた。「日本が『正常な国』になりたいなら、ドイツにならい歴史を鑑《かがみ》として自らを反省すべきだ」

中国の反日感情は、実際に残虐行為が行われた事実に基づくものであり、日本の一部に卑劣な歴史修正主義勢力が根強く存在することで、反日感情はさらにかき立てられている。同じように、学校の歴史教育によって若者の意識に焼きつけられる「世紀に及ぶ屈辱」も、砲艦外交、軍事的侵略、支配者からの人種差別、植民地化などの事実に根ざしたものだ。こうした事実を見れば、中国が西側諸国に不審を抱くのも無理はない。しかし、日本や他の諸外国に向かって歴史を講釈する中国の声を、まともに受け取ることはできない。なぜなら、中国自身が党の記録を国民の目から隠しているからである。党に向かって「歴史の鑑」を掲げることは、中国国内では許されないことなのだ。

重要な政治的問題に対する党の見解が修正される恐れを感じるとき、党は激しい反応を見せる。党のSARS隠蔽を暴露して英雄となった軍医の蔣彦永《しょうげんえい》は、のちに一年余り身柄を拘束されたことがあるが、これは一九八九年の民主化運動弾圧を非難する彼の手紙が、当局に知られたためだった。この手紙のなかで最も党を刺激したのは、軍事弾圧を後押しした当時の党幹部、楊尚昆《ようしょうこん》と陳雲が蔣医師に私的に語ったという話の内容である。「天安門事件に対する党の公式見解は、今後修正されなければならないだろう」というもので、これは中国では激震をもたらすレベルの重大発言である。歴史の修正は、単に学校の教科書を書き直すことだけを言うのではない。それは政治的な地殻変動にも等しいことだ。民主化弾圧に対する公式見解を修正することは、党のエリート層の個人的利害に直結する重大事なのだ。

エリート層の一角を構成する鄧小平と李鵬は、一九八九年の戒厳令を発布した当人だ。彼らの一族は強大な権力と威信と富を持っているが、党が「天安門事件」と呼ぶ出来事に別の解釈がなされれば、彼らの立場はたちまち危うくなる。そして、もし最高指導部が過去の行動に対して責任を問われるとなれば、地方で半独裁的な権力を振るった地方幹部たちの責任はどうなるのか。過去の出来事に対する党の見解を修正することは、第三者機関に汚職の調査を委ねるのに等しい重大な危険を体制にもたらす。一度手をつけたら最後、どこでやめればいいのか。また、どのようにしてやめればいいのか。党は政府と社会のみならず、国の歴史までも管理しようとしているが、その理由は十分に政治的なものなのである。万が一、党の作った歴史物語が崩壊して真実が明らかになったら、指導部は全員破滅することになるからだ。

『墓碑』の著者、楊継縄は、この本を書くことで体制を批判したが、彼は決して党の崩壊を望んでいるわけではないと言う。楊も彼の協力者たちも忠実な党員であり、みな何らかの形で党のために生涯を捧げてきた。だからこそ楊は、過去の真実が明らかになれば党が崩壊するという予測に不安を感じていた。「そんなことになるのが心配でした」と彼は言う。楊の目的は、党の守りを固めさせることではなく、党を開放させることだった。長い目で見れば、歴史の真実を語ることは、党が生き残るための唯一の鍵であり、さらに中国が真の大国となるために欠かせないことだ。「歴史の真実を封じ込めていては、中国は超大国になることはできない」と楊は言う。「だから私は、歴史を直視しようとしない国に未来はないと述べたのです。前に進むためには、党はまずその重荷を下ろさなければならない」

党にとっての唯一最大の重荷は、偉大な指導者・毛沢東その人である。中国における最大の歴史論争は、党と国家の唯一絶対のシンボルであり続ける毛沢東を守るための闘いだった。

毛は「七割がよく、三割が悪い」

李鋭《りえい》に、毛沢東をどう思うかと尋ねたことがある。四〇年以上の付き合いがあった毛沢東は、李鋭にとって師であり、上司でもあり、李鋭をたびたび告発し投獄もした。私の問いに李鋭は、含み笑いをしながら独特のキビキビした口ぶりでこう返した。「第一印象ですか？　彼こそが共産党を導くことができる真の指導者だ、と思いましたよ」李鋭が生まれたのは一九一七年。中国初の近代革命が起こり、最後の王朝・清《しん》が崩壊して、近代的ナショナリズムが台頭してきた時代だった。彼の母親は、一人息子を封建的な湖南省の村から出して西洋式の教育を受けさせようと決心し、彼は新生中国の渦中へと送り出された。十代前半にはすでに軍閥に抵抗する学生運動を率いていた。大学進学後は抗日運動に身を投じるが、蔣介石の国民党と衝突して、マルクス主義の本を所持していた罪で一九三六年に人生初の投獄を経験する。そのため李鋭は国民党から遠ざかり、共産党と毛沢東に近づくことになる。毛沢東は当時、陝西《せんせい》省の延安にある共産党の新たな拠点で、党指導者としての地位を固めつつあった。この地で一九三九年、李鋭は毛に出会ったのである。そして李鋭は「中国共産党の真の指導者」が、本当はどんな人物であるかを知ることになる。李鋭以外の中国人も、まもなくそれを知ることとなった。

私が李鋭に会った二〇〇三年、彼は八六歳で、細身の引き締まった体つきで生気に満ちた老人だった。硬そうな白髪と鋭いまなざしの魔法使いのような風貌で、お気に入りの肘掛椅子に腰かけ、エネルギッシュに饒舌に語ってくれた。きれいに整頓された部屋の壁には、大きな赤い文字で「寿比南山」と書かれた掛け軸〔聯対〕が掛けられていた。「命は南の山々よりも長い」という長寿を祝う言葉である。彼の気さくな態度のおかげでインタビューは肩肘張らないものとなったが、不安な気持ちがいくぶん残った。中国で仕事をするジャーナリストなら、しばしばこうした不安を感じるものだ。インタビュー相手が心を開いて党の批判を始めると、ジャーナリストとしての自分は興奮を覚える。しかし同時に一人の人間として、こんな話をしたあと、この人がどんな目に遭うかを思って、空恐ろしい気持ちになるのだ。

北京にある李鋭の住まいを見ただけで、彼が過酷な毛沢東時代を生き延びた人物であることがよくわかる。彼の部屋は「部長住宅」として知られるマンション群のなかにある。ヤシの並木こそないが、ロサンゼルスの高速道路に似た首都環状道路沿いに建つ「部長住宅」は、退職した党幹部とその家族のための住宅で、退職時に党の覚えがよい者だけに与えられる。李のキャリアは浮き沈みに富んだものだったが、最終的には一九八二年から二年間、党中央組織部副部長という要職に就き、若手幹部の養成を担当した。ポスト毛沢東時代の初め、改革開放政策の初期に採用された若手幹部を育てたその経歴が、のちに彼が厳しい党批判を始めたときに役に立った。今世紀初頭に権力の座に就いた幹部の多くは、八〇年代初めに李の指導を受けた人々である。その恩返しに、彼らは現在の李の率直な発言に目をつぶっている。ただし、それを発表する国内メディアまで見逃してくれるわけではない。

李鋭は、単に毛沢東の粛清を生き延びた人物というだけではない。私が彼に会った当時、中国に住む元上級幹部のなかで、毛沢東の負の遺産について堂々と詳細に語ってくれたのは彼だけだった。一九七六年に毛沢東が死去した直後の中国は、排外的で無気力な、悪意に満ちた国であり、崩壊と内戦の危機に瀕していた。その後の中国は、当時とはまったく別の国と言っていいほど変貌している。しかし毛沢東は今もなお、中国を一つに束ねる一本の糸として生き続けている。現代中国を訪れる外国人の目に映る近代国家と、過去の恐怖の時代をつなぐ唯一の糸なのだ。二一世紀においても、中国における毛沢東の存在はあまりに大きく、毛沢東についてはもはや議論されることすらない。

「毛沢東について今さら何を言えというのですか?」アメリカのある著名な中国研究者は私の質問に対してそう答えた。しかし、それこそがまさしく中国問題の核心なのだ。毛沢東の政策の犠牲になった死者の数を見れば、彼が二〇世紀の大量殺戮者として、スターリン、ヒトラーと並ぶビッグ3であることは間違いない。その姿をベールで覆うことで、中国共産党は毛沢東に関する政治的議論のすべてを効果的に封じてきた。「毛沢東問題は、現代中国が抱えるすべての問題の核心にある暗部だ」と、オーストラリア国立大学のジェレミー・バーメーは述べる。「(現代中国の)プロジェクトはすべて、一連の嘘の上に成り立っている。毛に関する嘘だけでなく、毛に代表される集団指導体制に関する嘘もある。その嘘は多大な悪影響を及ぼす。このままでは中国は成長できない。中国は、毛沢東の遺産に対しても、社会の変化に対しても、正面から取り組むことを自らに禁じてきたからだ」

毛沢東が礼賛される理由は、ある程度は理解できる。毛は中国共産党と紅軍の指導者として、一九四九年、中国を統一して新国家を建設し、国家の威信を取り戻した。それまでの中国は、一八四二年の第一次アヘン戦争でイギリスに香港を割譲されて以来、一世紀あまり列強の分割統治を受けてきたのだ。また、革命後も引き続き毛が国家のシンボルとして生き続けたことにも、きわめてわかりやすい理由がある。毛の命運が党の命運と固く結びついているからだ。「毛沢東の最大の遺産は中国共産党なのです」と李鋭は言う。「党が存続する限り、毛沢東は生き続けるでしょう」

李鋭は毛沢東に会ってその魅力の虜《とりこ》になったという。だが、李はその率直な言動のために、まもなく困った立場に陥る。李鋭は延安で、『軽騎隊』という壁新聞の発行に携わっていた。この新聞は、毛沢東時代の初期にありがちだったお決まりの運命をたどった。その率直な論調は論壇を盛り上げていたが、やがて党上級幹部の怒りを買って停刊とされ、編集者は政治的に失脚した。李はその後、『解放日報』〔上海市共産党委員会の機関紙〕の記者になった。彼の強硬な論説が掲載されたのが、折り悪しく「反動分子とスパイ」に対する血の粛清の時期と重なり、彼自身にスパイ容疑が捏造《ねつぞう》されてしまう。何百人もが拷問を受け、死に追いやられたが、李は幸い一年余りの投獄ですんだ。約一〇年後、彼は再び毛の目に留まるが、それは長江の三峡ダム建設について議論が始まったころ（九〇年代に激しい賛否両論のなかで着工）だった。一九五八年、毛は李の意見に好印象を持ち、助言者の一人に採用した。その後またしても李は不運に見舞われる。一九五九年、大飢饉についての最初の報告が中央に届き、毛は苦しい立場に追い詰められたのだ。

一九五九年、緑深き廬山《ろざん》の山荘で開かれた党中央政治局拡大会議で、大躍進政策が議論されたとき、李鋭は毛とその一派が居並ぶ議場で、この政策を批判した。初めのうち毛の態度は寛容に見えた。「毛が寛容だったのは、一つには批判者が常務委員ではなく、私のような小物だったからです」しかし、中央政治局委員で国防部長でもある彭徳懐《ほうとくかい》が大躍進の批判を始めると、毛の顔色は変わった。李は毛を「晩年のスターリン」になぞらえ、「たった一人の掌で空を曇らせることは不可能だ」と発言し、自分の立場をいっそう悪くした。毛は自分のリーダーシップが脅かされるのを恐れ、猛然と反撃に出た。彭は解任され、李のような「小物」たちは彭とともに追放された。

今、廬山会議の開かれた建物の周辺には観光客があふれている。毛沢東を称え、歴史的会議を記念する史跡として、会議場とともに数々の展示物が保存・公開され、廬山会議で毛が大躍進の問題点を「最初に見出した」と、オーウェル風の説明が加えられている。しかし実際は、この会議の時点ですでに毛の手元には飢饉の報告が届いていた。それでも毛は大躍進政策を見直さず、飢饉をさらに二年間引き延ばし、その結果さらに約二〇〇〇万の命が犠牲になった。「毛沢東の真の目的は、中国始まって以来最強の皇帝になるということでした」と李鋭は振り返る。「そして毛の考えでは、皇帝は決して自己批判してはならなかったのです」毛に盾ついた罰として、李は妻と二人の娘から引き離され、中国東北部の極寒の地、黒竜江省の強制収容所〔労働改造所〕に送られた。李は日記帳を開き、当時の記述を指差しながら語った。「荒れ地で小さく未熟の瓜を採って食べました。野蛮人になったような気分でした。野生の食物を食べることにはそのうち慣れましたよ。廬山会議のころ、われわれはまだ事態を甘く見ていました。一九五八年当時は、われわれはあまりにも楽観的だったのです」と李は溜息をついた。「人間にとって最大の苦痛は飢えです」と李は語る。収容所では一日一五時間働かされ、知識階級の収容者たちが次々と倒れて死んでいったという。

その後、李鋭は安徽《あんき》省に送られ、一九六六年に文化大革命が発動されるまで二年間、発電所で働かされた。文革の嵐がわが身に及んだ日のことはよく覚えているという。一九六七年のある晩、珍しく手に入ったハチミツを味わっていると、収容所に二台のジープがやって来た。武装した六人の男たちが「ちょっと話をしに」街まで行こうと、彼をジープに乗せた。李が自分の運命に気づいたのは、その翌日、北京行きの飛行機に乗せられたときだった。乗客は彼と監視役だけだった。そして、北京近郊の悪名高い政治犯収容施設、秦城監獄に入れられ、それから八年間、ハチミツなどとんでもない贅沢という生活が続いた。「そのころには私はもう死んだ虎になっていました」と彼は語った。

文化大革命が終盤を迎えた一九七六年には、毛沢東自身が死んだ虎同然の状態にあった。肉体的にも政治的にも力を失い、その年の後半に死去した。だが、その精神は今もなお生き残っている。現在も、中国の最高指導者の演説には必ず「毛沢東思想」の変わらぬ重要性が盛り込まれている。優しげでふくよかな毛の肖像画は、モナリザのような謎の微笑をたたえ、今も首都の紫禁城の門の一番高いところに掲げられている。その向かい側の天安門広場にある廟〔毛主席記念堂〕には、遺体を安置した水晶の棺が展示され、「人々が敬意をもって観覧できる」ようになっている。遺体の状態を良好に保つために、毛沢東記念堂管理局は、遺体保存の科学的研究のためのシンポジウムを定期的に開いている。

二〇〇一年、中国が新紙幣を導入したとき、一人民元（〇・一四セントに相当）以上の紙幣に印刷される肖像は毛沢東だけとなった。紙幣デザインの変更は一九四九年の革命以来五回目だった(8)が、プロレタリア革命の象徴である労働者や農民、毛以外の指導者の肖像は今回から消えた。この点については当時は何の説明もなされなかったが、それまでのデザインに携わった画家、鄧《とう》偉《い》はインタビューでこう語っている。紙幣に載せる人物は「国際的慣行に合わせて」一人に絞るということだった。そうなると、デザイナーとしての選択は、現代中国を代表する人物――毛沢東――以外にありえない。

毛沢東体制の狂気と残忍さを党から切り離すためにはどうすればいいか、党は長年頭を悩ませてきた。自分の身を破滅させずに毛沢東と手を切る方法がないか、模索を続けてきた。一年間にわたる党内での議論の末、李鋭によれば四〇〇〇人の幹部が話し合った結果、一九八一年に党は一つの決定を下し、それを発表した。その決議で、毛沢東は「大きな過ち」を犯したとされたが、結論としては「彼の功績が第一であり、過ちは二次的である」とされた。数千万の国民の死を隠し通すことができるという発想が信じられないと李鋭は言う。「数千万という数字は尋常ではない。中国はこの数字の意味するものに、きちんと向き合ったのだろうか。過去の歴史に対して曇りのない目で臨まずして、社会をよくしていくことなどできない。だが宣伝部は過去の数々の犯罪行為をまだ隠蔽しようとしているのです」

公式声明では明言していないが、党は毛沢東の業績について、学校で生徒に成績をつけるようなやり方で非公式に評価を与えた。毛沢東の業績は「七割がよいことで、三割が悪いことだった」とされ、中国ではこの評価がしばしば引用されている。毛沢東評価の議論と決議は、一九七八年に最高指導者となった鄧小平の主導で行われたもので、現在も毛沢東に対する最終評価として、あらゆる公式演説で引用されている。「われわれが扱っているのは、スターリンと同じ独裁者ではなく、スターリンでもありレーニンでもマルクスでもある人物なのだ」と、ジェレミー・バーメーは言う。「鄧小平は、もし毛沢東を完全否定すれば、すぐにではないにしても、いずれ急進派によって党そのものが完全否定される事態になるだろう、と考えたのだ」

学校の教科書においても、党は毛沢東のイメージを管理している。その意気込みは、帝国主義日本の中国侵略が日本の学校でどう教えられているかをチェックするのと同じくらいだ。上海で、毛沢東時代をありのままに評価しようという試みが、上海師範大学の蘇《そ》智良《ちりよう》教授らによって始められたが、これは難しい仕事となった。二〇〇四年のインタビューで、蘇教授は私にこう語った。「大躍進と文化大革命を例にとれば、過去の教科書では（この時代を）明確にせず、曖昧にしてきました。しかし、われわれの最新の（学校の教科書の）版では、これらの政策を打ち出した毛の決断が厳しく批判されています」かつての教科書では、毛が文革を発動したのは「（党の）大多数が資本主義に毒されているという毛の誤った判断のせいだった」と書かれているが、最新の版では、文革の背景には「偏狭な集団と独裁的な指導体制」もあったとされている。「中国の改革は『経済第一、政治は二の次』という路線をとっています」と蘇は言う。「私たちは根拠のない結論に代わって、事実に基づく記述をすることで、歴史を客観的に見ようとしているのです」

二〇〇六年、『ニューヨークタイムズ』紙が、上海の高校で使用される新刊の世界史の教科書に、毛沢東の記述がないことを強調する記事を載せ、大騒ぎとなった。毛の記述が、従来の教科書にあった戦争史・革命史の記述とともに消え、代わりに文化、経済、交通、食生活など、欧米の社会史学派が好むような歴史教科書になっていたからだ。(9)「毛沢東はどこへ行った？」というセンセーショナルな見出しに、ネットは激怒のコメントで溢れた。中央軍事委員会の元主任で有力な陸軍中将の李際均《りさいきん》などは、新華社にコメントを出し、革命とイデオロギーを軽視しようとするのは「論外の」行為だと述べた。ネット上には、この教科書は中国における密かな「クーデター」だ、「オレンジ革命」の始まりだとするコメントまで出現した。蘇智良は、社会史とは、個々のリーダーの業績よりも社会全体の流れに焦点を置くことで、正しい「マルクス主義文明史観」を体現するものだと反論したが、聞き入れられることはなかった。問題の教科書は上海当局により数年がかりですべて回収された。この論争が起こる前の二〇〇四年のインタビューでも、蘇智良は教科書編纂者としての自分に課された制限について率直に語っていた。「歴史教科書というのは、その国の政治的意向を代弁するものです。だから教科書編纂者は、籠のなかで踊る鳥に過ぎないのです」

毛沢東神話に包囲されているのは教科書編纂者だけではない。毛の後継者たちもまた、前任者である毛に敬意を表するよう求められている。二〇〇四年一二月、毛沢東生誕一一〇周年を記念する一連の行事において、胡錦濤は人民服を身に着け、この偉大な指導者を称えた。記念行事の恒例として、毛関連書籍や毛を称える詩が多数出版された。二一世紀風に一一〇周年記念ラップソングも作られた。だがこのとき一つだけ、記念行事には例外的な事件が起こった。六人の作家と追放された反体制派のグループが、「北京から毛沢東の遺体を撤去せよ」と題した大胆な公開状を発表したのだ。その一節を引用する。

毛沢東は国民の心に、残忍な闘争と、革命への盲信という思想を浸透させた。愛と寛容に代わって憎しみが生まれた。平和への愛と理性の代わりに、「革命は正義である」という野蛮な思想が生まれた。その結果、人と人との関係は狼と狼の関係であるという考えがあがめられ、正当化された。

公開状は、毛の遺体を故郷の湖南省韶山《しょうざん》市に埋葬し、「中国社会に蔓延する抗議と暴力を軽減する第一歩とする」ようにと訴え、締めくくられている。

私は公開状の筆者の一人、余杰《よけつ》に、北京のあるホテルで会った。余はインタビューの場所を、当初予定していたレストランから個室に変えてくれと言った。外国人ジャーナリストとの接触は監視されるからという理由ではなく、人前で毛に批判的な話をするのが心配だったからだ。以前、レストランで毛批判をしたとき、隣のテーブルにいた客が立ち上がって「あんたは嘘つきだ！」と声を上げたことがある。「個室でならオープンに話せますが、人前やメディアでは無理です」と余は言った。

中国西部の四川省出身の余杰は、メガネをかけた柔和な人物で、精力的な活動家には見えない。彼は自分が公開状に関わることになった経緯を穏やかに語った。「何も過激な行動ではありませんよ。私はただ真実を語っているだけです」と言うが、それは言葉どおりには受け取れない。中国共産党の体制下で、歴史の真実をありのままに語ることは、何よりも過激な行為なのだ。余によれば、毛の残忍さは中国の政治文化だけでなく、中国の日常会話にまで害を与えている。社会的活動はすべて「キャンペーン」と呼ばれ、競争はすべて「闘争」と呼ばれる。論争で相手を言い負かせば、「撲滅した」ことになる。こうして毛は、中国の伝統と社会の特徴のうち最悪のものを、増幅して定着させた。「中国では伝統的に、勝者は王であり敗者はみな悪党とされるのです」と余は言う。毛に関する公開状は海外メディアでは注目を集めたが、国内ではそれを特集するサイトでしばらく閲覧できただけで、そのサイトはまもなく閉鎖された。余は公開状に関してBBC中国語チャンネルの電話インタビューを受けたが、余が話し始めたとたんに回線が不通になり、インタビューは打ち切りになってしまった。

毛沢東の恐怖政治を擁護しようとする当局の見解は、現実を無視したものではあるが、ある意味では無理もないこととも言える。政府系シンクタンク、中国社会科学院の夏春濤《かしゅんとう》によれば、毛沢東問題は政治的にデリケートな問題ではなく、党の「根幹に関わる問題」なのだという。夏に言わせれば、一九八〇年代前半に党が下した「七割がよく、三割が悪い」という毛沢東評価によって、毛問題には決着がついた。「今となってみれば、あの評価は政治的に非常に賢明な判断だった。毛を完全に否定しようという意見もあったが、もし完全否定していたら、中国社会に多大な悪影響が出ただろう。毛のことはみんなが知っている。だから、毛についての物語を安易にでっち上げることなどできないのだ」

李鋭は党内で有力な立場にあったため、その大胆な発言も寛容に扱われてきた。だが、彼の発言を掲載するメディアに対しては、当局はそれほど寛容ではない。二〇〇二年、李鋭は広州の比較的オープンな『二一世紀経済報道』紙のインタビューを受けた。李鋭は党による歴史の偽造と、党に対する第三者チェックの不在を批判した。さらに、今も続く毛崇拝は、非合法宗教団体、法輪功と同じ「最悪」の「カルト」だと述べた。宣伝部は、この発言を掲載した編集責任者を譴責しただけではなく、この新聞自体を停刊に追い込んだ。これと同じ運命が、歴史論争で党と対立した編集者やジャーナリストにも降りかかった。党が権力を握るはるか以前の歴史までも、党の追及の対象となったのである。

『氷点週刊』、「義和団事件」の評価で停刊

二〇〇一年、党は歴史を一八四〇年までさかのぼって監督することを決定した。清朝崩壊（一九一一年）や、国民党との権力抗争時代（一九三〇年代〜四〇年代）よりさらに前まで監督範囲を広げたことで、歴史論争の戦場が大きく広がった。この決定で宣伝部の権限はさらに大きくなり、要注意リストにあった編集者たちに力を振るうことができるようになった。宣伝部のブラックリストで長年上位を占めていたのは、『中国青年報』の李大同である。

李大同は、実際に会ってみると、袖まくりして働くタイプの昔風の新聞編集者で、人を使うことに慣れている人物のようだった。気短で単刀直入、その短く鋭いセンテンスで明確に意見を言

い表し、どんな質問にもはっきりと答える。話すというより吠えるような口調になることも多い。編集者らしい個性と同時に編集者らしい直感も持っていた。大胆で勇敢かつ率直な発言をし、権力に挑戦する材料を探していつもアンテナを張っていた。

李大同の職業生活の初期は、内モンゴル自治区の大草原でヒツジ番をすることに費やされた。文化大革命で再教育のためにそこへ送られたのである。一九七九年、『中国青年報』の地方局でジャーナリストとしてスタートし、徐々にキャリアを積み、やがて北京の上級編集者となった。天安門事件後のジャーナリスト弾圧を辛くも生き延び、抗議行動を支援した罪で新聞研究所勤務を五年間課せられ、その後ようやく報道現場に復帰した。二一世紀初め、『中国青年報』の付属週刊紙『氷点週刊』を立ち上げ、これがのちに論争を呼ぶことになる。『中国青年報』は比較的リベラルな論調で知られるが、スポンサーである共産主義青年団が胡耀邦や胡錦濤の権力基盤であったため、政治的には守られた立場にあり、李大同はこの紙面で多くの言論活動を展開できた。しかし『中国青年報』が李大同に与えていた政治的な保護は、まもなく崩れ去ることになる。

李大同は、有能な中国人ジャーナリストの例に漏れず、宣伝部から毎週指示される編集ガイドラインを軽蔑していた。宣伝部の指示は問題のデリケートさによって様々で、一字一句指導されることもあれば、大まかなラインが示されるだけのこともある。日常的なニュースについては電話で、また最近ではメールで指示が出された。宣伝部の指示は最終決定である。「議論の余地はありません。ただ指示が出されるだけです」と、ある上級編集者は語る。「指示の理由についても何の説明もありません。理由についてはそもそも宣伝部外の者に話す必要はないし、理由自体がデリケートなことだからです。様々な利益団体の意向を汲んだ理由だからです」検閲は主に自己検閲、党の用語で言えば、「自己規律」によるものだ。旧ソ連時代のような検閲官が、編集室に座って赤ペンを走らせているわけではない。「編集長から末端の一記者に至るまで、検閲基準を指示される必要はありません。基準は編集者の頭のなかにあるのです」とその編集者は言う。

　李大同はそれまでにもよく検閲に引っかかっていたが、とうとう、まともに宣伝部の標的にされる日が来た。彼はのちに歴史論争に踏み込むことになるが、それより前の二〇〇五年に、新任の編集長が新しい査定基準を示したときのことだ。政府の意向にどれだけ従っているかで記事を評価し、評価の低い記者は減給、高い記者にはボーナス支給という新基準に李大同が反対した結果、この案は頓挫した。彼はそのころ、国民党が台湾を制圧した一九五〇年代前半に行った「白色テロ」〔二二八事件〕について、台湾の国民党指導者が謝罪したことに関する記事を書いていた。その記事が、中国共産党が自国の抑圧の歴史を隠蔽していることを暗に批判していることは明らかだった。この台湾に関する記事の発表後も、李大同は政治教育というテーマにこだわり続けた。「政治教育とは要するに、党についての真実を国民に教えることなのですが、それではあまりに露骨だし、デリケートな問題でもあるので、国民にメッセージを伝える別の方法を探しました。そしてたどり着いたのが歴史教育というわけです」と李大同は言う。二〇〇五年末、友人から送られた雑誌をめくっていた李大同は、年配の学者が書いたある論文に出合う。それは彼自身の胸のうちとまさに同じ内容だった。

　それは広州にある中山大学の中国哲学の元教授、袁偉《えんい》時《じ》の論文で、政治教育について李大同とよく似た考えを述べたものだった。二〇〇一年、袁は国内の高校教科書を収集し、アヘン戦争から一九一一年の清朝崩壊までの七〇年間がどう扱われているかについて、香港と台湾で出版された教科書と比べてみた。袁によると、結果は驚くべきものだったという。中国本土の教科書では、中国の伝統文化と国を「守る」べきであるという愛国的な主張が述べられているだけで、中国の弱点を冷静に分析する記述はどこにもなかった。本土の教科書では、中国文化は「比類なき至高のもの」であり、それを「邪悪な外敵」から守るためならどんな独裁も暴動も許されるとされていた。こうした教育方針は子供に「狼の乳を飲ませて」育てるようなものだ、と袁は論じた。教科書の検討を終えて袁は「わが国の若者が、現在も狼の乳で育てられているのを知って愕然とした」と述べている[10]。

袁が着目したのは、一八九九年から一九〇〇年の義和団事件[11]の取り扱いである。このとき北京の外国公使館区域を包囲した義和団は、最終的に列強連合軍に鎮圧され、清王朝の威信は地に落ちた。義和団は農民から成る武装宗教団体で、独特の儀式によって弾丸も通さない不死身になれるという迷信じみた信仰を持ち、列強の侵略に強い憎悪を抱いていた。袁によると、中国本土の教科書では、列強連合軍が戦勝に乗じて行った殺人や略奪については詳しい記述があるが、義和団がその報復として行った無差別暴力行為の記述はまったくない。「義和団は電話線を切断し、学校や線路を破壊し、外国製品を焼き、外国人や外国人とつながりのある中国人を殺害した」と袁は書いている。「外国の匂いのする人間や物はことごとく破壊された……だが、わが国の教科書は、子供たちにその事実をまったく教えていない」

袁の論文は二〇〇二年、中国南部で、発行部数の少ない非合法の雑誌に掲載された。その影響はほとんどなく、そのまま消えてしまうところだったが、二〇〇五年の終わりにその一部が李大同の元に届き、事態が一変した。袁の記事を読んだ李大同は興奮し、その全文を二〇〇六年初めの『氷点週刊』に転載した。袁の論文が最初に活字になってから四年近くが過ぎていた。社内の反対を押さえ、危険を承知のうえでの掲載だった。「(同僚たちの) 総意は、掲載すべきではないというものでした。党に挑戦することになるからです」と李大同は言った。宣伝部は、退職した幹部から成る精査チームを使って検閲を行っていたが、処分されるとしても軽い叱責程度だろうと李大同は考えていた。というのも、国営テレビ局ＣＣＴＶが、清朝末期を大幅に再解釈した四〇回シリーズの番組を放映したばかりだったからだ。この番組は、歴史家だけでなく、胡錦濤主席自らのチェックもパスしたものだった。李大同は、袁の論文も同じく一世紀も前の事件を扱ったもので、「中国にまだマルクス主義も社会主義も、共産党もなかった」時代のことだからと安易に考えていたのだ。

李大同のあずかり知らぬところで、宣伝部は彼を待ちかまえていた。『中国青年報』の編集長たちは数週間前に共産主義青年団本部に呼びつけられ、「『氷点週刊』に対する上層部の圧力をこれ以上無視するわけにはいかない」と告げられていた。袁の論文は『氷点週刊』を敵視する人々にとって格好の口実になった。この論文が掲載されると、ネット上では非難の嵐が巻き起こった。袁自身が個人的に攻撃され、現代歴史教育の「転覆」をはかる「裏切り者」と非難された。「政治局はすでに私たちの処分を決めていたのです」と李大同は言う。「宣伝部は、以前から私たちの記事に対するネットの反応を観察していたのです。ネットで称賛されていたら、宣伝部は動かなかったでしょう。多数の国民の怒りを買いたくはないですからね。でもネットの反応は批判的でした。宣伝部にとっては好機到来だったわけです」記事掲載から数日後、『氷点週刊』は発行停止になった。

李大同は打ち負かされても黙ってはいなかった。「歴史に抗議のしるしを残そう」と決心し、公開状を書いて党組織に提出し、『氷点週刊』の停刊は「違法」だと訴えた。「前世代の新聞記者たちのように、党の従順な道具や単なる代弁者にはなりたくなかった。これまでのメディアはみんな、民主化弾圧や大躍進、文化大革命といった歴史的悲劇の共犯者だ」と李大同は言う。彼の公開状は、宣伝部の怒りをさらに増幅させただけだった。二週間後、彼は正式に解雇され、一九八九年から五年間を過ごした新聞研究所に再び送られた。「『倉庫』に逆戻りでしたよ」と、冗談めかして言う李大同は、メモでいっぱいのファイルをめくりながら、北京郊外のアパートの部屋を歩き回った。李大同はついに現代のドンキホーテとなることを決意し、ともに解雇された同僚と連名で、『氷点週刊』停刊に抗議する長い公開状を発表した。「当局の人間は火事を起こすことができる。だが国民はランプに灯をともすことすら許されない」と彼らは書いている。「当局の頭には国民の権利という意識はひとかけらもないのだ」

『氷点週刊』停刊の決定は、党内の保守派には好意的に受け入れられた。中国社会科学院所属の歴史家、夏春濤によれば「当然の処分です。共産主義青年団の公的なメディアなのだから、党の方針から外れた見解を載せることなど許されない。私が責任者でも停刊にしたでしょう」問題は、歴史を論じる資格のないアマチュア歴史家があまりにも多く歴史論争に加わっていたことだ、と夏春濤は言う。「袁は中国史の専門家ではありません。義和団について意見を言うのは自由ですが、それは基本的な過ちのない、史実に基づいたものでなくてはなりません」

解雇から三年後、李大同にインタビューを行ったが、停刊当時のことについては後悔よりも興奮を覚えるようだった。多くの新聞編集者と同じように、果敢な闘いを好む人間だからというだけではない。彼が宣伝部を攻撃したこのエピソードは、ネットを通じて世界を駆けめぐった。李大同は、日本の出版社の協力を得て、事件の全貌を記した本を出版した。*4 またブログも書き続け、言論の自由について語る場を確保した。一九八九年後の抑圧的な雰囲気に比べると、当局の反応もいくらか民主的になってきている。「最近では、以前よりも支払うべき代償が小さくなりました。人権を求めて闘うことができるのだと、国民にも思えるようになってきたのです」

広州の袁偉時も同じような感想を口にした。袁の耳にしたところでは、『氷点週刊』に彼の論文が掲載されたのち、広東省政府が中山大学に苦情を申し立てたそうだ。だが大学側は相手にしなかった。「私のところには誰も来ませんでしたよ。この部屋では何の騒ぎも起こりませんでした」と、大学構内の自宅で彼は語る。「あれから四〇人以上のジャーナリストからインタビューを受けましたが、最初の質問はいつも『嫌がらせを受けませんでしたか』というものです。答えは『いいえ』ですよ。おそらく、このことが党にとって何よりの宣伝になるのでしょうね」

新華社記者、大飢饉の恐るべき証言を集める

李大同が『氷点週刊』の件で解雇されたそのころ、楊継縄はもうすぐ『墓碑』を書き上げるところだった。この二人はどちらも体制に向かってペンによる爆弾を放ったが、大きな違いが一つある。李大同が体制の外に身を置いたのに対し、楊はつねに体制の内側から体制批判を行った。

楊継縄は一九六七年から二〇〇二年まで、ジャーナリストとしての全生涯を、国営通信社・新華社で過ごした。新華社にいたおかげで、民主主義国家のメディアには得られない特権を手にすることができた。欧米でジャーナリストとして成功するには、政府が対応せざるを得なくなるほど精力的に不正を暴き、政治の裏側を暴露する能力が必要になる。しかし、楊は新華社通信員だったからこそ、その立場を利用して政府の舞台裏を暴き、隠された事実を明らかにすることができた。三〇年以上のキャリアのなかで、政治的に大きな影響を与えた記事はどれかと尋ねると、楊は、新華社の一経済記者として書いた記事にはそんなものはないと答えた。国営メディアのために量産したニュース記事や評論は、すべて宣伝部による検閲を受けていた。そうした記事の目的は、政府を守ることであり、政府を揺り動かすことではないのだ。

楊がそれよりも誇りに思っているのは、新華社内部で作成していた党上層部向けの機密文書である。楊の作成した機密文書のうち二つが最高指導部に採用され、政府の重要文書として扱われた。一九七二年、彼は、一九年間勤務していた北京近郊の港湾都市、天津市で、軍部が学校・病院・民家を接収した事件に関する報告書を作成した。この報告書は毛沢東と周恩来のデスクに届

けられ、二人は即座に軍部撤退の指示を出した。もう一つは、文化大革命の最中のもので、天津市の工業生産高の落ち込みを詳細に記したものだった。「毛沢東はその文書にも目を通しました」と楊は言う。一九八七年には、経済活動の中心としての天津市の凋落について四部構成の報告書を書いた。これは香港の出版社に漏れ、天津市当局を慌てさせる事態となった。当時の天津市長(のちに中央政治局委員)、李瑞環《りずいかん》の指示で取り調べを受けたが、特に処分されることはなかった。李瑞環はのちに楊のことを「ただの本の虫だ。だから見逃してやった」と語っている。

体制内での仕事が長くなればなるほど、楊は体制への忠誠心をなくしていった。転機は一九八九年、「若い学生たちの流した血が、私の頭から嘘を洗い流してくれた」と彼は書いている。一九九〇年代前半には、楊は新華社経済部の通信員として、国内を取材して回っていた。そしてその頃、党が長年差し止めてきたテーマについて、自分の署名入りで記事を書こうと決意した。一九八九年の民主化弾圧における大虐殺、党最高指導部内の内部抗争、そして何よりも重要な大飢饉、この三つについてだった。新華社通信員という身分のおかげで、暴露記事を書くという第二の仕事を隠すことは簡単だった。記事の執筆自体は困難な仕事の一部に過ぎなかった。書いたものを国内の読者に届けることは、執筆と同じくらい難しい仕事だった。「党の正当性が脅かされそうになると、すぐに宣伝部が強権をもって統制に乗り出します」と楊は言う。「宣伝部との闘いに終わりはありません。私にも圧力をかけてくるでしょうが、私は抵抗を続けるつもりです」

楊がこの頃に書いた『鄧小平時代』は、一九九九年に香港で出版され、その後中国国内でも検閲を受けた上で出版された。検閲済みにもかかわらず、宣伝部はこの本を書店の棚から撤去するよう指示を出し、これを出した出版社を三ヵ月の営業停止にして、出版社の社長に自己批判文書を書かせた。さらに思い知らせるため、宣伝部はこの出版社の年間出版数割り当てを二〇パーセント削減した（中国国内の出版社が年間に出版できるタイトル数は、当局による割り当て制なのだ）。このやり方に幻滅した楊は、以後は当局の手の届かない香港でのみ出版することにした。二〇〇〇年、彼は中国の社会階層を分析した本を出版した。そして二〇〇四年には『中国改革年代的政治斗争』を出す。この本には、出版の一〇年ほど前に密かに行われた趙紫陽のインタビューが含まれていた。趙紫陽は一九八九年、民主化運動弾圧のために軍を出動させることに反対して失脚した元党総書記である。趙紫陽はそれ以来国内のメディアから抹殺されており、彼のインタビューが公になるのは初めてのことだった。楊は新華社の上司から譴責を受けたが、解雇されることはなかった。

楊が党を信じられなくなったとき、大飢饉という問題は、一般的なモラルの問題から彼の個人的な問題へと変わった。湖北省の省長を長年務めた人物から、大飢饉で楊の故郷の湖北省でも数十万の死者が出たという話を聞いて、楊は一九五九年の自分の父親の死についてもう一度考え直してみた。父の危篤の知らせを受けたときのことは心に焼きついている。彼は当時一五歳の高校生で、共産主義青年団地方支部の宣伝部に所属する熱烈な毛沢東崇拝者だった。大躍進や農業集団化を礼賛する「三面紅旗《さんめんこうき》」運動のポスターを書いているときだった。クラスメートが教室に飛び込んできて、「きみのお父さんが危篤だ」と告げた。のちに楊は、もっと早く家に帰ればよかった、野草の根でも掘って家族に食べさせてやればよかったと悔いている。当時は、飢餓の原因が毛沢東や共産党にあるとは夢にも思わず、ただ自分の家の事情によるものだと思っていた。父の死から三〇年近く経って、楊は当時とはまったく別の見方をするようになった。

それから一〇年間、途切れ途切れながら、楊は各省の公文書館に閉じこもり、省の記録をつぶさに調べた。人口統計、穀物生産量、天候要覧、人事異動記録、調査団の内部報告書、その他可能な限りの資料に当たった。大飢饉の調査は、これまでで最も大掛かりで最も危険な仕事だった。農村問題や穀物生産量の調査を装って、数十年間封印されてきた文書に接近した。新華社の上級通信員という身分だけでは資料に近付けないこともあり、そんな場合は同僚が地方当局に持っているコネを利用した。「同僚たちは私が何をしているか知っていました。そしてこっそり協力してくれたのです」と彼は言う。

中国西部の甘粛《かんしゅく》省では、左翼思想で知られる元新華社地方局長が楊を支援してくれ、資料を手渡してくれた。人口の多い穀倉地帯である四川省では、別の老ジャーナリストが同じように手を貸してくれた。だが、楊の計略がいつも成功したわけではない。国内でも最も貧しい省の一つ、貴州省では、危うく破滅するところだった。同僚に連れられて省の当局で文書閲覧の許可を求めたところ、小心な担当者が上司の文書担当責任者に相談し、その責任者がさらに省の幹部にお伺いを立てた。その幹部がさらにその上司にお伺いを立てると、では北京に問い合わせてみようということになった。中央の調べが入れば、農村調査を隠れ蓑にしたこの調査の目的が見抜かれてしまうだろう。「間一髪でした」と楊は言う。北京に問い合わせると聞いた瞬間、楊は何食わぬ顔で、またの機会で結構ですと言ってその場を辞した。その結果、『墓碑』のなかで貴州省についての記述は詳細さに欠けるものとなっている。

楊は、自分が逮捕され同僚も処罰されるのではないかと、絶えず心配していた。「たった一人で山奥へ宝探しに行き、周りを虎や野獣に取り囲まれているような気分だった」と彼は言う。「それは非常に危険なことなのです。それらの資料を使うことは禁じられているのですから」『墓碑』では、根拠とした資料の文書番号から作成年に至るまでが詳細に記述されている。だが、出版後のトラブルを避けるため、二〇〇〇以上に上る脚注のなかには、若干操作が加えてあるものもある。根拠とした資料を特定せず、「信頼できるオリジナル資料による」と記すにとどめているのだ。

飢饉が最も深刻だった河南省の小都市、信陽市では、市政府は楊を丁重にもてなしたあと、公文書館ではなく、市の水道局に勤務していた元幹部ユ・トゥホンのもとへ行かせた。信陽市の役人たちは彼らなりのやり方で、楊にそっと手を貸してくれたのかもしれない。ユはいわゆる「地元の歴史おたく」だが、地方都市によくある些細な事件や、市に初めて汽車が来たときの話などを熱心に語る人物ではない。一九五〇年代後半、信陽市市長の顧問をしていたユは、信陽市一帯と自分の家族を襲った大量虐殺の目撃者だった。最も控えめな統計でも、飢饉に襲われた三年間の信陽市の死亡者数は、全人口八〇〇万人のうち一〇〇万人とされている。ユは何年間もこの問題を論じるのをやめるように、何度もやんわりと忠告されてきた。そこで彼は署名入りの詳細な報告書を作成し、それを地元の党書記に提出した。「『もう十分に罪を犯したのではないのか』と言う人もいました。でも、私の資料は信陽市の公式の歴史に無視されたとしても、私が語る市の歴史には含まれます。それは資料に裏づけられた歴史です」とユは言う。

河南省の大部分は歴史的に貧しく、度重なる飢饉のために「物乞いの地」と呼ばれていたが、信陽市はおおむね豊作に恵まれていた。だがその利点も、市を治める役人によって台無しにされた。当時、河南省と信陽市を支配していたのは、毛沢東を熱狂的に信奉する極左派だった。毛沢東は穀物生産高についても、「暴力による階級闘争」というプリズムを通してしか見ることができなかった。ユは、一九五九年に開かれた会議の現実を無視した議論をありありと覚えている。そこでは信陽市の一八の行政区画がその年の収穫高を報告した。実際の収穫高は二九億斤（一斤＝約五〇〇グラム）。政府が求める記録的な生産目標を達成するため、各区画はそれぞれ収穫高を大幅に水増しして報告するようになった。一八区画から上がった数字を集計した全収穫高は、不作気味の年だったにもかかわらず、三五〇億斤という驚くべき数字になった。ちなみに、豊作だった一九五八年でも全収穫高は五〇億斤である。

ユの同僚の一人がこの数字に異議を唱えた。集計をやり直した結果、三〇〇億斤まで数字が下がった。反論者がそれでもまだおかしいと主張し、二〇〇億斤になった。最終的には八〇億斤となり、この数字がついに党書記を激怒させた。毛沢東が単位面積当たりの奇跡的な収穫目標を掲げていたため、これ以上数字を落とすことは毛沢東を否定することに等しいとされたのだ。激しい議論の末、信陽市の公式収穫高は七二億斤と発表された。実際の数字のおよそ三倍である。

収穫高の歪曲は、その後の惨事を引き起こすには十分すぎるほどの原因だった。地元政府は公式発表の数字に基づいて徴収高を算出し、その結果、実際の収穫高の半分以上が徴収されて地方政府の倉庫に納められ、残りは中央政府の管理下に置かれた。「当時は原則として、農民が日々の生活で必要とする以外のものは、すべて徴収されました。だから、七二億斤という公式収穫高に応じて穀物が徴収されると、各戸にも村にもまったく食べ物がなくなったのです」とユは言う。「そしてもちろん、当局は穀物貯蔵庫を開けようとはしませんでした。備蓄を放出しなくても、徴収した残りの穀物があるはずだと言って払いのけたのです」農民が個人で食糧を備蓄することはほとんどなかった。毛沢東の集団農場化政策の下、共同食堂で食事をすることが義務付けられていたからだ。こうしてまもなく、大飢饉が信陽市一帯を襲うことになる。

一九六〇年の初め、冬が去り春になると、大地から死の臭いが強く立ち上るようになった。ユはその年の春のことが忘れられない。郊外の道端や畑には、何千もの死体が横たわっていた。冬のあいだに凍りついた奇妙によじれた遺体が、息絶えたときのままねじ曲がっていた。冷凍庫に詰め込まれたのち、ぞんざいに地上にばら撒かれたかのようだった。衣服を着けている死体もあった。衣服をはがれ、臀部や脚の一部が削り落されているものもあった。暖かい春の日差しに死体は解けて異臭を放ち始め、その臭いはあまりの事態に茫然としている人々の日常のなかに染み込んでいた。

生き残った人々はのちに、死者を埋葬する人手も気力もなかったのだと弁明している。死体を食い荒らしたのは腹を減らした野犬だった、と彼らは言う。人肉を食った野犬の目は赤いという噂が、当時その地方では流れていた。「それは嘘です」とユは言う。「犬はとっくに人間によって食われていました。犬など、もう一匹もいなかった」死体を食べたのは飢えた犬ではなかった。

人間を食べたのは同じ土地の住人たちだった。信陽市では多くの人々が、死んだ家族や行き倒れた他人の肉を食べて、その冬と、さらに二度の冬を生き延びたのだ。

ユは一六通の報告書を作成して上司にその冬の実情を訴え、やがて大惨事が起こると警告した。ユの報告書は「一六の罪」と呼ばれ、このために彼は市長の顧問という地位を失った。ユの率直な発言を批判した人物のなかに、李文姚《りぶんよう》という人物がいた。彼の父親は餓死し、妻はゆでた人肉を家に持ち帰って、さすがに自分では口にできなかったが、子供たちに食べさせたという。そんな目に遭いながら、飢餓の実態を指導部に訴えようとするユを非難するなど、ユには信じられないことだった。「あなたの奥さんは家に人肉を持ち帰ったんですよ。お父さんは飢え死にしている。それでもあなたは、私を非難するのですか」とユは李文姚に言ったという。「それでも人間ですか」

信陽市の幹部たちは、飢餓の事実が外部に漏れないよう、鉄道の駅など交通の要所に見張りを立てた。これに反対した多くの役人たちが殴打された末に死んでいった。窮状を訴えるため市外へ出ようとした人々は投獄され、そのまま獄中で飢え死にすることもしばしばだった。「市の幹部は全員頭がおかしくなっていました」とユは言う。一九六一年後半、信陽市の惨状を無視できなくなった中央と省は、急遽、軍の援護付きで幹部団を派遣し、組織内クーデターのようなかたちで信陽市を占拠した。信陽市の飢餓の記憶は、何年ものあいだ、市の歴史の暗い奥底に葬られたままだった。

ユと同じような話を別の地方でも聞き、楊継縄は衝撃を受けた。「これほどひどいものだったとは予想していませんでした。大昔には、飢饉のときに人肉を食べたという歴史もあります。『易子而食〔子供を取り替えて食べる〕』という言葉もあり、自分の子供を食べるには忍びないので他人の子と取り替えたといいます。だが、この飢饉はそれよりもっとひどい」と楊は言う。最終的な全国の死亡者数は、欧米諸国の研究では二〇年以上前から明らかにされているが、楊にとっては初めて知る事実だった。餓死者数の算出のためには、手元に各省の文書館で入手した信頼できる数字があったが、彼はさらにもう一人の内部関係者を訪ねた。中国人の人口統計学者で、大飢饉の影響に関する資料を何年間も地道に収集していた人物だ。

　ワン・ウエイジはソ連で人口統計学を学び、一九五八年、大飢饉の最初の年に帰国した。公安局〔警察に相当〕に採用され、以後三〇年そこで働いた。その職のおかげで彼は独自の観測地点を得て、大飢饉の影響をたどることになる。中国でこれまで実施された人口調査は、共産党政権になって三五年のあいだに、一九五三年、一九六四年、一九八二年の三回だけだ。それに対して警察は、国内の世帯登録データを集計し、年に二回も更新していた。そのためワンは、国内の各行政区から中央へ提出された最新の人口データに接することができた。

　大飢饉が現地に与えた影響にワンが初めて気づいたのは、一九六二年、大飢饉が終わった翌年のことだった。その年ワンは、信陽市と同程度の死者を出した安徽省の鳳陽《ほうよう》県に派遣された。調査団派遣の目的は、二年前に中央政府に届いていた餓死者についての報告を調査するためではない。そのような調査は政治的にデリケートすぎる問題だっただろう。調査団が送られたのは、その年の出生率がなぜ急増したのかを調べるためだった。村人たちは、北京から来た調査団に向かって、一九六三年にはもう一度出生率が急増するはずだと言い、冷ややかに笑った。理由は明らかだった。大飢饉によって、その地域の老人と子供が全滅していたからだ。「生き残っていたのは最年少が七歳、最年長が四三歳でした」とワンは言う。

自分の職場に統計資料があるにもかかわらず、ワンにとっても完全な人口統計数値を手に入れることは難しく、数年がかりの仕事になった。文化大革命のあいだは、大飢饉当時の記録に近づくことは禁止されていた。一九五八年以前の数値ならたやすく手に入ったが、それ以降のものは難しかった。「当時、総計数値は非常にデリケートなもので、近づくことができたのは限られた人間だけでした」とワンは言う。「たとえば山東省で公安庁の数字を見ることができたのは、党書記、党副書記、知事、副知事、公安庁長官の五人だけです」七〇年代後半に政治情勢が改善されると、ワンはひそかに数値を収集して独自の集計を始めた。人口調査の数値と警察の集計数値との違いを調整するには専門知識が必要だった。曖昧な人口統計を載せた刊行物から、彼は政府の意向に沿った集計結果を削除し、正確な数値を算出した。公式発表の数値は「嘘の数字」に基づくものだった、と彼は言う。しかし、九〇年代になって楊が訪ねてくるまで、自分の算出した飢饉の死亡者数三五〇〇万という数字を、広く世間に知らしめようと思ったことはなかった。

ワンは一見、「冷徹な役人」という印象で、大飢饉という悲劇に対しても、政治的な思惑からではなく、人口統計学者として専門の立場から取り組む人物のようだ。あくまでも数値にこだわり、自宅の書斎の隅でほこりをかぶった政府の古い統計資料を開いて、数字を示しながら話をした。ここです、と彼は資料のほこりを払い、統計表の一列を指差して、ある省で三〇〇万人の人口が減っていることを指摘した。八〇年代に餓死者数の実態が明らかになってきたとき、国内の反応はどうでしたかと尋ねると、彼は肩をすくめ、「ずいぶん昔のことだから、みんな無関心でしたよ」と答えた。ワンが専門家として集計した統計は、楊にはこの上なく貴重なものだった。政治の影響を受けないものなど皆無に等しい国にあって、ワンがこだわるのはただ事実のみである。楊を手助けできるのはうれしい、とワンは言う。「私にとってこれらは事実です。もし調査したいと思う人がいるなら、その事実を提供します」と彼は言う。

今日に至るまで、大飢饉の死亡者数について、中国政府は一切公式見解を示していない。八〇年代半ばにアメリカの人口統計学者たちが三〇〇〇万という死者数を発表[12]したとき、これを受けて、政府内部用として死者数を算出する研究を委託したことはある。委託を受けたのは、蒋正華《しょうせいか》という学者だった。その生涯のほとんどを、西安の自動化生産システムの講師として過ごし、一年だけインド・カルカッタで人口統計学の勉強をしてきたという人物だ。彼の計算では死者数は一七〇〇万とされた。この数字は、中国国内でも国外でも無意味だと評価されている。公式記録の数字のみを根拠に算出されたものだからだ。「当時、公式記録に残された過剰死亡者数は実際の半数でした。生き残るのに必死で、統計になどかまっていられなかったのです」とアメリカの人口統計学者ジュディス・バニスターは言う。この数字を発表した蒋正華は、その仕事の見返りとして、のちに全国人民代表大会の〔常務〕副委員長に出世した。

「粛清」メソッドのささやかな進歩

広東省の袁偉時が、義和団事件の論文をめぐる騒動ののちにそうしたように、楊継縄も『墓碑』の出版後、当局の反応に鋭く身構えていた。楊の立場は非常に弱いものだ。彼は今でも新華社に提供された住宅に住み、毎月政府から年金を支給されている。しかし今のところ、彼の身には何も起きていない。[13] 二〇〇九年には『墓碑』について、北京の書店で公に発言する機会もあったが、このときも当局からの妨害はなかった。彼の協力者たちが党からわずらわされることも、まだ起こっていない。人口統計学者ワン・ウエイジは、最後に勤めた国営シンクタンクから住宅を提供され、北京市西部に暮らしている。信陽市のユ・トゥホンは、市長顧問を辞めさせられたあとは市水道局に勤務し、退職時には中国の基準からすれば広大な、菜園付きの邸宅を与えられている。「当局は昔ほど愚かではなくなりました」とユは言う。「昔なら、私はとっくに死んでいたし、家族も無事ではいられなかったでしょう。でも今こうして私は生きて、本を書き、話をしている。私が投獄されていないという事実こそ、中国が変わってきたという証拠です」

楊は中国共産党を、徐々に飼い馴らされてきた野獣にたとえる。だがその野獣はまだ十分に馴れてはいないため、真っ向から立ち向かうことはできないという。中国は「暴力的な体制と暴力的な民衆という悪循環」に逆戻りしないために、少しずつ変わらなければならなかったのだと彼は言う。

中国共産党は、以上のような近年の歴史論争の場を通じて、経済の分野でうまく変容を遂げたのと同様、自らが悪賢く変幻自在な獣であることを証明してきた。国内で直接刃向かってくる個人に対しては、最終的には追い払い、公式に発言する機会を奪う。党を批判する人間を黙らせるのに殺したり追放したりする必要はないと、党は気づくようになった。より端的に言えば、党はもはや好き勝手に不服従者を殺すようなことはできなくなっている。過去の残虐な政策の生き証人である党の長老、茅于軾《ぼううしょく》のような人々にとっては、政策の犠牲になって死ぬ者の数が減ったこと自体が、進歩の証しである。

八〇歳の品のいい茅于軾はリベラルな経済学者だが、二〇〇八年後半、政治活動家たちから「〇八憲章」という嘆願書への署名を求められた。冷戦時のチェコの反体制指導者ヴァーツラフ・ハヴェルの提唱で作成された嘆願書「憲章七七」にちなんで名づけられたこの文書は、中国における民主化と人権擁護を断固求めるものだった。党はこの嘆願書に激怒した。憲章が発表されると、公安部は「〇八憲章」の作成と署名収集に関わった人々を拘束し、一〇〇〇人余りの署名者全員に対して、在宅での取り調べを開始した。

茅于軾は署名者の一人に数えられていた。公安部が自宅に来たとき、署名を求められたのは確かだが、してはいないと主張した。茅于軾は署名を集めに来た人に対し、嘆願書の挑戦的文言を改めて、党が以前よりも寛容になった点を認める言葉を入れるよう助言したと、のちに語っている。(14)

「党と違う意見を持つ人間が数多く殺されました」と茅于軾は言う。「(共産党)政府に殺されたのは五〇〇〇万人に上るでしょう。一日当たり五〇〇〇人です。しかし最近では、たった一人殺すにも政府は四苦八苦しています。私はずっと恐怖のなかで生きてきました。誰も守ってはくれなかった。今日では、もう恐怖を感じないで生きていられます」

「〇八憲章」に関わった人々が、みんな茅のような寛容な扱いを受けたわけではない。憲章の発起人の一人、劉暁波《りゅうぎょうは》〔二〇一〇年ノーベル平和賞受賞〕は六ヵ月間の拘束後、二〇〇九年六月に国家政権転覆扇動罪で正式に起訴された。劉暁波は素朴な信念で行動している反体制運動家で、そのことが当局を困惑させ、同時に激怒させた。劉は北京師範大学文学部の卒業生だが、最初に拘束されたのは一九八九年の天安門事件のときである。釈放後も公の場で果敢に党批判を続け、さらに数回の拘束を受けていた。しかし「〇八憲章」で、劉はそれまでの活動とは違う大きな一線を踏み越えてしまった。党に反逆する運動を組織したという重大な罪を犯したことになったのだ。

党は不快感を表明するために、劉暁波に一一年の刑を言い渡した。九〇年代後半に国家政権転覆扇動罪が設けられて以来、最も重い量刑である。劉の拘束に抗議していた欧米諸国に挑戦するかのように、党は劉の裁判を二〇〇九年一二月後半に開き、クリスマスに判決を下した。劉の刑罰は、残念ながら茅于軾の主張に対する反証となった。昔の共産主義国家中国ならば劉は処刑されただろうが、今では、殺さなくても惨めな刑務所暮らしをさせるだけで、彼を真似て当局に刃向かう者の出現を防ぐには十分だ。中国における政治的進歩とは、この程度のものなのである。

○訳注

＊1 『墓碑――中国六十年代大飢荒紀実』（上下篇）楊継縄著、天地図書、二〇〇八年五月

＊2 『餓鬼（ハングリー・ゴースト）――秘密にされた毛沢東中国の飢饉』ジャスパー・ベッカー著、川勝貴美訳、中央公論新社、一九九九年七月。原著 *Hungry Ghosts: China's Secret Famine* by Jasper Becker, John Murray Publishers (June 13, 1996)

＊3 *Marketing Dictatorship: Propaganda and Thought Work in Contemporary China* by Anne-Marie Brady: Rowman & Littlefield Publishers (November 26, 2007)

＊4 『「氷点」停刊の舞台裏』李大同著、三潴正道監訳、而立会訳、日本僑報社、二〇〇六年六月

あとがき

北京滞在の最後の日々、私は荷物をまとめて外国へ出発する準備をしながら、警察の調査から身をかわしつつ、一人の弁護士を探していた。

警察の調査対象は私だけではなかった。私の滞在先は北京市内を東西に貫く大幹線道路沿いにあり、タクシーで数分走れば北京の政治的・精神的中心地、天安門広場に行ける。普段なら実に便利なアパートだった。しかし、共産党政権樹立六〇周年の二〇〇九年一〇月一日を前にして、そのアパートは以前よりも危険な場所となっていた。警察が一軒ずつ住人を調べて回り、治安のためとして身分証明書を確認していたからだ。アパートの前の通りが、大規模な祝賀の大パレードの通過予定地だったのである。

私たちは部屋を引き払ったあと、同じ団地内にある友人のアパートに一時的に身を寄せていた。パスポートはビザ申請中で、イギリス大使館に提出してあった。出国前の一時的転居という単純な事情すら、政治的緊張の高まったこの時期、当地の警察には手に余る複雑な事態だったらしい。パスポートが手元にない理由を説明しても聞いてもらえず、最善の策は警察から身を隠すことだった。さもないとさらに取り調べを受け、アパートを放り出されるかもしれなかった。警察はすでに住民に対して、パレード当日と本格的な予行演習のあいだは、窓を開けたりバルコニーに近づいたりしないようにという警告を出していた。中国人の誇りを示す壮大な祝賀パレードが市内でいちばんよく見えるはずのアパートは、パレードのあいだ封鎖されることになった。

のちに、中国に関心を寄せるある人物のブログに掲載された写真には、兵士と戦車の隊列、笑顔のチベット・新疆の少数民族などが、整然と大通りを進む壮観なパレードが映っていた。ある著名な中国研究家が、これは間違いだ、パレードを祝う市民の姿がどこにもないからこれは予行演習の写真だろう、というコメントを書き込んでいた。しかし事実はそれとはまったく反対である。六〇周年記念行事に民衆の姿がないことこそ、まさしく公式パレードであることの証しなのだ。人民共和国の祝典の場から人民が排除されたのは、これが初めてではない。

警察の調査対象だった私自身も、このころ探偵の真似事をしていた。中国を離れる前に、メラミン入り粉ミルク事件の被害幼児の弁護を引き受けた弁護士、李方平を探し出し、訴訟のその後の経過を聞きたいと思っていたのだ。しかし李は姿を隠していた。李たち人権派弁護士は、このほかにも当局を刺激するような事件を引き受けていた。法輪功の信奉者を弁護したり、二〇〇八年のチベット動乱を扇動した罪に問われたチベットその他の少数民族に法的保護を提供したりして、当局の逆鱗に触れていた。

党の六〇周年記念式典の一ヵ月前、メラミン入り粉ミルク事件被害者の親が作る団体が、事件発生から一年を機に北京訪問を計画したところ、当局の警告を受けた。警察はこの団体を一斉検挙して、違法な組織と見なしていると伝えたのだ。警察のメッセージは明白だった。おとなしく家にいればよし、だが北京に行けば身柄を拘束される危険があるということだ。六〇周年記念日が差し迫るなか、李弁護士が作り上げたネットワークも、公安当局の新たなターゲットになっていた。李自身、街中が公安警察で溢れているこの時期に、北京の中心部に出てくることを恐れていた。ときどき携帯から電話をくれ、面会の約束をしてくれたが、当局に居場所を探知されないよう、彼の携帯の電源はほとんど切られたままだった。

一介の弁護士に対する妨害行為や、記念行事のための警備強化などは、中国で起こっている他のことに比べれば小さいことに見えるかもしれない。金融危機の余波で欧米や日本が沈滞している一方で、中国共産党は国有企業に潤沢な資金を提供し、二〇〇九年半ばまでに国内経済を急速に立ち直らせた。急速な経済成長は中国にとってきわめて大きな意味を持っている。一〇億の国民を、公平ではないにせよ、養うことに直結するからだ。海外では、国際会議での中国の発言には、かつてないほど多大な敬意が払われるようになった。だが依然として、李のような人権派弁護士や一般市民が党にとっては脅威であり、巨大な公安組織による監視の対象とされているのだ。

毛沢東時代の中国は、他の全体主義国家と共通する点を多く持っていた。恐怖は体制の単なる副作用ではなかった、とはよく言われることだ。恐怖は、長期間に及んだ毛沢東時代の体制そのものだった。だが、三〇年前から、中国共産党はそのやり方を転換してきた。近年では恐怖は単なる副作用であり、どちらかというと控えめに、多くの場合仕方なく採用される手段となった。現在の中国で、体制が用いるのは抑圧よりも誘惑である。国民を力で抑えるのではなく、味方に引き入れようとするのだ。それでもなお、恐怖が体制の維持に不可欠なものであることに変わりはなく、必要な場合にはためらいなく用いられる。ある役人が私にこう言った。「中国では、国民は政府を恐れる必要があります。さもないと国は崩壊してしまう」国が、李のような一弁護士やその顧客を危険視していることこそ、この国の真の姿を明らかにしている。党は、表向きは傲慢で凶暴な顔を見せているが、その裏では、自らの合法性の乏しさと、国民による支持の脆弱さを十分に自覚しているのだ。

記念パレードの数日後、広東省の人権派弁護士として知られる劉士輝《りゅうしき》は、自作のTシャツを着てバイクに乗っていた。Tシャツの前面には「一党支配は災厄だ」というスローガンが書かれていた。それは、共産党が政権を握る前の一九四〇年に書かれた新華社の論説からの借用だった。背中にも、やはり革命以前の別の言葉が引用されていた。元国家主席、劉少奇の言葉で、「CP〔共産党〕は国民党の一党独裁に反対する。CPが作り上げるのは一党独裁国家ではない」というものだった。地元警察はそのジョークを理解しなかった。警察は劉を逮捕拘束し、四時間の取り調べを行った。[1]「警察によれば、私はあのTシャツで公共の秩序を乱し、あのスローガンで国民を惑わしたのだそうです」と劉は言った。警察はTシャツをずたずたに引き裂いてゴミ箱に捨て、地元のスーパーでスローガンの書いていない新しいTシャツを買い与え、それから彼を釈放した。

『墓碑』について、楊継縄と最後に話をしたとき、彼は中国と中国共産党について忘れられない言葉を口にした。「体制は衰退しつつあり、かつ、体制は進化しつつあるのです。衰退と同時に進化が進んでいる。最終的にどちらの面が表に出るかはわかりません」アメリカの中国研究家デービッド・シャンボーも、研究の結果同じような結論に達している。彼は二〇〇八年に出した中国共産党に関する著書を『衰退と適応』というタイトルにしたが、彼の中国の体制に関する結論は楊継縄に比べてより前向きである。党は、衰退しないために絶えず適応を続けてきた、と彼は論じる。それはスポーツ選手が競技力を維持するためにトレーニングのメニューをたびたび変更するのに似ている。(2) 厳しい競争に勝つためには、ときにはステロイドで筋肉を増強しなければならないかもしれないが、今のところ、党は適応に成功しており、シャンボー説の正しさを裏付けている。

党の衰退というシナリオを描くのは、これまでもたやすいことだった。金融危機が起これば中国は失墜するだろうという予測は、長年論じられてきた。だが実際、二一世紀初頭の世界金融危機がもたらしたのは、西側諸国の没落と中国の台頭という、予測とは逆のシナリオだった。WTO加盟も、中国が自らの弱さを露呈する機会になると考えられていた。脆弱な中国企業は、欧米の多国籍企業の獰猛な競争力によって退けられるはずだった。だが、またしても逆のことが起こった。中国の貿易黒字は、二〇〇一年にWTOに加盟して以来、五年間で八倍になり、二〇〇八年には二〇〇一年の一三倍となったのである。

多くの人々は、中産階級の台頭によって独裁体制は終焉すると予測していた。実際、台湾、韓国などのアジア諸国では、様々な形でそうした展開が起こった。だが、ある中国人研究者が述べたように、中国は、アメリカの政治学者・故サミュエル・ハンチントンの予測を覆したように見える。ハンチントンの説は、発展途上国では中産階級が社会改革の原動力となり、改革を達成したのちにその中産階級は保守化する、というものだが、中国では中間層が党支配を守る砦となっている。中国の中間層は、団結して国家に反旗を翻そうとはしない。それによって失うものがあまりにも大きいからである。

党にとってもう一つのアキレス腱とされているのが、社会の不平等である。中国では極端な貧困と極端な豊かさ（しばしば不正な手段で手に入れた豊かさ）が共存している。社会主義を建前とする国としては、単に困った問題であると言うだけでは済まない。党は格差是正について絶えず国民に訴えている。貧富の差が拡大すると党の立場が危うくなることを承知しているからだ。しかし、だからといって、格差問題で党が分裂するということにはならない。中国はアメリカと同じように、夢がかなえられる国になった。ミシシッピ州とウエストバージニア州での収入が、豊かなメリーランド州やコネチカット州での収入に追いつく見込みがないからといって、アメリカが分裂することはなかった。アメリカ経済は、豊かな者の足を引っ張るのではなく、自分も負けまいと努力することで活性化してきた。同様に中国にも、家族のためにより豊かな暮らしを築く能力があると信じる人々が数多く存在し、今のところ格差問題は棚上げされている。

それからもう一つ、汚職という問題がある。たしかに、中国における政治腐敗の根は深い。だが、腐敗した体制が長期間持続するのは不可能ではない。中国では、汚職によって逮捕される役人には二種類あり、二種類の性質を備え持つタイプもいる。一つは政治闘争に敗れた者。もう一つは、汚職の規模があまりに大きく体制全体に及ぼす影響が甚大で、放置すれば全員に累が及ぶケースである。中国における汚職は、支配階級に不正収入をもたらす取引税のような機能を果たしているようだ。そういう意味では、汚職はシステムを一つにまとめる接着剤のようなものである。

汚職追放キャンペーンが長く叫ばれてはいるものの、実際に汚職で投獄される役人の数は少なく、現行犯で逮捕された場合でさえ投獄はまれである。一九八二年以降、不正行為で党の処分を受けた役人は年間一三万〜一九万人だが、その約八〇パーセントは訓戒処分止まりである。刑事訴追されたのはわずか六パーセント、収監されたのは三パーセントだ。「普通の汚職で役人が投獄される確率は、せいぜい一〇〇人のうち三人ということになります」とカーネギー国際平和財団のミンシン・ペイは、計算の結果こう語る。(3)「したがって汚職はローリスク・ハイリターンなのです」

汚職との闘いはさておき、中国共産党は、問題に直面すれば機敏に対応できる能力を持つことが判明している。中国の国有産業や国有金融部門はこの一〇年ですっかり姿を変え、国有かどうか一見わからないほどに変容した。それらの企業は現在も政治的なコントロールを受けているとはいえ、従来の国有企業とは違う多様な基準に従って評価がなされるようになった。また、黒字経済の下で徴収された国税は、今ようやく医療・教育・福祉といった分野に使われるようになったが、これらは九〇年代後半から今世紀の初めまで恐ろしいほどに無視されていた分野である。そして、大部分の中国人が今も生活し働いている農村地帯においても、融資が少しずつ自由化され、かつては一生涯縛りつけられていた小さな土地で、農民が商売を行うことが一部認められるようになっている。党は今もなおレーニン主義を採用しているが、それをさらに効果的に機能させるために若干のマッキンゼー（市場経済の戦略）を付け加えた。市場主義的達成基準の多くは、実際には役人を行動させるまでには至っていないかもしれないが、少なくとも政府が社会の声に耳を傾けなければならないという考え方を植えつけることはできた。

政治面を見ると、党による反体制派弾圧の果てしない物語は当然注目に値する。しかし弾圧の方法はより洗練され、日々の報道を見てもその実態はつかめない。一九八九年以降、人民武装警察部隊は全国的に強化され、最新兵器が装備されたが、武力行使はなるべく控え、爆発寸前の不満分子を刺激しないよう訓練されてもいる。私はここ数年、中国各地で様々な抗議行動を目撃したが、たいていは金銭を手渡してデモを解散させるなど、平和的に収拾されていた。それでも抵抗し、あるいはより大規模な反政府運動を企てようとする者に対しては、地元当局は手段を選ばず鎮圧した。だが、中央政府としては武力鎮圧には消極的だ。中央にとって最も優秀な地方幹部とは、トラブルを予測し、早めにその芽を摘む人物なのである。

党の宣伝活動も、より狡猾なものになっている。大災害やデモについて、海外メディアやネット活動家が国営メディアを出し抜いて報道することは許していないが、地元メディアが党や政府に批判的な意見を報道することは、多少であれば奨励している。そうさせたあとで、その意見を打ち負かすような政府見解を発表し、結果的に政府が世論を支配できる仕組みになっているのだ。党の宣伝システムを広範に論じたアン＝マリー・ブレイディの研究報告書によると、中国政府は二〇〇三年ＳＡＲＳ報道で大やけどを負ったのだという。ＳＡＲＳ発生時に中国政府がとった秘密主義のためにウイルスが拡大し、政府はその責任を問われた。以来当局は世論操作の研究に取り組み、英国で二〇〇〇年から二〇〇一年に起こった狂牛病騒動のさい、ブレア政権がとった世論操作を手本にした。「世論が体制を脅かす可能性を指導部が意識するようになったことは、中国の弱みを示すものではない。むしろ、生き残ろうとする（党の）決意と、生き残るために新しい手段やテクノロジーを吸収する能力が党にあることの証しである」とブレイディは述べている(4)。

小手先のコントロールでは利かない場合に備えて、党は実力行使という手段を用意している。中央政府はもちろん、地方政府にとっても、広大な国土で起きていることをつねに把握しておくことは困難だ。汚職、公金の無駄遣い、暴利をむさぼる地方役人、環境の悪化など、数々の驚くべき事実がその証拠である。しかし、大きな磁石をかざすとバラバラの鉄片が一瞬で磁石にくっつくのと同じように、党は、その気になりさえすれば、体制と体制に巣食うろくでなし全員を命令どおりに動かすことができるのだ。

党の力は政治の分野では明らかである。江沢民により法輪功の一掃命令が出されたとき、その命令は徹底的に遂行された。経済分野で党の命令を徹底させるのは政治分野よりも難しいが、それでも緊急事態となると党は体制全体を動かすことができる。二〇〇八年末、世界金融危機に巻き込まれたとき、党は銀行に貸し出しを命令し、銀行側は文句も言わずに従った。二〇一〇年初め、党が金融引き締め政策に転換したときも、銀行側は大きな不満を示しながらも、結局は党の命令に従った。党の力は環境問題にも及ぶようになっている。環境問題に長年無関心だった中央政府も、今では環境政策を全国的に実施しようとしている。環境のために経済成長を抑制するのではなく、代替エネルギーに投資するビジネスにインセンティブを与え、環境問題をビジネスチャンスへと転換するという政策である。その結果、中国は数年という短期間で、風力発電設備や太陽光発電パネルの最大の生産国となり、いわゆるクリーン・コール・テクノロジー〔環境に調和した石炭利用技術〕への最大の投資国となった。

党の正当性を支えているのは、大部分、今も中国経済の好調である。経済成長は、唯一最大の支柱として国内では党支配を支え、国際社会では中国の威光の後ろ盾となっている。成長は、国民の生活レベル向上と、政策の柔軟性、国内の利益供与ネットワーク、国際社会への影響力を支えるものである。中国の経済発展モデルに欠点があることは十分に立証されており、現在のままの形で発展を続けることは不可能だ。『フィナンシャル・タイムズ』の経済コラムニスト、マーティン・ウルフは、二〇〇九年後半、中国の発展システムの重大な歪みを指摘している。中国では投資と輸出を優先して個人消費が低く抑えられていることを、非常に簡単な計算によって示したのである。(5)「中国の二〇〇七年の個人消費はGDPの三五パーセント。一方GDPの一一パーセントが、経常収支の黒字分を使って、収益性の低い海外資産に投資されている」と彼は書いている。「数億の国民がいまだに貧困状態にあるなかで、中国は個人消費の三分の一に相当する額を海外に投資している」

この数字は一見、中国の奇跡的な経済成長のほころびを示しているように見えるが、実はそうではない。党が、いびつな経済成長で既得権益を得た特権階級に対して、敢然と改革のメスを入れさえすれば、一般国民にも利益が行き渡るという皮肉な実態を示している。この改革を実行するには政治的リスクが伴う。経済的特権階級から利益を得ている党内の巨大勢力を敵に回し、国家レベルの利権を解明し根絶するような改革を断行すれば、党の政治力が損なわれる危険性があるのだ。この複雑に絡んだ状況を切り抜けることは容易ではないが、しかし、党はこの状況に適応できる能力を備えている。

経済成長がもたらすのは収入の増加だけではない。中国人の多くは経済的成功によって誇りを取り戻し、かつて欧米諸国に辱められた偉大なる中国文明が復活したと考えている。国を守る勇者とされる中国共産党は、その誇りを強力な武器として使おうとしている。中国人が国家の再興に誇りを持ち、古い歴史を持つ高度な文明の後継者として、文明発祥の地であった自国の文化を誇りに思うのは、いたって自然なことだ。アメリカについても同様のことが言える。アメリカは外から見る限り、豊かになるにつれてだんだん愛国的になっていった。中国がアメリカと同じ道をたどっても何の不思議もない。問題なのは、党の監督の下、愛国主義とナショナリズムが、ここ数年でより危険なものへと変容していることである。

中国はしばしば、九・一一直後のアメリカとよく似た反応を示す。外国に対する怒りに満ち、世界を是が非でも敵と味方に二分しようとする。普段は世慣れて知的な役人や、友好的な市民が、話題がチベットやダライ・ラマ、第二次大戦中の日本軍の行為、新疆ウイグル自治区の暴動、台湾問題に及んだとたんに、怒りで真っ赤になる。アメリカのような民主主義国家であれば、自由に議論が戦わされ、政権交代につながる。しかし私が中国にいるあいだ、これらの話題について、公的な立場の人々と感情的にならずに意見を交換することだけでも、簡単なことではなかった。チベットや抗日戦争について異なる意見を言えば、たちまち国家を侮辱したと見なされてしまう。

意見の多様性に関して、アメリカの社会学者ジョーゼフ・フュースミスは、「『市民社会』の一つの要素が理性的であることだとすれば、中国はまだ市民社会に達していない」と述べている。(6)

しかし、この点に関しても、中国の政治システムは適応能力を発揮している。私はかつて、中国国民のナショナリズムは制御不能なほど高まり、党の脅威になっていると考えていた。国民は党を恐れるようになったが、国民の愛国主義が高まれば、党のほうも国民を恐れるようになると思っていた。しかし二〇〇五年前半の反日運動で、党の適応力を侮ってはならないことを私は改めて思い知った。各都市で反日デモが暴動となったとき、怒りと報復のメッセージが日本政府に届くまで警察は動かなかった。暴動はしばらく続いたが、収拾がつかなくなって党批判集会にまで発展することは決してなかった。

最大規模のデモが起こった日、国はようやく全面的な対応に出た。警察は、北京に限らず国中の国民に向け、国有通信網で、これ以上事態を混乱させてはならないと呼びかけた。オーストラリア国立大学のジェレミー・バーメーによれば、そのメッセージから「現代中国の友好的な表情に垣間見える古い権威主義の厳しい顔」がうかがえる。

北京市公安局から国民の皆さんにお伝えします。噂を信じてはいけません。噂を広めてもいけません。愛国心は理性的な形で表現しましょう。非合法なデモ活動に参加してはいけません。中国網通より、皆さんにとってよき労働節でありますようお祈りします。

もし中国のためを思うのであれば、暴動を起こしてはなりません。愛国精神は大いに結構ですが、法を破ってはなりません。法を守る、良識ある市民でありましょう。
毎日お疲れさまです。ですから労働節の休暇を楽しく過ごしましょう。自制心と法を守る精神があって初めて、和諧社会を実現できるのです。

大規模な反日デモは最終的に北京の日本大使館の外にまで及んだが、そのとき警察は市民の前途を祝福し、彼らの自制心と愛国心を褒め称えた。群衆はそのときすでに日本大使館への投石を行っていたにもかかわらず、だ。警察にデモ解散を呼びかけられ、市民はおおむねそれに従った。
この反日デモへの対応で露呈したのは、党はこうした重大問題に関して世論を抑えるのではなく、むしろ意図的に世論を誘導し、利用しているということである。反日デモ発生から一年余りのちの二〇〇六年九月、日本の首相が代わると、中国の政策担当者はそれまでとは別の戦術をとった。小泉純一郎から、より親中派の安倍晋三へ政権が移ると、胡錦濤はすぐに安倍との会談に合意した。国営メディアはただちに論調を変え、日中関係の「明るい」側面を書き立てた。警察はひそかに反日運動家のリーダーたちに接近し、日本の新指導者の出方を見きわめるまで活動を控えるようにと伝えた。わずか一年前まで、あれほど反日運動に熱狂していた大衆は、すっかり鳴りをひそめた。

欧米では長年、多くの中国崩壊論が語られ、中国の崩壊によって世界情勢が不安定化するかのように論じられてきたが、これは的外れな議論である。正しくは、中国の崩壊によって、また成功によっても、世界は不安定化すると言わなければならない。中国ほどの規模の国がこれほど急速に成長すれば、既存の秩序が揺らぐことは避けられない。中国以外の国は、中国に適応し、中国と競わざるを得なくなる。アジア・シーレーン問題、アフリカにおける油田開発、世界銀行やＩＭＦの新基準の設定、最新の携帯電話の規格など、様々な分野での適応と競争に迫られることとなる。あらゆる国際会議の場で、中国が中心的地位を占めるようになるのは必至である。

しかし、経済発展を何よりも重視する中国政府は、こうした問題を解決するために、国際機関との結び付きを強めている。中国は、国連やＷＴＯ、原子力供給国グループなどあらゆる国際組織において、ますます活発な活動を見せ、自国の利益を強く主張するようになったが、既存の国際機関を壊そうとしているわけではない。壊れて国際情勢が不安定になれば、中国自身にも影響が及ぶからだ。このように国際社会への影響力を強めてはいるが、その一方で、深刻かつ多様な国内問題を多く抱える中央政府指導部は、今後も国内問題の対応に追われることだろう。国外から見ると信じがたいかもしれないが、胡錦濤が毎朝、目を覚まして真っ先に気にかけるのは、アメリカ上院の動きではない。河南省の農民暴動や、山東省の次期党書記人事、上海の汚職事件、山西省の炭鉱事故などの問題なのである。国際社会に対する意識はますます高まっているが、胡主席のデスクに朝一番で届けられる懸案事項としては、国内問題のほうが優先なのだ。

中国独自の体制が国内で問題視されることはない。むしろ国民はそれを誇りに思っている。党の機関紙『人民日報』が所有する愛国主義的タブロイド紙『環球時報』は、中国の台頭が冷戦後のアメリカ一国支配を終わらせた、と自慢げに論じている。(7)「中国の国際政治に対する最大の貢献は、革命と改革、発展によって、西洋モデルだけが近代化を達成する方法ではないということを世界に示したことである」と、同紙二〇〇九年一〇月の論説は述べている。「中国はまた、非西洋社会が西洋の真似をする必要はないことを、世界に示したのだ」

この論説は、まさしく中国人の積年の信条をそのまま言い表したものだった。金融危機からの回復に苦しんでいる欧米諸国はようやく、中国モデルは負けないという中国人の信条を認識するに至ったのである。冷戦の終結は「歴史の終わり」ではなかった。中国共産党の体制は、様々な意味で、腐敗しており、高い代償と矛盾を伴い、しばしば機能不全に陥る。今回の金融危機によって、この体制に、「傲慢さ」というさらに危険な要素が加わることになった。その一方で、中国の体制は柔軟で変幻自在な資質も持ち合わせており、投げつけられるすべてのものを吸収することもできる。この点が欧米にとっては驚きであり、同時に脅威でもある。

民主的な選挙も公開討論も行われないため、党の支持率を測ることは、どのような精度であれ不可能である。だが、明らかなのは、毛沢東後の共産党が「経済成長」と「ナショナリズム再興」という二つの基礎を強化してきたということだ。中国共産党とその指導部は、成長の末に欧米のようになりたいと思ったことはない。欧米諸国は最近ようやくそのことに気づき始めたようだが、中国の目標は昔からずっと欧米などではなかった。このままでいけば、中国の願い――超大国として世界に君臨し、容赦なく思いのままに世界を動かしたいという願いは、叶うのではないかと思われる。

謝辞

ジャーナリストが頼りにするのは、世界中どこでも、人々の思いやり、善意、民主化への強い欲求である。中国ではとりわけそうだ。しかし中国では、政治システムの内情を語る個人が深刻なトラブルに見舞われる可能性があることも厳然たる事実である。政治的には無害なテーマでも、海外のメディア関係者と議論するだけで職を失うこともある。それゆえ、ここに感謝の意を示したい方々は大勢いるが、それがご迷惑になることがあるかもしれない。

中国共産党の、ときに異常なまでの秘密主義を考慮して、本書のための情報収集その他にご協力いただいた多くの中国人の方々の名前を、省略させていただいた。本書のなかで名前を引用させていただいた方々は、公開を前提としたインタビューを快諾してくださった。これらのインタビューは、二〇〇〇年から八年にわたって『フィナンシャル・タイムズ』記者として中国に駐在中、そして二〇〇八年五月から一年間の、本書執筆のための取材期間に行ったものである。豪紙『オーストラリアン』の記者だった九〇年代半ば、香港や中国本土で収集したものもある。引用した多くのインタビューは匿名となっている。望ましいことではないが、やむを得ないだろう。

中国では長年にわたり、多くの方々に助けていただいた。直接取材でお世話になった方々、そして、その著書や発言、調査結果からたくさんのヒントをいただいた方々、また自分の至らなさを痛感させてくださった方々。メールのみのお付き合いだった方々も多い。そうした皆様すべてに感謝を捧げたい。ジャスパー・ベッカー、ニコラス・ベクィラン、ロビン・ボーディエ、故ジム・ブロック、アンドルー・ブラウン、クリス・バックリー、ニコラス・チャプイス、チン・チョン、クリントン・ダインズ、ティン・シュエリァン、エリカ・ダウンズ、マイケル・ダン、グレアム・フレッチャー、ジョン・ガーナウ、スティーブン・グリーン、ハ・ジミング、マイケル・ハン、セバスチャン・ハイルマン、バート・ホフマン、ルパート・フージワーフ、トレバー・ハウザー、フレーザー・ハウイー、ニコ・ハウスン、ス・チエン・シュ、ヤ・ションファン、ブルース・ジェイコブズ、ジョセフ・カーン、デーヴィッド・ケリー、ニコラス・ラーディ、ユ・マオチュン、アリス・ミラー、ルーク・ミンフォード、バリー・ノートン、マーク・オニール、ゴードン・オア、リン・パン、アンディ・ロスマン、フローラ・サピオ、ボブ・シー、ヴィクター・シー、ロバート・トムソン、ジョーグ・ヴトカ、ウー・シャオポー。また、リチャード・バウムが主宰する中国研究のオンライン・フォーラム ChinaPol からは多くの貴重な情報をいただいた。

原稿段階で貴重なフィードバックをいただいた皆様にも感謝する。とりわけ、カール・ウォルター、デイヴィッド・シャンボー、ブルース・ディクソン、ジョン・フィッツジェラルド、アーサー・クローバー、アン＝マリー・ブレイディ、チョウ・シュンには感謝したい。ジョン・バーンズには、組織部に関して貴重なアドバイスをいただいた。ダンカン・クラーク、ドン・クラーク、デーヴィド・レイグ、アレックス・マグレガー、ピーター・ハーチャー、メリンダ・ルーにもご協力いただいた。

香港中文大学中国研究サービスセンターの蕭今《しょうこん》とその研究チームの皆様は、これまでも多くの中国研究に貢献されてきたが、本書の誤りもご指摘いただいた。

『フィナンシャル・タイムズ』中国駐在の優秀な同僚たちの、長年にわたる協力にも感謝を表したい。ジェームズ・キング、ミュア・ディッキー、ジェフ・ダイアー、ジェミール・アンダーリーニ、アンドルー・イェー。キャスンリン・ヒルには台湾問題に関してご教示いただいた。香港とロンドンでは、ジョン・リッディング、ライオネル・バーバー、ダン・ボーグラー、ヴィクター・マレットには長年にわたる協力をいただき、本書以前から私の中国レポート全般をサポートしていただいた。

中国で活動する外国人の例に漏れず、私も、素晴らしく勇敢な中国人の協力者を得ることができた。サミュエル・シェン、スン・ユ（最も長年の協力者である）、ワン・ピンには、長いあいだ辛抱強くお付き合いいただいた。リ・ビボには、調査上貴重なご助力と、本書を生むきっかけとなった洞察をいただいた。彼には多くの貴重な証言や資料の発掘に貢献していただいたが、何より彼は本書のテーマを身をもって理解する人物だった。

出版エージェントの方々、イギリスではフェリシティ・ブライアン、ワシントンではゲイル・ロス、ハワード・ユーンが、本書の企画に理解を示し、出版社への迅速な橋渡しをしてくださった。出版を実現していただいた出版社の方々、ハーパーコリンズ社のティム・ダガン、ペンギンブックス社のウィル・グッドラッドにも感謝したい。

本書の内容は、中国外交部にはお気に召さないものかもしれない。もしもお目にかけることができれば、であるが。しかし、海外で出版されるものにまで、中国政府が過敏な反応を示すことはないのではないだろうか。現政権の神経に障るテーマ、かの悪名高きチベットや、新疆ウイグル、台湾、非合法集団・法輪功などに焦点を当てなければ大丈夫だろうと私は思う。ともかく、外国人ジャーナリストに対する中国外交部のホストぶりは、おおむね礼儀正しく、プロフェッショナルであり、もし可能であれば協力もしてくれた。その点に関して感謝を示したい。

本書は、妻キャス・カミンスの愛と協力なしには、その一部でさえも成立し得なかった。妻はキャンベラという安全な居場所を捨て、二〇〇〇年、中国という大海へ飛び込んだ。私たちが中国を離れた二〇〇九年時点で、妻は人生の四分の一を中国で過ごしたことになる。私がどれだけ感謝しているか、妻には想像もできないだろう。かわいい二人の子供たち、アンガスとケイトは、それぞれ上海と北京で生まれた。もちろん、二人が中国で育ったのは幸運だったと私は思う。おかげで中国語を流暢にしゃべれるようになったばかりか、素晴らしい味覚の持ち主になったからだ（「ママ、お豆腐おかわり！」）。中国はこれから、世界で最も興味深い、面白い国になっていくだろう。二人の子供たちも、私と同じく、中国で暮らした経験を忘れずに生きていってくれることを願う。

二〇〇九年八月　北京にて

訳者あとがき

新聞、雑誌、テレビなどが中国の話題を取り上げない日はないほど、中国の情報は巷に溢れ、中国に対する関心はますます高まっている。そのテーマの多くは、目覚ましい経済成長、環境汚染問題、貧富の格差といった社会問題、そしてチベットなどの政治問題だ。そんななか、本書はそのタイトル「中国共産党　支配者たちの秘密の世界」が示しているように、中国の舞台裏ですべてを支配する中国共産党に焦点を絞り、その実態にメスを入れたきわめて時宜にかなった書である。中国共産党のすさまじいまでの権力への執着が、国有企業、軍部、メディア、歴史の各分野において詳細に検証されており、驚異と脅威の隣国、中国に対する認識を新たにさせられる衝撃的な内容だ。

今日の中国のイデオロギーはマルクス主義でも資本主義でもなく、「権力主義」となっている。権力を維持するためなら党はいかなる労も厭わない。華々しい経済成長も軍事力増強も歴史操作も、すべてが党の権力基盤を固めるための手段なのだ。世界を舞台に活躍する大企業も事実上は党が手綱を握っている。軍事予算が大幅に増えたのも軍を党の傘下に置くためだ。一見、資本主義的な様相を見せながら、裏ですべての糸を引いているのは、旧態の共産主義システムであり、レーニン主義の戦略、エリート主義である。そのトップに座る九人が一三億の国民を支配しているのだ。

ジャーナリストである著者リチャード・マクレガー氏は文章の達人であり、その格調高く修辞に富んだ華麗な文章は、あたかも文学作品を思わせた。多彩な分野からの隠喩が至る所にちりばめられ、同格と関係代名詞が延々と続く独特のスタイルは訳者にとっては解読する作業に等しかった。この難解な英文の解釈にあたってご教示いただいたトード・ワレン・ベック（Todd Warren Beck）氏とオーウェン・ベニオン（Owen Bennion）氏に感謝の意を表する。そして骨の折れる翻訳作業において、以下の皆さん（宮前明希子、赤崎有紀子、石田美智代、森美世、松島直子）には様々な形でご協力いただいた。この意義深い本を翻訳する機会を与えてくださった草思社の増田敦子氏には心からお礼を申しあげたい。

二〇一一年五月

小谷まさ代

(7)　少なくとも筆者にこの話を伝えてくれた2人は，黎瑞剛からこの話を聞いている。
(8)　2008年北京オリンピック開催と合わせて，競技場が描かれた記念紙幣が発行されている。
(9)　2006年9月1日付『ニューヨーク・タイムズ』。
(10)　袁氏の記事の英訳は，2006年1月26日付ウェブサイト「東南西北」より。08年前半に袁氏や李氏，『氷点週刊』の上級スタッフらにインタビューもした。www.zonaeuropa.com
(11)　この事件については，明らかに西側の見解から描かれたハリウッド映画『北京の55日』がある。
(12)　1984年，ジュディス・バニスターが死者数3000万人とする論文を北京で発表した（チャールズ・ルイス・キンカノン，ジュディス・バニスター「Perspectives on China's 1982 Census（中国の1982年人口調査に関する見解）」『A Census of One Billion People（10億人の人口調査）』国務院人口普査弁公室および国家統計局人口統計司編，1986年，288-312頁）。彼女が算出のベースとしたのは，中国が1949年以降に実施した3回（1953年，64年，82年）の人口調査，および，私への電子メールのなかで「過去にさかのぼった全国的な実り多き最高の人口調査」と称したものである。当時，彼女の発表した数字に対して多くの人々が「信じられないと述べた」という。
(13)　2009年10月現在，この本に関して正式な処罰を受けていない。
(14)　2009年1月19日付『シドニー・モーニング・ヘラルド』。

【あとがき】

(1)　2009年10月12日付『サウスチャイナ・モーニング・ポスト』。
(2)　言うまでもないが，スポーツ選手の比喩は私のものであり，シャンボーの発言ではない。
(3)　『Policy Brief, No. 55』（カーネギー国際平和財団『国際平和戦略ペーパー』第55号，2007年10月）。
(4)　「Making the News Fit to Print（印刷に値するニュースを作る）」『チャイナ・ジャーナル』2009年3月。
(5)　2009年9月23日付『フィナンシャル・タイムズ』。
(6)　2005年5月5日，オーストラリア国立大学で行われたジェレミー・バーメー氏のスピーチ「Mirrors of History: On a Sino-Japanese Moment and Some Antecedents」を参照のこと。
(7)　2009年10月2日付『環球時報』。

Business in China 2008: Resolving the Challenges in Today's Environment（中国におけるビジネス 2008 年─今日の課題を解決する）」のために，ジョーンズ・デイ法律事務所のオーウェン・D・ニー・ジュニア他が作成した文書「Ensuring Compliance with China's New Labor Laws（中国の新労働法の遵守を確保する）」より。

(12)　個人的なインタビューより。2004 年 6 月 2 日付『解放日報』も併せて参照のこと。

(13)　『組織工作研究文選 2005』に記載の「Hunhe Suoyouzhi qiye dang de gongzuo yanjiu（混合所有制企业党建工作研究）」を参照のこと。

(14)　2008 年 4 月 4 日付『人民日報』。

(15)　正泰グループの公式な英語社名は CHINT Electrics Co., Ltd。

(16)　ここに示した数字および引用は，ブルース・ディクソン『Wealth into Power: The Communist Party's Embrace of China's Private Sector』（『富から権力へ─中国共産党による民間部門の支配』Cambridge University Press, 2008）の初期草稿から。

(17)　徐琳玲「刘永行　在寒冬慢步前行」（2008 年 11 月 27 日付『南方人物周刊』）。劉氏の言葉は以下のサイトにも投稿されており，この記事から引用し，劉氏のオフィスに確認した。
http://news.sina.com.cn/c/2008-11-27/092716735980.shtml

(18)　周氏へのインタビューと併せて，2006 年 5 月 16 日付の次のサイトからも引用した。www.ftchinese.com

(19)　2004 年 8 月 20 日付『財経』を参照のこと。

(20)　この情報を提供してくれた企業家から，名前や個人を特定するいかなる情報も公開しないよう依頼された。

【第８章　『墓碑』】

(1)　武漢での禁止措置については，2008 年 12 月 13 日，北京の三味書屋で開かれた楊氏との質疑応答コーナーのなかで述べられている。

(2)　藩氏と面会したのは 2001 年。最近では 04 年に同博物館を訪ねたが，現代上海に関する展示内容は変わっていなかった。

(3)　陸昊「若者たちに愛国心という素晴らしい伝統を普及・促進する」2009 年 4 月 17 日付『人民日報』。

(4)　2002 年 9 月 9 日付『人民日報』。

(5)　2006 年 8 月 3 日付『南方周末』。

(6)　デービッド・シャンボー『China's Communist Party: Atrophy and Adaptation』（『中国の共産党─衰退と適応』University of California Press, 2008）第 4 章。＊訳注＝本文中では『衰退と適応』のタイトル。

http://news.southcn.com/community/bestlist04/content/2008-09/13/content_4597956.htm);
http://zhaomu.blog.sohu.com/99995350.html.
(12)　新華社が田文華の解雇を報じたのは 2008 年 9 月 16 日だった。
(13)　参照：2007 年 10 月 8 日のウェブサイト「中国伝媒研究計画」。

【第 7 章　社会主義を完成させた鄧小平】

(1)　アンディ・ロスマン「China's Capitalists (中国の資本家)」(CLSA, 2005 年 9 月), その反論はジョー・チャン「China's Marginal Private Sector (取るに足りない中国民間部門)」(UBS インベストメント・リサーチ, 2005 年 9 月 15 日) を参照のこと。
(2)　黄亜生『Capitalism with Chinese Characteristics: Entrepreneurship and the State』(『中国的な資本主義―企業家精神と国家』Cambridge University Press, 2008) は, このテーマを取り上げた大作である。著者からの個人的な電子メールからも抜粋した。
(3)　2007 年 5 月 20 日付『二一世紀経済報道』および以下を参照のこと。
http://finance.sina.com.cn/stock/s/20070520/18223610668.shtml
(4)　これらの分類に関しては, アーサー・クローバー氏に協力いただいた。
(5)　2004 年 12 月 20 日付『ニューズウィーク』。
(6)「報告もある」としているのは, 投獄の事実について本人に確認するのはもはや不可能だからである。しかし, 1999 年 6 月 5 日付『ワシントン・ポスト』に掲載された十分な調査を経た記事には, 王石が投獄されていたことが詳しく, 説得力をもって述べられている。その後のインタビューについては, 2008 年 4 月 6 日付『ニューヨーク・タイムズ・マガジン』を参照のこと。
(7)　以下のサイトに掲載されている 2008 年 12 月 12 日付『二一世紀経済報道』には,「王石: 戴上红帽子后要摘掉就不容易 (王石――一度被った紅帽子を脱ぐのは至難の業)」という見出しで記事が掲載されている。
http://finance.sina.com.cn/roll/20081230/01002599819.shtml
(8)　ホルウィルをはじめ, ここで引用されている人たちへのインタビュー以外にも, ハーバート・ホー『The Development of Direct Selling Regulation in China, 1994-2002』(『中国における直販業規定―1994 年から 2002 年』米中貿易全国委員会発行) を参考にした。
(9)　1998 年 4 月 23 日付『ウォールストリート・ジャーナル』。
(10)　2006 年 4 月 26 日付『フィナンシャル・タイムズ』より。運動そのものについての情報は, 06 年 5 月 13 日付『ウォールストリート・ジャーナル』を参照のこと。
(11)　2008 年 3 月 21 日に開催された PLI (米国法曹実務協会) の会議「Doing

【第６章　皇帝は遠い】
（1）　三鹿事件に関する本章の記述は，三鹿幹部および相談役へのインタビューに基づく。冒頭の田文華や会議に関する資料は以下を参照のこと。
http://finance.sina.com.cn/g/20090107/06535725594.shtml;
http://finance.sina.com.cn/leadership/crz/20090105/09445714928.shtml;
http://finance.sina.com.cn/leadership/crz/20090119/10565776623.shtml;
http://finance.huanqiu.com/roll/2009-01/336337.html.
事件の詳しい経緯については，以下の記事を参照のこと。
http://magazine.caijing.com.cn/templates/inc/content.jsp?infoid = 77701&type = 1&ptime = 20080928; ＊訳注・登録が必要。
http://magazine.caijing.com.cn/templates/inc/content.jsp?infoid = 77702&type = 1&ptime = 20080928; ＊訳注＝登録が必要。
http://www.sourcewatch.org/index.php? title = Fonterra_and_the_Chinese_contaminated_milk_scandal.
（2）　http://finance.people.com.cn/GB/1045/3866408.html.
（3）「市場化 30 年論壇」においてスティーブン・チャン（張五常）が発表した「中国の経済システム」より。ジョン・フィッツジェラルドの尽力により入手することができた。「各地方が企業であり，各企業が地方である」という記述も彼の協力によるものである。
（4）　次のサイトの掲示版に数々の報告が掲載されている。
http://bbs.dahe.cn
（5）　2003 年 5 月，ロンドン・スクール・オブ・エコノミクスで開催された会議「The Rise of Local Governments in Developing Countries（発展途上国における地方政府の台頭）」にて，林毅夫，陶然，劉明興が発表した「Centralization and Local Governance in China's Economic Transition（中国の経済変化における中央集権と地方統制）」を参照のこと。
（6）　参照：2009 年 6 月 10 日号『新世紀週刊』〈デビッド・ケリー訳〉。
（7）　三鹿集団の広報活動における工作については，ウェブサイト「中国伝媒研究計画」のデビッド・バンドスキーの記事がこの話題について非常によくまとめてある。http://cmp.hku.hk/2008/09/28/1259
（8）　傅剣鋒のブログ 9 月 14 日投稿分および，ウェブサイト「東南西北」に掲載された訳文より。www.zonaeuropa.com
（9）　参照：2008 年 8 月 14 日付『シドニー・モーニング・ヘラルド』。
（10）　http://finance.sina.com.cn/g/20090107/06535725595.shtml.
（11）　バイドゥの役割については以下を参照のこと。
http://tech.163.com/08/0915/12/4LSNPQ1N000915BF.html;
http://news.ccw.com.cn/internet/htm2008/20080913_501732.shrml;

メーション・テクノロジー〉が，〈フェデリティ・ナショナル・ファイナンシャル〉に対して，フロリダ州オーランドのフロリダ州中部地区連邦地方裁判所に起こした訴訟の裁判記録に記載されている。この事件は2006年3月6日に裁判所に受理された。

(8)　2009年3月16日付『学習時報』を参照のこと。

(9)　この一節は，徐斯儉「Reforming the Party and the State under Hu Jintao」（「胡錦濤の下での党と国家の改革」中央研究院・政治学研究所，台北，台湾）より引用。

(10)　http://jpos.blog.sohu.com/69302472.html。および2004年11月29日付『サウスチャイナ・モーニング・ポスト（南華早報）』を参照のこと。

(11)　上海について優れた著作を数多く世に出しているLinn Panの言葉。

(12)　この値は，デービッド・グッドマン，ジェラルド・シーガル編集『China Deconstructs: Politics, Trade and Regionalism』（Routledge, 1997）収載の，ブルース・ジェイコブス他執筆の「Shanghai and the Lower Yangzi Valley」（「上海と揚子江下流域」pp. 163～193）から。

(13)　2006年10月31日付『チャイナ・デジタル・タイムズ』掲載，「The (Internally) Collected Quotations of Chen Liangyu」（「陳良宇の（内部）引用集」〈ジョナサン・アンスフィールド訳〉）を参照のこと。

(14)　この指摘は，黄亜生との会話，および彼の著書『Capitalism with Chinese Characteristics: Entrepreneurship and the State』（『中国的資本主義—企業家と国家』Cambridge University Press, 2008）の初期の草稿に基づく。

(15)　李成「The Shanghai Gang: Force for Stability or Cause for Conflict?」（「上海閥—安定をもたらす力か，混乱の原因か」『China Leadership Monitor』No.2, Spring, 2002）より。

(16)　『中国を変えた男　江沢民』（原書164頁）。

(17)　「With Hu in Charge, Jiang's at Ease」。

(18)　夕食会でのエピソードは同じ席にいた多くの人物が証言している。

(19)　この間の経緯は，濤婷本人とのインタビューだけでなく，彼女の著書『Shei yinbao Zhou zhengyi an?』（『誰が周正毅の事件を誘発したのか』開放出版社，香港，2007年）に基づく。

(20)　ジャッキー・スチュワートのこの言葉は，2004年11月15日付『ダウ・ジョーンズ・ニューズワイヤーズ』より引用。

(21)　『China Business Focus（中国経貿聚焦）』（2008年5月）より。

(22)　陳の拘留に関する詳細は，2009年6月15日付『鳳凰周刊』より。

(23)　この表現はもともと，北京にあるアメリカ大使館のウェブサイトから引用したものだったが，2009年半ばに確認したときにはすでに削除されていた。

Brief No. 278, 29 March 2006）による。
（15）『Modernizing China's Military : Progress, Problems, and Prospects』を参照のこと。
（16）記者とのやりとりは，2007年3月27日付『チャイナ・デジタル・タイムズ』より。
（17）『中国を変えた男　江沢民』（原書260頁）。
（18）スーザン・シャーク『China : The Fragile Superpower』（Oxford University Press, 2007, p. 196）に，この当時のことが詳しく述べられている。＊訳注＝邦訳『中国　危うい超大国』徳川家広訳，日本放送出版協会，2008年。
（19）閻学通の引用はほとんどが，2009年5月に個人的に行ったインタビューによる。台湾問題についての閻学通の見解や彼の謝罪について詳しくは，以下のホームページを参照のこと。
http://www.chinaelections.org/NewsInfo.asp?NewsID = 129345
http://news.xinhuanet.com/globe/2004-07/15/content_1603151.htm
http://opinion.huanqiu.com/roll/2009-04/433045.html
http://humanities.cn/modules/article/view.article.php?c10/286
http://blog.voc.com.cn/blog.php?do = showone&uid = 416 & type = blog&itemid = 49003

【第5章　上海閥】

（1）これらのコメントは，「新浪網」に掲載された記事に対して投稿されたが，その後削除された。
http://news.sina.com.cn/c/l/2008-10-15/021816453877.shtml
（2）この副市長は，問題となった建設プロジェクトを行った開発業者に対して公有資産を担保に融資を保証し，その見返りに市場価格より安価で家を9軒購入できるよう優遇され，さらに現金を受け取った。副市長の親族は仕事を得，副市長自身は開発業者の融資返済を援助するために公金を横領した。起訴された副市長は法廷で，他の多くの役人と同様，自分の行為が法に違反するという認識がなかったと申し立てた。『財経』オンライン版「財経網」2008年11月11日付。
（3）2007年3月9日付『南方都市報』。
（4）中国で最も人気の高い「新浪網」が集計した，職業別アクセス数のランキングより。
（5）拘留の制度に関しては，フローラ・サピオ『Shuanggui and Extra-Legal Detention in China』（『中国における双規と超法規的拘留』China Information, 2008）が優れている。
（6）http://news.sina.com.cn/c/2005-01-26/20404956537s.shtml を参照のこと。
（7）張恩照のゴルフクラブの話は，〈グレース・アンド・デジタル・インフォ

(22) 2006年6月30日付『財経』のほかに，この段落は数々の個人的インタビューに基づいている。

【第4章 われわれはなぜ戦うのか】

(1) 『中国を変えた男 江沢民』参照のこと。
(2) 参照：アリス・ミラー「With Hu in Charge, Jiang's at Ease」(「胡錦濤が就任すれば江沢民は安心」『China Leadership Monitor』No.13, Winter, 2005)。
(3) 『求是』2009年4月1日号。
(4) ジェームズ・マルベノン「They Protest too Much (or too Little), Methinks: Soldier Protests, Party Control of the Military, and the "National Army" Debate」(「過剰な(または過少の)とも思える抗議—兵士による抗議，党による軍の支配，そして『国家のための軍』についての議論」『China Leadership Monitor』No.15, Summer, 2005) より。
(5) 『中国社会科学院報』2009年2月24日。
(6) www.chinainperspective.org/ArtShow.aspx?AID = 1503
デービッド・シャンボー『Modernizing China's Military: Progress, Problems, and Prospects』(『中国軍の近代化—進歩，問題，展望』University of California Press, 2003) も参照のこと。
(7) 9万という数字は，デービッド・フィンケルシュタイン，クリスティン・グネス編『Civil-Military Relations in Today's China: Swimming in a New Sea』(『今日の中国における民軍関係—新たな海域への航行』M. E. Sharpe, 2006) 収載のYou Ji執筆の章に記されている。
(8) 詳細については，M. Taylor Fravel「China's Search for Military Power」(M・テイラー・フラベル「中国による軍事力追求」『Washington Quarterly』Summer, 2008) を参照のこと。
(9) 王小東の見解については『中国不高興』を参照のこと。＊訳注＝邦訳は第4章の訳注を参照されたい。
(10) 余秋里の経歴についての詳細は，『余秋里回憶録』(解放軍出版社，1996年) を参照のこと。
(11) PLAの商業部門の会社の数は，ジェームズ・マルベノン『Soldiers of Fortune』(『将来の兵士』East Gate Books, 2001) より。
(12) この事件については，公式情報源に加えて，以下のサイトを参照のこと。
http://www.coobay.com/bbs/disp?id = 8784587847846001
(13) 『Civil-Military Relations in Today's China』収載のアリス・ミラー執筆の章。
(14) 詳細は，薄智躍「Do Family Connections Matter in the PLA in China?」(「中国人民解放軍において家系は重要か？」East Asian Institute Background

(18)　王暁方『駐京弁主任』(作家出版社，2007年)。この本について指摘してくれたグレーム・ミーハンに感謝する。
(19)　『組織工作研究文選2006』(中共中央組織部研究室・政策法規局編，第2版)に記載の中国共産党吉林省組織部・工作調研組「关于全面防范和治理用人上不正之风问题研究报告(人事における不正問題を全面的に防止し是正することに関する研究報告)」343頁。
(20)　出世競争をさらに皮肉な形で表現したブログが，2009年10月にネット上で広まり，同月の『チャイナ・デジタル・タイムズ』に英語で掲載された。人事が実績に基づいて行われているという考えを嘲笑う，安徽省の引退した役人から聞いた話だと述べている。ブログにはこうある。
《政府の公的な発表では，役人の任命基準は「実績に基づく選考」とされることが多い。だが現実はそうではない。電車での旅行の途中，引退した元安徽省の役人と知り合い，彼から中国の官僚社会での一般的なルールを教えてもらったが，まことに啓発される話だった。

まず，人事を決める1番の基準は，「上からの指示に従って任用する」ことだという。つまり上司の指示通りに任命しなければならない，もし逆らって上司の不興を買えば，自らがまずい立場に追い込まれる，ということだ。

2番目の基準は，「自分と同じ派閥から任用する」ことだという。昨今，官僚社会も競争が激しくかつ複雑さを増している。周囲に自らを後押ししてくれる人物を配さなければ，仕事がままならなくなるのはもちろん，ほどなく自らも官僚社会から脱落することになりかねない。

3番目が，「金と引き換えに任用する」ことだという。金銭は血縁よりも重要で，結局，親戚とは言っても自分とは別の人間だが，金銭は自らのポケットに入って自分のものとなるからだという。

4番目に，「上司にゴマをする能力」を挙げた。地位が安定して，懐も暖かくなれば，次に周りにいてほしくなるのはゴマをすってくれる人間だという。中国のゴマすりは一種の芸術だ。その見事なお世辞はあまりに甘美で心地よく，まるで依存症のように，なしではいられなくなる。

そして最後の5番目は，「適度な大口をたたく能力」だという。彼曰く，安徽省のGDPはずいぶん以前から水増しされていた。毎年，年間のGDPを報告する時期になると，誰もが最初に報告するのを嫌がるという。なぜなら，11パーセントでしたと報告したとたん，別の誰かがこちらは11.5パーセントでしたと少し上回った数字を言ってくるからだ。上司は当然高い成長率の方が好ましいと思うだろう。だからといってあまりに水増ししすぎると，虚偽の報告で上司の面目をつぶしかねない。もちろん上司の成績を落とすのがわかっているのに，ありのままのGDPを報告するなんてことはもってのほかだ》
(21)　田鳳山自身は，2003年に収賄の容疑で逮捕されている。

http://news.sina.com.cn/c/2006-08-29/180710863110.shtml

(9)　ホン・チャン「Cadre Personnel Management in China: The Nomenklatura System, 1990-1998」(「中国の幹部人事管理―ノーメンクラトゥーラ・システム 1990-1998」『China Quarterly』September, 2004)。

(10)　ジョン・バーンズ「Strengthening Central CCP Control of Leadership Selection: The 1990 Nomenklatura」(「指導部選びにおける中共中央の管理強化―1990年版ノーメンクラトゥーラ」『China Quarterly』June, 1994)。

(11)　2002年第16回党大会後に発表された「The Regulations on the Work of Selecting Cadres and Appointing Leading Party and Government Cadres (党政領導幹部選抜任用工作条例)」。

(12)　縁故採用だからといって，それがつねに無能な人物とは限らない。たとえば華能国際電力（ファネンパワー）の代表に就任した李鵬の息子，李小鵬は，有能かつ仕事熱心な人物であると多くの人が述べている。北京で私がしばしば聞いた噂では，朱鎔基は，息子が中国国際金融有限公司のCEOとして金銭的利益を受け取ることをよく思っていないというが，それを裏付ける公的記録はない。さらに江沢民の息子である江綿恒も有能な人物として知られている。しかしそれについても彼の元同僚に言わせると，「中国には有能な人間がたくさんいる」とのことだった。

(13)　1999年7月8日付『ファー・イースタン・エコノミック・レビュー』。

(14)　この引用は，2006年9月29日付『ウォールストリート・ジャーナル』の記事から。ほかにも，このプロジェクトに関わったエドワード・チャンをはじめとする人物への個人的なインタビューを基にしている。

(15)　2007年3月15日付『フィナンシャル・タイムズ』のなかで李の昇進の可能性について詳しく報道された。しかし結果からすれば，その報道は少々楽観的だった。李は政治局入りを果たしたものの，常務委員にはなれなかった。

(16)　呉立紅の件に関しては，2007年8月3日付『フィナンシャル・タイムズ』，07年11月7日付『ニューヨーク・タイムズ』を参照のこと。

(17)　馬徳夫妻の話は，裁判で被告側弁護人となった弁護士の一部へのインタビューに基づく。さらに訴追側へのインタビューに基づいた中国メディアの報道にもよる。以下のサイトを参照のこと。

http://www.hlj.xinhuanet.com/zfzq/2006-03/23/content_6553880.htm
http://news.sina.com.cn/c/2005-03-24/14156183789.shtml
http://news.sina.com.cn/c/2005-03-23/15176172792.shtml
http://news.sina.com.cn/c/2005-07-29/07476557245s.shtml
http://news.sina.com.cn/c/2004-06-24/03373503585.shtml
http://news.sohu.com/20050411/n225125586.shtml
http://news.sohu.com/20050411/n225121587.shtml

China Economic Perspectives : How Will China Grow ? Part 4 : Can Consumption Lead Now ?」(「UBS 中国経済見通し―中国はいかにして成長するのか〈4〉消費は進んでいるのか」2009 年 5 月 5 日付)。

(24) 米アルミ大手アルコアは，この株式取得において 12 億ドルを共同出資している。

(25) 2009 年 2 月 2 日付『財経』。

(26) 『ファイナンス・アジア』誌(2000 年 11 月号)の記事を参照のこと。

(27) この件に関して朱鋒をはじめとする学界からのコメントが初めて掲載されたのは，2008 年 3 月 17 日付『フィナンシャル・タイムズ』だった。

(28) 中国銀行業監督管理委員会のホームページ。
http://www.cbrc.gov.cn/chinese/home/jsp/docView.jsp?docID = 20071119665FCF8F1C1598D6FFB023DAE44B8200

(29) 「中国の銀行監査機関トップがマルクス主義を強調」の記事。2007 年 11 月 1 日付ロイター通信。

(30) 2009 年 5 月『財経』。

【第３章　個人情報を管理する者】

(1) 公正を期すために言えば，2008 年，北京で組織部の役人たちがアメリカの学者たちと会見したときは，彼らは名刺を渡している。

(2) インターネットが中国社会をこじ開けつつある証拠に，北京の中央組織部の住所が 2008 年 7 月，グーグルマップで表示された。その住所は西長安街 80 号だった。09 年後半，『フィナンシャル・タイムズ』では，中央組織部にインタビューを申し込むべく接触を図ったが，連絡は取れたものの最終的にインタビューの件は断られた。

(3) 『組織工作研究文選 2006』(中共中央組織部研究室・政策法規局編，第 2 版)に記載の「整合党的組織工作資源問題研究」397 頁。

(4) 李英田「『党内和諧促進社会和諧』的着力点」(『内部参閲』2006 年 11 月 17 日付，『人民日報』内参部編，第 43 期〈総 836 期〉)。

(5) 参照 : 2007 年 10 月 13 日付『中国新聞社』および China. org. cn。

(6) Jerry F. Hough, Merle Fainsod『How the Soviet Union is Governed』(ジェリー・F・ハフ，マール・フェイソド『ソビエト連邦はいかにして統治されたか』Harvard University Press, 1979, p. 125)。

(7) 労達一(ラオ・ターイ)『Law and Legality in China』(『中国における法と法の遵守』C. Hurst & Co., 1992)。

(8) 高華『紅太陽是怎様升起的 : 延安整風運動的來龍去脈』(『赤い太陽はいかにして延安に昇ったか―延安整風運動史』中文大学出版社，香港，2000 年)参照。以下のサイトも参照のこと。

2004, p354）より。＊訳注＝邦訳はロバート・ローレンス・クーン『中国を変えた男　江沢民』（鵜沢尚武他訳，武田ランダムハウスジャパン，2005年）。

（13）　Richard Podpiera「Progress in China's Banking Sector. Has Bank Behavior Changed?」（リチャード・ポドピエラ「中国の銀行部門における進展。銀行の体質は変わったのか」『IMF報告書』06/71，2006年3月）。

（14）　この説明は，Sebastian Heilmann「Regulatory Innovation by Leninist Means」（セバスチャン・ハイルマン「レーニン主義の手法による規制革新」『China Quarterly』March, 2005）より。ヴィクター・シーにも助力いただいた。

（15）　この2つの委員会および委員会が監督していた機関についての詳しい情報は，以下のサイトを参照のこと。

http://magazine.caijing.com.cn/templates/inc/content.jsp?infoid = 3322&type = 1&ptime = 20030405 ＊訳注＝会員登録が必要。

http://magazine.caijing.com.cn/20030305/2461.shtml

（16）　この段落は目論見書および上場に関わった4人の顧問へのインタビューによる。

（17）　ここで指摘した監査役は党の反腐敗機関に属していた。多くの目論見書に目を通したが，党の役職が明記されたのはこの例だけのようだ。

（18）　Guoman Ma『Who Pays China's Bank Restructuring Bill?』（馬国南『中国の銀行改革にかかる費用は誰が支払うのか』国際決済銀行アジア・太平洋事務所〈香港〉，2006年）。この数字は06年に計算されたもので，中国農業銀行をはじめとする数多くの中国国有銀行への資本注入額は計算に入っていない。

（19）　『State Secrets: China's Legal Labyrinth』（『国家の秘密―中国の法制度の迷宮』ヒューマン・ライツ・ウォッチ，2007年，171頁）。

（20）　胡舒立女史は雑誌の内容の検閲をめぐって経営者側と長く対立していたが，2009年後半に『財経』を去った。2010年前半には別の雑誌の編集長に就任している。

（21）　『財経』161号，162号を参照のこと。およびNico Calcina Howson『China's Restructured Commercial Banks: the Old Nomenklatura System Serving New Corporate Governance Structures?』（ニコ・カルシナ・ホーソン『中国の商業銀行改革―旧式のノーメンクラトゥーラ・システムは新たな企業統治構造に役立つのか』）（ミシガン・ロースクール）より引用。サー・ジョン・ボンドの発言については，本人がコメントを断っている。

（22）　陳錦華『親歴中国改革陳錦華国事憶述』（外文出版社，北京，2008年）。＊訳注＝英語版については以下のサイト参照されたい。

http://www.amazon.co.jp/Eventful-Years-Memoirs-Chen-Jinhua/dp/B0019CAPV2

（23）　数値は，UBSの中国担当エコノミスト，王濤のレポートによる。「UBS

【第２章　中国株式会社】

(1)　「この会議で出された提案は～同様であった」この部分の記述は，このときの会議の企画者および出席者へのインタビュー，さらに綱領およびそれに対する批判的論評を基にしている。「Realistic Responses and Strategic Options after Dramatic Changes in the Soviet Union: An alternative CCP ideology and its critics」(「ソビエト連邦激変後の現実的な対応および戦略的選択肢―中国共産党のイデオロギー変更とその批判者」『Chinese Law and Government』29-2, Spring-Summer, 1996.〈デビッド・ケリー訳〉）を参照のこと。この資料を探し出してくれたベン・ヒルマンに感謝する。

(2)　宋平の発言の部分と，約400万の党員が取り調べられたという話はJames Miles『The Legacy of Tiananmen』（ジェームズ・マイルズ『天安門の遺産』University of Michigan Press, 1996）から引用。この時期の興味深い話が多く掲載された本だ。

(3)　この段落の陳元に関する逸話は，モンタナ大学のスティーブン・レビン氏の回想による。氏によれば，1985年ごろにワシントンのコスモスクラブで行われた昼食会に出席したときの出来事とのこと。

(4)　このほかに「摸著石頭過河（河底の石をさすりながら河を渉る)」という言葉も，「実験しながら堅実に改革を進めていく」中国のやり方を述べるときによく使われるが，この表現を初めて使ったのは一般に言われている鄧小平ではなく，実は陳雲である。

(5)　Su Wei「How the Princelings Launched Their “Political Platform”」(ス・ウェイ「太子党派はどのように自らの“政治綱領”を打ち出したか」『Chinese Law and Government』29-2, Spring-Summer, 1996）を参照のこと。

(6)　Chen kuide「A Doomed Dynasty's New Deal」(陳奎徳「命運つきた小君主集団の新たな政策」『Chinese Law and Government』29-2, Spring-Summer, 1996）を参照のこと。

(7)　胡鞍鋼は90年代半ば，著者をはじめ多くのジャーナリストに同じことを指摘した。

(8)　2008年8月30日，31日に北京で開催された「市場化30年論壇」で発表されたスティーブン・チャン（張五常）の論文「中国的経済制度」の脚注を参照。

(9)　『Marketing Dictatorship』p. 49。

(10)　Andy Rothman『Harmonious Society』(アンディ・ロスマン『和諧社会』CLSA, May, 2002)。

(11)　2001年3月15日，全人代閉幕にさいして行われた朱鎔基の記者会見の記録より。

(12)　このような朱鎔基への批判は，江沢民がその出所と思われる。江の評伝(Robert Lawrence Kuhn『The Man Who Changed China』Crown Publishers,

南省などいくつかの地方の党機関はウェブサイトを所有している。2009年後半には，党の反腐敗機関もウェブサイトを立ち上げた。しかし中国共産党自体のウェブサイトというものはない。

（15）　アリス・ミラー『China Leadership Monitor』No.11, Hoover Institution, Stanford University, 2004.

（16）　2008年6月から1年をかけ，銀行家や弁護士に，中国企業が海外上場を果たしてきたプロセスについて質問したインタビューのうちの1つ。どの場合にも全員が匿名を強く希望した。第2章で登場する上海ペトロケミカルは，海外上場を果たした初期の国有企業の1つだが，その目論見書は党の存在を消している好例である。

（17）　賀衛方教授のこれらのコメントは個人的なインタビューで得たもの。賀衛方教授の逮捕について中央委員会が議論を交わしたというのは，北京の公式な情報源から。賀衛方教授と『西山会議講演録』を批判する記事は以下のサイトで閲覧できる。＊訳注＝現在は閉鎖されている。

http://chinaps.cass.cn/freadcontent.asp?id = 7288

（18）　弁護士事務所の数については2009年6月10日付『人民日報』より。

（19）　2009年3月8日付『人民日報』。

（20）　この引用は個人的な会話より。2007年10月15日付ロイター通信「ポスト胡錦濤，李克強が引きずるリベラルの亡霊」も参照のこと。

http://www.reuters.com/article/2007/10/15/us-china-party-li-keqiang-idUSPEK27660220071015

（21）　アン＝マリー・ブレイディもその著書『Marketing Dictatorship: Propaganda and Thought Work in Contemporary China』（『市場占有—現代中国のプロパガンダと思想研究』）のなかで詳しく述べている。

＊上記の著作の出版社等は第8章の訳注として入れた。

（22）　共産党の政策のなかで最大の争点の1つである「1人っ子政策」は，法律上は存続しているが，現実には柔軟な対応がなされている地域もある。「1人っ子政策」が実際に導入されたのは1979年で，共産党支配が始まってから，かなりあとのことである。

（23）　ここではジニ係数（国民所得分配係数）にて測定。ジニ係数は所得分配の不平等さを測る一般的な尺度。

（24）　世界銀行中国担当チーフ・エコノミスト，バート・ホフマン氏が，2006年11月2日，北京で開催された中国銀行のフォーラムで発表した報告による。06年11月22日付の『フィナンシャル・タイムズ』『ウォールストリート・ジャーナル』も参照のこと。

（25）　学生たちの名前は本人たちからの依頼により変えている。

と。文書には，南京および深圳の役人たちは「地方政府より上位の当局」に苦情を申し立てる陳情者の数に従って評価されるだろう，とある。

(2)　参照：2002年11月15日付『タイムズ』，および07年10月6日，7日付『フィナンシャル・タイムズ』。

(3)　胡錦濤はモスクワへの2度の訪問の前に，ロシアの記者からの質問に答えたが，やりとりはすべて書面で行われた。

(4)　政治局常務委員会がそろって写真撮影されているのは，2008年5月に起きた四川大地震に対する3分間の黙禱のときや，09年7月に行われた海外で活躍する中国人を招いた行事，09年10月1日の中華人民共和国建国60周年記念行事のときなど，ほんのわずかしかない。

(5)「党員になるということは～責任が伴う」この部分の記述ついては故ジム・ブロックに感謝する。

(6)　1902年9月，レーニンの「わが組織の役割に関する同志への手紙」。

(7)　2007年に選出された政治局は，9名の常務委員を含め25名の委員からなり，農業，財政，貿易などの分野を担当するほか，主要な省・都市の党委員会書記に任じられる。常務委員会は単独または政治局全体で会合を開く。各常務委員の担当分野は序列順に次のとおり。胡錦濤＝党および軍部の運営。呉邦国＝全人代の監督（全人代常務委員長）。温家宝＝経済。賈慶林＝非党員関係，台湾，民間部門の監督。李長春＝中国では1つのものとして扱われるメディアと宣伝活動を担当。習近平＝党運営の日常業務と外交の一部を担当。李克強＝経済，予算，環境，保健および中央―地方問題担当。賀国強＝反腐敗運動を担当する中央規律検査委員会書記。周永康＝公安および国家安全保障を担当。

(8)「ソ連では党の幹部同士をつなぐ～知られていた」この部分の記述についてはダニエル・ウルフの指摘に感謝する。

(9)　米ドキュメンタリー映画『Morning Sun』（2003年）より。制作＝カーマ・ヒントン，ジェレミー・バーメー，リチャード・ゴードン。

(10)　言うまでもなく，この場合のビジネスにおいてメディアは重要な例外である。中国政府は，海外メディアの国内でのビジネス活動を許可するつもりはない。ただし海外メディアが地元メディアにすべての権限を譲り渡す場合はその限りではない。

(11)　例外もある。本書の執筆にあたって多くの人が助力してくれた。

(12)　Steven Mosher『China Misperceived: American Illusions and Chinese Reality』（スティーブン・モッシャー『誤解される中国―アメリカの幻想と中国の現実』Basic Books, 1990, Chapter7）。

(13)　参照：2005年10月20日付『フィナンシャル・タイムズ』。

(14)　党の機関紙である『人民日報』のサイトには，「news from the Communist Party of China（中国共産党からのニュース）」とのリンクが貼られている。雲

原　注

【プロローグ】

(1)　中国の大手国有銀行に投資を行っていた欧米の銀行のなかでは，RBS（王立スコットランド銀行）が実質的に国有となり，破産寸前まで追い込まれたメリルリンチはバンク・オブ・アメリカに吸収され，そのためバンク・オブ・アメリカも政府による救済措置を必要とした。ゴールドマン・サックスは公的資金を受けるために普通銀行への転換を余儀なくされた。スイスのUBSはスイス政府による公的資金の注入によって救済された。中国の銀行に投資をしていた海外の金融機関のなかで，無傷で済んだのはHSBCのみだった。しかし当時，多くの中国人はHSBCを中国の銀行だと勘違いしていたという。

(2)　2009年4月13日付『人民日報』。

(3)　ゴールドマン・サックスのチーフ・エコノミスト，ジム・オニールによると，2008年末の時点で中国のGDPは米ドル換算で約4・3兆ドル，01年では約1・3兆ドル。つまり，わずか7年のあいだに約3兆ドル増加したことになる。『イブニング・スタンダード』2009年11月17日付。

(4)　『チャイナ・デジタル・タイムズ（中国数字時代）』2009年7月29日付。年に1度の米中ハイレベル協議での戴秉国のコメント（中国外交のトップといえば，一般的には中国外交部部長を思い起こすが，執筆当時の外交部長，楊潔篪の政治的影響力はさほど大きくない。楊潔篪は戴秉国よりも序列が低く，政治局のメンバーでもない。政治局員でないため，楊潔篪は序列的には党のトップから35名のなかに入っていない）。

(5)　ロバート・サービス『Comrades. Communism: A World History』（『同志たち。共産主義―世界史』Macmillan, 2007, p. 9）。

(6)　『From Poor Areas to Poor People: China's evolving poverty reduction agenda. An assessment of poverty and inequality in China』（世界銀行東アジア太平洋地域貧困削減・経済運営局，2009年3月）。世界銀行が定義する貧困とは，1日の所得が1米ドル以下を指す。だが世界銀行のエコノミストの多くが認めているこの指標はすでに時代遅れで，貧困者の本当の総数よりも低く見積もることになる。

【第1章　赤い機械】

(1)　陳情者に対する規制についての情報は，南京市と深圳市に出された指示，『組織工作研究文選2005』（中共中央組織部研究室編）に記載された「制訂体現科学発展観和正確政績観要求的干部実際考核評価標準研究（科学的な発展観と正しい政治実績観を反映するための幹部実績評価基準に関する研究）」を参照のこ

ワ

ヤ

ラ

マ

ナ

ハ

タ

サ

カ

●索　引●

ア

著者略歴————
リチャード・マグレガー Richard McGregor
オーストラリア・シドニー生まれ。英『フィナンシャル・タイムズ』誌記者、元北京支局長。20年にわたって中国報道に携わる。ロンドン在住。

訳者略歴————
小谷まさ代 こたに・まさよ
翻訳家。富山県生まれ。富山大学文理学部卒業。主な訳書に『ならず者国家』『本当に「中国は一つ」なのか』『米国特派員が撮った日露戦争』『日本帝国の申し子』『アメリカがアジアになる日』（以上、草思社）『成功にはわけがある：ビジネスの巨人41の物語』（講談社）『完全なる治癒』『心ひとつで人生は変えられる』『エラ：孵化する少女』（以上、徳間書店）他がある。

中国共産党

2011年 6月 6日 第1刷発行
2012年 6月15日 第8刷発行

著　者 リチャード・マグレガー
訳　者 小谷まさ代
装丁者 藤村　誠
発行者 藤田　博
発行所 株式会社 草思社
〒160-0022 東京都新宿区新宿 5-3-15
電話 営業 03(4580)7676 編集 03(4580)7680
振替 00170-9-23552

本文印刷 株式会社三陽社
カバー 日経印刷株式会社
製　本 加藤製本株式会社

ISBN978-4-7942-1826-1 Printed in Japan 検印省略
http://www.soshisha.com/

N
ロシア
ウランバートル
黒竜江省
チチハル
ハルビン
吉林省
長春
内モンゴル自治区
遼河
瀋陽
遼寧省
丹東
北朝鮮
平壌
ソウル
韓国
日本
日本海
黄海
フフホト
黄河
河北省
北京
天津
山海関
大連
旅順
寧夏回族自治区
太原
石家荘
山西省
延安
済南
青島
山東省
信陽
鄭州
開封
西安
淮河
河南省
陝西省
江蘇省
安徽省
南京
合肥
上海
杭州
浙江省
温州
東シナ海
湖北省
武漢
長江
宣昌
沙市
南昌
長沙
江西省
湖南省
吉安
衡陽
福州
福建省
厦門
桂林
柳州
広西チワン族自治区
広東省
汕頭
広州
深圳
珠海
香港
マカオ
南寧
湛江
海口
海南省
南シナ海
フィリピン
太平洋
0
500km